HERMES

在古希腊神话中，赫耳墨斯是宙斯和迈亚的儿子，奥林波斯神们的信使，道路与边界之神，睡眠与梦想之神，亡灵的引导者，演说者、商人、小偷、旅者和牧人的保护神……

西方传统 经典与解释　HERMES
Classici et Commentarii

亚里士多德注疏集
Corpus aristotelicum
cum commentariis

刘小枫●主编

《诗术》译笺与通绎

Aristotle's Poetics:
A Translation, with Notes and Commentary

陈明珠 | 撰

华夏出版社

国家社科基金青年项目

"亚里士多德《诗学》疏证研究"（13CWW035）

结项优秀成果

君子无逸

目 录

前　言 ··· *1*

玛高琉斯　亚里士多德《诗术》的隐微风格 ············· *22*

诗　术 ·· *69*

译笺与通绎 ··· *107*

　题　解 ··· *109*

　1 ·· *110*

　2 ·· *156*

　3 ·· *167*

　4 ·· *182*

　5 ·· *205*

　6 ·· *216*

　7 ·· *240*

　8 ·· *249*

　9 ·· *255*

　10 ·· *270*

11 273

12 279

13 282

14 298

15 307

16 315

17 322

18 330

19 339

20 343

21 348

22 355

23 362

24 368

25 380

26 390

关键词词汇表 398

人名、神名词汇表 407

作品名词汇表 410

地名词汇表 412

参考文献 413

前　言

古希腊哲人亚里士多德（Ἀριστοτέλης，前384—前322）的《诗术》（Περὶ ποιητικῆς）作为西方第一部专业、完整、系统的诗学著述，在诗学史上据有经典地位。

《诗术》版本源流

不过，《诗术》虽成书于公元前4世纪后半期，被奉为西方第一部专门系统的诗学理论著作，但其在古代世界却似乎谜一般地隐匿着，甚至独立于亚氏其他哲学著作的流传。其抄本迟至文艺复兴时期才得见天日。现存最早的见证中，最好最重要的抄本 Paricinus 1741，即 A 或 Aᶜ 本，成于10世纪下半期；其次 Riccardianus 46，又称 B 或 R 本，成于13到14世纪；William of Moerbeke 的拉丁语译本，成于13世纪。

此外，中世纪还流传有阿拉伯系统译本，Abū-Bišr Mattā 的阿拉伯译本成于9到10世纪，现存只有一个抄本 Parisinus Arabus 2346。阿拉伯译本并非直接基于希腊文本，而是译自9世纪末 Isḥāq ibn-Hunayn 的叙利亚本，叙利亚本是从较早的古本翻译而来。阿拉伯本从年代上来说比欧洲抄本还早一些，但由于语言的层层转译及阿拉伯世界对悲剧和希腊文化背景的隔膜，此系统的价值颇受怀疑。

《诗术》的研究缺乏连续传统，本身有漫长难解的断裂，古注古疏稀见。因而，《诗术》虽是如此古老的文本，其研究却始于文艺复兴时期对古代文献的发掘，是文艺复兴以来近现代思想语境下的产物。

1498年瓦拉（Giorgio Valla）即尝试翻译《诗术》；此后有拉斯

卡里斯（John Lascaris）的希腊文校勘本（1508）；帕奇（Alessandro de'Pazzi）的拉丁文译本（1536）。罗贝蒂耶洛（Francesco Robertello）的 *In librum Aristotelis de arte poetica explicationes*（1548）发表后，《诗术》被看作揭示了艺术"规律"的规范性文献，奠定了新古典批评基础。卡斯泰尔韦特罗（Lodovico Castelvetro）的疏证 *Poeticad'Aristotele Vulgarizzata*（1570）提出著名的"三一律"。

《诗术》的影响在 17 世纪新古典主义达到顶峰，其中某些观点以种种提炼归纳后的"成品"方式广为传播。在其影响如日中天之际，诸如"三一律"这样带有明显误解的条条框框亦被冠以"亚氏规范"的名义，堂而皇之地被奉为金科玉律，如是奠定了其经典地位。

18 世纪以来的西方校勘和评注取得了很多成就，重要的有：蒂里特（Thomas Tyrwhitt1794）、贝克（Immanuel Bekker）、瓦伦（Johannes Vahlen1867、1874、1885）、布彻（Samuel Henry Butcher1894）、拜沃特（Ingram Bywater1909），这些成果均以 A 和 A^c 本为主本。

20 世纪校勘一般兼采诸长，但还是较倚重 Parisinus 1741 系统。卡塞尔（Rvdolfvs Kassel1965）为目前权威校勘本，综合参考了希腊语抄本、拉丁文译本和阿拉伯文译本。玛高琉斯（David Samuel Margoliouth）据阿拉伯本作的校勘、翻译和评注本（1889、1911），颇为特殊。西语译本至今层出不穷。

中译本中，傅东华（1925）、天蓝（1948）、郝久新（2007）、刘效鹏（2008）从英译本译出。缪灵珠、罗念生（1962）从希腊语译成，简注，罗本也是学界较通用译本。收入中译《亚里士多德全集》的崔延强译本（1997、2008）亦从希腊文译出。

严格意义的注疏，大陆学界通用陈中梅《诗学》译注（1996）。陈译本据 Kassel［OCT］本，参考众多校勘本，从希腊文翻译；注释兼取各家，集注性质，资料丰富；有提要、索引，附录对关键概念源流进行梳理，很有参考价值。台湾学者姚一苇《诗学笺注》（1966），依拜沃特本，参布彻、布克莱（Theodore Buckley）英译本、松浦嘉一日译本；集注性质，博采各家，注意亚氏观点交互引证，略考观念源流及影响。王士仪《创作学》译疏（2003）据卢卡斯（David Lucas）本，资料丰富。

《诗术》研究的古今断裂

就《诗术》现代研究的主流范式而言，以布彻为代表的审美主义解释将"美的艺术（fine art）"这一现代观念追溯到《诗术》，认为其打断了古代传统，乃现代诗之"自治"运动的始作俑者：诗的制作和欣赏属于审美经验独特和自主的领域，与宗教、政治和伦理无涉。以拜沃特为代表的历史—社会文化研究认为亚氏视悲剧为民主政体公民教育手段，具有道德和政治方面的益处；但其理性化、技术化分析处理将悲剧的深奥玄妙还原成乏味公式，导致悲剧独特张力和神秘韵味失落。以韦尔南（Jean-Pierre Vernant）为代表的构造—解构主义将悲剧看作独特历史时刻的产物，暗示亚氏没有重视且不再能理解悲剧情景的本质性含混，对悲剧核心意识缺乏敏感。

这几种主流研究方式成为现代《诗术》研究中普遍共享的解释性预设，在观念先行的研究方式中，《诗术》本身的关键问题不过沦为各种现代观念的背景资料。中国大陆《诗术》研究基本跟从西方主流，转述主流论述，主要是文学理论性质的研究，偏重悲剧理论，亦常用于分析中国戏剧创作或与中国文学或戏剧理论作比。在台湾则还较多与戏剧实践结合。

反思文艺复兴以来《诗术》近现代研究的状况，除了受时代风尚影响的误读外，对《诗术》颇有问题的解读方式也确有隐衷。深层原因就在于《诗术》的文本状况和写作风格。现存《诗术》似乎残缺不全，行文粗疏随意、含混晦涩。其间充斥大量诸如论述不平衡、缺失、离题、脱节、语焉不详之类的问题。糟糕的文本状况和简省的写作风格对其解读和研究影响甚巨，常陷入两个极端：要么谨小慎微、陈词滥调；要么自以为是、肆意发挥。

历经古今学术分科和研究范式巨大转变，更是疑义丛生；及至近现代研究，受限于文学文化视野，愈加画地为牢。《诗术》流传历史、文本状况、文体特征等，虽是例行学术问题，但疑点颇多，且这些问题彼此割裂，并脱离《诗术》内容解读和意义探究。《诗术》根本上仍是个谜一样的文本！

从文本内容的性质看，还原到《诗术》产生的历史背景、作者意图、理论框架，则《诗术》本是亚里士多德从哲学视野，以哲学方式对"诗术"进行的探究，是哲人对万千世界思考的一部分，与其整全之思联系紧密。而今天，《诗术》通常被视为文艺理论或美学经典，其哲学属性几乎隐没。

从文本形式的性质看，常识性的希腊古文献学也会告诉我们，某些古代哲人的著述，有内传和外传之分。诸如柏拉图所有流传下来的都是外传作品，而亚里士多德所有流传下来的著述，除《雅典政制》外，都是学园内传作品。

外传（ἐξωτερικός, exoteric）作品，顾名思义，就是针对柏拉图或亚里士多德学园外的，即"学园外部的""对外公开发表的""外传的""通俗的""显白的"；而内传（ἐσωτερικός, esoteric）作品则是限于学园内传布的，往往具有"口传""口授（ἀκροαματικός）"性质，即"学园内部的""未向外公开的""秘传的""隐微的"。这是两种不同类型的写作，由于针对的人不同、要达成的意图不同，其形式也会迥异。正如亚里士多德在《诗术》中就说过："要注意言者或行者其人是谁，针对谁，在什么时候，以什么方式，出于何故。"

事实上，这一视野和统绪在阿拉伯传系中依然非常清晰。中古的阿拉伯大哲阿尔法拉比（al-Fārābī，约872—950）曾翻译过《诗术》，阿维森纳（Avicenna，约980—1037）和阿威罗伊（Averroes，1126—1198）都对《诗术》有过义疏。这些哲人们熟悉亚里士多德的内传哲学，都是从哲学大全的视野来看待其中的《诗术》，而他们将《诗术》归入亚里士多德学问的逻辑学部分，与现代的学问视野和划分大为隔膜。正如刘小枫所言：

这些亚里士多德《诗术》的阿拉伯译者和注疏者都是哲人,他们熟悉亚里士多德的内传讲稿,却不一定熟悉《诗术》所涉及的古希腊诗剧。因此,无论阿维森纳还是阿威罗伊的《诗术》义疏,都很难按一般意义上的"诗学"来看待和理解。……要理解《诗术》先得掌握亚里士多德学问统绪,或者说先进入亚里士多德学问的家门——有如我国古学所谓"家法"。如果仅仅从如今的文艺美学甚或古典学的视角来看《诗术》,恐怕就很难进入这个"内传"文本。①

《诗术》:哲人之思、哲人之作

在哲学和思想史上,柏拉图在《王制》中对"诗"进行了古典时代最激烈、最强硬的攻击,《诗术》作为对此批评的直接回应,乃"诗与哲学之争"这一重大问题的经典文本。面对柏拉图出于城邦伦理教育对诗歌的质疑,亚氏在《诗术》中回应称:"诗术和政治秉持的并非同样的正确,其他技艺和诗术秉持的也非同样的正确。"

亚氏对诗术的探究,基于事物应然的状态,即对其本质意义上的理解,既不基于政治伦理意义上的从属,也非美学意义上的自治。《尼各马可伦理学》开篇即示,每种技艺各以某种善为目的,但这些善目的具有等级,所有城邦中的技艺似乎都处于政治学这一瞄准最高善的最高技艺统摄形成的技艺等级制中。因而,诗术自有其技艺之善,也有其在城邦技艺等级制中的位置。亚里士多德虽然反对柏拉图直接用政治标准来衡量诗,但绝非现代"艺术自治"观念用来背书的那种理解。毋宁说,亚里士多德仍然分享和柏拉图一样的关切。

更令人惊讶的是,在诗与哲学之争的思想背景中,亚氏说:"诗比之

---

① 刘小枫,《〈诗术〉与内传诗学》,载于《比较文学与世界文学》,2013年第3期,北京:北京大学出版社,页8。

史述更具哲学性、更高尚，因为诗更多讲述普遍之事，而史述更多讲述个别之事。"

哲学和史述兴起之前，从神事到人事的各种知识和记忆都由诗人来保存和传授。哲学和史述兴起之后，对诗的权威发起了挑战。诗凭借"古老""祖传"获得的权威性，遭到了哲学之说理论证（λόγος）和史述之眼见为实（λόγος）的质疑。不仅有诗与哲学之争，还有诗与史述之争。

在亚里士多德对"诗"的辩护中，一旦和"普遍性"（καϑόλου）相结合，诗便和讲述个别性的史述撇清关系。哲学探究普遍，诗更多讲述普遍者，而史述更多讲述个别者；相对于诗，史述与λόγος的关系受到贬抑，诗与哲学建立起更紧密的关系。

现代以来，对"诗"的反思一再回到哲人视野中心，力图重新绷紧诗与哲学间张力的现代哲人如尼采、海德格尔等，深切认识到《诗术》乃哲学之思、哲人之作，在诗与哲学之争中据有关键位置。从哲学语境和思想史角度，无论在古典思想的横向坐标还是现代变迁的纵向语境中，《诗术》都是思索"诗"之问题要遭遇的首要文本。

重启诗之反思，需要不断返回《诗术》本身，重新进行解读和评估。《诗术》既非特定文化观念宣示或文学理论规定，更非写作学、创作学教条手册。《诗术》凝练简省的形式、抽象枯燥的风格、充满疑义的表述、晦涩含混的论说与此哲学性质密切相关。当代一些学者意识到，重回《诗术》本身，重启哲人意图、问题框架，必须重视其文本形式、理论构架、意义表述。

哈利维尔（Stephen Halliwell）提出应认真对待《诗术》乃哲人之作这一本该是常识的信念。通过对《诗术》理论特征细致深入的辨识，哈里维尔指出，《诗术》尽管显得杂乱散漫，但对其意图、问题、方法、目的以及限制有清晰自述；关键定义上表述得鲜明有力，意图走向和论述结构足够清晰。从行文标志来看，和亚氏其他著作中的习惯一样，具有连贯和有序论述的自觉。通过牵引同柏拉图、同"诗"的问题传统、同亚氏著述大全等的背景关系，哈里维尔力图全面勾勒出《诗术》的出发点和问题框架，尤为凸显被现代观念忽略或浅陋化的问题意识。[1]

戴维斯（Micheal Davis）认为《诗术》文本形式同表述内容关系密切。哲学意在整全认识事物，这一追求是否能以及如何通过语言传达，这是哲学极为内在、重要甚至根本性的问题。出于哲学视野和敏感，戴维斯指出《诗术》之精，在于其乃严格"摹仿"悲剧内在结构，从而也严格"摹仿" λόγος [逻各斯] 本质结构的精心构作。悲剧历来被视为最具哲学性的诗，《诗术》之以悲剧为典范，盖因悲剧情节（μύθος）是对无自觉意识下逻各斯结构的摹仿，而悲剧的突转和恍悟即通过悲剧错误（ἁμαρτία）暴露并反思这一结构。[2]

戴维斯的解读让人感觉到《诗术》本身非常哲学，而《诗术》文本的种种疑点正是为了激起我们的惊奇。哲学起于惊奇，Φιλο-σοφία [哲学] 这个古希腊语词的源初意涵，正如《形而上学》中所言，是源起于惊奇的探究，对于智慧的热爱和追寻。

《诗术》的内传性质与隐微风格

亚里士多德所有传承下来的作品，除了《雅典政制》外，其他都是口传（ακροαματικός）文本，即内传或曰隐微（ἐσωτερικός）文本，这本是文献学上的常识，《诗术》也不例外。"内传"和"隐微"的原因在于内容的哲学性、理论性，目的是形成引导性、启发性、思考性的哲学教诲。与提供给学园外部的、宣教性质的、形式和内容通俗易懂、相当程度贴合大众意见和接受程度的"外传（即公开发表的）"的"显白"作品相对，"内传"和"隐微"著作仅限于学园内部，是给已经有相当程

---

[1] 参 Stephen Halliwell, *Aristotle's Poetics*, The University of Chicago Press, 1998。该书第二章，《〈诗学〉的背景》，陈陌译，收于《经典与解释 15·诗学解诂》，北京：华夏出版社，2006，页 41-80。

[2] 参 Michael Davis, *The Poetry of Philosophy: On Aristotle's Poetics*, St. Augustine's Press, 1992。中译本见戴维斯，《哲学之诗》，陈明珠译，北京：华夏出版社，2012。

度学理和思考准备者的口传讲义。

对于内部作品的专业要求和突出特点,据阿莫纽斯(Ἀμμώνιος ὁ Ἑρμείου,约440—520)说:

> 我们说,哲学家的表述显然有不同的方式。在那些口传(acroamatic)的著作中,就其思想而言,简洁扼要,高度浓缩,充满疑难;就语言来说,则相当平常,这是为了寻求精确的真理和清晰明白。有时候,如果需要,他会造些词出来。在那些为多数人写作的对话作品里,他会注意一定的充分完整,细心地选择用语和比喻,修改措辞风格以适应谈话者,总而言之,会尽力美化风格。(《范畴篇解》Amm. in Cat. 6. 25-27.4)[①]

事实上,《诗术》中本就自承过这种隐微性质。在《诗术》1454b18处,亚里士多德略去一些问题,原因是这些问题在已经发表的作品中(可能指《论诗人》)已经作了足够说明,言下之意,《诗术》未经发表或者不打算发表。也许正因为是常识,也就沦为陈词滥调,没有人仔细加以考虑。最大的原因,还是启蒙以来的现代观念对"隐微"这种古典写作品性根本上的隔膜。对于《诗术》这样一个文本,隐微风格则至为关键。一旦隐微视野得以开启,前面所言及《诗术》的诸多文本特征就根本不是传抄错误或者流传中受损坏,而很可能恰恰是隐微风格的有意为之;一旦有此意识,传统的疑难之处就变得具有问题性、引导性,成为开启隐微解读的入口。因此,《诗术》文本形式、文本状况、流传过程的种种疑问与这种内传性质、隐微风格密切相关;探究其内容和意义,也理应认真对待其内传文本这一性质,研究史上各种疑义需通盘考虑。

[①] 见 The Works of Aristotle, vol.12: Selected Fragments, ed. W. D. Ross, Oxford: the Clarenton Press, 1952, p5, 本段引文由作者译出。参考苗力田主编,《亚里士多德全集》,第十卷,"残篇",李秋零、苗力田译,北京:中国人民大学出版社,1997,页92。

我在研究中发现，19世纪末20世纪初的爱尔兰阿拉伯研究学者玛高琉斯（D. S. Margoliouth）基于阿拉伯传系的译注本中保留了极可能是古代传统中流传的对《诗术》隐微风格的释例。即便只是个别释例，也强有力地证实了《诗术》写作风格的隐微性，理论内容的哲学性，文本性质的特殊性、目的性，形式和内容关系的密切性。其释例表明了《诗术》同亚氏其他哲学著述一样逻辑严谨，与亚氏整个著作全集有紧密严格的文本互涉互证关系，这种关联性也从一个侧面反证《诗术》根本上的"哲学性"。其形式隐微，内容哲学，二者密不可分。

《诗术》文本流传的隐匿和断裂，正是因为这种"内传"性质，甚而可以说正是其隐微风格的极大成功。阿拉伯传系不仅在时间上比文艺复兴的研究传统早，而且就思想传统而言，相比于西方世界的断裂和古今之争，中世纪的阿拉伯传统才是古希腊传统的真正传继者。因而，在阿拉伯传系中发现对古代隐微著述传统的内行解释、哲学解释其实并不那么令人意外。

但长期以来，一方面因语言层层转译、文化背景隔膜等因素，阿拉伯传系的意义和价值颇受怀疑；另一方面，隐微风格始终具有潜力，并不那么容易被穿透和接受。从现实看来就是如此：尽管西方学者也发掘和整理了阿拉伯传系的东西，但这些解释始终没有得到足够的重视，从文艺复兴至今，这一解释传统在《诗术》研究中依旧边缘，可有可无。阿拉伯传系对于《诗术》研究来说，有学术意义，但却没有实质意义。

玛高琉斯的阿拉伯传系《诗术》释例

在玛高琉斯的解读中，亚里士多德《诗术》中的某些隐微手法得以呈现。虽说是阿拉伯研究方面的专家，玛高琉斯似乎非常专注于亚里士多德的《诗术》。除了从希腊文翻译成英文以及从阿拉伯文翻译成拉丁文的校注本 *The Poetics of Aristotle. Translated from Greek into English and from Arabic into Latin with a rev. text, introd., commentary, glossary and onomasticon*，他还有一本《亚里士多德的荷马》（*The Homer of Aristotle*,

1923），此外还有一本拉丁文的《亚里士多德诗学东方文录》(*Analecta orientalia ad Poeticam Aristoteleam,* 1887）。

　　玛高琉斯译本和注疏的特色是重视阿拉伯那一版本源流的价值。尤其在注疏和解读方面，从书中透露的信息来看，他所深谙的《诗术》隐微风格的释读方式，必定来自古代传统的遗留。不过，一是由于阿拉伯版本源流本就受轻视，其次或许因为这种隐微的释读方式对于现代人来说有点"天方夜谭"，总之，虽然在文献综述中，因其特别、独树一帜，一般都会被提及，但未见其译本和疏解真正的独到之处及其意义和价值得到过多么认真的对待。甚至因为玛高琉斯坚信阿拉伯源流对释读《诗术》的价值，还常引人侧目，比如哈迪森（O.B.Hardison）在《阿威罗伊〈诗学〉注疏在中世纪批评史上的地位》中就认为玛高琉斯有点过甚其辞。①

　　事实上，正因为这种隐微眼光的开启，玛高琉斯本的理解乃可以紧贴文本，解开一般解读认为"晦涩""矛盾""离题""残缺""错误"之处，以《诗术》本身和亚氏其他著作繁密的文本互涉为证据，探幽取微而言之有据给出释例。

　　但不得不说，玛高琉斯虽然在他的译注本中保留了一些可以肯定得之于阿拉伯传系的释例，但他本人对《诗术》的注释却并不专主阿拉伯传系释例，而是有相当大一部分参考现代观念、理论的注解，因此这两个部分间并不那么圆融。这也从一个侧面证明，玛高琉斯只是从阿拉伯文献的遗留中获知了某些释例，而他本人并未能用阿拉伯的解释传统贯通理解整部《诗术》，对于古今之间观念的隔阂也未存足够的意识和审慎。

----

　　① O.B.Hardison, "The place of Averroes' commentary on the *Poetics* in the history of medieval criticism," J.L. Lievsay（ed.）, *Medieval and Renaissance Studies 4*（Durham, NC 1970）。本文收于阿威罗伊《论诗术中篇义疏》中译本，见阿威罗伊，《论诗术中篇义疏》，巴特沃斯英译，刘舒中译，北京：华夏出版社，2009。

比玛高琉斯稍晚的同时代人特卡茨（Jaroslaus Tkatsch, 1871—1927）也提供了一个阿拉伯传系的校注本，[1]并且他似乎有意反对玛高琉斯。

一直以来，在对《诗术》的研究中，我力图从《诗术》内传文本这一性质入手，回到文本本身，辨析其隐微风格，努力贴近作者意图，根据阿拉伯解释传统中对隐微手法的某些示例，考辨文句、破解疑难、探微取幽，寻求对《诗术》内在哲学思考和探究的贯通阐释。

对于像《诗术》这类古代文本，深入的专题探讨必须建立在严谨的译注笺疏文本之上，最基础的文献资料整理工作，也是回到文本本身的理论研究。既有中译本从希腊语原文翻译的少，有详细注疏的更少，而通贯全本的义疏、笺释、解读更是缺乏。现在大陆学界通用的陈中梅本为集注性质，采集了各种资料、保留了各种意见，但并非贯通义疏。台湾注疏本有观念先行、凭己臆断之弊。

我在博士论文中探讨了《诗术》的文体与引征问题，研究中大大得益于前辈学者们的译注，但随着研究深入，却产生了更多困惑。很多问题必须回到希腊语原文，对照各种校勘本，重新考虑校勘中的争议问题；理解上反复参考诸多译本，各种注疏。在此过程中积累了许多对《诗术》文本疑难的意见、对亚氏写作意图的理解、对《诗术》结构和内容的分析，深感《诗术》研究中非常需要但却仍然缺乏贴近文本本身、深入贯通其哲学探究的完整译注和疏解。

对于达成这个目标，我认为最重要的就是重新审视和认真发掘阿拉伯传系的遗产。

《诗术》阿拉伯传系的阐释原则

玛高琉斯本中虽然只是保留了一些释例，但这些释例是颇具一贯性

---

[1] J. Tkatsch, *Die arabische Vberselzung der Poetik des Aristoteles und die Grundlage der Kritik des griechischen Textes*, 2 vols., Vienna, 1928-1932.

的，因而是一套完整阐释的遗留片段。作为范例，对如何解读《诗术》来说非常具有启发性。

玛高琉斯本的释例，能让我们获得一种"穿透隐微"的眼光，首先，尊重亚里士多德的权威，尊重《诗术》文本本身，尊重其文本形式、表述方式和情节论证，不轻言文本错误，而且特别要从那些看起来有疑问的地方找到阐释的线索；其次，高度重视《诗术》自身以及《诗术》与亚氏哲学大全之间绵密的文本互涉，找到可靠的阐释依据，以亚里士多德解释亚里士多德。

正如玛高琉斯在其校注本导言最后所说：

> 若有人欣赏《论题篇》的极度精巧及其使任何错误方式都暴露无遗的本领，那就不会轻易对作者本人的规则有任何违背。他的读者或许已经配得上他。
>
> 那么，我们所获得的解释的准绳如下——
>
> 不能从亚里士多德著作中引用篇章和语句加以支持的解释并无把握；
>
> 不能对文本中每个音节都提供理由的解释不能令人满意；
>
> 归咎于亚里士多德的主张毫无意义或与常识相悖的解释不可容忍。①

这种阐释方法在近现代的《诗术》注疏和研究中别具一格，毋宁说直指近现代《诗术》研究之弊。玛高琉斯所严格要求的解释准绳之一："不能对文本中每个音节都提供理由的解释不能令人满意"，即文本任何一个部分（甚至到其中每个音节）对于理解来说都是必要的。这也正是

---

① 参玛高琉斯为其《诗术》译注本所写的导言"论隐微风格"，见 Margoliouth, *The Poetics of Aristotle, Translated from Greek into English and from Arabic into Latin with a rev. text, introd., commentary, glossary and onomasticon*, Hodder and Stoughton, 1911. 本书将此导言译出作为中译笺释本导言。

亚里士多德本人在《诗术》中对"情节"构合的要求:"事件成分要组合到这样,以至若任何成分改动或删削就会使整体变化和松动。"

也就是说,这一阐释原则本身即要求我们对《诗术》必须作整体的、通贯的理解,而整体的理解由各个部分组合而来,因而每个部分的理解又有赖于整体。具体到文本阐释,就是既重视每一细节,又要与整体照应,章句和义疏内在结合、密切勾连;部分的含混、晦涩,甚至疑点、矛盾,很可能要通过整体的情节论证才能最后得以澄清,而整体的通贯理解必须通过各种细节的暗示指引和所有环节的紧密勾连才能达成。本书的笺释和疏解的最大特点也在于此,即"通绎"之意。

作为一部"作品",《诗术》文本内部有相当多的文本互涉,可作为情节论证的路标。进而,就《诗术》是一部哲人之作而言,它隶属于亚里士多德的整全之思,是其哲学整体的一部分,因而必然还有不少外部的与亚氏其他著作内容的文本互涉,这样的哲学文本间的互涉,其实又属于亚氏哲学大全集内部的文本互涉。这些繁密的文本互涉构成玛高琉斯阐释原则的第一条:"不能从亚里士多德著作中引用篇章和语句加以支持的解释并无把握。"这就是严格以亚里士多德自己解释亚里士多德。

玛高琉斯阐释原则的第三条:"归咎于亚里士多德的主张毫无意义或与常识相悖的解释不可容忍。"这一条显得特别有意思。事实是,《诗术》文本经常有一些看似矛盾、错误、解释不通的东西,就会被阐释者视为毫无意义或与常识相悖。这条原则的核心意涵在于内传文本与普通常识之间存在距离。一方面,在形式上,内传文本的隐微手法造成理解障碍;另一方面,在内容上,哲学的、理论的理解和普通常识、意见之间存在差别。

形式和内容这两方面的距离和障碍通常密切关联。因此,往往这种看似有问题、矛盾、错误、混淆或不合常识之处,正是值得我们倍加注意、仔细探查之处,很可能成为进入《诗术》理论和哲学理解的突破口。这要求我们首先不能轻易怀疑文本,不轻言文本错误,更不能随意增删改移,尊重亚里士多德本人的权威,尊重文本形式,包括词法句法、行文表述，细查深思，探寻文本中涵藏的奥秘。

遗憾的是，玛高琉斯似乎没有严格贯彻自己在导言中确定的准绳，除了从阿拉伯传系而来以及依据这种原则而来的阐释，他的注解中还采用了大量现代人的观点，且不说这些观点正确与否，在没有明确的文本证据的情况下，仅仅出于观点引证，很难说这些东西是否贴合亚氏本人、是否出于《诗术》本身的意指。因此，本书笺释是更严格遵循玛高琉斯确定的准绳而来的，而非亦步亦趋地跟随玛高琉斯的注释，倒是首先要用这个准绳对玛高琉斯本人的注释进行辨别和拣选。

本书译笺的师法

中国经学起于汉代，解经之学，强调谨守"师法""家法"，解经时要依从章句、谨遵师说，毋从私己、毋出臆说、毋相羼杂。对于古典文本，集注当然有非常重要的资料和参考意义，也能会通理解，但这更适用于去古日远，贴近文本的口传师说湮没无闻的情况，实属不得已。至于古注古疏，尤其是口传性质的阐释，无论中西，都有必要考虑其"家法""师法"，毋相羼杂。

因此，本书笺释力图谨守玛高琉斯本中呈现的阿拉伯传系的"师法"。首先是本书释义专主玛高琉斯本以为参考；其次，即便是玛高琉斯本，其中出于阿拉伯传系及其阐释原则之外的理解和注释，均予以剔除。迄今为止，从阿拉伯传系而来的校注本，除玛高琉斯本之外，还有特卡茨本。本书最大的遗憾是，笔者不懂德文，无法处理特卡茨本的内容。不过，既然特卡茨本有意反对玛高琉斯本，则处理这二者的关系，以及二者对于阿拉伯传系的意义，可能属于一个专门的问题。因此，无论如何，基于前述玛高琉斯本释例对于阿拉伯传系阐释原则的充分呈现，基于玛高琉斯本并在其阐释原则启发下的完整笺释仍然是有独立意义的。

本书笺释虽然执守阿拉伯传系的解读和阐释原则，但《诗术》文本的翻译仍基于希腊语原文。玛高琉斯本的英译文亦从希腊文译出，另以拉丁文翻译了阿拉伯译本。由于阿拉伯本是译文，且是转译，基于阿拉伯本的文本重建是极为繁琐和艰难的，属于一项非常专门的研究，因此本书中的《诗术》翻译并不纠结这些问题，完全根据希腊文翻译《诗术》文本。

本书《诗术》译文以 Kassel［OCT］为底本，对照重视阿拉伯传系的塔兰（Leonardo Tarán）和居塔斯（Dimitri Gutas）新校勘本[1]，参考玛高琉斯本英译。翻译中的词法、语法、句法，我酌参了卢卡斯本（D.W.Lucas）[2]和伯纳德特（Seth Benardete）、戴维斯（Michael Davis）本[3]。伯纳德特和戴维斯译本最大的特点是秉持尊重亚里士多德本人权威的原则，尽量贴合希腊语原文，包括词法、句法。遗憾的是，由于该本并没有重视阿拉伯传系的隐微解释，即便贴合原文，但翻译中不可避免的某些理解仍然是错误的。因此，这些版本与玛高琉斯本理解歧异之处，我断然舍弃。翻译中我也参考了罗念生先生和陈中梅先生的中译本，前辈学者筚路蓝缕，我受益良多，自己正是沿着他们开辟的道路继续前进。

玛高琉斯本的英译文并不紧贴希腊语原文，有部分译文是释译性质，一些释译与其注释中很可能是来自阿拉伯传系阐释的理解保持一致。我对《诗术》文本的翻译从希腊文直译，只从意义上参考玛高琉斯本，但并不跟从其译文。但对于其译文中具有阐释性质，可以作为辅助理解的部分，我译出并以"M 本释译"的条目放在注释当中作为参考和对照。

玛高琉斯本有一题为"亚里士多德的隐微风格"的长篇导言，保留了相当多释例，且总结了隐微风格的阐释原则，非常有价值，因此译出作为本书导言。

---

[1] Leonardo Tarán and Dimitri Gutas, *Aristotle Poetics,* Editio Maior of the Greek Text with Historical Introductions and Philological Commentaries, Brill, 2012.

[2] D.W.Lucas, *Aristotle's Poetics,* Oxford, 1968.

[3] Seth Benardete and Michael Davis, *Aristotle On Poetics*, With an introduction by Michael Davis, St. Augustine's Press, 2002.

本书译笺与通绎体例说明

出于方便使用的考虑，除了译文中标注学界通用的贝克（Bekker）码之外，本译注还保留了学界较广泛接受的 26 章的分章形式，在每一章最后，附有本章内容的概述，根据需要以及我的理解程度，有详有略。本书通绎，注重整部《诗术》的形式、结构、情节论证，概述可以帮助厘清论述结构和行程。第 1 章的划分问题特别复杂、精细并且隐晦；也因为是开篇一章，具有总体性，很多问题涵藏其间，故此章概述篇幅最长，完全匹配第 1 章的重要性。

本书的脚注部分，除上述"M 本释译"外，"M 本注"译出了玛高琉斯本注释中经过拣选的，我认为符合或可能出于阿拉伯传系阐释原则的注释。当然，我的判断很可能有误。对于玛高琉斯某些看起来很特别，但我并不太理解的注释，出于不要遗漏以待后者的考虑，我也译出保留。"译笺"是我对玛高琉斯注的一些解释，有明确标注。

我本人根据阿拉伯传系阐释原则对《诗术》作了笺释，构成本书正文的主体，其中尤其包括大量对《诗术》隐微风格的疏解和情节论证的通绎。由于笺释内容篇幅极大，为了方便阅读，采用对亚里士多德原文分段疏解的形式。

如此安排脚注和正文，正好可以清晰划分玛高琉斯的注解和我的笺释。不过，由于我在正文笺释中也涉及不少玛高琉斯的注释和理解，这样会造成正文和脚注有一些重复。但无论如何，将玛高琉斯的释译和注解在注文部分单独保留十分必要，我本人的笺释和玛高琉斯的注解也有必要明确区分。一方面，玛高琉斯注释中有部分我并不理解，未作笺释和疏解，需要单独保留。另一方面，我作了笺释和疏解的部分与玛高琉斯注释是否相合，可以明确对照。这样会大大方便后来的研究者们辨析使用。

本译笺意在为《诗术》研究者提供一个专业的研究文本，因而笺释和通绎部分篇幅很长，内容颇为细致繁琐，也具有相当难度，对于一般读者来说，可能"不堪卒读"；对于需要单独阅读和使用《诗术》译文的读者来说，这种文本形式也会相当"不友好"。有鉴于此，后续我会再制作一个简注本，满足这些读者的需要。仅就《诗术》译文来说，因为基于阿拉伯传系的理解进行翻译，在已有中译本中，有其特殊性，也算是为汉语学界贡献一个独特的中译本，具有单独存在的意义。

中世纪的阿拉伯哲人在注释亚里士多德的文本时，会为同一个文本作短篇、中篇或长篇几种不同篇幅的注疏。阿威罗伊就曾为《诗术》作过短篇和中篇两种注疏。[①] 的确，中世纪哲人正是充分考虑了这些文本的哲学性、专业性，从而针对不同程度读者的需要，采用不同难度和篇幅的注疏。当然，读者也可以循序渐进，先从简注本开始，如果觉得需要进一步解疑释惑，再慢慢进入专业研究本。

有鉴于尊重《诗术》文本的重要性，本书中译文力图紧贴希腊语原文。选择这种翻译方式，难免有些词句不那么合乎中文表达习惯，显得生硬；不得已的情况下，本译文追求信实，牺牲雅驯。中文词法和句法结构不像西方现代语言与希腊语那么相似，翻译中但求做到不随意增删改移语词，保留文本缺陷和障碍，辅以校勘说明；关键语词一以贯之，与希腊语原文严格对应或附注希腊语原词（为了便于研习者查阅希腊词典，所附注的希腊词后，我也附注了该词的原形）。

需要强调的是，亚里士多德的写作，的确严格到语词。正如读者在本书笺释和通绎中会看到的那样，《诗术》中的许多关键语词就好像戏剧中的人物一样，具有串联情节论证的重要性，因此，这些语词必须在译文中保持通贯一致的对应性。

此外，我在研究中发现，《诗术》中对某些重要内涵的澄清，往往通过词源学的追究来引出其理论深意。亚里士多德充分利用了词源学具有的"思维"特性。正如我们在很多例子中看到的，无论进行多么深奥的哲学思考，亚氏往往只使用那些最为普通的普通希腊人都熟悉的词

[①] 阿威罗伊的中篇注疏已有中译本，见阿威罗伊，《论诗术中篇义疏》，巴特沃斯英译，刘舒中译，北京：华夏出版社，2009。

语。在论述行程中，这些词相互联系而又具有微妙区别的义项会慢慢呈现，并被巧妙地分疏、区格，仿佛点石成金般，这些普通陈腐语词中生新精微的哲学深意被提炼出来。所谓"贴近文本本身"的翻译，也应考虑亚氏用词的这种特点。

因此，对《诗术》中某些看似术语或我们今天已经术语化的语词，不应生造术语来对译，而应尽量采用普通用词，保留其词源含义，除非确实是亚氏的生造词。另外，在翻译中既必须严格保持这些语词的对应性，同时又要考虑到其含义的成长性和变化性，这是译本中的一个难点。

我处理的方式如下：首先，笺释和通绎中对这些词源学案例有不厌其烦的注解。其次，在译文中，语词尽量对译；有一些语词是关联义项，但有明确区分的，则以不同的词对译，辅以详细注释；有一些语词完全是同形异义，当然以不同的词对译。这些词的严格对应关系会在最后的词汇表中给以说明。

《诗术》以及亚里士多德研究路径的探索

本书以反思文艺复兴以至近现代《诗术》研究主流、反思中国《诗术》研究和接受为起点；重视《诗术》本身的哲学性，关注《诗术》的哲人意图、问题框架、理论表述；关注与柏拉图、与"诗与哲学之争"等哲学史思想史背景的关联；力图重新挖掘阿拉伯传系的意义和价值；重视《诗术》内传性质、隐微风格；重《诗术》内部文本互涉互证、与亚氏其他著作文本的交互引证。本书以文本疑难作为突破口，将文本形式风格研究、章句考释、文本互涉等证据挖掘与哲学探究及情节论证结合，对传统上割裂的各方面疑点和问题通盘考虑，完整贯通疏解整部《诗术》，故名之曰"通绎"。

尽管坚信这一重启《诗术》研究的路径正确，但出于这项研究的难度，也限于自己的能力和精力，本书还有太多遗憾和欠缺。翻译方面，我对很多希腊语小词的理解比较简单刻板，译文的僵硬一方面的确出于尊重《诗术》文本原文，但不可排除其中部分原因在于笔者对希腊语的掌握还很粗浅。笺释方面则特别受限于笔者对亚里士多德哲学大全集的熟悉和理解程度，在《诗术》与亚氏其他著作的文本互涉方面，必定有相当多的遗漏。

此外，因为孩子年幼，我无法到国外查找资料，对于国外《诗术》研究近些年是否有较新进展未能进行爬梳。当然，本书的目的恰恰不在于"求新"，而是"搜旧"，力图让淹没在故纸堆中某些真正有价值的东西重现于世。研究和写作本书的过程中，我常怀有心无力之感，我深知文中一定有许多错误和不当之处，祈请方家多多指正。

不管怎样，我深切希望，本书的抛砖引玉，能给学界带来真正回到《诗术》文本本身，回到"以亚里士多德解释亚里士多德"的视野和路径。并且，出于对《诗术》隐微形式高度精巧及情节论证极度严密的赞叹，我相信亚里士多德其他著作（别忘了除《雅典政制》外，亚氏所有作品都和《诗术》一样是内传作品）的文本风格、表述方式、情节论证这些形式方面的因素也值得高度重视。

传统上把亚里士多德的著述看作哲学论文，不重视其文本特性。近些年，柏拉图对话体戏剧性的文本形式受到越来越大的重视，成为反思柏拉图研究的基本进路；这种语境下，独白体的亚里士多德作品往往被作为柏拉图对话体形式的对立面，其形式也不受待见。亚里士多德作品的独白体和柏拉图作品的对话体这种形式上的对比当然存在。古代研究者明确说过，亚里士多德内传作品是独白体，亚里士多德本人也曾经写作过对外的对话体作品，只是这些作品已全部佚失。但亚里士多德这种"独白体"决然不同于今天的哲学论文那样的独白体。

以我理解《诗术》的经验而言，如果说柏拉图的对话就像戏剧那样充满戏剧性，那么，《诗术》就像小说那样充满戏剧性。《诗术》看起来是独白的、叙述的，但其内在的情节论证并不缺乏戏剧性。正如《诗术》中所讲，"戏剧性"（即"有戏剧技艺的"）指的是情节展开完整，而非戏剧表演形式意义上的戏剧性。通过戏剧表演的戏剧如果情节展开不完整，仍然可能缺乏戏剧性；而通过叙述的史诗和小说，情节展开完整的话，也是具有戏剧性的。《诗术》中的论证行程和结构往往具有情节意义上的戏剧性，这让我印象深刻。

《诗术》的研究让我坚信：内传文本的隐微形式与哲学的理论探究，二者密不可分；不穿透其隐微形式，难以切近其情节论证。这必定不只适用于《诗术》，也适用于亚里士多德的其他内传作品。此外，本研究所呈现的《诗术》与亚氏其他著作之间繁密的文本互涉，足以让我们管窥亚里士多德哲学大全集文本互涉的密度、广度和深度，在过于门类化、专业化的亚里士多德其他学问研究中也应引起足够重视。

对我来说，研究《诗术》的过程，就像经历了一出出悲剧，多少次误入歧途，多少次突转恍悟；在错误中学习，在受苦中成长。亚里士多德这位老师，真真切切地让我学到很多，特别是让我理解了人类思维的"悲剧性"，即人们在追寻 λόγος 过程中走向迷误的倾向，让我反思自己的思维方式、净化自己的思维性情，让我学会思考和理解。

《诗术》精巧绝伦、"迷宫"一般的构造令人惊奇，它的作者从不轻易抛出断语，给出结论，只有暗示、路标、提醒，甚至故意制造矛盾、疑难，因此，特别需要学生的细致、敏锐、追索、苦思，紧紧跟随、深度参与，需要读者"入戏"，从而学会跟作者一起思考。而这正是哲学的本义，因为哲学是智慧之爱（$Φιλο\text{-}σοφία$），是对智慧的追求而非智慧本身。

致　谢

我从跟随刘小枫教授攻读博士时开始研究《诗术》，至今已经翻过十个年头。从一开始的不得其门而入，到慢慢自以为是，到一次次推翻自己。对于学术志业的信念和坚守，离不开小枫师的言传身教。我还记得最初定下博士研究题目的时候，老师对我们说，要努力做到有一天西方人研究也绕不过我们，必须读我们写的书。老师的话既让我惶恐，也一直激励着我。完稿之时，老师百忙中还帮我看了书稿，给我修改建议。点点滴滴，历历在目……

　　本书稿的完成是我的一段艰难岁月，对于总在书桌旁拽着我衣角，央求妈妈陪伴的孩子，我有很多内疚。总对他说，妈妈要工作，妈妈的工作还没完成。到后来，我都害怕"工作"这个词会让他幼小的心灵产生阴影。感谢家人对我的支持，年迈的父母帮我照看幼子，有自己学业的先生帮我校对书稿。也谢谢小小的他，从外面回来不忘给妈妈带一小枝桂花，或跑到书桌旁唱上一首"我有一个好妈妈"……在工作艰辛苦思劳顿之余，给我那么多温暖、甜蜜和欢愉。

　　感谢国家对基础理论研究的支持。本研究得到国家社会科学基金青年项目"亚里士多德《诗学》疏证研究"（13CWW035）资助，并以优秀项目结题；与此相关，我的《诗术》研究还得到中国博士后科学基金面上资助（第56批）项目"玛高琉斯的亚里士多德《诗学》评注研究"（2014M561508）、中国博士后科学基金特别资助（第八批）项目"亚里士多德《诗学》研究：内传风格与哲学探究"（2015T80446）的支持，谨致谢忱！

陈明珠
2019年9月改定
于杭州

亚里士多德《诗术》的隐微风格

玛高琉斯（D. S. Margoliouth） 撰

陈明珠 译

[译按] 本文是玛高琉斯为其《诗术》译注本所写的导言"论隐微风格"（Introduction：On the Esoteric Style），见玛高琉斯《亚里士多德的〈诗术〉》（The Poetics of Aristotle, Translated from Greek into English and from Arabic into Latin, with a revised text, introduction, commentary, glossary and onomasticon, Hodder and Stoughton, 1911）。该导言中呈现了诸多重要的隐微风格释例，并总结了阿拉伯传系中这种阐释的基本方法和原则。本书笺释和通绎受到这些释例极大启发，并严格遵循导言中确定的阐释原则，因此将此导言译出作为中译笺释本导言。

在普鲁塔克（Plutarch）（《希腊罗马名人对比列传·亚历山大传》7）和格利乌斯（Gellius）（《阿提卡之夜》[Noctes] 20.5）认为出自亚历山大大帝（Alexander）和亚里士多德（Aristotle）间的一通书信中，亚历山大大帝这位世界征服者埋怨他的老师将其隐微著述（esoteric writings）公之于众，他认为这些讲稿本应专属于他这个学生。亚里士多德回信说，这些著述的公开传布绝不会影响到亚历山大大帝的专享。因为，要是没有老师本人的亲自指点，这些书稿将是难以索解的。尽管这通书信可追溯自一个相当早的时期，但通常还是不被当真。也许，部分原因在于，据说这些隐微作品在作者死后若干世纪中一直没被公开。不管怎么说，至少这位哲人的回复编得很像样，因为它恰切道出了隐微著述的品性。所谓隐微，不仅着意于口头传达给特定的人，而且还应构作得对其他人几乎毫无用处。因此，公元4世纪的时候，某亚氏仰慕者猜想亚里士多德在其创意中就是如此这般编排其隐微著述，以至于那些未经指点之人即便获得这些作品也不得其门而入。即便这些卷册就摆在他们脚前，却仍像艾克巴塔纳（Ecbatana）①的宫殿般难以穿行（瑟弥斯提乌斯[Themistius]，《演说集》[Oratio] 26）。

既然《诗术》(Poetics) 本就自承是隐微作品（1454b18），那么值得在着手释读前就设想一下，一本关乎常规主题，又以众所熟知的语言写成的书，得用什么办法才能让人难以进入呢？对此，东方那些隐微性质的文献会给我们提供一些建议。正如任何在帕尼尼（Panini）②那些文法格言或箴言集（Sūtras）中可以找到的例子，这里所有的句子，非经指点，即便一个母语为梵文的人也不明就里。此间，故意为之的"简略"到了不仅简省句子和词语，甚至简省音节和字母的地步。这种语言在词汇和句法上全是有意为之。系统的每个部分都牵连着其他每个部分，因而，除非一个知道最后一句以及其他诸多内容的人，否则就连第一句格言都无法索解。因此，这个印度人谋篇布局的用意就是在了解任何一句格言的意思前，得对整个集子了然于心。

从《尼各马可伦理学》(Nicomachean Ethics) 中我们得知，先把哲学论文记诵在心，然后慢慢熟知其意，这种练习对希腊人来说绝不陌生。我们被告知，对待恩培多克勒（Empedocles）的诗歌，就是如此（《尼各马可伦理学》1147a21）。伊壁鸠鲁（Epicurus）也要求他的追随者们把他写的那些东西记住（第欧根尼·拉尔修《名哲言行录》10.12）。一个中世纪的亚里士多德主义者阿维森纳（Avicenna）也对我们如是说到，他就是在不解其意的情况下，死记硬背下《形而上学》(Metaphysics)；不久后他无意间读到阿尔法拉比（Al-Farabi）的论文，方解其意（Kifti, Tales of The Physicians, ed. Cairo, P. 270）。既然

---

① [译注] Ecbatana 是一座非常古老的东方城市，曾被希腊人认为是古米底亚国的首都，现在伊朗境内。

② [译注] 帕尼尼：公元前 4 世纪南亚键陀罗（今巴基斯坦）的古代梵语文法家。著有《八章书》(Ashtadhyayi)，关于梵语的构词规则，是已知最早的梵语文法。

有记忆的压力,显然得尽量简短。要么,这些论文得有韵,因此更容易记诵(《修辞术》[*Rhetoric*] 1409b6);或者应该谱上曲儿(《问题集》(*Problems*) 919b39);或者,文本的每一个音节、词语的所有顺序都有其重要性。最后这种就是箴言集作者的方式,而亚里士多德亦从此法。

隐微风格的另一标志是专业术语(technicality)和文本互涉(interdependence),在亚氏其他作品中也可以找到。在《形而上学》里,自然(Nature)(依照一种特定理论)被比作一种拙劣的穿插式(episodic)悲剧(《形而上学》1090b19,另参 1070a1)。而"穿插式"这个术语的意思,以及为什么穿插式悲剧是糟糕的,得参考《诗术》中的相关内容(《诗术》1451b34),否则,这一表述就难以索解。从《修辞术》提及"隐喻(Metaphor)的四种类型"的语气来看,好像这是广为人知的(《修辞术》1410b36),但这个短语显然属于《诗术》的一个专业术语。在《自然论短章》(*Parva Naturalia*)① 中则有这样隐晦的句子:"感觉不类似 μανϑάνειν [学习],而是类似 ϑεωρεῖν [沉思]。"(441b23)一个心里装着《论灵魂》(*de Anima*)中讨论的人会理解这句话(417a21, sqq.),除此几乎别无他人能懂。

既然在亚里士多德的时代,参考文献远比我们今日稀见,而这种文本互涉,是一个如此巨大、如此包罗万象的集合,即便那些书籍公开传布,老师也还是不可或缺。细致阅读能让我们发现许多地方需要口头解释,而随意熟读可能都会忽略。《诗术》中能举出一连串表明这种现象的例证,按照明显程度选择如下例证。第 24 章说荷马(Homer)教别的诗人怎么编故事(romance):

---

① [译注]《自然论短章》为亚里士多德包括七个篇目在内的一组论集,探讨身体和灵魂的自然现象。包括《感觉和可感事物》《论记忆》《论睡眠》《论梦》《论睡眠中的预兆》《论生命的长短》《论青年与老年、论生与死、论呼吸》七个篇目。中译本见《亚里士多德全集》第三卷,但中译本全集未用 *Parva Naturalia* 之名,七个主题各自成篇。亚里士多德,《亚里士多德全集》,苗力田主编,北京:中国人民大学出版社,1997。

这个过程就是错觉。当某一事物存在或发生之际，总是规律地伴有另一事物的存在和发生，人们如果发现后者，就会推想前者也是真实的：此乃一错误推理（fallacy）。因此，如果前者是虚构的，但若其为真，依自然法则即有另一事物的出现和发生，那么添上此另一事物，因为心里知道那一法则没错，就误以为前事乃真。例如：洗脚一幕（the bath-scene）中那一情形。①

洗脚一幕在《奥德赛》（Odyssey）卷19中占据了超过150多行诗，我们怎么知道哪一行给出了这个例证？这种引语的程式已然暗示这个例子乃是已知的。因为例证的其余段落出现在《修辞术》（bk. iii, 1417b5），②老师会知道这一点。彼处对于编故事的演讲者也给出了同一规则，并引用了荷马。就此规则给出了大量细节，因为人们所知者会成为他们所不知实情之迹象："从荷马那里可以找到诸多例子"，并且就举了洗脚那幕的例子：

> 她这样吩咐，而那老女仆用手捂住脸面，热泪不断流淌。
> 因为那些行将垂泪之人总是捂住双眼。（《奥德赛 19.361》）③

此例将我们引至《辩谬篇》（Sophistici Elenchi）里的一个段落（172a23），那里对此过程有进一步解释。此间表明，一个非专业者尚能通过推理察觉骗子的伎俩，而这些推理是那种一个不懂科学的人也能理解的，但不懂这种推理者却不能懂这种科学。他可以戳穿骗子，却不能叫专家信服。这里类似的，我们所知者，既非欧蕊克丽娅（Euryclea）热泪纵横，也非她以手抚面。我们真正所知者，只是这个自然规律，据此，行将做第一事之人定会做第二事。荷马，乃通过置入这些细节，满

---

① B抄件中 τούτου τὸ 的识读显然正确。
② 维克托瑞乌斯（Victorius）给出的解释正确。
③ [译注] 此处采用王焕生译文。荷马，《奥德赛》，王焕生译，北京：人民文学出版社，2015。

足那些非专业者的检验。他让某些所知为真的事情和他的叙述相伴,思维据此错误地推断那些叙述的真实性。

显然,就我们自己来说,我们从来也不知道作者所指的是"洗脚"一幕中的哪一行,并且,为了彻底搞懂这里的推理,就必须参考《辩谬篇》。

在1461a27我们被告知,诗人的某些困难,可通过"日常言语的用法"加以解决:"兑了水的酒还是叫酒(《问题集》874a30),① 据此乃有'新近锻制的白锡胫甲'这半句诗。"读者很可能不知道个中联系,外行之人会设意修改。但可想而知,这位老师会指点学生参考《论生成》(de Generatione)第1章中关于"分子的混合"那些讨论。在那里,我们被告知为什么兑了水的酒还是叫酒。换言之,在某些混合中,一种元素算是形式,另一种算是质料,在这种情况下,整体按给予形式的那种元素命名,酒水混合而起酒的作用,因此被叫作酒(321b1)。

然而,如果酒的量如此之少,以至整体只有水的效果,则应该叫作水(Cf. 328a27)。同样,我们在末章中得知,锡和铜在一起是什么情形。锡算形式而铜算质料,因为表面是锡的颜色,但几乎一点没有或者完全没有体积上的增加(328b9),而那在最上层的即属于形式因(《论天》[De Caelo] 312a12)。因此,锡和铜的分子混合与酒水混合还叫酒遵循同一规则,整体便按此规则被叫作锡。关于这两种混合到某种程度遵循同一规则的情况,《论动物生成》(de Generatione Animalium)中也加以强调了(747b4、7)。因此,这个问题,显然对圈外人来说是难题,对亚里士多德学派中人则稀松平常。这只对亚里士多德学派中人来说才是可理解的,因为其根据的乃是关于形式与质料的哲学,以及根据所起作用为事物命名的学说(《天象术》[Meteorology] 390a12)。

这意味着没人能少得了一个口授导师。作者引入已有成说的暗

---

① B抄件识读为 τὸν κεκραμένον 显然是正确的。ὁ κεκραμένος 就是希腊语的"酒和水"。

指，抑或引入书中后来才加以界说的术语，简直一样不明晰。第 15 章某处提及《俄狄浦斯王》（*Oedipus Tyrannus*）中"不近情理"之处。不同批评家把这个名头安在不同特征上。汉密尔顿先生（Mr. Clayton Hamilton）认为这指的是俄狄浦斯（Oedipus）娶母的事实竟然在那么多年中都未暴露（*Theory of the Theatre*, P. 38）。在第 24 章，我们会发现亚里士多德想的可是某些不同的事情（译按：《诗术》1460a30："就比如俄狄浦斯不知道拉伊俄斯是怎么死的。"）。在第 15 章，《美狄亚》（*Medea*）中的机械降神（deus ex machina）受到批评。罗博特洛（Robortello）断言，剧中并无其事；维克多里乌斯（Victorius）发现这个说法指的是快结尾的地方提到的太阳神战车——既然［悲剧］作者在处理"解"或者说 dénouement，这个东西就不合时宜，因为依据第 18 章，这早就该来了。那么，亚里士多德说的机械降神到底是什么呢？按照第 25 章所告诉我们的，其实是埃勾斯（Aegeus）这个角色（译按：《诗术》1461b22："不合理者，就如欧里庇得斯对于埃勾斯的处理。"）《物理学》（*Physics*）中对希腊语词 ἄλογον 有充分的解释（252a13），意思是"不按自然的秩序来临"。《美狄亚》里的战车跟巫婆的扫帚一样不自然，但是（按亚里士多德的意思），引入埃勾斯这个角色，前面毫无铺垫。

在第 4 章，荷马被说成已然"是个完全意义上的编制者（fabricator）（诗人），因为唯有他不仅造出好的诗句，而且还造出戏剧性的虚构"。这里的"戏剧性"（dramatic）是什么意思？到第 23 章，定义来了："有开头、中段和结尾"，也就是主题的整一，正如第 8 章中所描述的，荷马被认为已经揭示了这一原则。"完全意义上的诗人"何谓也？这指涉第 9 章（1451b27），此间表明，诗人或者编制者（fabricator）应该是故事编制者而非韵文编制者。自然而然地，就"诗人"亦即"编制者"这个词的用法，我们应该参看《形而上学》或者《论生成》，那里解释了，所制作者乃"形式"。荷马不仅编制韵文，也编制故事，并给予其艺术性的形式。正如我们将看到的，这又会把我们带回论文的第一个句子，就像帕尼尼箴言集的起首，已将整部作品的雏形蕴藏其中。

一个细心的读者会注意到作者陈述似乎彼此抵牾的情形。按说，悲剧的定义是从前述部分提取的，起句是 μίμησις πράξεως σπουδαίας καὶ τελείας（译按：见《诗术》1449b25）。μίμησις 是从第 1 章来的；πρᾶξις 来自第 2 章或第 3 章；σπουδαία 来自第 2 章；但剩下那些词是从哪儿来的呢？这本书里一次也没用过啊。无疑可以预料，学习者要问这样的问题，回复大概是如下这样。第 3 章里说，剧作家会呈现其角色 πράττοντας καὶ ἐνεργοῦντας。① 这里的 καί 是表解说的小品词，因此，praxis 乃特指一种 energeia［活动；实现活动］。这将我们带至《形而上学》（1048b34），从《形而上学》里我们得知只有 praxis teleia［完整的行动；整全的践履］才叫作 energeia。眼下，在《诗术》里被如此描述的 praxis 等同于"生活和幸福"，之前并没有解释。在《形而上学》那个段落中确实给出了对一种 praxis teleia 的说明。至于与"生活和幸福"的等同，我们得到《伦理学》中看，那里面幸福的定义乃是"合乎完善德性的实现活动（energeia）"，这恰好等同于描述悲剧主题的句子。②

这一节值得稍加思量，因其清楚表明《诗术》只有对那些已经消化了《伦理学》的人才有所谓，正如前面一节表明，其理解有赖于默认《形而上学》中的说法。既然悲剧表现的是具有非凡德性之人的行动，而幸福对一位亚里士多德派学人来说意味着合乎完善德性的实现活动，那么悲剧主题等同于幸福对他而言就没什么可惊讶的了。对他来说，这不过顺着他已接受的前提而来。的确，悲剧牵涉到从"好运"到"厄运"的转变；不过在《尼各马可伦理学》中，幸福和好运自有清楚的区分（1100b），这有力地回应了可能提出的对悲剧主题等同于幸福的

---

① ［译注］见《诗术》1448a24。πράττοντας 是 πράσσω 的现在分词；ἐνεργοῦντας 是 ἐνεργέω 的现在分词。

② πρᾶξις τελεία καὶ σπουδαία = ἐνέργεια κατ' ἀρετὴν τελείαν［一个完整而高尚的行动 = 合乎完善德性的事功活动］。

任何异议。下面一句，"……和不幸都在经历里面"（译按：见《诗术》1450a17），同样也不会让一位亚里士多德派学人迷惑，因为他脑子里有《论题篇》(*Topics*) 的规则。依据《论题篇》，将某一个属指派给某一个种，可通过看在这个属里面是否能找到相反的种来验证（124a3）。在《物理学》里，我们会被告知"在……里面"这个介词的含义（210a18, ὅλως εἶδος ἐν γένει.）。

在关于艺术起源的才华横溢的一章里，我们被告知，诗的起因可以追溯到两个确切方面。其一即"摹仿"，这已详加解说；摹仿之外还要加上"乐调（harmony）"和"节律（rhythm）"。既然第 1 章已指出乐调和节律属于不同范畴，这里的起因看起来似乎应为三个，而不是两个。无疑可以料到，学生会要求解释，这一解释会把学生引向诸如蕴藏在《问题集》xix.38 中的讨论。彼处表明，乐调及节律都属"秩序"之列，有序之事要比杂乱无序更"合乎自然"。因此，这第二个起因，即秩序之爱，确实没放在《诗术》中去说，而是被导师连接到外部的其他文本。那里也给出了二者皆"合乎自然"的证据，即每种运作都有赖于此二者的帮助——布赫（Bücher）令人钦佩之作《工作与节律》(*Arbeit und Rhythmus*) 的主题——健康在于适当的体温（正如我们会看出，这一法则对《诗术》颇具重要性），并且连婴幼儿都因此感到快乐。此外，也许还进一步指涉《物理学》(252a12)，那里会解释自然与秩序的关联。

另一类情形并不是非得老师帮助，只要读者细心，就能有所察觉。此外会有这样一种情形：我们读到一系列显得不对劲或者没意思的陈述。

下面是《诗术》第 2 章靠近开头处的一段，这个段落要对普通的希腊语读者传达什么意思？

> ἐπεὶ δὲ μιμοῦνται οἱ μιμούμενοι πράττοντας,
> ἀνάγκη δὲ τούτους ἢ σπουδαίους ἢ φαύλους εἶναι,
> τὰ γὰρ ἤθη σχεδὸν ἀεὶ τούτοις ἀκολουθεῖ μόνοις,

κακία γὰρ καὶ ἀρετῇ τὰ ἤϑη διαφέρουσι πάντες,
ἤτοι βελτίονας, κ.τ.λ.

我们从一种平白忠实的业余翻译开始：

（1）既然，摹仿者摹仿行动中的人
（2）而这必定是些要么有德要么不端之人，
（3）因为性情几乎总是只依从这些，
（4）因为所有人都因恶德和美德在性情上相区别。

如果译者在翻译的同时也思考，他会像下面这样注解：

第一个子句，显然不对。摹仿者可以摹仿一个死去的男人或者晕厥的女人，要么摹仿风物或景致。

第二个子句，极其不对。至少百分之九十九的行动中的人，既不全然有德也不全然邪恶，而是兼而有之。

第三个子句，毫无意义。

第四个子句，含糊不清，因为我们未被告知他们跟什么人相区别。如果意思是他们互相区别，也不见得真是这么回事。因为我们常这样说人们，说他们就跟两根针那么相像，或者说没什么可以把他们拣选出来。

现在，三个子句对我们都是开放的。我们也许可以像萨拉丁的儿子的家庭教师那样，宣判这书根本无聊，全不实用。[1] 这么个实在不怎么

---

[1] Diyāü'l-din al-Jazarī, *The current proverb*, ed. 1, p. 187. 机敏的 Abū Sa'īd Sīrāfī 猜测这句是误译。

[译注] Abū Sa'īd Sīrāfī 是10世纪阿拉伯语法学家。据称他同 Abu Bishr Matta 在932年曾有一场著名论战，该论战可概括时人对希腊逻辑学的态度分歧。Sīrāfī 派的语法学家颇看不起哲学家，对哲学家们引进希腊逻辑学不以为然。而 Abu Bishr Matta 是一位叙利亚基督徒，他代表了引进希腊逻辑学的哲学家们的态度，就是此人将亚里士多德《诗术》从希腊语翻译为阿拉伯语，他是著名的阿尔法拉比的老师之一。

聪明的句子也许会试着让我们相信这些命题有道理，比如说，一个死人的确是一个行动中的人，并且确实没有画风景。第三个子句——我们打算来尝试一下，看看亚里士多德是不是通过他作品的词汇和语法，向我们展示了他的这些陈述乃清晰正确。

子句二 ἀνάγκη δὲ τούτους ἢ σπουδαίους ἢ φαύλους εἶναι 得和《范畴篇》(Categories) 中看似与之抵牾的陈述对比（12a13-15）："好与坏被用来表述人以及许多其他主项，但这两者之一并不必然属于它们所表述的那些主项。""因为任何事物并不是非好即坏（οὐ γὰρ πάντα ἤτοι φαῦλα ἢ σπουδαῖά ἐστιν）。……在好和坏之间存在着既非好也非坏的居间者。"听起来这一原则在别的地方也讲授过（《论题篇》123b17；《形而上学》1055b23），并且我们会想起《形而上学》中所说，在此情形下，居间者无名（1056a25）。显然，这些希腊语表达法（ἤτοι-ἤ 和 ἤ-ἤ）的区别——我们可以称之为穷尽式二中择一（exhausted alternative）和平衡式二中择一（balanced alternative）——必定构造出语义上的根本不同。平衡式二中择一这一表达法是什么意思？这在《天象术》中有详细解释（382a10）：

> 由干和湿组成的东西必然 ἢ σκληρὸν ἢ μαλακόν [要么硬要么软]。硬是并不沿表面下陷到自身中的，软是下陷，且无代偿性上升；水就不是软的，因为它的表面并不因压力而下陷，而是发生代偿上升。绝对的硬或软是绝对如此者，与某特定物相比较具有这些性质的东西是相对的硬或软。在彼此相对的关系中，事物间有不确定的程度差异。但是，既然我们判定一切可感事物是相对于感觉而言，那么显然，当我们说绝对的硬和绝对的软的时候，是根据触摸来作出的，触摸被用作尺度。在我们的命名术中，超过它的东西为硬，不及它的东西为软。

于是，平衡式二中择一的表达式意味着此一或彼一选项乃相对于某一或另一标准而言；而穷尽式二中择一意味着此一或彼一选项是相对于某一特定标准而言。因此，在《论生成》中，作者会说："水必定要么是白要么是黑。"（332b22）这说的是色彩上相对的明或暗，尽管他经常指出，在黑白之间还有各种颜色（《形而上学》1056a30；《论题篇》106b11）；然而，这些颜色——例如鲜红（《天象术》375a14）与灰（《物理学》224b34）——相对于更暗或更亮的色彩而言就是白或黑。类似的，在一段论证事物既重又轻的话中，我们可以断言，任何事物"必定要么轻要么重"。① 从"我们自己"这一标准立马引入这一事实来看，这显然正是我们所要处理的那段话的正解。就自然法则来说，"德性"之种差（differentia）系于所有性情，每种性情相对于另一种可能的性情而言必定好或者坏；相对于我们自己来说，要么同等，要么更好或者更坏。因此，可以相当有把握地说，就《范畴篇》看来，对这些人而言，他们并不必然是非好即坏的，② 而就《诗术》来说，对这些人而言，必然"要么好要么坏"。因为，正如形容词可以用于潜能（dynamis）和实现活动（energeia），因此同样也可以用于表示拥有任何一点的品质（any of the quality）或大部分的品质（much of the quality）。"重力和速度两者都有双重含义，重力可意指任何下落之力和很强的下落之力，速度可指任何运动和高速的运动。"（《形而上学》1052b28）的确没法找到单独的"极"（Poles）（《天象术》359b32）；事物都是据其优势而言被称作这样或者那样。

　　因而，就平衡式二中择一这一表达式来说，必定不是"要么美善要么恶劣"，而是"相对美善或者恶劣"。因为相当清楚，这个表达式包含居间状态，而穷尽式二中择一的表达式则排除居间状态。③ 说某商品必定要么便宜要么昂贵，这可不对；说其必定相对便宜或者昂贵，这就对。

---

　　① 《论天》301b30。在《形而上学》1056a22，πεφυκὸς ἢ μέγα ἢ μικρὸν εἶναι [本来就么大要么小] 被看成和μεῖζον καὶ ἔλαττον [更大和更小] 是一样的。

　　② 关于ἀνάγκη之后的ἤτοι-ἤ，见《政治学》1260b38；《论天》274a30；《论生成》332a5，等等。

　　③ 这并非断言ἤ-ἤ从未被用作ἤτοι-ἤ；但ἤ-ἤ具有ἤτοι-ἤ所没有的一种意义。

当我们了解了 ἀκολουθεῖν 的意思，子句三几乎就没什么麻烦了，而 ἀκολουθεῖν 的意思在利戴尔（Liddell）版和斯科特（Scott）版中都根本未加解释，而伯尼茨（Bonitz）本中的注解也不尽如人意。这是一个逻辑专名，意为"从思考的顺序得出"，亦即成为某个种之属①或成为某一个体之种②。"这些种仅仅是这个属的常规特征"是一个可以理解的表述。其意为"只有这样性情才能规整地进行分类"。对于任何特征我们可以说其相对好或坏，但并非必然是其他什么。

但是，这对吗？如果我们接受《范畴篇》《伦理学》和《政治学》（Politics）之说，那就对。作者在本书后面部分所作的注解说："甚至一个妇女或者一个奴隶也可能是好的，尽管妇女差一些，而奴隶则通常低劣。""缺乏"理论（the doctrine of "privation"）是通过这一表达式来表达的：只有就其自然而言本来可以看的情况，才有目盲之说。只有就其本来可以慷慨而言，才有吝啬之说；只有就其本来可以忠贞而言，才有没操守之说；只有就其本来可以高尚而言，才有卑鄙之说。但照《政治学》来看，只有在治邦者身上才能找到追求完善德性之能力（1260a17）；离最高权位越远的人，其能力也越小。如果勇敢严格意义上的领域是战争（《尼各马可伦理学》1115a30），那么不能把那些不能战斗之人划分为相对勇敢和相对懦弱。那些没有"荣誉感"的人不能被划分为忠贞或没有操守；那些没有财产的人不能被划分为相对慷慨或吝啬。因此，到这时候，在城邦的底层，追求种种德性的能力都被排除了；即便如此，那里还是有相对的好和坏，因为城邦中最微贱的成员也有其要去履行的

---

① 《辩谬篇》181a23、24 有定义。ἔστι διττὴ ἡ τῶν ἑπομένων ἀκολούθησις ἢ γὰρ ὡς τῷ ἐν μέρει τὸ καθόλου οἷον ἀνθρώπῳ ζῷον [要么，正像一般从个别中得出，如"动物"从"人"得出。]（另一种情况基于矛盾律）。这种用法在逻辑学中随处可见，例如《论题篇》113b31, τῇ ἀνδρείᾳ ἀρετὴ ἀκολουθεῖ [勇敢是一种德性]；128b4, ὡς γένους τοῦ ἀεὶ ἀκολουθοῦντος。其诸多情形以及《前分析篇》43b44a 中的 ἕπεσθαι。

② 《论动物生成》768b13, πᾶσιν ἀκολουθεῖ τοῦτο (τὸ ἄνθρωπος) τοῖς καθ᾽ ἕκαστον [人类是所有个别人之种]。

职责，而德性正是使其得以好好履行其职责的那种东西。

　　第四个子句为最后一个命题给出了理由，并且意味着既不是说每个人的性情非好即坏，也不是说没有两个人性情会同样好或同样坏，但是，哪里有性情的差异，哪里就有相对的好和坏的问题。前面的命题正是从这里得出的。如果说相机的区别在于尺寸，那么其唯一的分类原则就是分成相对大和相对小，也就是说按标准的三分法。这里所涉理论即《物理学》中所述：一个属只有一个终极差异（189a13）。如果我们将"性情"代之以"在他们的道德品质中"或"在任何道德品质中"这样的字面描述，这种断言看来更少危险；因为在 A 与 B 的对照中，我们得说 A（也许）没有 B 那么勇敢，但却更公正。

　　由此我们得知，一个勇敢的女人会对照出一个懦弱的男人，而一个忠贞男人会对照出一个放荡的女人。不管怎样，道德品质所具有的是相对性的价值（《论题篇》117a35），据此有可能概括和声称女子逊于男子。但是，正如可以给坚硬一个定义，即上面所引述的那样，也可以给道德德性一个定义，即在与快乐和痛苦相关之事上依照恰当理由进行选择。必备程度由这个人在社会中所处的位置决定，据此，正如已经看到的那样，潜能性的德性随社会地位的差异而有所不同。

　　分类的真正原则在于找出属的对立项（《论题篇》143a35；《形而上学》1073b20），这一对立项必须是这个属中的成员，且作为（qua）这个属的成员，其他成员均与之相异（《形而上学》1038a15）。于是乎，此即该句所要解决的问题。

　　余下的问题是，这个命题该如何描述。正如亚里士多德在"重与轻"的关系中注意到的那样，希腊语会造成一些困难（《论天》307b32）。有些时候，会有一个词，比如"温度"，我们可能会说"身体在温度上有差别"，而希腊语习惯说"在热和冷方面"。我们更为经常地把某些极看作正面，而把另一些极看作负面，并且会说"身体在可溶性、量级、数量上不同"等等，而希腊语会提到两极，可溶性和不可溶性等等（《天象术》385a19）。一般而言，在将某一极视为正面这一点上，亚里士多德和我们一致，但（有一次）不那么一贯。"一个对立项是一个否定"乃一般原则（《论生成》332a23），但尽管冷被作为这个一般原则的例子，可是在别的场合冷又被说成"实在"，并非否定（《论动物部件》[De Partibus Animalium] 649a18）。在眼下这个例子中，恰当的表述似乎为"在相对好和坏方面"。存在于任何两个性情间的差别是相对好或者相对坏；由此得出，能对它们进行分类的唯一方式是将其划分为相对好或相对坏；并且，我们也得出这个按标准的三分法，即通过与我们自己作比。

还剩下第一个子句。在这样的隐微风格之下，可以非常肯定其间没有冗辞；并且顺序的安排极尽巧思。因而，这里的句序不可能是"既然摹仿者摹仿行动者（imitators imitate *prattontas*）"，因为要是这样的话，"摹仿者（imitator）"一词就没用；所以必定是既然"那些摹仿行动者的人"——跟着一个长长的插入语——"摹仿跟我们自己比起来更好或更坏，或差不多的那样一些人；例如画家"。这一部分预示了第3章，那里我们被告知，索福克勒斯（Sophocles）和阿里斯托芬（Aristophanes）均"摹仿行动中的人"；那里添加了 *drontas* 这个词，用以将戏剧家的情形同画家区分开来。区别存在于 dynamis［潜能］和 energeia［活动］间；肖像画画家的主题是潜在的行动者，而戏剧的主题则是事实上的行动者。

让我们来试试揭开 πράττειν 这个动词的含义，这个词在这部专论中所占分量如此之巨。就字面上说，其意为"经历（to go through）"，περαίνειν 是其使动形式，意为"使度过（to bring through）"。经历，可以是经历一个行动或者情感：老师和学生都上了（go through）这堂课；某人参加（go through）一个演出，正如某人经受（go through）痛苦。照亚里士多德的意思，分类不是在主动和被动的经历之间划分，[①]而是在经历以致远和经历而无以致远之间。现在让我们来看看他实际的用法。

---

① 在《政治学》1325b29，存在 ἐξωτερικαί 和 οἰκεῖαι πράξεις 之间的区别。

πράττειν 是动词"交好运"的属，^① 可被用作 πάσχειν 的同义词，^② 而且，πράττειν 同 πάσχειν 有一种关联，以至于看起来难以知晓什么时候合用此词，什么时候合用彼词。二者的例句清单里都给出了"出生、成长、生殖、醒、睡、运动"。^③ 在平行文本中，πάθος 一词可以替代 πρᾶξις 这个词。^④ πράττειν 之例可以是"保持静止"（《论动物运动》[De Motu Animalium] 701a16；《形而上学》1048b29），亦可是"行走""爱和恨"（《修辞术》1389b4），等等。πράττειν 用法上与 δρᾶν 迥异，因为 μεγάλα πράττειν 意为大获成功（《修辞术》1387b28= εὐτυχοῦντες），ἀγαθόν τι πρᾶξαι 通常意为"得到一个恩惠"，^⑤ 而 δρᾶν 一词在此语境中却意为"做大事"（《论题篇》126a35：126a38 不确定）及"给予一个恩惠"（《修辞术》1380b15）。ἔπραξεν ὡς ἔπραξεν 意为"他像他过的那样过"，ἔδρασεν ὡς ἔδρασεν 意为"他像他做的那样做"。

对于这个问题，最重要的两个段落大概在《形而上学》（1048b18 以下）和《论天》（292a20 以下）。第一个段落中说道：

> 既然没有哪个有限度的 praxeis 是所指终点，但却关涉此所指终点，例如，减肥时那个消瘦的过程（《问题集》956a 中有解释），这一造就减肥效果的过程当其在制造效果之时只是处在运动中，其自身并不成其为此过程之目标；这样的过程并非 praxis，或者起码

---

① 《物理学》197b1-13。ὅσοις τὸ εὐτυχῆσαι ἂν ὑπάρξειεν καὶ ὅλως πρᾶξις。

② 同上，247a9：αὕτη [ἡ ἡδονὴ] ἐν τῷ πράττειν ἢ ἐν τῷ μεμνῆσαι ἢ ἐν τῷ ἐλπίζειν. ἢ γὰρ οἷα ἔπαθον μεμνημένοι ἥδονται=《修辞术》1370a32：ἢ ἐν τῷ αἰσθάνεσθαι ἢ ἐν τῷ μεμνῆσθαι，等等。《优德莫伦理学》（Eudemian Ethics）1220a31：πράττεται τὰ ἄριστα τῆς ψυχῆς ἔργα καὶ πάθη。《尼各马可伦理学》1154a32：快乐是 πράξεις。

③ 《论动物部件》645b33：λέγω δὲ πάθη καὶ πράξεις γένεσιν, κ.τ.λ.。

④ 《尼各马可伦理学》1105a4：κανονίζομεν δὲ τὰς πράξεις ἡδονῇ καὶ λύπῃ=《优德莫伦理学》1221b36：τὰ δὲ πάθη λύπῃ καὶ ἡδονῇ διώρισται。

⑤ 《修辞术》1386a12=《大伦理学》1207a28，此间，ἀγαθὸν λαβεῖν 等于是同一个东西。但 1212a8 看起来就不同于这里。

不是完满意义上的 praxis；因为这些过程不是目的所在，而在一个完满意义上的 praxis 中，乃同时具备一个目标指向和这个 praxis。例如"他看到""他注意到""他理解且已然理解了"；但是你不能说（非完满意义上 praxis 的情形中）"他进展和已经进展了"或者"他正在治疗和已经被治愈了"。作为完满意义上 praxis 的例解——"他生活着并且曾活得挺好；他生活着而且过得很幸福。"与此相反（如果完成时和现在时并不同时为真），他也许已经止步，正如他停止变瘦（当其已经瘦骨嶙峋了）。但这不是那种情况，他同时活着又已然活过了。对于前者（非完满意义的 praxeis），我将其命名为"运动（motions）"，对于后者（完满意义的 praxeis），名为 energies（realizations：实现活动）。任何运动都是非完成的，诸如：消瘦、学习（或者进展）、行走、建造。这些就是运动和未完成状态：因为他不能在行走的同时已经走过（同一个院子），也不能在建造的同时已经建成了（同一幢房屋）。

英语中 action 的意思从来不具有这里所描述的这种意味；当作者说"这些过程并非 praxis，或者说起码不是完全意义上的 praxis"时，他承认这个词时不时会用于那些别的过程；在引自《论天》的段落中，他让"瞄准一个靶子"成为 praxis 的典型特征。

我们会想象这些天体具有 praxis 和生命；这一结果没什么可惊讶的。看起来，状况至佳者无需 praxis 即保有善，次好者要一个很轻微的 praxis，若要依靠好几个 praxis 那就差太远了；正如天体的情况，一个状态良好的天体，无需训练，另一个则在小段行走后[进入状态]，而还有一个则需要奔跑、奋力移动以及一个争夺的场所，另外再有一个则怎么煞费苦心也没法达到这种善，尽管其可能达致别的某种善。进一步说，很难[同时]圆满地做许多事情或经常成功，正如掷骰子，掷一次两次并不难，但不可能掷一万次。再说，若你为了另外一事得做一件事，做第三事为了第二事，第四事为了第三事，那么，做第一、二件还不难成功，但操作环节越多，则越难获成功。据此，我们得把星体的 praxis 设想为与动物植物的 praxis 类似；从此处也可见，人的 praxeis 是数量最多的；因其能针对许多有价值的目标，所以他做许多的 praxeis，且为不同的目的。但最好的状况下是无需 praxis 的，因其具备"为何（what for）"；而一个 praxis 则总是有两个因素，即有"为何（what for）"和"为那个（for that）"。

很清楚作者想法中与 praxis 相关联的乃是一个有意识的过程（conscious process）；且通常是意识充分的过程，在此过程中能听到意志（will）的声音。因此我们被告知 praxis 既不属于无生命者，也不属于较低级的动物，乃至婴儿（《物理学》197b7；《大伦理学》(Great Ethics) 1187b8）；尽管时不时在意识的较低形式中（如上）也确实有使用（《尼各马可伦理学》1111a26；《自然史》[*Natural History*] 588a17、596b20 等；《论灵魂》[*de Anima*] 415b1）。

作者的心理学和支撑我们语言的那种心理学之间的差异使得这个词的翻译异常困难。得包含戳进指甲以及处于痛楚中，建造房屋以及在愤怒或恐惧，在生长以及在杀害的意思，在英语中简直找不出这样一个词。因此我们不得不在每个地方都考虑一下作者衷心所思。有时，这个词是生活（life）(《政治学》1281a3；《论天》同上）的同义词；在这些情形中，"遭际"（faring）、"生涯"（career）、"生命篇章"（chapter of life）、"命运"（destiny）都符合要求。通常"经历（to experience）"适合对译其动词形态。因此，在上面所引用的第二段话中，从《物理学》来看，愉悦可以说是被经历的、被记住的或被期待的。在未完成时的情况下，名词形式（不过可得慎重）可以"行动（action）"对译之，而复数形式，可以"行为（conduct）"对译之。

那么，在子句 1 中，πράττοντες 意为"如此遭际（such as fare）"，"经历（experience）"或"立身行事（conduct themselves）"。但这个现在

分词可用于潜在情况或者实际情况（《形而上学》1071b2）。就潜在的可能性来说，既然这是进行分类所要求的（《论题篇》142a20；《论动物部件》649b13、15；《论天》281a12；《大伦理学》1205a35；《形而上学》1087a16），并且我们也已经看到这个描绘者的主题只能是一个潜在的"经历者"或人物（person），因为这个词之意指同 πράττων 之意指相应。我们怎么定夺其合适的对译词？

我们就剩下 μιμεῖσθαι 这个词了。像 prattein 一样，这个词也兼有我们通常认为不仅有异甚至矛盾的两个概念。

起头承诺要告诉我们诗术本身（itself）是什么，而这个本身就是本质（essence）（《形而上学》1029b20）。这个许诺当然一定要履行，而这一许诺的达成只有了解 σύνολον 这个词的意思的人才会觉察到，因我们被告知诗术乃是 μίμησις τὸ σύνολον [全面摹仿]。这个词乃《形而上学》中的专业词汇（《形而上学》1039b21，并且经常出现，例如 1029a5。《后分析篇》97a39），意为形式＋质料，并且，这就是"本质（essence）"这个词的一种含义。那么，诗术的本质，意味着形式和质料均为"摹仿（imitation）"。但在质料以及形式都被摹仿时，我们所用的术语并非"摹仿（imitation）"，而是"想象（imagination）"或者"创造（creation）"；那么，这就是被称为诗的创作技艺（creative arts）与那些复制技艺（reproductive arts）间的根本区别，对于复制技艺，亚里士多德用的是 ἀπεικάζειν，"复制（to copy）"之意。菲迪亚斯（Phidias）制作的雕像是一种形式上的摹仿，却非质料上的；而悲剧的诗术乃是整个儿摹仿。

"全面"摹仿（imitation "in its entirety"）这一思想可阐明如下。一个用真金造的伪币仅只是一方面的摹仿——伪装它本不具有的授权。一个用贱金属造的伪币则不仅伪装这一点，还伪装金子，它其实不是金子。一个图画里的钱币，要是前面两方面都是假的，那甚至就是三个维度上的伪装了。但一个虚构的钱币，比如本特雷（Bentley）的"西西里德拉克马"，在各个方面都是伪装；没有一处是现实的。那么对此，应该用 παράδειγμα "理想模型（ideal model）"这个术语，而不是 εἰκών [复制]（《诗术》1461b13；《形而上学》1079b35）。因此，这篇论文的第一个句子就已包含这一学说的雏形，尽管其原理是后来才阐明的，即诗术并非历史事实的复制，而必定是想象，并且同历史保持一种如代数学之于商人手册那样的关系。值得注意的是，费希纳（Fechner）似乎出于对亚里士多德用词的某种误译，恰恰得以切近亚氏的理论。他说，亚里士多德要的"不是对自然的单纯（pure）摹仿，而是纯化（purifying）的摹仿"（*Vorschule*, ii 41）；对此他进而如此解释：

> 事物的单纯自然实际上显得模糊不清、备受干扰、混乱无序，被不完美地加以复制，或因此而难以辨识，而这却可以通过艺术，以一种吸引心智的形式展现于我们眼前，且立即给我们以愉悦。①

不管怎么说，亚里士多德把这一学说限定给了诗术，即创作技艺，而把对自然的复印留给复制技艺。

因此，此段落与柏拉图（Plato）《法义》（*Laws*）（668a）中的看法并非没有争论，《法义》中认为所有的 mousike［音乐］兼具 mimetike［摹仿］和 eikastike［复制］。两位哲人间的区别得回到理型论（the theory of Ideas）。对于柏拉图来说，最好的诗类似于对美的摹仿。依此规则，就模糊了创造性和复制性技艺间的区别。摹仿对象乃是理型（the Idea），创造型艺术家和复制型艺术家都竭力通过对自然的复制中的一种来达成此意。照亚里士多德的意思，创造性技艺制作的乃是范型（model），而复制型技艺制作的是摹本（copy）。后者乃是"复制（ἀπεικασία）"，前者却是 μίμησις τὸ σύνολον［全面摹仿］。画家就通过（qua）阿伽门农（Agamemnon）来表现阿伽门农；而诗人只是像代数公式之于一个集合性质那样使用阿伽门农这个名字。对诗人而言，并不非得是历史上的人名。正如阿伽通（Agathon）虚构安透斯（Antheus）这个名字。不过，如果是历史上的人名，也有好处，即观众熟

---

① *Vorechule*, ii. 56。这并非真的是对 katharsis 的误译，但来自 Schasler, System der Künste, p. 8。

悉其命运，因此不会说一个得胜还乡的英雄不可能被其不贞之妇所杀。

对于 μίμησις τὸ σύνολον，笔者采用"对想象的无形描绘（immaterial portrayal of imaginary）"以对译之，认为这可恰切传达作者原意。一方面，很清楚，这个论文通篇有意识地避免 ὕλη［质料］一词，因为 σύνολον 没有 ὕλη［质料］；进而，这会让我们记起，维舍尔（Vischer）将诗术置于其艺术等级制的顶端，恰恰因为其不受累于物质，并因此，其作品具有潜在的不朽性（《形而上学》1071b22）。

英语词 simulate［模拟，摹仿，假装，冒充］或者 feign［假装，装作，捏造，作假，〈古〉想象］可以传达 μιμεῖσθαι 在这篇论文中的专业含义，而对于名词，则可采纳 fiction［虚构、编造］。然而，在许多地方，feign 会是不太自然的英语，而 simulate 又会招致误解；另一方面，portray［描绘］并没有包含 pretending［假装、伪饰］之意，而这经常是必不可少的。希腊艺术批评家们认为，优秀绘画作品的标志乃是肖似得被误以为真，黑格尔（Hegel）视之为错误之见。鸟雀会去啄食的葡萄，以及让人想去挂起的窗帘乃是糟糕的艺术。也许此类批评中确有正见。朗格（Lange）极为敏锐地分析"搅扰幻觉之因素"的必要性不亚于构造幻觉的因素。然而，希腊观点将艺术家视为一个作假者而非肖像画者。通过将"对想象的描绘"用于创造性艺术，我们清晰地排除了误解；"描绘（portray）"一词被允许用于复制性技艺之处的数量看来并不足以使其在我们所处理的句子中的用法引起反对。

对于悲剧定义中的 σπουδαῖος 一词，亚里士多德在《问题集》中给我们的对应词是"英雄的（heroic）"（922b17），这可联系《尼各马可伦理学》（1145a20）。他关于悲剧英雄在德性上优于其当代人的理论与其体系完全协调：依照其理论体系，完美德性仅属于统治者，或会随社会阶层的不同而有异。奴隶几乎没有德性，而工匠的情况也非常可疑。[1]当

---

[1] 《政治学》1260a14-37, τὸν μὲν ἄρχοντα τελέαν ἔχειν δεῖ τὴν ἠθικὴν ἀρετήν, τῶν δ' ἄλλων ἕκαστον ὅσον ἐπιβάλλει αὐτοῖς.

然这将被解释为 dynamis［潜能］，而非 energeia［实现］；一个王者具备获得最高德性和最高幸福的能力，而我们乃是通过潜力而非现实来划分等级。

对此事实，一位令人钦佩的戏剧理论家弗瑞塔格（G. Freytag）解释说，既然在现代，普通公民具有古代所不具有的个性发展范围，随着已然发生的个体自由的进步，普通公民就可以成为悲剧中那种英雄（*Technik des Dramas*, 11th ed., p. 58.）。同样，《艺术起源》（*The Origins of Art*）（Ÿ. Hirn, p. 46）的作者这样解释我们受挫败后的情感：在相当大程度上，其原因在于，给予我们感觉、思想或身体力量的行动机会已然消退。卡莱尔（Carlyle）告诉我们说，现时代最非凡（σπουδαῖον）的事件是乔治·福克斯（George Fox）为他自己做了一套皮装；如果他相信这一点，那很奇怪，尽管他用了两页来写鞋匠及他那身行头，但有三卷用来写法国大革命，有九卷写一个国王的生活。名利场的构成更为纷繁。①

当然，按潜力而非实际来划分等级正确且自然。可能一辆汽车被定为 70 H.P. 级，尽管驾驶它的司机从未让其超过 5 H.P.。对一个艺术家，是根据其成就而非失败来确定等次（《大伦理学》1205a25）。

那么，我们因此已经看出亚里士多德的 sūtras 与帕尼尼那种为了了解任何部分得了解整个系统的方式类似；因为这四个句子已经带着我们涉入这篇论文的很大部分。

对这些句子的研究也向我们表明，在对亚里士多德提出责难，说其命题不是晦涩就是不对之前，应当先搜寻其著作中可资阐明的内容。至少在许多情况下都会找到这种内容。在第 4 章中，通常的翻译会让人认为，亚氏断言"求知对所有人都一样是愉快的"，以及一幅画了你所知之物的绘画作品会给你愉悦，因为当你看这幅画的时候你在求知。就前一

---

① Carrière（Poesie, p. 525）说："悲剧发生在个人家庭或是宫廷，没什么区别。"然而，这可不是亚里士多德的看法。

命题，似乎亚里士多德对人类天性的所知比一个学龄儿童还少；如果求知这么令人愉快，为什么我们得连哄带骗、威逼利诱地让男孩和女孩们学习？难道这个世界给予其最伟大的教师、给苏格拉底及其他人的报偿表明求知是一种愉悦？不过确实，亚氏本人在《政治学》中说，求知伴有痛苦（pain）（《政治学》1339a28，μετὰ λύπης γὰρ ἡ μάθησις）。所谓的我们看一幅绘有我们已知的某人或某物的画时我们在求知这一命题，简直是自相矛盾。

但在《辩谬篇》①中我们会被告诫说，μανθάνειν（译作 learn［求知］）具有两个有区别的意涵：一意是去获取知识，这就是英语的 to learn，另一意是"用某人具备的知识去理解"，对于此意，英语不是 to learn，而是 to make out。断言所有人均享受 making out［理解、辨认出］的快乐，这无需辩护；就是不喜欢学习的孩童，也享受解出难题的快乐；看出熟悉之物相似性（至少到相当程度）的愉悦感在于对［事物］类同之处的探查。μανθάνειν 一词在阿提卡（Attic）日常会话中当然以 to make out 之意为常见，并用于解谜（希罗多德 vi.37；普鲁塔克 Sept. Sap. Conv. § 10［585 R］）。在这个地方，亚里士多德要清楚传达他意欲表达的意思有点困难。他的用词是 συμβαίνει θεωροῦντας μανθάνειν，当然，这句不能解释为"他们观看图画伴随着求知"，如此解释，须得是 θεωροῦσι μανθάνειν。这里，老师的处理程序如下。在《尼各马可伦理学》（1146b33）中，θεωρεῖν 被定义为 χρῆσθαι τῇ ἐπιστήμῃ［运用知识］。在《辩谬篇》中，正如已经看到的那样，μανθάνειν 意为 συνιέναι χρώμενον τῇ ἐπιστήμῃ［通过使用知识而理解］。因此，文本中的这些词句只可能意为"这一过程伴随着'运用某人已有知识得以理解'"，即解决一个问题。

这会将我们引向《物理学》（255b22）中的一处讨论，此处我们被告

---

① 《辩谬篇》165b33，τὸ γὰρ μανθάνειν ὁμώνυμον, τό τε ξυνιέναι χρώμενον τῇ ἐπιστήμῃ καὶ τὸ λαμβάνειν ἐπιστήμην。《尼各马可伦理学》1143a12，τὸ μανθάνειν λέγεται ξυνιέναι ὅταν χρῆται τῇ ἐπιστήμῃ. λέγομεν γὰρ τὸ μανθάνειν συνιέναι πολλάκις。

知"除非有什么妨碍,否则已具备知识的人马上就能理解";而到了《尼各马可伦理学》那里,我们被告知,这种不受阻碍的既有品质(hexis)的运用是一种快乐(1153a15)。那么,参考《辩谬篇》会向我们显示这个词的歧义。首先《尼各马可伦理学》中会明确告诉我们此处所指是两歧意涵中的哪一个;不过在《问题集》(918a7)中还有另一义,那里告诉我们的是"获得知识"之意,不是这里的意思。亚里士多德还做了些什么?因而,朗格(《艺术的本质》(*Wesen der Kunst*,p. 412)毫无必要大费周章地表明wiedererkennen［理解］之意所在处,亚里士多德预设了hinzulernen［学习］之意并加以补充,因为这位哲学家本无此预设。

  隐微风格有一个不易让人确信的特征在于,作者最喜欢在同一个段落或句子中使用同一个词的不同含义。在已经讨论过的这个段落里,可以清楚看到 θεωρεῖν 首先用作"注视(to gaze at)"之意,在与绘画、雕塑等联系时,它有此意涵(《大伦理学》1191b7);而这里却意为"运用理解力(to use the understanding)",《尼各马可伦理学》中采用此意。同样地,在1450b34-1451a4,ζῷον 出现了四次,第一次和第四次意为"形象(image)",第二和第三次意为"动物"。在1449b9,μέτρον 意为"范围、广度(extent)",而在此语境中,读者自然而然想到的却是"格律(metre)",因为后面马上就跟着"格律"的意思;这让从古至今多少读者都在这里栽了跟头。ἁρμονία 用在1449b29 意为"在用语中混用熟习语和生新语",这看起来很让人惊讶,不过以《形而上学》中暗示的方式对此段落加以考虑,就不再会惊讶了。

  在此定义中,我们被告知,要以各种［润饰］方式分别在各部分中让语言悦耳动听;并且解释,所谓"润饰",指的是节律、乐调和曲调,而"分别在各部分中"意为只是某些特定部分受到格律限制(περαίνεσθαι),某些特定部分受到曲调限制。"润饰=限制"这一等式来自《修辞术》(1408b27, etc.),有限制的［语言］才悦耳动听。限制只能通过数值来实现;但还有另一种润饰的方式,不仅《修辞术》主张这一点(1414a26),将之同节律并提,而且《诗术》本身也有相当篇幅论及,这就是在词汇上混用熟习语和生新语。似乎难以想象此处作者可能是忘了这种润饰方式。列举中的第二个"以及"已经暗示了"等等";但这因为用了 ἑκάστῳ[每一个]一词而被排除了,这个词不能被用作 ἑκατέρῳ[两者中的每一个][1],除非作者违反他自己对数目使用的惯例(《修辞术》1407b10)。那么,"限制"一词用于以数值方式进行润饰处,"润饰"一词则包括第三种方式在内。此外,在 1449a28,显然有同样的用法。

那么,要是有人以这种风格写东西,其目的乃是只让其学园中的成员理解,而一个如阿特纳伊乌斯(Athenaeus)般热切学习希腊诗歌和诗术的学生却没注意到亚氏的隐微之作,这一事实证明作者的目的达到了。《诗术》罕被提及,而且其影响直到 16 世纪都显得微乎其微甚或没有。[2]

由于没有接触到隐微作品,斯特拉波(Strabo)断言老逍遥学派只是讲些浮夸的主题(θέσεις ἐληκύθιζον)。而后来的逍遥学派,由于抄件的残缺,可能之辞甚于确定之辞。现在仍存有这些哲学家致力于《诗术》的此类评注的某些标本。

伯兰蒂斯(Brandis)出版了亚历山大(Alexander)[3]对《辨谬篇》166b3 的注,那里有一个通过改变重音来解决疑难的例子,这也见诸《诗术》,就是这句 διδόμεν δέ οἱ εὖχος ἀρέσθαι。亚历山大在荷马那里找不到这半

---

[1] [译注]这个词出现在 1449b26:ἡδυσμένῳ λόγῳ χωρὶς ἑκάστῳ τῶν εἰδῶν ἐν τοῖς μορίοις。

[2] 东方诸公以为"摹仿"即"比拟"抑或"隐喻性语言";而卡里耶(Carrière)的理论认为诗很大程度上是 bildliche Rede[比喻言辞],表明此等错误绝非不可原谅。阿拉伯世界论述《诗术》的古典学者们(Kudāmah、Ibn Rashīk 及ʿAskarī)好像并未暗指亚里士多德,尽管据说他们中第一位曾出席那场 Abu' l-Bashar 所面临的辩论。Ibn al-Haitham(ob. 约 1030)以希腊语和阿拉伯语诗歌相结合写了一篇论文(Ibn Abi Usaibiʿah, ii. 94),要是能找得到,估计是件珍奇之作。

[3] [译注]亚历山大(Ἀλέξανδρος ὁ Ἀφροδισιεύς),生于小亚细亚的阿芙洛蒂希斯,生活于公元 2、3 世纪,逍遥学派哲学家,古代希腊最著名的亚里士多德著作注疏者之一。

行诗,于是猜测此乃亚氏自己所作! 于是他补充说,διδόμεν 即多利安方言中的 διδόναι。在另一个地方,他通过"语调(intonation)"来解决疑义,也无甚裨益。这是关于如下诗句(《伊利亚特》23.327、8)的某些疑义:

ἕστηκε ξύλον αὐονόσον τ' ὄργυι' ὑπὲρ αἴης
ἢ δρυὸς ἢ πεύκης· τὸ μὲν οὐ καταπύθεται ὄμβρῳ,

对此,塔索斯的希琵阿斯(Hippias of Thasos)的解决办法是,将 ου 的音读得"更高"。依亚历山大之见(《辨谬篇》166b5 的注释),这个词最初被读作 οὔ,并解为"会腐朽的部分",此部分而非彼部分会腐朽,这让人不知所云,因为后者即便未明言也暗示了。"希琵阿斯修订了 οὔ,即'那种树——松树——在雨中就不会腐朽',而泰奥弗拉斯忒斯(Theophrastus)注意到松木在泉水或雨中不会腐败,腐朽的情况主要是在海水里。"

首先一点,泰奥弗拉斯忒斯这一观察乃就橡木而非松木言(《植物志》(Historia Plant, V. iv. 3),且说的是河水及湖水,不是雨水和泉水;橡木用于制造在淡水中航行的船只,因为橡木在淡水里不会腐朽,但在海水里就不行;"其他树木"——必然包括松木——"天然就适用于咸水。"于是乎,亚历山大只是对已被荷马注释者断章取义的引文再断章取义,此注者以橡木替代了这些树木。"无名作者"保留了针对松木所作的观察,但是忽略了泰奥弗拉斯忒斯之名。

其次,"其部分朽坏于雨中"的意思似乎无甚可怪之处,因为紧接着就是"它两边都有白石",那么其意即为"它部分暴露在雨中,但两端受到了保护"。问题在于,荷马用的不是 οὔ 而是 εὔ;泽诺多图斯(Zenodotus)[①] 因为在某处允许用 οὔ 替代荷马的用法而遭阿波罗尼乌斯·戴

---

① [译注] 泽诺多图斯(Zenodotus):公元前 3 世纪左右,第一、二代托勒密王朝时期的希腊文法学家,荷马学者,亚历山大图书馆第一任馆长,《伊利亚特》和《奥德赛》的第一位校订者。

斯库鲁斯（Apollonius Dyscolus）[1] 诟病（*Synax*, p.164；*Pronouns*, p.97 [Bekker]）；这个词同其 digamma 字母粘合如此之紧，以至于其导入破坏了格律；且 τὸ μὲν οὗ 之替代 οὗ τὸ μὲν [相对地] 并不自然。

这里还有进一步的困难。亚里士多德说，希琵阿斯通过将 ου 的发音读得"更高（ὀξύτερον）"或"更尖"来解决这个问题，而通常认为否定词 οὐ 读音非但不比 οὗ 尖，且根本就没有重音。这些希腊学家（Graeculi）怎么来处理这一点呢？"无名作者"可实实在在地跟亚里士多德相抵触；他说这个 οὐ 既不应该是尾长音节词（peripomenon）也不应该是尾重音节词（Oxytone），而是像否定词那样没有任何重音。[2] 亚历山大没这么明说，但也暗含此意。[3] 被亚里士多德称为发音"更尖"的词将作否定解。眼下，隐微风格并未包括以错误含义来使用语词，据此，如果亚里士多德的意思是这个词可以解为"没有重音"——因为"无名作者"就此给出的是 ἀνειμένως 这个词，这在亚里士多德的希腊语中等同于"抑音（grave）"[4]——他就不会说"更尖"了。

既然在另外的地方（《辩谬篇》178b3）我们被告知，ου 的意思会根据其发音"更尖"或"更低"在 οὗ [在哪里] 和 οὐ [不] 之间转换，而对于哪个重音对应哪个意思，并没有什么指示，"无名作者"确认通常观点，即否定词 οὐ 并无重音，并因此比起意为"where [在哪儿]""of whom [谁的]"以及"sui"的那个词来说就不那么尖；最好转化一下亚历山大的解释，并且设想这一引发困难的解读来自我们通常用的文本，

---

[1] [译注] 阿波罗尼乌斯·戴斯库鲁斯（Apollonius Dyscolus）：公元 2 世纪的希腊文法学家，被视为古典时代最伟大的希腊文法学家之一。*Synax* 和 *Pronouns* 都是他的文法著作。

[2] μὴ περισπωμένως μηδ' ὀξυτόνως προφέρειν τὸ οὐ ἀλλ' ἀνειμένως καὶ ἀποφατικῶς.

[3] ἀποφατικῶς ὅπερ αὐτὸς ὀξύτερον εἴρηκεν.

[4] See Bonitz, col. 776. 例证是：《相学》（*Physiognomonics*）807a17，τὸν τόνον ἀνίησι καὶ βαρὺ φθέγγεται；《论声音》（*DeAudibilibus*）804a26，τόνοις ἀνειμένοις καὶ βαρέσιν；《问题集》900b12。作者们对重音均作相似处理，Bekker's *Anecdota* 676, 31 and 684, 29。

这些通常的文本乃是希琵阿斯通过将 οὐ 变为 οὗ 加以修订过的；如此，诸事遂趋明朗。旧解读法简单易行，即"既然这在雨中并不朽坏"。然而，对此尚有异议，认为尽管这对橡木而言说得通，但对松木来说可不是这样；①希琵阿斯以 οὗ 替代 οὐ，从而引出这种解读，正如我们看到的，这一解读颇合乎情理，但却违反了史诗文法、格律及用例。既然我们称之为尾长音节词的重音形式对亚里士多德而言意味着处于昂音和抑音之间，那么他说这比抑音要更尖，岂不是很正确？作为均值，其为两个反极间的连接（《物理学》188b24），而作为均值，其与两个反极皆有对立（《形而上学》1056a25）。相对抑音来说它是昂音（《物理学》224b36）。

但是布莱斯教授（Blass）不是告诉我们，据以前语法学家的看法，原以为是"无重音节"的那些情况全都是尾重音节？的确如此。但我们又被同样权威、毋宁说更权威的希罗迪安（Herodian）②告知，对于词尾昂音重读的情况，无论接着是停顿还是非重读词，都将代之以抑音重读；并且他认为跟其他例子一样，οὐ 的情形亦如是。只举其对《伊利亚特》1.114③ 的注解足矣："因此，为了可以将 ἕθεν 处理成一个简单代词（'她'而非'她本人'），应给否定词 οὐ 以尾重音节。因为，如果我们给 ἕθεν 原有重音，那么它将作为复合词。"那么，只是因为 οὐ 紧跟着一个非重读词，所以它成了尾音重读；要是它后接一个重读词，则它将是"抑音"。正如已经看到的那样，一个尾重音节词的声音不那么低沉，也就是说，比抑音的声音要高昂一些。我们据柏拉图的权威得知，那种"抑音"等于"非重音"。

因此，布莱斯谴责赫尔曼（Hermann）的 proclisis 之说，这非常正

---

① 这是被雨滴磨蚀的问题（《物理学》253b15）；并且橡木抗磨损性远远大于松木，乃至橡木船骨用于加固松木船骨以拖船上岸（泰奥弗拉斯图斯［Theophrastus］，l.c.V.ii.2）。

② ［译注］希罗迪安（Herodian），即 Aelius Herodianus（希腊语 Αἴλιος Ἡρῳδιανός），约公元 180—250 年，最伟大的古代希腊 - 罗马语法学家之一。生于亚历山大里亚，后移居罗马，颇受马可·奥勒留皇帝青睐。著作不传，仅余残篇。

③ See Lehrs, Herodiani Scripta Tria; reprinted by Lentz.

确，没有权威意见支持赫尔曼的说法；他没有清晰表述的是一个明显的事实，就语调的抑扬而言，我们是否标注抑音重读或无重读，这无关紧要，这些符号仅意味着语调的抑扬（intonation）。在　和 τό、οὐ 和 μή 之间，音高上没有什么区别；①在某处标注了重音，在另一处又没写，这纯粹是习惯使然。而我们必须要么完全接受传统的体系，要么完全放弃。

于是，这里我们又跟前面一样，要是不熟悉亚氏体系相当大的部分，则我们甚至无法理解他对一个重音的看法。《诗术》会指引我们求助于《工具篇》（*Organon*）；《工具篇》又指引我们到《物理学》和《形而上学》。我们的希腊语文本通常的重读法包含 dynamis［潜力］和 energeia［实现］之说。因为当我们强调词语的中音，意思是这些词潜力上是尾重音节的；但尽管这些词会据其潜力来分类，但在任何具体情形中，它们必定还是依照其实现来进行描述的。对这些情形下的重音，亚里士多德只能参照其实现来加以说明。

如果要评价这些希腊学家在解释这两个段落时的表现，我们会打负分。一位以伪造之责加罪于亚里士多德，另一位干脆同亚里士多德相抵触，两人都错误引用泰奥弗拉斯忒斯。

在《伊利亚特》10.252，有些人会发现其逻辑有误：παρῴχηκεν δὲ πλέων νὺξ τῶν δύο μοιράων, τριτάτη δ' ἔτι μοῖρα λέλειπται。这行诗翻译为："夜，已经逝去两分多，还余下第三分"；要是三分之二还多的夜已经过去，不可能还剩下三分之一啊。亚里士多德注意到，πλέων 这个词确实可以是比较级的主格，但它亦可为 πλέος［全部］一词的阴性复数属格，那么意思就成了"夜已逝，两分已满，仅余一分"；如此，"满"之用作"完全"，抑或是在此语境中的绝对属格，抑或是重音，都不需要辩护了。这两个词的混淆的确看起来不限于荷马；因为当亚里士多德在《天象术》中说"河流入海，而海并未更多"（355b23），也就是说"更大"。《传道书》（*Ecclesiastes*）以这样的形式重述了这一意思："大海并不满。"这位荷马学者以这样一种造

---

① 因此 αὐλὴ τρίς 和 αὐλητρίς 在发音上毫无区别。Diog. Laert. Ⅶ, § 62.

成两个语法错误的方式来制造这个解释的翻版。他认为荷马将 πλέω 用作 πλέων 或 πλέα，然而，"完全的两个部分"是什么意思并不清楚。

然而，这些做法没有依照亚里士多德的解释权威。亚里士多德所言，乃是荷马用一个简单的等式来做这道算术题，即 $\frac{1}{2} + x = \frac{1}{2}$；因此，$x = \frac{1}{2}$，也就是十二小时里的两小时。据此，亚里士多德对希腊文化如此熟谙以至于他设想"两部分"意即"一半"。现在，如果亚里士多德已经习惯于把白天和黑夜想成各持续十二小时，那么他从未在其星相学著述中提及这么有用的一个划分就太奇怪了。尽管他从未曾提及这个，但他自己以荷马的方式揣度"夜的第三分，从拂晓或者黄昏起计"（《天象术》350a32）。在其《自然史》中，一"小时"是白天的一个"时间"，日出、日落、早餐时间等等（564a20、602b9）。在亚里士多德著作全集中唯一一处，"小时"可以在我们这个意义上来解释，即在《植物学》(Botany) 中。而这里的希腊语不出自亚里士多德。但即便亚里士多德的意思就是这个注者所言，那也不会是"更多"这个含糊不清的词，而是"两分"这个短语，依其说法，所谓"两分"可能也指一半。因此，我们可以毫不犹豫地拒绝这一比亚里士多德晚了至少好几世纪的注解。①

解决此问题的另一方式是，将其解为"夜已逝去三分之二的大部分"，也即八小时中的七个小时；但在那一情形中，还会剩下超过三分之一的部分。

伯内斯（Bernays）② 在两篇有趣的论文里让我们注意希腊学家们对

---

① 因此，尽管在《物理学》关于时间的论文中亚里士多德没有提到过"小时"，但其注者瑟弥斯提乌斯（Themistius）却再三提及。

② [译注] 伯内斯（Jacob Bernays, 1824—1881），德国著名古典语文学家。其关于亚里士多德的研究有 *Die Dialoge des Aristoteles im Verhältniss zu seinen übrigen Werken*（1863）、*Zwei Abhandlungen über die Aristotelische Theorie des Dramas*（1880）。*Zwei Abhandlungen über die Aristotelische Theorie des Dramas* 一书是其 *Grundzüge der verlorenen Abhandlungen des Aristoteles über die Wirkung der Tragodie*（1857）一书的再版，这部著作曾引起相当多的争议。本文中玛高琉斯所针对的也正是此书。

《诗术》其他段落的某些注解。① 其中之一是 4 世纪时的哲学家杨布里科斯（Iamblichus），一些差不多同时代的人认为他是个江湖骗子（伏提乌斯《书藏》[Bibliotheca]，337b8-10）。② 他的论文《论神秘》（on the mysteries）重印于拜沃特（Bywater）版《诗术》，因此我们这里无需再整个引述。这篇论文认为，照亚里士多德的意思，Katharsis 乃悲剧的"特质"，意思是以激情的轻微放纵代替极端放纵。悲剧和喜剧给予激情一个无害的发泄口，否则这些激情会放纵得很危险。

对此学说，伯内斯还引用了另一个跟杨布里科斯有相同背景的哲学家，而他本人将之作为对 katharsis 的正确解释予以采用。这遭到鲍姆迦特（Baumgart）在其《诗艺》（Poetik）③ 中的激烈抨击，但其看法赢得了广泛接受。

让我们开始吧，看看亚里士多德本人关于这个问题说了什么。大家都同意，首要的线索是《政治学》差不多结尾的那个段落，此处提及《诗术》以示指引；此段落如下——

> 这种在某些精神状态中会发作得很厉害的激扰，可见之于所有人，只是程度上有所不同；亦即悲怜、恐惧和宗教热忱：对于最后这种激扰，也有些人易感。我们看到，当把那种通常激起狂放精神状态的曲调用于这些人，使之 kathistamenoi，好像他们已然经历过那种叫作 katharsis 的医疗手段似的。同样，对于恐惧、羞怯，以及一般来说的情感，也可能这样。即必定有某种对所有人来说都可行

---

① ZweiAbhandlungen, etc.（reprinted），Berlin, 1880.
② [译注] 伏提乌斯（Photius），公元 9 世纪的拜占庭学者，其著作《书藏》（Bibliotheca）包括 279 篇他对自己所阅读过书籍的评论。这些书主要包括从公元前 5 世纪到伏提乌斯生活的 9 世纪间基督徒和异教徒作者的著作，这当中差不多半数的书籍没有留存下来。这本书在 9 世纪时使用广泛，并不仅仅作为参考资料，因此被普遍视为第一部可被称作百科全书的拜占庭著作。
③ Pp. 434 foll. 鲍姆迦特正确地注意到，杨布里科斯并非逍遥学派中人。

的、愉快的 katharsis 的方式，[使情感]得到释放。

对这些语句中第一句的解释在《问题集》xxx（954a22），这里处理了黑胆汁的问题。那里说明了黑胆汁中热和冷的过度会是慢性的或暂时的，而那种"有些人会发作得很厉害，但可见之于所有人"的激扰，就是这种过度。

> 如果本性冰冷而非在于体表冰冷的那种黑胆汁，就属于此种状况，身体中富含这种黑胆汁，就会引发中风、麻痹、绝望和恐惧……。而正如黑胆汁温度会导致不同的病症，它自身也是可变的；它像水一样，时冷时热。如果宣告一个可怕的消息，而黑胆汁的温度过于冰冷，会让人变得怯懦；正如一个惊恐之人会瑟瑟发抖所表明的，这扫清了通向恐惧和寒意的道路。如果温度是暖和的，恐怖会恢复中道状态，这让人自我控制、铁石心肠。日常生活中失望的情形与此类似。因为我们经常感到郁闷，但并不知道所为何事。在一些时候，我们灰心丧气①也没有明显缘由。这些情感，在某个范围内，人人身上皆有，因为每个人的质性里都具有某些这种力量。但有些浸淫颇深的人则会从这里面获得一定的性情。(《问题集》954b8-21)

随后书中给出了黑胆汁温度之影响的例证，解释了自杀之类的情形。②

现在我们知道我们的病患们是谁了——因为《问题集》中描述的人跟《政治学》里提到的人是一样的，这应该没有疑义——我们得考虑应该怎么对待他们。希珀克拉底相信，在此情形下这种不适的原因是混合物中的水过度了，他的医嘱是这样的（Ed. Littré. v i. 518.）：

---

① 从上下文看，ἀθύμως 应释读为 εὐθύμως。
② 在《尼各马可伦理学》1154b12 这被说成 μελαγχολικοὶ ἀεὶ δέονται ἰατρείας。

如果火会被现存之水所克，则有些人把这种人称为疯子，另一些则称之为遭雷劈者。这些人的疯狂具有一种较慢的倾向，当无人惹恼或打他们的时候，他们也哭，没啥可怕的他们也怕，没什么伤心事儿，他们也觉得伤心。这些人应以蒸汽浴进行治疗，或者在蒸汽浴之后用藜芦进行净化（purged）。

《政治学》中援引的自然法则也是熟悉的规则——"相反面的科学也是同样的"；如果黑胆汁的过热能被顺势疗法治愈，那么同是黑胆汁的过冷也能被顺势疗法治愈。过热情形中的顺势疗法就是卡塔乌来西斯（Katauesis），而关于过冷情形中的顺势疗法，我们可参考《诗术》，我们得知这种疗法就是悲剧。

καϑαίρειν——"净化"（to cleanse），归因于以藜芦净化来治愈疯狂的常规疗法——取得了"治愈疯狂"之意。《相学》（Physiognomonics）中就是这么用的，那里论证说，既然医生可以用药物"净化"疯狂，则精神和肉体间的联系必定颇为紧密。① 泰奥弗拉斯忒斯残篇中的一个例子足以举一反三："当拉刻岱蒙（即斯巴达）妇女变得疯狂之时，阿波罗（Apollo）遣巴克斯（Bakis）作为净化者，使这些人得到净化。"（《苏达辞书》[Suidas], s.v. Bakis）② 检视伏提乌斯《书藏》中 Hercules sanatur 的希腊语，会发现其指的就是καϑαίρεται。κάϑαρσις，正如伽林（Galen）所言，意即"苦疾之事质性上的疏泄（qualitative evacuation of what is troublesome）"。③ 所谓"质性上的（qualitative）"即指热与冷之

---

① 《相学》808b22, μανία δοκεῖ εἶναι περὶ ψυχήν, καὶ οἱ ἰατροὶ φαρμάκοις καϑαίροντες τὸ σῶμα...ἀπαλλάττουσι τὴν ψυχὴν τῆς μανίας.

② [译注]《苏达辞书》(Σοῦδα)，公元 10 世纪时由拜占庭学者编纂的关于古代地中海世界的辞书，篇幅巨大，具有百科全书性质，收录约 30,000 条，很多汲自已经散佚的古代典籍，不过这些资料来源大多经过中世纪基督徒编辑者之手。Σοῦδα 的意思为"城堡"或"要塞"。该书保存了大量已散失古籍的内容，成为后世的重要史料。

③ ἡ τῶν λυπούντων κατὰ ποιότητα κένωσις.

意。肌体的质（quality）即热与冷，而量（quantity）是湿与干（《自然论短章》[Parva Naturalia]，466a30）。κάθαρσις 通常由药物来完成，药物是在质上起作用，[①] 即通过热或者冷的过度（同上，864b10）。意思也就是说，不是排泄，而是平衡的恢复，因而可用作 ὁμαλύνειν [使变平衡][②] 或 ἀποκατάστασις [复元] 或 κατάστασις[③] 的同义词。所有这些词的意思都是一个：恢复冷和热之间的平衡即是健康（《问题集》859a12），所谓 eukrasia，或者这两种相反面的适当混合。[④] 此一或彼一的过度就导致疾病（《问题集》862b10）。

因此，我们无需哀叹缺失了对 Katharsis 的专门论述，因为亚里士多德在《问题集》中已经详加解说。他甚至还补充了语法规则，以说明我们为什么可以说 adjusting the disorder [调节失序]，以代替 adjusting the disordered [调节被扰乱者]。"有时我们说的是正在治疗的病人（the patient being cured），有时我们说的是患者（the suffering）(τὸ κάμνον，《论生成》32a15）。有时候我们说某个人热起来，有时候说这个人冷。"恐惧和悲怜从身体方面来说就是黑胆汁的冷却。对那种失序的调整，即冷和热的均衡法，便是 κάθαρσις。

杨布里科斯的意见之所以是遭到斯特拉波的嘲笑的 λήκυθοι [油瓶] 之一，根源于无视属于专业术语层面的含义：根本性的错误在于混淆了质上的和量上的"净化"，正确的解释牵涉到亚里士多德的医学和物理理论体系。

还有两个问题：这位哲学家如何设想这一"清除"怎么发生作用。

---

① τῷ ποιῷ ἀλλ'οὐ τῷ ποσῷ，参考《问题集》864b1。

② 《物理学》197a23，τὸ ἀποκεκαθάρθαι=ὁμαλυνθῆναι；《形而上学》1032b19（参 1013b1）。在《物理学》那个段落中，ἀποκεκαθάρθαι 被表现为两种偶发升温模式的结果，=θερμανθῆναι。所谓"刮去毛发"与主旨无关。

③ 《问题集》888a17，ἡ ἀποκάθαρσις=κατάστασις εἰς τὴν φύσιν。

④ 《问题集》860b11；《物理学》246b5，ὑγίειαν ἐν κράσει καὶ συμμετρίᾳ θερμῶν καὶ ψυχρῶν τίθεμεν；《后分析篇》78b19。

前述这些东西如何表明悲剧的这种功能。

对第一个问题的回答，可以在《问题集》中反复谈及的顺势疗法理论中找到。一个外在的冷却过程可以驱除内在的寒意。

> 有人因其质性冰冷或者情绪忧郁（由于冷会产生难以消化的过量胀气）会有某种特定的气息运动，当他们通过阅读开动脑子而不是稳定地理解时，第二种运动，就是冷却那种，会把第一种给排挤掉。（《问题集》916b）[1]

均衡因此得以恢复，而（在所处理的情形中）病患就睡着了。正如我们不断被告知的那样，恐惧就是冷却。那么，悲剧的行动就像这里所讨论的情形中阅读的问题，乃是以一外在的冷却祛除内在的冷却。为什么人在发烧之时须得保暖是同样的道理，外热可以扑灭内热（《问题集》871a37）。火势大的地方，蜡烛燃不了，因为大火会把小火吸取过来（866b2）。因此，应该给身体施予更大热量，因为发烧状态中的热是小量的热。

对我们这些不习惯以四元素论术语来考虑问题的人来说，这种解释有点不知所云。然而，这些引述中的第一个，使我们能引入"转化（divert/ἐκκρούειν）"这个词，该词表达了基本事实。只有正反面能彼此影响，这是《论生成》中的理论，这就需要一对正反面来解释顺势疗法的情况，而这一对正反面可以在内和外中找到。

---

[1] [译注] 这里的译文据本文作者的引述翻译。根据这段引文在《问题集》中的语境，可知这里所谓会冷却的第二种运动，指的是睡眠，第一种运动指的是阅读。可参考《亚里士多德全集·第六卷·问题集》中的中译文：
    为什么有些人在不想睡觉时，如果他们开始读书，却被睡意袭扰，而有些想睡的人，一旦捧起书本，却又引发了清醒？是因为，在由于冷的本性或抑郁的性格而发生气息运动的人那里，气息生成的排泄物由于冷而不调协，当他们的心智虽在运动但还没专注思考什么时，就会被可致冷的另一个运动所阻碍，因此，他们就更想睡眠吗？

悲剧中这个特别用语从何而来，这尚待考虑。鉴于亚里士多德对史诗（epopoiia）和喜剧（comedy）的语源学进行了讨论，《诗术》大量篇幅都在论述悲剧，却对悲剧的语源学不置一词，这一点对任何学生必定都印象深刻。那么，要么这一词源已经为人熟知，无需赘言；要么就像在别的地方那样，这得仰仗导师提供参考资料。后者就是我们在《论动物生成》中会了解到的情况，《论动物生成》中暗示 τραγίζειν 的意思并非尽人皆知。[1] 这个关于声音的动词意为"声音嘶哑"，也就是："在青春期开始变得刺耳和音调不谐的趋势，[2] 既不是还那样高也不是还那样低，不是一致的音高，而是类似于糟糕的弦乐和刺耳的和声。"[3] 那么，所谓"悲剧歌（tragic song）"就是一种音调不谐（irregular pitch）之歌。在《问题集》中，"悲剧的（tragic）"这个词被用于某种关联，这种关联无疑维系在作者对这个词含义的看法上。[4] "悲剧歌中为什么有 parakalaloge？也许因为音调不谐。因为不谐之音是令人悲怜的，并

---

[1]《论动物生成》788a1，καλοῦσι τινες τραγίζειν ὅταν ἀνώμαλος ᾖ ἡ φωνή.

［译注］参中译文："经过这种变音之后，确定了后半生的音调或高或低。"

[2] 亚里士多德对此现象的说明与现代权威意见没有什么不同。见 G. Stanley Hall, *Adolescence and Psychology*（1908）ii．27：

通常他们所有的声带和软骨生长时相互间没有保持精确的比例，这一张力是不稳定的，嗓音偶尔会突变至孩童式的高音，通常会有比发生变化前的正常情况高一些的音……有时候，声音真是撕裂的，也许相互间会到三度甚至更大悬殊的地步，间隙要慢慢地进行填补。

[3]《自然史》581a17，ἡ φωνὴ μεταβάλλειν ἄρχεται ἐπὶ τὸ τραχύτερον καὶ ἀνωμαλέστερον, οὔτ' ἔτι ὀξεῖα οὖσα οὔτε πω βαρεῖα, οὔτε πᾶσα ὁμαλή, ἀλλ' ὁμοία φαινομένη ταῖς παρανενευρισμέναις καὶ τραχείαις χορδαῖς, ὃ καλοῦσι τραγίζειν.

［译注］参中译文："大约在同一时期声音开始改变，变得更粗糙和更不匀谐，不再尖亢却也不怎么低沉，并且也不是整个地谐和于一个声调。"

[4]《问题集》918a10，διὰ τί ἡ παρακαταλογὴ ἐν ταῖς ᾠδαῖς τραγικόν; ἢ διὰ τὴν ἀνωμαλίαν; παθητικὸν γὰρ τὸ ἀνώμαλες καὶ ἐν μεγέθει τύχης ἢ λύπης. τὸ δὲ ὁμαλὲς ἔλαττον γοῶδες.

［译注］参中译文：为什么在歌唱中，穿插朗诵会产生悲剧效果？是由于对比吗？因为对比表现情感，蕴含着不幸或悲痛的极致，相反，单调则很难使人悲痛欲绝。

且出现在巨大的危机或巨大的悲痛中。而另一方面，谐律的音声，则不那么令人生悲。"因而，"悲剧歌"就是符合一种以巨大危机和悲痛为特征的调性。并非"悲剧的（tragic）"这一命名来源于悲剧（tragedy），而是悲剧（tragedy）这一命名来源于悲剧的（tragic）。"声音是悲喜之象征。"(《政治学》1253a10)"事物从其意欲履行之功能得名"（同上，1253a23），巨大的不幸和对无妄之灾的感觉在音声上自然是以不谐之调来表现的。于是可知悲剧的雏形可能是某种嚎叫和恸哭。诸如索福克勒斯的《俄狄浦斯》这样的巨作乃是从这样的内核脱胎而出。

在下一章里会看到关于悲剧和喜剧源起的那句话，就后一种情况看，无论如何是被基督徒有意篡改过。因此，让悲剧起源于酒神颂表演的这一陈述可能并非原封不动。依据西锡安人（Sicyonian）关于悲剧起源的观点，悲剧源起于对阿德拉斯图斯（Adrastus）的哀恸。而照亚里士多德看，其始时仅作为一个雏形，而酒神颂，就亚氏观点看来，非但不是个雏形，相反他又将其视作诗术的一种形式。此外，上下文还暗示悲剧的雏形已经废弃，相反，喜剧的雏形在某些城邦还依然保留着。那么，悲剧所由之发展起来的那种表演形式或许有某个冒犯基督徒感情的名字。Adonia 这个名字大概就会有此冒犯，不过提出这一推测不是作者眼下要做的事情。

那么，照亚里士多德的观点，这就是悲剧的意思。要得到这一解释，得把分散在他著作中的 sūtras 聚集起来。现在让我们来看一下，在这些问题上，古代的希腊学家们是不是比我们在别的地方发现的那些［解释］更可信。词典告诉我们："悲剧严格意义上说就是山羊之歌（Goatsong）。"应作 he-goat-song。τράγος 在希腊语中的意思既非山羊（goat），也非"公绵羊（ram）"，即英语中的绵羊（sheep）。这个事参考伯尼茨的索引即可。那么，什么是山羊之歌（He-goat-song 或者 Buck-song）？"以山羊作奖励的歌。"马尔博（Arundel Marble）如是说。本特雷也重复这一说法，尽管这位大批评家认为，这样一个奖励不足以报偿这些希腊悲剧杰作，而所谓公羊之说必定是史前旧事（*Phalaris*, p. 252）。"B

先生相信这可怜的奖赏一直持续至悲剧声誉日隆之际吗？"他问道。然而，几页之后，（用他自己的隐喻来说）风刮得不那么猛了。他考虑到有些人会受此引导，相信这一持续之举（*Phalaris*, p. 303）。这是因为品达和阿里斯托芬的注疏者们告诉我们，酒神颂的奖赏是公牛，而竖琴演奏的奖品是小牛犊。雷吉维（Ridgeway）教授在其关于悲剧起源颇有价值的论述中已经指出，依照柏拉图注疏者的观点，公羊不仅是悲剧奖品，也是酒神颂的三等奖。于是乎，当一个雅典人谈及山羊之歌时，他有可能意指一部一等奖的悲剧或是一部三等奖的酒神颂，这有时候会带来严重歧义。

要是这个公羊奖品存在于当时的历史，例如柏拉图的《会饮》（Symposium）中，这个奖品在其中所扮演的角色应该如同婚宴上的蛋糕一般重要，那么，在本来不可避免应提及公羊奖品的地方，本特雷显然什么也没找到。于是，他的解释是，这一名称在公羊奖品不再盛行之后还留存下来。然而，他以类似年代错植之类的理由指责希罗多德谈及的西锡安的"悲剧歌队"。因为他的权威著作说，公羊是阿提卡地区的悲剧奖品，而据希罗多德的看法，这奖品在西锡安从阿德拉斯图斯传给了狄奥尼索斯（Dionysus）。那么，在雅典，这种歌必定首先与公羊相联系。

由于抛弃了在这些基础上的奖品说以及雷吉维教授其他那些很好的陈述，后来的学者们极力给希罗多德的公羊歌队（buckish choruses）编排上某些其他意味。因此，希罗多德的意思也许是"披挂公羊皮的歌队"，因为山羊皮乃是伯罗奔半岛古代居民的服饰。或者根据西伯利亚（Siberian）的熊舞（这种舞饰演熊的命运）可以类推，希罗多德的意思也许是"公羊-舞者"（buck-dancers）。类似的，Hierosolyma 被约瑟弗斯（Josephus）的同时代人要么解释成"索吕密（Solymi）的圣城"——他们据此推断以色列人就是荷马时代的索吕密人，要么解释成"渎圣城（Sacrilege-town）"，这似乎非常贴合一个因蔑视神祇而恶名昭彰的国家的首府。历史词源学是有价值的、科学的；词源性的历史则不然。

因此，谁要是问亚里士多德他对悲剧性 katharsis 的解释，答案会是已经给出的。《问题集》中的医学理论如此一以贯之，如此清晰、不容怀疑。《政治学》中提到了《诗术》。《政治学》的这些章节不能脱离《问题集》xxx，《问题集》xxx 不能脱离《问题集》i。伯内斯既不能展示任何有名望的希腊作家曾在他所谓的 erleichternde Entladung（这一普通的医学用语意为"调节"，正如这个词和形容词"确切"和"精确"结对出现所显示的那样）①的意义上使用 katharsis；他也没有试图让其观点与《伦理学》的教诲协调一致，依《伦理学》之说，激情因纵容而滋长。杨布里科斯采取此说的事实确实一点没让这一观点更为可取。就伯内斯本人来说，出现在其论文中的个性是令人愉快的，而其中关于希腊的学问却绝非如此。对于"他穿上一件外套"，他的阿提卡说法是 ἔδυσεν ἱμάτιον（p.172）。科贝特（Cobet）称之为对 foeda barbaries 用法（ἀπεδύσατο）不算那么严重的违例。他认为，σκευοποιός 意为 Maschinenmeister（p.157）。他坚持，τῶν τοιούτων παθημάτων 与"这些激情"（p.28）是同义词，正如 ἡ τοιαύτη ἀναγνώρισις（p.104）这一表达所证明的。"此类激情的净化"可能就是 τὴν τοιούτων παθημάτων κάθαρσιν（p.27）。

很显然，就连他的追随者们都不能确信 this 在意思上就等同于 such，也根本无法确信他所建议的希腊语语句有什么意义。在此情形下，这个限定语在希腊语中可不能像在阿拉伯语中那样附加在非限定语上。当柏拉图在《斐多》（Phaedo）中让苏格拉底说诗人应该以诗文而非论文来写作故事（myths），以及由于他不是故事制作者（myth-maker），必得求助于伊索（Aesop），按伯内斯的看法，这在意思上且几乎在表达上等同于亚里士多德的概念，即诗人更应该是故事制作者而非韵文制作者。这主张确实不仅独特，甚至是矛盾的。他以 overloaded 对译 φορτική 这个词，以 situation 对译 πρᾶξις。我们中任何一个人都会犯诸如此类的错误，特别是当我们正为一个论点辩护之时，对此我们不应出言不逊。

---

① Aretaeus, p. 318（in Kuhn's *Medici Graeci*）ἀκριβὴς κάθαρσις τοῦ πάθεος.

虽然这些问题不至于让其作者丢脸，但足以表明他在将其观点公之于众前没有非常仔细地斟酌过。

这让我们可以着手讨论伯内斯提出的一处订正，这个订正已经广为接受，甚至已经被"阿拉伯本所证实"。他注意到 1447a28 这个段落，他的前辈们发现这段话很别扭：

> ἡ δὲ ἐποποιία [μιμεῖται] τοῖς λόγοις ψιλοῖς ἢ τοῖςμέτροις καὶ τούτοις εἴτε μιγνῦσα μετ' ἀλλήλων εἴϑ' ἑνί τινι γένει χρωμένη τῶν μέτρων τυγχάνουσα μέχρι τοῦ νῦν.

也许是因为他们还不够熟知亚里士多德的表达方式。伯内斯自己由于对此已经训练有素，所以能够有把握地复原脱文，如此方可补全抄本的表达方式。精通亚氏学问之人，对于接受伯内斯在 τυγχάνουσα 前增补 ἀνώνυμος 之举，都不会稍加迟疑。伯内斯将此段释为：

> Word-poetry imitates only in prosaic words or verses, and indeed it either mixes the different verse together, or confines itself to a definite genus [Gattung] of verse; still for this extension of the notion there is as yet no word in the ordinary Greek language.

> 言语-诗只用散文或韵文摹仿，甚至要么把不同格律的韵文混合起来，要么限制在韵文的某个特定属；在普通希腊语中还没有词对应这一意义范围的概念。①

这里应该举例加以说明的亚氏用法并非"无名"这个词，这个词无需解释，而是"epopoiia 至今还没有名称"这个句子，这句话的意思是"epopoiia 至今尚未在上述意义上使用过"。伯内斯对此举不出例证。在

---

① [译注] 这里保留了作者玛高琉斯的英译文，以资读者对照玛高琉斯后面对此引文的分析。

亚里士多德给予一个术语比普通语言宽泛得多的外延之处，他表述得非常清楚。在《天象术》中，当用"火"来代指某种我们称为乙醚之物时，他说："我们之所以称之为火，乃因为所有这些烟状挥发物的属（genus）尚无名称，值是之故，诸如此类最为易燃之物还得使用这些名称。"（341b15）他并不是说"火至今无名"，这可不是事实。同样的，一个人可能会在特定语境下以"马"这个词来指代所有乘具，包括自行车，但他不可能说"马至今无名"。

epopoiia 在普通希腊语中只用六音步格诗（hexametric poetry）这一主张被伯内斯归之于亚里士多德，且他说这"众所周知（bekanntlich）"，事实上却无人知晓。词典里，这个词的此种用例只能举出一个，亚里士多德之外的、公元前的例子来自希罗多德，且其出处无关乎格律。而另一个 epopoios 的例子出自卢西安（Lucian），卢西安已经不是公元前的人了，其语境表明其可以任何格律进行创作。与此同时，引自色诺芬（Xenophon）的有个段落暗含这样一种意思：epē 根本无须以韵文行之。[①]还有一例来自柏拉图，这个用例表明，"epē 中的技巧"意思就是一般性的诗法技巧，因为用来举例说明这种技巧的诗歌是抒情诗（《普罗塔戈拉》338d）。此外普罗克鲁斯（Proclus）断言，抑扬格诗也被称为 epē（《书藏》319a17）。在对狄奥尼索斯·特拉克斯（Dionysius Thrax）[②]的注释中，我们被告知，epē 意指任何格律的韵文（Bekker's Anecdota，751）。

由于这里这些反对理由中的第一条，伯内斯的后继者们竭力进一步订正这个段落。既然亚里士多德不可能说 epopoiia 没有名称，那干脆就

---

① τὰ ἐν τοῖς μετροις γεγραμμένα ἔπη.

② [译注] 狄奥尼索斯·特拉克斯（Dionysius Thrax）（前170—前90），希腊化时期的一位语法学家。西方第一部语法著作《语法技艺》（Τέχνη γραμματική）被归于他名下，但现在很多学者对此存疑。在此书开篇，特拉克斯将语法定义为："诗人和散文作者使用语言的实际知识。"因此，特拉克斯像他同时代的亚历山大里亚学者们一样，编辑阿提卡希腊语和荷马式文本，意在有助于将希腊古典文学教授给说希腊民间通用方言（Κοινή Ἑλληνική）的人们。

把 epopoiia 去掉。然而，这个词却去不掉：首先，既然看到亚里士多德在第一个句子中就列举了诗术各种形式的外饰（clothing），他不可能把其中第一个给遗漏了，他在这篇论文中专门用这么多空间来处理这个问题；其次也因为没这个词，这个句子就没法翻译。与此同时，这些疑难展示在句子末尾，τυγχάνουσα 被改成 τυγχάνειοῦσα。引入伯内斯的篡改，有可能破坏整本书。

对于伯内斯的翻译，还有更严重的反对意见。首先，认为在 epopoiia 中格律通常是混合的，这不对。在 1449b11，我们被告知，epopoiia 的格律是单一的，也即非混合的（《形而上学》989b17 等）。1460a2 说到，这类作品的长篇巨制除了六音步格，不用任何其他格律。作为一个例外，凯瑞蒙（Chaeremon）的实验是可笑的，证实了这一规则。因此，混合格律不能作为 epopoioi 的标准程式。

其次，"诸格律的一个属（genus）"是什么意思？这里的属（genus）要么是一个种系（race），要么某些种（species）的一个群属（《形而上学》1024ab）。显然，格律既非胎生，也非卵生。另一方面，如果 epopoiia 使用格律类型的一个群属（以后一种意义来看），那么就可以同时混合这些类型：因为混合的乃是同一个属（genus）中的种（species）（《论生成》328a31）。不过，也许这个反对意见本身并不要紧（《政治学》1342a27）。

第三，εἴτε…εἴτε 这个表达式就其性质来说是表达条件句的归结子句（apodosis），这要么会是"我不知道"，就像《哥林多后书》(2 Corinthians 12.3) 的"或在身内，我不知道，或在身外，我也不知道"，要么是对这些假设条件中任何一个都保持有效的陈述。注释中给出了这种选择性假设表达法的一些例子。① 可以看到，不管这个惯用法用在哪

---

① 《论天》280b15, τὸ γενητὸν [λέγεται] ἕνα μὲν [τρόπον] εἰ μὴ ὂν πρότερον ὕστερον ἔστιν, εἴτε γενόμενον, εἴτ' ἄνευ τοῦ γίνεσθαι。《物理学》209a19, εἴπερ τούτων ὁποτερονοῦν ἐστίν, εἴτε ἡ ὕλη, εἴτε τὸ εἶδος。《自然论短章》442a14, κατὰ λόγον δὴ τῷ μᾶλλ καὶ ἧττον ἕκαστοί εἰσιν εἴτε κατ' ἀριθμούς τινας εἴτε καὶ ἀορίστως。《论生成》318b11, οἷς οὖν διώρισται, εἴτε πυρὶ καὶ γῇ εἴτε ἄλλοις τισίν。《尼各马可伦理学》1160a17, συστρατιῶται δὲ [ἐφίενται]

里，都会有一些像"我不知道""不论""同样地"之类的补语，直接表达或（更经常是）暗含此意。因此，当康德（Kant）说 das Geleis einer ich weiss nicht ob vernünftigen oder vernünftelnden, wenigstens natürlichen Schlussart 时，希腊语可以省略 ich weiss nicht。很显然，我们面对这个句子没有这类补语的位置。因此，我们得重新翻译这整个句子。

无疑，此作者以词源学方式将 epopoiia 解为"六音步格作品"。正如我们已经看到的，以及这一段证明的，这个词普遍适用于以任何格律，甚至以散文形式构制之作。那么，这个词对应的是我们的"虚构故事（romance）"①这个词。对此用法，必须或者至少应该给出一些说明。从第 25 章可以得到暗示：这里关于"语言的用法"，解释了为什么"斟酒人"可以适用于甘露（nectar）。这些用法要么缘于混淆，例如"因为那些不知道甘露这种东西的人会误以为诸神喝的是酒"（《大伦理学》1205b15），同样，那些不知道铁的人（Herodotusi. 68.）会认为制造铁器的人是铜匠，要么是有意识的隐喻，当属（genus）还没有名称的时候，一个种（species）会被用于指代这个属（《修辞术》1405a36）。

因此，既然"干的蒸气"没有任何属名，我们被迫用一个种的名称，例如"烟"来指代这个属。②"六音步格作品"适用于散文性虚构作品，要么因为差别被忽视了，正如在原子混合的那种情形中一样（《论生成》328a14），要么由于需要给文学创作或虚构作品一个属名，"六音步格作

τοῦ [συμφέροντος] κατὰ τὸν πόλεμον, εἴτε χρημάτων εἴτε νίκης ἢ πόλεως ὀρεγόμενοι。同上，1177a15，ὃ δὴ δοκεῖ ἄρχειν, εἴτε θεῖον ὂν καὶ αὐτὸ εἴτε τῶν ἐν ἡμῖν τὸ θειότατον。

之所以选择这些例子，因为这些例子中都没有限定动词（finite verb）。在有限定动词的地方（《形而上学》992a6、1074b17；《尼各马可伦理学》1114b16、1165a10、1176a26；《论天》275b18，有 ἀμφοτέρως，等等），选项的假设性质很清楚。

① [译注] 这里玛高琉斯用的是 romance 一词，作为一种文学样式，常指英雄的冒险传奇故事。用在这里主要强调其虚构性、故事性。

②《天象术》359b30，ἡ δὲ [ξηρὰ ἀναθυμίασις] τὸ μὲν ὅλον ἀνώνυμος, τῷ δ'ἐπὶ μέρους ἀνάγκη χρωμένους καθόλου ποσαγορεύειν αὐτὴν οἷον καπνόν。

品"就被用作这个属。于是,这些词被解释为"无论是因为其混淆了文体,还是碰巧时至今日我们一直把某种特殊格律的文体当作属"。于是就可以确认这里的困难在于,普通人说"六音步格作品"并不指用六音步格律所作的创作或者虚构(fabrication or fiction *in* hexameters),而就是六音步格律的制作(fabrication *of* hexameters)。在此情形下,这个属就不是虚构创作而成了格律制作,而这个隐喻理论也就无效了。可以用两个高度专业的论据来驳斥这个看法。

τυγχάνουσα [碰巧] 这个词,伯内斯认为毫无意义,但在这个句子中并非无关紧要。很显然,如果由于属没有名称而不得不以一个种的名称代之,则用哪一个种就是碰巧的问题,而不同的人可能会用不同的种名。在"干的蒸气"那个例子中,在好几页中,作者都称之为"火"和"烟"。因此,如果在某个地方,股票、股份和债券等交易被称为"股票交易",我们可以把这解释为一种混淆的情况,"'股票'这个词以一种宽泛的方式用于指代债券、股份以及不管什么种类的金融证券"(Encyclopaedic Dictionary)。或者我们可以在亚里士多德理论的意义上将其解释为隐喻用法。但在后面这种情形下,也可以想象用的是"股份交易"或"债券交易"的名称,并且这也非常可能。如果仅仅采用了其中某一个"直至今日",那只会是碰巧。

就这个句子结构来说,"用作属(genus)"这个短语无需解释。① 这两个分词的结合虽然笨拙,但并不违反语法。② 而这种个性特征完全吻合亚氏风格。③

如果说古叙利亚译者关于此段落的相同意见对伯内斯这一增补有

---

① 《大伦理学》1183a38, τούτῳ τἀγαθῷ ἀρχῇ χρησάμενος。《修辞术》1394b28, γνώμῃ χρῆσθαι τῷ συμπεράσματι。

② ἐγκεκρυμμένοι τυγχάνοντες 出现在《植物学》(*Botany*, 822b30), 这里的希腊语比较晚。《优德莫伦理学》1238a20, διὰ τὸ χρήσιμον τυχόν 没有太大区别。τεθεωρημένη ὑπαρχούσῃ (第欧根尼·拉尔修 7.90) 十分类似。

③ 参《论生成》319a8, τὸ δ' ὕστερον εἰρημένον οὐ τοῦτο διαπορεῖ。

利，那么他在反面那一页上与1449 a 7相关的说法，似乎都不合于预期。"悲剧就其不同种来说是否已经充分发展，对这个问题的考虑既涉及其内在所是，也涉及戏剧表演，留待他处再作处理。"我提到的这个段落的希腊语原文如下：

> τὸ μὲν οὖν ἐπισκοπεῖν ἆρ' ἔχει ἤδη ἡ τραγῳδία τοῖς εἴδεσιν ἱκανῶς ἢ οὔ, αὐτό τε καθ' αὑτὸ κρίνεται εἶναι [κρινόμενον LASC.] καὶ πρὸς τὰ θέατρα ἄλλος λόγος.

伯内斯接着说："提示让我们参考的这个地方，由于辑录者一个最令人痛心的过失，在我们现在的《诗术》中找不到了。"

有人会奇怪，为什么我们在得知有各种各样的悲剧之前，就会在这儿提及悲剧的种的问题？显然，这一段是被误译了，同时主要也是被误解了。这个习惯用语意思并不是"在其eide [种类] 中充分发展了"，而是"充分拥有其eide"。这个词要么可以意指"种类（varieties）"，要么可以意指"要素（factors）"①"理论性的成分（abstract constituents）"。既然种类是否充分的问题没意义，反之要素是否充分的问题相当于问其是否臻于完善（full-grown），毫无疑问，后者才是意指所在。

我们现在就会注意到，荷马式悲剧是否具备所有必要因素这一问题在这个断语中已获肯定。荷马乃是"完整意义上的诗人"。这意味着，荷马所创作的那种诗已然获得其完善发展。那么这就不会是件还要进一步考虑的事了。

"其他"这个词，在阿提卡方言中用单数形式，而我们用的是复数，这是一个古怪的阿提卡用法。"成为（to become）和是（to be）相同的东西（the same thing）或不同的东西（different things）？"这句话在阿提卡方言中会这么表达："它们是同一个东西（the same thing）还

---

① 《论天》268b13 的 μόρια κατ' εἶδος，注解了《论生成》329b9 的 ἀρχαί。

是另一个东西（another thing）？"① 可以从《形而上学》中引用一个有力的例子②："另一个属（another genus）是宽和窄，以及深和浅，意思是"不同的属是……"，正如伯兰蒂斯的注疏者所解释的那样（4.581a20）。κρίνειν 这个动词意为"辨别"，而最能澄清其在此用法的是《优德莫伦理学》中的一个段落："不能在每种情形下辨别适当和不适当的问题，就是缺乏教养。"③

据此，现在我们可以将这整个句子译作："关于悲剧到此节点是否已具备必要因素，与从观众方面来说的同一个问题，理论上是截然不同的事。"这后一个论题，留到了第 26 章，尽管答案在此之前已经备好。悲剧就是悲剧所能做的那样，且悲剧能像虚构故事（Romance）那样来阅读，并以此方式发挥其作用。因此这两个额外的 eide——展示（Exhibition）和音乐（Music）——仅仅是加强愉悦感。既然受众越有头脑，所需要的解说就越少，那么对某些观众而言，就不需要这些强化措施，对他们而言，这种荷马式悲剧已然具备所有必要因素。

亚里士多德在实质上把虚构故事和悲剧等同起来，后来跟从此举的美学家代不乏人。沃尔柯尔特（Volkelt）的优异论文《悲剧美学》（Ästhetik des Tragischen）正是这样，在悲剧和虚构故事间来回切换。无

---

① 柏拉图《普罗塔戈拉》（Protagoras）340b，ταὐτόν σοι δοκεῖ τὸ γενέσθαι καὶ τὸ εἶναι ἢ ἄλλο; ἄλλο νὴ Δί', ἔφη.《物理学》249a28，τῷ κρινοῦμεν ὅτι ταὐτὸν τὸ λευκὸν καὶ τὸ γλυκὺ ἢ ἄλλο.

② 《形而上学》992a15，ἄλλο γὰρ γένος τὸ πλατὺ καὶ τὸ στενὸν καὶ βαθὺ καὶ ταπεινόν；《诗术》1456a8；《形而上学》1064a11，καὶ πρακτικῆς ἑτέρα [ἐπιστήμη] καὶ ποιητικῆς ἔσται.《形而上学》1024b12，τὸ εἶδος καὶ ἡ ὕλη ἕτερον τῷ γένει；《物理学》201b1；《形而上学》1005a19 的 μιᾶς ἢ ἑτέρας ἐπιστήμης 和《形而上学》996a19 的 μιᾶς ἢ πλειόνων 是一样的。

③ 《优德莫伦理学》1217a9，ἀπαιδευσία γάρ ἐστι τὸ μὴ δύνασθαι κρίνειν τούς τ' οἰκείους καὶ τοὺς ἀλλοτρίους.《政治学》1339b3、1341a38 中没有 τε；《物理学》254a32。

疑，小说读者通常就像是戏迷。

此处，跟以往一样，阐释的关键看来还是要去作者自己的著作中找。为了理解这部论述前面的部分，读者或听众必须熟悉后面的部分。如果没有第6章和第26章，第4章就不可索解。但如果读者认为有什么问题还有讨论余地，几乎想不出任何不被作者自己说法排除的东西。这个问题就不可能是悲剧在普通意义上是否具备所有必要因素，因为下一个句子断言悲剧已经获致其自然本性（attained its nature），停止演变。因此，没有什么讨论的余地。第6章表明悲剧就只有六个要素。然而，这当中只有四个特别有价值。在第18章中，悲剧种类的数目据说是四个，此外就没有了，每个悲剧类型对应一种因素。对此，在第24章中作者再次加以强调。因此，唯一留下的疑问就是在第26章中进行讨论的东西。

前面所考虑的这一些段落，足以证明普鲁塔克、格利乌斯和瑟弥斯提乌斯关于隐微著作的说法。为了从根本上彻底理解这些内容，首先必须懂希腊语，就此而言，雅典人本来要比我们有优势。本特雷知道epopoiia意为"六音步诗制作"，这已经超出普通词典所知，但在日常用法中，其意为"虚构故事""非表演的虚构故事"，要是没有亚里士多德所坚持的见解，这个用法现已无人知晓。雅典人那时候一定非常熟悉这种用法，就像一个英国人会清楚知道"油店（oilshop）"是什么，但也许从未反思过他为什么会去"油店"买蜡烛。而普通雅典人对于epopoiia大概也是如此。这些用法也许要么是"原子混合（atomic mixture）"，要么是"隐喻"，这种联系对于一个从来没听说过这些东西的人来讲等于白说。

事实上，不熟悉亚里士多德关于隐喻之特殊原则的人，也意识不到"油商"（oilman）乃是对蜡烛经销商的喻指。在我们的思考方式之下，现在已经有亚里士多德的想法作为基础，而这对亚里士多德的同时代人来说反而很陌生，也许就此而言我们比雅典人还多了一点点优势。这与亚里士多德的一个学说惊人一致，即本性上优先的事物对我们自己来说反而是较晚的,那么多语言已经有它们自己指称"种(species)"的词汇,却不得不借其词汇来指代"属(genus)"。

若有人欣赏《论题篇》的极度精巧及其使任何错误方式都暴露无遗的本领,他就不会轻易对作者本人的规则有任何违背。他的读者或许已经配得上他。

那么,我们所获得的解释的准绳如下——

不能从亚里士多德著作中引用篇章和语句加以支持的解释并无把握;

不能对文本中每个音节都提供理由的解释不能令人满意;

归咎于亚里士多德的主张毫无意义或与常识相悖的解释不可容忍。

诗 术
Περὶ Ποιητικῆς

1

［1447a］［8］关于诗术本身及其种类，及其各具何种特别的能力，以及诗若要作得好，故事［10］应如何放到一起，进而，其来自多少以及什么样的部件，诸如此类，都是这里要探究的，我们不妨依着自然先从首要者讲起。

史诗制作和悲剧诗，以及谐剧和酒神颂制艺，还有［15］绝大部分管箫曲艺和竖琴曲艺，所有这些碰巧都是全面摹仿。它们从三个方面彼此区别，要么摹仿所用之物不同，要么所［摹仿］之物不同，要么不同地［进行摹仿］，即以不一样的方式。

正如那些复制者通过色彩和形态摹仿许多事物（有的［20］凭靠技艺，有的凭靠熟习），也有另一类通过声音那样，而前面提及的诸技艺都凭靠节律、言辞和乐调制作摹仿，单独或者混合。管箫曲艺和竖琴曲艺以及［25］其他碰巧也有类似能力的，比如排箫，只用乐调和节律，而舞者只用与乐调分离的节律本身——他们通过形体的节律来摹仿性情、情感和行动。

史诗制作，只用纯粹言辞或［1447b］有格律的［言辞］，［格律］或者混合，或者使用这些格律的某一个属，碰巧时至今日还没有名称。我们［10］没有共同的名称可用于索弗荣和克珊纳尔库斯的拟剧和苏格拉底言辞，以及所有以三音步格、对句格或其他诸如此类［格律］制作的摹仿；然而，人们总是把格律和制作联系在一起，称为对句格诗人或史诗诗人，把他们共同称为诗人不是［15］因为摹仿，而是因为格律。即便有人以格律文发表医学或自然学的东西，人们也习惯了这么称呼。可是除了格律，对荷马和恩培多克勒来说并无共同之处。因此，称呼前者为诗人是正确的，而后者，称之为论说自然者,要比称之为[20]诗人更正确。同样地,甚至有人混用所有格律制作摹仿,就如凯瑞蒙混用所有格律制作叙事诗《马人》那样,也应该称之为诗人。那么,关于这些东西,就以这种方式来划分吧。

还有使用了所有这些[25]谈到过的东西,我说的是节律、曲调和格律文之类,诸如酒神颂和日神颂的诗以及悲剧和谐剧。区别在于,前[二]者同时使用,而后[二]者在不同的成分使用。那么,以上就是我所说的用以制作摹仿的那些技艺的区别。

2

[1448a]既然那些摹仿行动者的人——这些[行动者]必然有高尚低劣之分(性情几乎总是只与之伴随,因为所有人的性情都以其好坏相区别)——摹仿要么比我们好、要么比我们差、[5]要么跟我们一样的人,就如画家们那样。珀吕格鲁托斯画的形象总是比我们好,泡宋画的形象总是比我们坏,而狄俄努西俄斯画的形象则与我们相似。

显然,我们前面说过的各种摹仿也具有这些区别,每一种都以用其方式去摹仿这些不同者而各不相同,因为,就是在舞蹈、管箫演奏、[10]竖琴演奏中也可能像在言辞以及无音乐伴奏的格律文中出现所有这些不同。例如,荷马[制作的形象]就更好,克勒俄丰[制作的形象]与我们相似,而第一个制作滑稽体的萨索斯的赫格蒙和《德里亚达》的[作者]尼柯卡瑞斯[制作的形象]则更差。至于酒神颂和[15]日神颂,也类似,正如提莫瑟俄斯和菲洛克塞罗斯都摹仿过盖亚和圆目巨人。在此区别中,悲剧与谐剧对立:一则意欲摹仿比当今之人更差的人,一则[意欲摹仿]比当今之人更好的人。

3

　　进而，它们之间的第三点区别在于，可能会如何［20］摹仿［前述］各种［对象］。即便用同样的［媒介］摹仿同样的［对象］，有时会以叙述［的方式］：要么像荷马那样制作，变换成另一个人［叙述］，要么就以同一个人［叙述］，即始终不变；有时则通过众摹仿者作为所有行动者即事功活动者。

　　摹仿存在于这三种区别中，［25］正如我们一开始所说的那样：用什么［摹仿］、［摹仿］什么和如何［摹仿］。因此，从某种意义上来说，作为摹仿者，索福克勒斯和荷马是一样的，因为二者都摹仿高尚者；而从另一种意义上说，［索福克勒斯］又和阿里斯托芬是一样的，因为二者都摹仿行动中人，即正在做的人。出于这种原因，就有些人说 δράματα［戏剧］之所以得名，是因为摹仿 δρῶντας［正在做的人］。

　　因此，［30］多里斯人声称悲剧和谐剧属于自己——当地的墨迦拉人声称谐剧属于他们，就其出现在他们的民主政体时期而言；而来自于西西里的那些［墨迦拉人］，则以诗人厄庇卡尔摩斯来自他们那里为由，因［厄庇卡尔摩斯］比基俄尼德斯和马格奈斯都要早得多；伯罗奔半岛的某些［多里斯人］则［35］声称悲剧属于他们——他们把这些名称作成标志：据说他们把乡村称为 κώμας，而雅典人则称之为 δήμους，κωμῳδούς［谐剧演员］之名并非来自 κωμάζειν［狂欢］，而是因为他们不受待见而离开城镇，流浪于村落之间。［1448b］还有，他们把 ποιεῖν［做、制作］称为 δρᾶν［做］，而雅典人却称之为 πράττειν［做、行动］。

　　那么，关于摹仿的区别，有多少以及是哪些，就说这些吧。

4

看来，两个原因，即自然本身［5］产生了整个诗术。一则，因为摹仿对于人类来说从孩童时起即是天性，人与其他动物的区别就在于人最善摹仿，并通过摹仿把最初的理解制作出来；二则，所有人都从摹仿物中获得快乐［亦为天性］。从其功能上［10］就可佐证，即令那些本身看来令人痛苦的事物，诸如最受贱视之动物和尸体，我们在观其最精确之像时也会觉得快乐。原因在于，理解不仅对哲人来说最是愉悦，对其他人来说也有似于此，只是这些人分有［15］得少。他们从看像中获得快乐，因为在运用所知的过程中伴有理解，即推断各种事物，比如［认出］"这就是那个"。若碰巧是之前未曾见过的事物，其摹仿物就不会造就愉悦，而是出自［作品］完成性、色彩或其他诸如此类的原因。

［20］既然乐调和节律（格律显然是节律的部件）的摹仿出于自然，则起初那些生来就最长于此者从即兴口占中一点一点地推动了诗的产生。诗依各人本己的性情而分道扬镳。［25］较严肃者去摹仿高贵的行动，即这些人的［行动］；较卑贱者则［摹仿］那些低劣者，先是制作谩骂，就如另一些人［先是制作］颂歌和赞辞。在荷马之前的此类作品我们一个也说不出来，虽说好像有许多；从荷马开始，这往后，我们就说得出了，［25］诸如他的《马尔基特斯》以及诸如此类的。与此同时，与之相适应的这种短长格格律应运而生，因为这种格律曾经被用于相互讽刺，所以至今仍被称为讽刺格。那些古人中，一些成为英雄体［诗人］，另一些则成为讽刺体诗人。

正如荷马最是高尚之事的诗人，［35］不仅其他方面［制作得］好，且唯有他制作有戏剧技艺的摹仿；他也是展现谐剧雏形的第一人。他戏剧性地制作可笑之事，而不只作谩骂。《马尔基特斯》之类似谐剧，就如《伊利亚特》和《奥德赛》[1449a]之于悲剧那样。悲剧和谐剧崭露头角后，那些自身自然使然依循这两种诗各自发展的人，[5][有的]成为谐剧诗人，而非讽刺诗的[诗人]，[有的]成为悲剧导演，而非史诗[诗人]，因为那些[谐剧和悲剧]形式上[比讽刺诗和史诗]更高、更受尊重。

那么进一步来考虑，到这个阶段，悲剧就其诸要素而言是否业已充足，从其自身来看不同于从观众席那边来看，[那是]另一个逻辑。初时，[悲剧]确实和谐剧[一样]都是从最初的[10]即兴口占术发展而来的；前者起源于酒神颂歌队领队的[即兴口占术]，而后者起源于生殖崇拜仪式中歌队领队的[即兴口占术]，直到今日，这些活动在许多城邦仍然被奉为习俗。悲剧通过点滴积累，被推动着使其自身尽可能展现出来，历经诸多演变，[15]在实现其自然后停止[演化]。

埃斯库罗斯第一个把演员的数目从一名增至两名，又减少了歌队[歌舞]，给言辞担当主角做好了预备。索福克勒斯引进了三名演员以及舞台布景。进而，其分量从萨图尔剧的短小故事和[20]可笑言语，历经漫长，变得正经庄重，格律也从四音步格变为短长格。早先之所以采用四音步格，因[那时之]诗尚属萨图尔式的，即适合舞蹈[节律]的；但言语一旦出现，自然本身便找到了合乎其本性的格律，[25]而短长格即是最适合说话的格律。表现在，我们在彼此面前相互交谈中最常用短长格说话，而罕用六音步格，并且[只用于]在远离谈话语调时。

至于场次的增加及其他[30]各种情况是怎样，权当包括在我们已经说过[的内容里了]，因为要把这些一一梳理清楚，恐怕是一件工作量很大的事情。

5

正如我们说过的，谐剧是对较低劣者的摹仿，但肯定不是所有的坏，滑稽只是丑的一部分。滑稽是[35]某种错误，是消解痛苦、没有破坏的丑。直观的［例子］就如滑稽面具，丑怪且扭曲，却并不令人痛苦。

悲剧的演变及其成长所历经者，并没有受到忽视，而谐剧［的这些情况］，由于不被看重，从一开始就遭到忽视。［1449b］执政官在很晚的某个时候才［开始］提供谐剧歌队，此前则一直都是些自愿者。当所谓它的诗人有记录时，它已经具有其形制。谁让［谐剧］有了面具，有了开场白，［5］谁充实了演员［之数］，以及诸如此类的问题，都已不为人知。情节的制作［厄庇卡尔摩斯和弗尔弥斯］最初起于西西里。那些在雅典的［诗人］中，卡尔特斯最早弃用讽刺体的形式，普遍地来制作故事，即情节。

直到以言辞对高尚者的摹仿为止这一范围，［10］史诗制作都是跟从悲剧的；区别在于，［史诗制作］是单一格律和叙述。此外，长度方面，［悲剧］尽量［保持］在太阳［起落］一周或稍稍超出，而史诗制作则没有时间上的限制，［长度上］也就不同。尽管［15］刚开始时，在悲剧和在史诗中做法相似。成分［的话］，有些是相同的，有些则为悲剧所独有。因此，知道关于悲剧之优劣者也知道关于史诗［之优劣］，因为史诗制作所具备者，也为悲剧所有，而［悲剧］所有者，史诗制作中［20］却并不全有。

6

关于用六音步格的摹仿技艺和谐剧，我们后面再谈。让我们就悲剧来谈谈，把前面所谈及的内容归拢到由以形成本质之定义。悲剧是对一个高尚、［25］完整、有分量的行动的摹仿，以悦耳的言辞，其种类分别用于各个部件，做［动作］而不是通过叙述，通过悲怜和恐惧进行调节，达致使诸如此类情感恢复平衡的目的。我所谓"悦耳的言辞"，指的是具有节律和乐调和唱段的［言辞］；我所谓"其种类分别［30］用于",指的是一些只以格律文,而另一些则以唱段来达到目的。

　　既然是众行动者把摹仿制作出来,那么,扮相的装饰首当其冲是悲剧必不可少的一个部件,其次是唱段制作和言语,因为［行动者］要用它们把摹仿制作出来。我所说的言语,即其［35］诸格律的合成物。至于唱段制作,其能力对所有人都显而易见。既然［悲剧］是行动的摹仿,被众行动者行出来,而［这些人］必然依其性情和才智而是什么样的［人］,因此只有通过这些,我们认定那些行动是什么样的行动,［1450a］才智和性情是行动的两个与生俱来的始因,依照这些,所有人都有其幸运不幸运。情节是行动的摹仿,我所说的情节,［5］指事件的组合;至于性情,指我们能据以认定那些正在行动者是什么样［的人］者;至于才智,是说话时,［那些正在行动者］通过其展示什么或发表意见者。每部悲剧都必然具有六种成分,据之以确定一部悲剧是什么样的［悲剧］。这些［成分］是情节、性情、言语、［10］才智、形象以及唱段制作。其中两个成分是用以摹仿者,一个是如何摹仿者,三个是所摹仿者,此外就没有了。可以说,他们中不少使用了这些要素,因为每一个都有其形象、性情、情节、言语、唱段、才智。

　　［15］事件的组合是这些［成分］中最重要者,因为悲剧并非对人而是对行动和生活的摹仿。幸福与不幸福是在行动中,目的是行动而非品质。具有某种品质依据的是其性情,但幸福与否［20］则是依据行动。因此,并不是为了摹仿性情而行动,而是通过行动把性情包括进去。因而,诸事件,即情节,才是悲剧的目的,而目的是全体中最重要者。再者,没有行动就不成其为悲剧,但没有性情,［悲剧］却仍然［25］可能成立。事实上,新近绝大多数悲剧是缺少性情的,整个来说,诗人们［的作品］也是如此,比如画家当中的宙克西斯与珀吕格鲁托斯相比较,珀吕格鲁托斯是很好的性情描绘者,而宙克西斯的描绘中却没有性情。再者,如果只是将一连串表现性情的以及就言语［30］和才智来说制作精良的剧词摆一起,并不能制造出我所说的悲剧的功效;相反,一部悲剧,即使在这些方面有所欠缺,但只要有情节,即事件的组合,就好得

多。此外，悲剧最能动人心魄者，是情节的成分，即突转和［35］恍悟。还有一点可资证明：尝试制作者最先能够精于言语和性情而非事件组合，那些过去的诗人们差不多也这样。

因此，情节是悲剧之元，就如其灵魂一般。性情次之。绘画方面的情形也类似：［1450b］最好看颜料的胡乱涂抹也不如白笔勾勒出形象带来愉悦。［悲剧］是对行动的摹仿，必定为此，才是对行动者的［摹仿］。

第三个［成分］是才智，指［5］能够得体合宜地说话，此即在处理言辞时，政治术和修辞术的功用。从前之人制作像政治家那样的讲话，当今之人则让讲话像修辞术士一样。性情是显示选择和逃避此类尚不明了的抉择［的说话］，因此，有些言辞若全然没有说话者的［10］选择和逃避，就没有性情。才智是论证事物是或非是，或者展示普遍事物的话语。

第四个实质性的［成分］是言语。我所谓的言语，正如已经讲过的那样，指用词表达意思，其能力韵文和［15］散文中都一样。

至于其他的，唱段是最重要的调味品。虽说扮相颇动人心魄，但却缺少技艺性，和诗术也最少亲缘关系。即使不通过赛会和表演者，悲剧还是葆有其能力。此外，就扮相［20］制成而言，服装面具师的技艺要比诗人的技艺更为紧要。

7

这些东西界定好了，接下来我们谈一谈事件的组合应该是什么样的，既然这是悲剧最首要和最重要的［成分］。

已然确定，悲剧是对一个完整的，即一体的，且［25］具一定分量的行动的摹仿，因为［有的行动］尽管是一体的，却没有分量。有起始、中段、完结，方为一体。起始是其本身并不出于必然在他者之后，而在那之后则有他者出于自然存在或生成。反之，完结是其本身出于自然在他者之后，或是［30］出于必然，或是大多如此，但其后不复有他者。中段则其自身在他者之后，而在其后也复有他者。因此，组合得好的情节不应偶然于某处起始，偶然于某处完结，而是要具有上述这些形式。

此外，既然无论美的形象还是［美的］每一［35］事件，都是由某些东西放在一起构成的，那就不仅得让这些东西排列得当，而且还得具有并非偶然的分量，因为美就在安排［的次序］和分量中。因此，极微小的动物就不能成其为美，因为在几乎感觉不到的持续时间里视觉印象会变得模糊不清，太巨大了也不成，［1451a］因为视觉印象没有同时发生，对那些正在观看者来说，它的一，即一体性从视觉中消失了。好比要是有一个万里之长的动物，就会出现这种情况。因此，正如身体和形象所应有的分量，得能一眼览其全貌，［5］情节也应有其［适当的］长度，得易于记忆。

［受制于］赛会和感觉的长度限度非此技艺之属。因为，要是有上百部悲剧参加赛会角逐，那就得"用水钟来赛"，这样做就像人们其他某个时间说的那样。而依照事件［10］自然本身的限度，就分量而言，越大，大到［脉络］清晰，就越美。如果用一句话来加以界定，容许一系列依照可能如此或必然如此前后相续，从厄运转入好运或者从好运转入厄运的［事件的］分量，就是［15］分量的恰当限度。

8

情节之为一，并非如有些人认为的那样，只要是关于一个人的［就为一］。因为有许多乃至无数事情发生在一个人身上，［其中］某些［事情］并不能为一。同样，一个人的行动有许许多多，从中也不能成其为一个行动。因此，所有那些［20］制作了《赫拉克勒斯》《忒修斯》以及诸如此类作品的诗人似乎都犯了错。他们以为，既然赫拉克勒斯是［同］一个人，就合适以其故事为一。然而，荷马在这一点上看起来也如在其他方面那样具有真知灼见，不论是凭借技艺还是凭借自然［禀赋］。因为，在制作《奥德赛》时，［25］他没有把所有发生在其身上的事儿都制作［进去］，诸如在帕纳尔索斯山上受伤，以及在大军集会动员时装疯（这两件事中某一件的发生并不会必然如此或可能如此地让另一件事发生），而是围绕一个我们所说的为一的行动组合成《奥德赛》，并同样地来组合［30］《伊利亚特》。

那么，正如在其他摹仿技艺中，一个摹仿是对一的［摹仿］，则情节也是如此，既然［情节］是对行动的摹仿，就是对一即这个整体的摹仿。事件成分要组合到这样，以至若任何成分改动或删削，就会使整体变化和松动。对于出现［35］与否都不造成显著［差异］者，就不是这个整体的部件。

9

从前面所述［来看］就很清楚，诗人之功不在于讲述已然发生者，而在于讲述可能会发生者，即依可能如此或必然如此有可能发生者。史家和诗人的区别不在于其讲述是合格律的还是无格律的，［1451b］可以把希罗多德的描述格律化，用格律者之为史述，并不会比无格律者差；而他们区别在于，一个讲述已然发生［5］者，另一个讲述可能要发生者之类。因而，诗比之史述更具哲学性、更高尚，因为诗更多讲述普遍之事，而史述更多讲述个别之事。此普遍者，是根据可能如此或必然如此某一类人可能会说或会行［之事］，［10］这就是在［给人物］取名字的同时，诗所瞄准者；至于个别者，是阿尔喀比亚德斯所经历或遭遇之事。

就谐剧而言，迄今为止已然很清楚：［他们］依可能如此把情节组合到一起，然后随便给取些名字，不再像讽刺诗人那样针对个别之人［15］来制作。就悲剧而言，他们仍执着于现成的名字，理由在于有可能者就是可信的；我们不相信还未发生的事是有可能的，而已经发生的事则显然是可能的，否则，要是都不可能的话就不会发生。即便如此，在悲剧里，有些［作品］中，一［20］两个名字是现成的，而其余的都是造出来的，有些里面甚至一个［现成的人名］都没有，比如阿伽通的《安修斯》。该剧中的事件和人名一样都是造出来的，但其使人喜爱［的程度］并不逊色。因此，不当寻求完全执着于那些悲剧所围绕的流传下来的故事。［25］寻求这个很可笑，因为即便是知名者，也只是对少数人而言知名，尽管如此，［这些故事］仍然让所有人喜爱。

从这些就很清楚，［诗人］更其是情节的制作者，而非格律的制作者，因诗人所是乃依据摹仿，对行动进行摹仿。并且即便偶然制作［30］过去发生的事，也不失为诗人，因为没有什么能阻碍过去发生的事中有一些事是合乎可能如此会发生的，即有可能发生的，职是之故，才成其为诗人。

在单一情节和行动中，穿插式的最糟糕。我所谓的穿插式情节，［35］是指其中一个接一个的场次既非可能如此也非必然如此。差的诗人制作此类［情节］是出于其本身，好的诗人［如此制作］则是出于演员。因为制作竞赛手段，他们把情节拖得很长，大大超出［情节本身的］能力，强行扭曲其顺序。

［1452a］既然这［2］不仅是对一个完整，而且令人恐惧和悲怜的行动的摹仿。而每当接二连三［的行动］发生得出人意料，就［5］最能［和更能］产生这些［效果］。这比出于自发和碰运气的［行动］更让人惊异。当这些碰运气［的行动］显得就像是有意发生的一样时，看起来最令人惊异。就比如位于阿尔戈斯城的弥图斯雕像杀死了对弥图斯之死负有罪责的那个人，当这个人正在凝视［雕像］时，［雕像］倒了下来。诸如此类的事情看似［10］不会无缘无故发生。诸如此类的情节必然更好。

10

　　情节有的单一,有的缠绕,因为情节所摹仿的行动作为肇端就有此分。我所谓的"单一行动",[15] 就如所界定的那样,连贯为一,推移中没有突转或恍悟;而"缠绕行动",指在其中凭借恍悟或突转或并此二者推移者。这些应从情节结构严密本身产生,成为前事 [20] 出自必然如此或根据可能如此而来的结果。这些事是一些根据一些,还是一些接续一些而来,大有区别。

11

　　突转即行事按照我们要说的那样转向相反的方向,并且就像我们所说的那样依照可能如此或必然如此,就如在 [25]《俄狄浦斯》剧中,那人前来本以为会令俄狄浦斯高兴,并解除其关于母亲的恐惧,而一旦那人讲明他是谁,却造成相反 [的结果]。又如在《伦库斯》剧中,伦库斯被带去处死,达纳奥斯跟去处死他,而作为前事的结果,后者被杀,前者得救。

　　恍悟,[30] 正如这个词所指示的,指从不认识到认识的转变,即剧中注定好运或厄运者,要么转向友爱,要么转向敌对。恍悟与突转同时发生即为最佳,就如《俄狄浦斯》中的那一恍悟。此外也有其他恍悟:恍悟可以来自无生命物和 [35] 偶然之物以及某人做或者没做某事。但是,与情节即与行动关系最密切的恍悟,是前面说过的那一种,因为这样的恍悟和突转会带来悲怜或恐惧 [1452b](我们认为悲剧就是对此类行动的摹仿);此外这些情形也会伴随好运与厄运。既然恍悟是对某些人的恍悟,有些恍悟只是一方对另一方的恍悟,不管什么时候一方是

[5]明确的;有些则要双方互相恍悟。例如,通过送信一事伊菲格涅娅被俄瑞斯特斯认出,而俄瑞斯特斯则需另一次恍悟才能让伊菲格涅娅恍悟。

情节的两个成分是突转[10]和恍悟,第三个成分是苦难。在这些成分中,突转和恍悟我们已探讨过。苦难指毁灭性的或痛苦的行动,诸如众目睽睽下的死亡、极度痛苦、受伤以及诸如此类的情况。

12

悲剧中应被用作要素的成分,[15]我们前面已经谈及。还有从量的角度来分的成分,即切分为这些节:开场、场、退场、合唱,[合唱]又分为进场歌与合唱歌,此为所有[悲剧]所共有;而戏台上的唱段和孔摩斯,则只为某些[悲剧]所特有。开场是悲剧歌队进场歌之前的整个[20]成分,场是悲剧两个完整合唱之间的整个成分,退场是悲剧的,之后再无歌队的整个成分。在合唱中,进场歌是歌队的第一次完整言语;合唱歌是歌队唱的其中没有短短长格和长短格的歌;孔摩斯是歌队与[25]戏台上那些人共唱的哀歌。悲剧的成分中应被用作要素者,我们前面已经谈及;从量的角度来分的,即切分为节的,就是这些。

13

在组织情节时应追求什么[目标],当心什么[问题],以及怎样才能使悲剧达其[30]功效,承前所述,接下来现在来谈。既然最好的悲剧的结构不应是单一的而是缠绕的,且所摹仿的应是令人恐惧和悲怜者(这是此种摹仿的特性),那么,首先,显然,不应是公允之人[35]由好运转入厄运,因为这既不让人恐惧,亦不引发悲怜,而是亵渎的。再者,不应是邪恶之人由厄运转入好运,因为这全然是非悲剧性的,没有其所应有的东西,既无慈悲,且不令人悲怜也不令人恐惧。[1453a]再者,不应是极恶之人由幸运转为不幸,因为此种构合也许慈悲,却既不令人悲怜也不令人恐惧。而对于遭受不幸之人,[5]悲怜关乎的是他不该遭此厄运,恐惧关乎他是和我们一样的人,而发生这样的事则既不让人悲怜,也不使人恐惧。介于这两种人间,还有一种人,这种人既没有卓异的美德和公正,也不是因为坏和恶,而是由于[10]某种过错转致厄运。这种人声名显赫且气运亨通,如俄狄浦斯、苏厄斯特斯和其他出自此类家族的著名人物。

那么,好的情节必然是单线的,而非某些人说的那种双线的;不应该从厄运转为好运,而是[15]从好运转入厄运;而这并不是因为恶,而是由于像前面说过那样的人(要么比那好一点但不能更坏),犯下大的过错。就技艺来说,最好的悲剧来自这样的构合。产生的情况就是证明:起初,诗人们碰上什么故事就用[什么故事]来充数,而现在,最好的悲剧都取材于少数几个家族的事,诸如[20]关于阿尔克迈翁、俄狄浦斯、俄瑞斯特斯、墨勒阿格洛斯、苏厄斯特斯、特勒弗斯以及其他像这些人一样碰巧遭受过或制造过可怕之事者。所以说,那些指责欧里庇得斯在其悲剧中这样[25]做即其许多[作品]以厄运结局的人,犯了同样的错误。正如已经说过的那样,这样是正确的。最好的证明就在于,在舞台上,在赛会中,只要处理得正确,这类[作品]就显得最有悲剧性。而欧里庇得斯尽管在其他方面安排得不好,他仍是诗人们中显得最具悲[30]剧性的。

第二等的结构,却被有些人说成是第一等的。就是那种像《奥德赛》一样具有双线结构,较好之人和较坏之人结局相反。似乎由于观众的软弱,此类结构才被当成第一等的;而诗人被观众牵着鼻子走,根据[35]观众所祈盼者来制作。但这并非悲剧的愉悦,毋宁更合乎谐剧,在这种故事里,最敌对者,诸如俄瑞斯特斯和埃吉斯托斯快完结时成了朋友,以此退场,谁也没被谁杀死。

14

　　[1453b]尽管恐惧和悲怜可出自扮相,也可出自事件的构合本身,但首选[出自事件的构合本身]这种,这种诗人也更好。情节之构合得做到即便不[通过]看,只[通过]听[故事],[5]事件的发展也会让人从那些遭际中感到惊悚和悲怜。这便是有人在听俄狄浦斯故事时可能会感受到的。靠扮相来提供此种效果既缺乏技艺,且需要得到歌舞队费用的赞助。那些通过扮相不是提供恐惧而是异怪[10]者,非悲剧之道。不应从悲剧里寻求各种快感,而只是寻求属于它本身的那种快感。既然诗人应通过摹仿从悲怜和恐惧中提供快感,那么,显然他必须从事件中来制造这些快感。

　　让我们找找,什么样的巧合显得[15]可怕或可怜。此类行动必然要么在亲者间,要么在仇者间,要么两者都不是的人之间。如果是仇者对仇者,除了其本身遭受的痛苦外,无论是去制造还是意图[制造]此事,都不能引发悲怜。非亲非仇者之间,也不行。而只有产生在亲者之间的[20]苦难,诸如同胞兄弟杀死或意图杀死兄弟或者儿子杀死或意图杀死父亲,母亲杀死或意图杀死儿子,儿子杀死或意图杀死母亲,或做其他诸如此类的事,才是所要寻求者。流传下来的故事,不宜打散,我说的是诸如克吕泰墨涅斯特拉被俄瑞斯特斯所杀或俄瑞芙勒被[25]阿尔克迈翁所杀之类。应该自己发现,并善加使用流传下来的东西。

　　让我们把所说的这个[善加利用的]"善"说得更清楚些。行动发生可以像旧时人们制作的方式:在知情,即认识[的情况下],就如欧里庇得斯所制作的,美狄亚杀死了她的孩子;可以[30]行动,在做出可怕之事时并不知情,之后才恍悟亲情,正如索福克勒斯的《俄狄浦斯》。这事是不在这部剧中,但悲剧本身中可以有这个,如阿斯图达曼图斯的《阿尔克迈翁》或《负伤的奥德修斯》一剧中的特勒格诺斯。除此之外的第三种方式是，[35]不知情的情况下意欲制造致命行为，但在做之前恍悟了。除此之外，再无别的方式。因为必然是要么行动要么没有，要么知情要么不知情。在这些当中，知情，意图去做，而又没行动，是最糟糕的。此令人憎恶，且是非悲剧性的，因为缺乏苦难。因此，除了偶有为之，[1454a]没人像这样来制作，就比如《安提戈涅》中的海蒙对克瑞翁。次糟的是行动了。较好的是不知情，去行动，行动了，才恍悟。这样不至令人憎恶，这种恍悟还很惊人。最强的[5]是最后这种。我所说的是诸如《克瑞斯丰特斯》中，梅洛佩意图杀死她的儿子，却没有杀，而是恍悟了；在《伊菲格涅娅》中，姐姐对弟弟[也是如此]，在《赫蕾》里，儿子意图交出母亲前恍悟。这就是为什么像之前所说的，悲剧关乎为数[10]不多的几个家族。在寻求过程中，他们并非凭技艺而是凭运气，在这些故事中找到其提供这些东西。于是，他们不得不集中到这样一些灾难降临的家族上。

关于事件构合以及情节应该是什么样，[15]所述足矣。

15

关于性情，需瞄准四点。第一，也是最首要的，得是好的。言辞或者行动，就如说过的那样，若能使无论何种抉择显示出来，那就有性情，如果言辞或行动显示出抉择是好的，那性情就是好的。这[20]在各种出身里都有，有好的女子和好的奴隶，尽管前者可能差一些，后者则十足低劣。第二，性格应该合宜。可以有男子气概的性情，但这般男子气概或令人生畏[的性情]于女子来说却不合宜。第三，性格应该相似，这一点与[25]前面说的性格要好和合宜指的不是一回事。第四，性情应该一贯。即使供摹仿者[的性情]就是不一贯的，并被归为一类性情，那也得是一贯性地不一贯。不必要的恶劣的例子，诸如《俄瑞斯特斯》中的墨涅拉奥斯；[30]不像样和不合宜的例子，诸如《斯库拉》中奥德修斯的恸哭以及梅拉尼佩说的话；不一贯的例子，诸如《伊菲格涅娅在奥利斯》中，乞求免死[的伊菲格涅娅]和后来的她判若两人。

在性情这事上，就像在事件构合中一样，始终得求其必然如此或可能如此。[35]如此方能要么必然如此、要么可能如此地某种人说某种话或做某种事，以及要么必然如此、要么可能如此地一事接着一事而来。那么，显然情节的解应当从情节自身的发展中来，[1454b]而不是像《美狄亚》中那样借助"机械"以及《伊利亚特》中围绕出航。机械应该用于剧外之事，要么是先前发生的，凡人无从知晓者；要么是将来的，[5]有赖于预言和启示，因为我们允许神看到一切。事件中不应有不合情理之事，要有的话，也要在剧外，比如索福克勒斯的《俄狄浦斯》里那样。

既然悲剧是对比我们好的人的摹仿，就应摹仿好的[10]肖像画家[的做法]。在让那人具有其个人形貌，使其相似的同时，他们[还将其]画得更美。如此，诗人在表现易怒、懒散或其性情上有其他诸如之类特征者时，既要把这些东西表现在其性情上，又要将其制作为公允者。像荷马就把阿基琉斯写成冷酷的典型，但还是个[15]好人。

必须仔细留意这些问题，除此之外，还有出于必然与诗术伴随的视听感受的问题，在这个问题上[人们]经常犯错。关于这个，在那篇已经发表的论述中所说足矣。

16

何谓恍悟，此前已经说过。至于恍悟[20]的种类：第一种，最没有技艺性，但由于没法对付而被采用得最多，是通过印记[的恍悟]。这些印记中，有的是与生俱来的，比如"地生人带有的矛头印记"，又比如卡尔基诺斯的《苏厄斯特斯》中的星状印记；别的是后来有的，这其中有些在身体上，比如伤疤，其他则是身外之物，诸如［25］项链以及像《图罗》中通过小船［的恍悟］。对这些［恍悟］的使用，有好有坏。诸如奥德修斯由于伤疤被认出，被保姆认出是一种，而被牧猪人认出是另一种。靠这种方式取信，以及所有诸如此类的［恍悟］，都缺乏技艺性。但出自突转，［30］就像在"洗脚"一幕中那样的，就比较好。

第二种是由诗人造出来的，因而也缺乏技艺性，比如《伊菲格涅娅》中俄瑞斯特斯让人知道他就是俄瑞斯特斯。她是通过那封信［让人知道她是伊菲格涅娅］，而俄瑞斯特斯却是自己说出由诗人要求而［35］不是情节要求他说的话。因此，这和前面说那种过错差不多，因为也可以是［俄瑞斯特斯］出示某些东西。索福克勒斯的《特瑞乌斯》中就有这个"梭子的声音"。

第三种是通过回忆，因所见者而有感。［1455a］比如狄凯伊奥格诺斯的《库普里亚人》中，那人因看见那幅画而落泪；在"讲给阿尔基诺斯的故事"中，听着竖琴诗人的吟唱回忆起往事，［奥德修斯］潜然泪下。他们因此被认出。

第四种是出自推断。［5］诸如《奠酒人》中这个，来了个像我的人；除俄瑞斯特斯外没有人像我；那就是他来了。智术师珀鲁伊多斯就《伊菲格涅娅》说，有可能俄瑞斯特斯从他的姐姐被杀了献祭推断他自己也会被杀了［10］献祭。在泰奥德克特斯的《图丢斯》里，父亲推断他前来寻子会自身难保。而在《菲纽斯的儿子们》中，他们一看到那个地点，就推断出他们的命运，在这个地方他们命定要死，因为那里正是他们被遗弃之所。

还有一种出于观众的错误推断复合［的恍悟］。比如在《伪装的报信人［14］奥德修斯》中，只有他才能开这张弓，而其他人［14a］都不行的，前提是诗人制造的，［14b］……［15］通过那个人通过恍悟制造错误推断。

在所有恍悟中，最好的是出自事件本身的，通过看似可能产生惊愕，诸如在索福克勒斯的《俄狄浦斯》中以及在《伊菲格涅娅》中那样：

想要传送书信是有可能的。而只有这一类［20］［恍悟］用不着造作的印记和项链。第二等的［恍悟］是那些出自推断的。

17

在组合情节并用言语帮助将其展现出来时，应尽可能将其置诸眼前，如此方能看得分明，仿佛身临［25］其境，以发现什么才合适，而让抵牾之处尽量不被注意。对卡尔基诺斯的指责就是证据：且说安菲亚拉奥斯正从神庙上来，［如果］不是看的话就注意不到；但在戏台上，就因为观众的不满被嘘下台去。还应极尽可能地用形体［30］帮助展现出来；那些出于其天性［沉浸］在情感中者是最逼真的，备受折磨者最真实地在受折磨，被激怒的人最真实地在发怒。因此，诗术属于好禀赋的人或者疯迷者，因为前者可塑性强，后者则会出离自我。

不管是已经制作好还是自己制作，都应一般性地阐明其情节逻辑，［1455b］然后再加入穿插，扩展延长。我所说的是，可以这样来考虑这个普遍性，比如《伊菲格涅娅》：一个被献祭的少女在献祭者前神秘消失了，被安置到另一个［5］国度，此地有以异乡人向女神献祭的习俗，她担任了女祭司之职。一段时间后，女祭司的弟弟碰巧来到这儿。神出于某个缘故指定他去那里，这在普遍性之外，以及为什么目的去那儿，也在情节之外。他到那儿就被抓了起来，就在快被用来献祭前让自己被认出，这可以像［10］欧里庇得斯那样，也可以像珀鲁伊多斯那样制作，根据可能如此，他说出不仅他姐姐，而且他自己都会被用来献祭。他至此得救。这往后，就要安上名字，加入穿插。穿插务求合宜，例如在俄瑞斯特斯那里，他以发疯被抓，又［15］以净罪得救。

戏剧中的穿插很简洁，而史诗中就加得很长。《奥德赛》的情节逻辑不长：一个人离家多年，被波塞冬紧盯不放，孤身一人。而他家中成了这个样子：［20］家产被［妻子的］求婚者们挥霍，儿子被他们谋害。他历经风霜返回家乡，让一些人恍悟［其身份］后，他发起攻击，保全了自己，杀死了仇敌。这是属于［情节逻辑］本身的，其余均为穿插。

18

任何一部悲剧都有结和解。［25］外部的东西，以及好些内部的东西，是结，其余的就是解。我所说的"结"，是从初始直到即将发生向好运或厄运转变的极点这一部分；而"解"，则是从转变之初，直到终了的部分。就比如，在泰奥德克特斯的《伦库斯》中，［30］结是此前之事、孩子被抓以及后面他自己被抓，解则从对死亡的控诉开始，直到剧终。

悲剧有四个种类（前面说过成分也是这么多）：缠绕型，其整体就是突转和恍悟；苦难型，诸如那些埃阿斯剧和伊克西翁剧；性情型，诸如《弗缇亚女子》和《裴琉斯》；［1456a］以及第四种，诸如《弗尔克斯的女儿们》《普罗米修斯》以及每一部冥界剧。应尽最大努力具有所有成分，若是不能，也应具有最重要者和最多数者。尤其是［5］现在人们正对诗人们百般挑剔。鉴于就每种成分来说都已经有擅长的诗人，他们却认为一个诗人应超越所有这些各有所长者。要公正说出悲剧是同是异，莫过于通过情节，其结和解相同者即相同。许多人结做得好，［10］解却很糟，应该两者兼擅。

应当谨记说过多次的这件事，即不要把史诗性的构合制作成悲剧。我所说的"史诗性的构合"，指的是多重情节。就比如，要是有人这么来制作《伊利亚特》的全部情节的话，在那里，因其长度，诸成分都可容纳适当的分量，但在［15］戏剧里，结果会大大背离想法。证据是，那些制作了整个伊利俄斯之劫，而非像欧里庇得斯只针对部分者，以及制作了整部《倪娥贝》，而非像埃斯库罗斯［只针对部分］者，参加赛会要么被嘘下台，要么成绩差，就连阿伽通也仅仅因为这一点被嘘下台。而在突转和［20］单一事件中，他们以其想要的惊异感为目标，因为这具有悲剧性和慈悲感。每当那种聪明但恶劣者被捉弄，比如希绪弗斯，或勇敢却不公正者被击败，就会是这样。这是有可能的，正如阿伽通所说的那样，许多违背可能如此的事情发生，［25］这是有可能的。

应该接纳歌队作为演员的一员，它是整体的一部分，参与剧中行动，就像在索福克勒斯而不像在欧里庇得斯剧作中那样。对余者而言，歌唱并非情节的一部分就如其之于别的悲剧一样。因此，就有了［30］阿伽通最早开始的这种插入歌唱。然而，插入歌唱和把一段剧词或整一场戏从一部剧安插到另一部剧中去，有什么区别呢？

19

关于其他要素都已经谈过了，剩下的还有言语和才智。关于才智的那些东西，［35］被放到了关于修辞术的内容中，因为这更其专属于那一探究。关乎才智的，是那些通过言辞来做到的事，其成分有求证与反驳，调动情感［1456b］（诸如悲怜、恐惧、愤怒及诸如此类者）以及夸大和缩小。显然，在事件中，但凡要调动悲怜或恐惧或夸大或可能如此之时，也得诉诸同样的形式——除了这么一点［5］区别，即一者无需［特别］训练即可让自己显示，而另一个则是在言辞中，通过说话者调动，围绕言辞产生出来。要是不需要通过言辞就能自行显示的话，那言者之功是什么呢？

至于关乎言语，有一种对言语形式的思考，［10］这是朗诵技艺，即此类技艺的行家里手所通晓者。诸如何为命令，何为祈愿，以及陈述、威吓、发问、回答，及其他诸如此类者。因此围绕着对这些东西知还是不知而给予诗术的任何指责都不值得［15］认真对待。普罗塔戈拉批评

"女神，歌唱愤怒吧"这话，以为在祈愿，实际在命令，可谁会认为这里面有错误呢？据他说，造使人做或者不做就是命令。因此，就把这些属于其他技艺而非诗术的理论研究放一边吧。

20

[20]任何言语都有以下这些成分：单音、音节、连接成分、名词、动词、关联成分、变格和语段。

单音是不可分的音，不是每一种音，而是那种可以从中自然生成复合音的音。野兽发出的不可分音，就并非我所谓的[25]单音。这类音的成分有元音、半元音和默音。元音为无需摩擦就有可听见声响的音。半元音是靠摩擦具有可听见声响的音，诸如 Σ 和 Ρ。默音是靠摩擦，而就其自身而言不具有可听见声响的音，但凭借[30]那些有任何声音者，即会成为可听见声响者，如 Γ 和 Δ。其因口形、位置、送气不送气、长音短音、高音低音及中间音而相互区别。关于这些东西，适合格律学来对其一一加以思考。

音节[35]是由默音和带响声者组合成的非表义音。因此，ΓΡ 不带 Α 是音节，带了 Α，诸如 ΓΡΑ，也是音节。但是，对此类区别的思考，也属于格律学。

连接成分为非表义音，[1457a]从出于自然组合在一起的诸多不同意义的音时，既不阻碍也不造就一个表义音，可以放置在远端或中间，而不宜在一个语句本身的开端处，诸如 μέν、ἤτοι、δέ；或者为非表义音，使诸多单个的不同意义的[5]表义音自然组合成一个表义音。

关联成分是表明语句之起始、结尾或划分的非表义音，诸如 ἀμφί、περί 及其他诸如之类者；或者作为一个非表义音，从出于诸多不同意义的音，既不阻碍也不造就一个表义音，按自然放置在[10]远端或中间。

名词为合成的表义音，无时间性，其成分不以其自身表义；在双合词中我们不就其成分本身取其所表义。比如 Θεόδωρος 中的 δωρος 即不表义。

动词为合成的表义音，有[15]时间性，就像名词的成分一样，其成分本身也不表义。ἄνθρωπος[人] 或 λευκόν[白] 不指示在什么时间，但 βαδίζει[他走] 和 βεβάδικεν[他走了] 却预先表明前者是现在时，后者是过去时。

变格是属于名词或动词的，要么关乎表示属于某物或对于某物[20]；要么关乎一或多，比如 ἄνθρωποι[人] 或 ἄνθρωπος[人们]；要么关于朗诵时的问题，诸如关乎发问、命令，而 ἐβάδισεν[他走了吗？] 或者 βάδιζε[走吧] 就是关乎此类的动词变格。

语段为合成的表义音，其某些成分本身表义，而并非[25]所有语段都得出自动词和名词的组合，就比如"人的定义"，语段也有可能没有动词，但不管怎样总有一个表义的成分，诸如 βαδίζειΚλέων[克瑞翁在行走] 中的 Κλέων[克瑞翁]。语段有两种方式成为一，要么通过表义，要么从诸多成分组合起来，诸如《伊利亚特》就是[30]组合而成的一，而人的定义是通过表义而成的一。

21

名词的种类，要么是简单的，我所说的"简单"，指的是不由表义成分组合而成的，诸如 γῆ；要么是双合的，它们中有些由表义成分和非表义成分组合而成，但在这个词中[33a]都不表义，即都是非表义的，有些则由表义成分组合而成。还可以有三合的、四合的，甚至[35]更多成分合成的名词，诸如马萨利亚人的许多词，比如 Ἑρμοκαϊκόξανθος
***

[1457b] 每个名词，要么是普通词，要么是方言词，要么是隐喻词，要么是装饰词，要么是生造词，要么是延伸词，要么是缩略词，要么是

变体词。

我所说的"普通词",是每个人都使用的;而"方言词",则是别的人使用的。因此,显然[5]同一个词可以是普通词,又是方言词,但并非对同一些人而言。σίγυνον [矛] 对塞浦路斯人来说普通词,对我们来说却是方言词。

隐喻词是应用一个属于他物的名词,要么把属用到种上,要么把种用到属上,要么把种用到种上,要么根据类比。我所说的"把属用[10]到种上",例如"我的船停在这儿",因为"泊"是某种"停"。"把种用到属上",例如"奥德修斯的确曾做过一万件好事",因为"一万"是"多",这里就用来代替"多"。"把种用到种上",例如"用铜汲取生命"和"用长边的铜砍"。这里,[15]前者以"汲"来说"砍",后者以"砍"来说"汲",二者都是一种"取走"。我所说的"类推",指的是当其二之于其一的关系有如其四之于其三那样时,可说其四以代替其二,或说其二以代替其四。有时候,他们加入相关者以[20]代替所说者。我所说的,比如酒杯之于狄奥尼索斯有如盾之于阿瑞斯,因此可把酒杯说成"狄奥尼索斯之盾",把盾说成"阿瑞斯之酒杯"。要么,比如老年之于生命和黄昏之于白天,因此就可以说黄昏是"白日的老年",或者像恩培多克勒那样,把老年称为"生命的黄昏"[25]或者"生命的落日"。有时候,类推中的某些[项]没有可置放的词,尽管如此,这种类似性还是会被说出来。比如,抛撒谷物是播,光芒来自太阳却没有名称。而此之于太阳就有如播之于谷物,因此,就有人说"播撒神造的[30]光芒"。还有另一种方式来使用这种隐喻,用一个离得很远的事物来称呼此物,但否定那个事物的某个特性。比如,也许有人不把盾叫作"阿瑞斯的酒杯",而叫作"无酒的酒杯"。***

生造词是除了[造这个词的]那个诗人自己这么用,一般没有任何人这么说的[那种词]。有些词看起来就是此类,[35]诸如把角称为ἔρνυγας [枝],把祭司称为ἀρητῆρα [祈祷者]。

至于延伸词和缩略词，[1458a] 前者指如果使用长元音而非本来的元音或插入音节，后者指缩略了本来的某个部分。延伸词的例子如表 πόλεως 之 πόληος，表 Πηλείδου 之 Πηληιάδεω。缩略词的例子如 [5] κρῖ、δῶ 和 μία γίνεται ἀμφοτέρωνὄψ[汇成一道目光]。

变体词即所称名的一部分是保留下来的，一部分是造出来的，比如 δεξιτερὸν κατὰ μαζόν，代替了 δεξιόν。

就名词本身而论，有阳性，有阴性及介于中间者。阳性是所有以 Ν、Ρ、Σ 以及 [10] 出自 Σ 的所有合成辅音（这有两个，即 Ψ 和 Ξ）结尾者。阴性是所有以元音中那些总是发长音者，如 Η 和 Ω，以及可拉成长音者中的 Α 结尾者。如此，阳性和阴性的收尾音数目相比起来是一样的，因为 Ψ 和 Ξ 是合成音。没有名词以默音结尾，[15] 或者以短元音结尾。只有三个名词以 Ι 结尾，即 μέλι、κόμμι 和 πέπερι；只有五个名词以 Υ 结尾。介于中间者以这些元音及 Ν 和 Σ 结尾。

22

言语之德在于明晰而不卑下。出自普通语者最为明晰，但却 [20] 卑下，克勒俄丰和斯特奈洛斯的诗即为典型。使用生新语显得庄重，摆脱熟习感。我所说的生新语，指方言词、隐喻词、延伸词以及所有出乎普通语之外者。可要是全用这类词来制作，那写出来的要么是谜语，要么是 [25] 怪腔怪调：如果是出自隐喻词，就会成为谜语，如果是出自方言词，就会成为怪腔怪调。谜语，其形式在于将不可能组合者组合起来说由此产生者。通过其他词类组合起来制作不出这样的，而用隐喻词就可能做到，诸如 "ἄνδρ' εἶδον πυρὶ χαλκὸν [30] ἐπ' ἀνέρι κολλήσαντα [我见过有人用火把铜粘在人身上]" 之类。而要是由方言词组合起来，就会是怪腔怪调。所以，应该混用这些词类。一方面，诸如方言词、隐喻词、装饰词以及上文提到的其他词类不会造成熟习和平平之感，而另一方面，普通词会造就明晰。

名词中的延伸词、缩略词和变体词在［1458b］构成言语明晰而不落熟习上，可不是微不足道的成分。这些词以其具有异于普通词，超乎习惯处，而不会造成熟习感；又以［5］共有习惯性而带来明晰。因此，那些评论者们责备这种方式的言谈并嘲讽这位诗人，并不公正。就像老欧克雷德斯说的，要是允许随心所欲地延伸词语，那作诗可就容易了。他以这种言语写了一首讽刺诗：Ἐπιχάρην εἶδον［10］Μαραθῶνάδε βαδίζοντα［我曾看到俄庇卡尔斯走向马拉松］和 οὐκ †ἂν γεράμενος† τὸν ἐκείνου ἐλλέβορον［你不会像他那样……如此易消化的藜芦］。一方面，这么显眼地采用这种方式很可笑；另一方面，任何一种词类的适度是共同的，因为要是不合适地以及故意为了搞笑而使用隐喻词、方言词和其他词类，［15］会造成同样的结果。恰当使用［与不恰当使用］差别有多大，通过史诗中这些名词被插入节律的情形就能看得到。若是方言词、隐喻词和其他形式的词都改成普通词，就能看出我所言非虚。比如，［20］欧里庇得斯制作过和埃斯库罗斯同样的一个短长格句，只改了一个词，用一个方言词替换了一个惯用的普通词，一者显得高贵，而另一者则显得廉价。埃斯库罗斯在《菲洛克特特斯》剧中制作了

   φαγέδαιναν ἥ μου σάρκας ἐσθίει ποδός.［这毒疮吃我腿上的肉］

他以 θοινᾶται［宴享］代替了 ἐσθίει［吃］。又如：

   ［25］νῦν δέ μ' ἐὼν ὀλίγος τε καὶ οὐτιδανὸς καὶ ἀεικής［如今一个又小又一文不值又不体面的(人)］。

假如改用普通词，就说成

   νῦν δέ μ' ἐὼν μικρός τε καὶ ἀσθενικὸς καὶ ἀειδής［如今一个又矮又虚

弱又难看的(人)]。

还有，

  δίφρον ἀεικέλιον καταθεὶς ὀλίγην τε τράπεζαν [摆下一把难看的椅子和一张小桌子]。

改作

  [30] δίφρον μοχθηρὸν καταθεὶς μικράν τε τράπεζαν [摆下一把糟糕的椅子和一张小小的桌子]。

以及 ἠιόνες βοόωσιν [海岸呼啸] 改作 ἠιόνες κράζουσιν [海岸喊叫]。

此外，阿瑞弗拉德斯一直把悲剧诗人使用人们在交谈中不会那么说的那些词当成谐剧来嘲弄，诸如用 δωμάτων ἄπο [房屋离开] 而不是 ἀπὸ δωμάτων [离开房屋]，用 σέθεν [汝之]、ἐγὼ δέ νιν [我伊] 以及用 Ἀχιλλέως πέρι [阿基琉斯周遭] 而不是 περὶ Ἀχιλλέως [围绕阿基琉斯]，[1459a] 其他诸如此类。正是因为不在普通词之列，言语中所有这些词类才不会造成熟习感。而这人却不理解这一点。

恰当地使用已经说过的各种词类 [5] 以及双合词和方言词是重要的，但最重要的是 [恰当使用] 隐喻词。唯有此事无法从别人那里领受，是好禀赋的标志，因为隐喻得好在于看出相似性。

各类词中，双合词最适合酒神颂，[10] 方言词最适合英雄体诗，隐喻词最适合短长格诗。在英雄体诗中，各种词类均有用武之地。在短长格诗里，由于尽可能摹仿说话的风格，那些用在散文中的词就适合它，这些词类有普通词、隐喻词和装饰词。

[15] 关于悲剧，即以行动来摹仿者，对我们来说，以上所述足矣。

23

关于叙述性的、用格律文的摹仿技艺,显然也应该像在悲剧中那样构合有戏剧技艺的情节,即关乎一个一体的,即完整的,[20]有起始、中段和完结的行动,这样就能像个一体的动物一样造成一种合乎其本性的愉悦。其构合不应该像史述一样,在史述中必然不是去制作对一个行动的解释,而是制作对一个时期的解释,[解释]在此期间所发生的尽可能多的、关乎一人或多人之事,而每一事相互间只是出于偶然。就比如[25]萨拉弥斯海战和在西西里与卡尔凯冬人的战争同时发生,但并未趋向同一目标,在这种时间序列中,有时候一事接着一事,却并不从中产生一个目标。几乎绝大部分诗人都是这么[30]做的。

因此,正如我们已经说过的那样,在这个方面,荷马也超乎他人之上,显得出神入化,就在于尽管战争有始有终,他却并不试图去制作整个战争,否则情节注定会太长,让人不能一眼览其全;要是控制分量,又会被驳杂的事件纠结。[35]如今这人却只截取一个部分,其诸多部分则用作穿插,比如"船目表"和其他穿插,散布在诗中。其他人则围绕一个人、围绕一个时期来写,以及写许多部分组成的一个行动,[1459b]就如《库普利亚》和《小伊利亚特》的作者所为。因此,从《伊利亚特》和《奥德赛》中各能制作出一出或至多两出悲剧;出自《库普利亚》则可有许多出,出自《小[5]伊利亚特》可有八出还多,诸如《兵甲的判予》《菲洛克特特斯》《尼奥普托勒摩斯》《欧若普洛斯》《乞讨》《拉刻岱蒙妇女》《伊利俄斯之劫》《远航》,还有《西农》和《特洛伊妇女》。

24

　　此外，史诗制作应具有与悲剧同样的类型，即要么是单一型，要么是缠绕型，要么是性情型，要么是苦难型。其［10］成分，除唱段制作和形象外，也一样。它也得有突转、恍悟和苦难。其才智和言语也要好。所有这些东西，荷马都是率先使用者，且用得得心运手。他的两首诗作各自的构合，《伊利亚特》是单一型兼苦难型，［15］《奥德赛》是缠绕型（整一个恍悟）兼性情型。此外，二者的言语和才智也卓尔不群。

　　但史诗制作在结构长短与格律方面有所不同。长度的限度，像所说过那样就足矣：得做到能从头到［20］尾一览而尽。如果要满足这一点，结构就该比古代的短，将近于可供一次听完的多部悲剧。在大大扩充分量方面，史诗制作有其独到之处，因为在悲剧中不可能同时摹仿事情的［25］诸多部分，而只能是演员们在戏台上呈现的那一部分。在史诗制作中，因为是叙述，就有可能同时作成这诸多部分，合乎本性的话，会增加［作品的］分量。因而它具有这个好处，气派宏大，改变［30］听众的看法以及插入不同的穿插。雷同的东西很快就让人腻味，就是这造成悲剧被嘘下台。

　　至于其格律，出于经验，以英雄格为宜。如果以其他某一种或几种格律来制作叙述性的摹仿，就显得不合适。英雄格是诸格律中［风格］最坚定、［35］最堂皇者，因此最能容纳方言词和隐喻词，而叙事性摹仿也远胜于其他。短长格与四音步格很有动态，一者适合行动，一者适合舞蹈。［1460a］要是有人就像凯瑞蒙那样，混用这些格律，就更为荒谬了。由于这个原因，从来没有人以英雄格之外的其他格律来制作长篇构制。相反，正如我们所说的那样，其自然属性本身教人选中适宜［5］

的格律。

　　荷马还值得从其他很多方面来赞扬，但特别在于，这些诗人中唯有他深知自己该如何去制作。应该是诗人自己最少说话，因为他并非凭借这些是为摹仿者。其他那些诗人整个过程都是自己在竞赛，摹仿很少以及很少摹仿。但是他，在简短的［10］开场后，径直引入男人或女人或其他某种性情，没有任何一个人没性情，而是各具情性。

　　应该在悲剧中制造惊奇，在史诗制作中则更有可能有［13］不合理之事，而通过不合理之事最能制造惊奇，因为我们没有看着行动者。关于［15］赫克托尔的追击一事，要是在舞台上就显得很可笑：一些人站着不动，不去追赶，另有一个人把头往后一仰。但在史诗里，却不会被人发觉。惊奇令人愉悦，证据在于，所有人在述说时都会为讨人喜欢而添油加醋。

　　荷马最会教其他那些人应该如何说假话，［20］那就是似是而非的推断。不管什么时候，其一存在，其二即存在，或其一产生，其二即产生，于是人们就会预感如果后者存在，前者即存在或产生。但这是假的。因此，要是前者是假的，但只要有当其存在时就必然存在或者产生者，人们就会加上前者。因为知道这是真的，［25］我们的灵魂就似是而非地推断前者因此存在。例如"洗脚"那一幕中的似是而非的推断。

　　不可能的可能如此比可能而不可信者还更可取些。不应从不合理的部分来构制情节，但最好是没有什么不合理者，要是有的话，也应该在故事之外（就比如［30］俄狄浦斯不知道拉伊俄斯是怎么死的），而不是在戏剧中（就比如《厄勒克特拉》中，那些皮提亚运动会的报告，或者在《密西亚人》中，从特格亚到密西亚的一路沉默）。要说那会破坏情节，这就可笑了，因为从一开始就不应该把这些东西放到一起来。但是如果引入了不合理的事，而这事显得［35］合乎情理，那么甚至荒诞的事也可以被接受，既然在《奥德赛》中，关于他被弃海滩的那些不合理处，若是一个低劣诗人所作，会让人难以忍受，

［1460b］而眼下这位诗人通过其他好的处理加以美化，使人看不到这个荒谬之处。

苦心经营的言语应该用在不涉性情及不涉才智的闲笔处，因为过于光彩夺目的［5］言语反而会模糊性情和才智。

25

关于问题和解答，其种类和数量，通过如下思考方式就能搞清楚。

诗人既然是一个摹仿者，就像画家和其他肖像作者一样，那么他必然总得摹仿这三［10］种事物之一：要么是过去是或现在是者之类，要么是相信是或看似是者之类，要么是应当是者之类。这些东西通过言语呈现出来，言语中有方言词、隐喻词及言语的诸多变体，我们允许这些词为诗人们所用。

除此之外，诗术和政治秉持的并非同样的正确，其他技艺和诗术［15］秉持的也非同样的正确。诗术本身的两种过错，一者是出于其自身的，一者是出于碰巧的。要是有意选择某事进行摹仿却缺乏能力，这就是本身的过错。要是其选择不正确，那么马并迈两条右腿或者某个特别技艺，［20］诸如医学上或其他诸如此类的技艺上的错误，这就是并非出于本身的。因此，应该从这些方面去考虑解决批评所涉的问题。

先是针对技艺本身的［批评］。制作不可能之事，犯了错。但是，如果这样能达到其自身目的（这个目的［25］已经说过），如果以这种方式能造使要么这一部分要么别的部分更加惊人的话，那就是正确的。追击赫克托尔一事就是典型。然而，如果这一目的有可能依凭关于这些东西的技艺，使其要么更好要么更差地的话，那就不正确。因为，如果有可能，就应当彻底不要犯任何错误。此外，这个错误是这两种错误中［30］的哪一种？是出于技艺本身的，还是其他的出于碰巧的？不知道母鹿没有角，［这个错］比画得不像要小。

在这些之外，如果被批评为不真实，也许应该以这种方式来反驳：就像索福克勒斯说的，他如其所当是那样制作，而欧里庇得斯则如其所是那样制作。[35] 如果这两个理由不行，还可以说因为有人相信：比如关于诸神，如果碰巧就像克塞诺法诺斯说的那样，这样说既没有更好，也不真实，但就是有人相信。[1461a] 此外有些东西并不更好，但曾经是这样，例如关于武器的这句诗，"他们的矛，尾端插地，直立其上"。他们那时一直奉行这样的习俗，今天伊吕里斯人也还是这样。

关于某个人的所言或所行 [5] 好还是不好，不能只是注意言或行本身显得高尚还是低劣，而是要注意言者或行者其人是谁，针对谁，在什么时候，以什么方式，出于何故，比如是要达到更大的好，还是要避免更大的坏。

但有些问题应该注意联系 [10] 言语来解决。

诸如这句方言：οὐρῆας μὲν πρῶτον [先是骡子]，有可能说的不是"骡子"而是"守卫"。

又及，说多隆 ὅς ῥ' ἦ τοι εἶδος μὲν ἔην κακός [其形丑]，并非指其身体不合比例，而是脸貌丑陋。因为克里特人把容貌俊美称为 εὐειδής [好形]。

又如：[15] ζωρότερον δὲ κέραιε [兑纯]，不是说像给酒鬼那样，不掺水，而是说快一点。

或是依据隐喻来说的，比如：πάντες μέν ῥα θεοί τε καὶ ἀνέρες εὗδον παννύχιοι [所有神和人整夜沉睡]，与此同时他又说，ἦ τοι ὅτ' ἐς πεδίον τὸ Τρωικὸν ἀθρήσειεν, αὐλῶν συρίγγων τε ὅμαδον [当他凝视着特洛亚平原时，双管箫和排箫的吵闹声……]。因为这个 πάντες [所有的] 依据 [20] 隐喻，用来代替"多"，因为"所有的"也是"多"的一种。

又如：οἴη δ' ἄμμορος [唯有她没份儿]，按照隐喻词，"最知名的"也是"唯一"的一种。

根据语调，就像塔索斯人希琵阿斯那样解答 δίδομεν δέ οἱ εὖχος ἀρέσθαι 和 τὸ μὲν οὗ καταπύθεται ὄμβρῳ。

通过区分，比如恩培多克勒的 αἶψα δὲ θνήτ' ἐφύοντο τὰ πρὶν [25] μάθον ἀθάνατ' εἶναι ζωρά τε πρὶν κέκρητο。

通过模棱两可，παρῴχηκεν δὲ πλέω νύξ，因为这个 πλείω 的意思模棱两可。

根据言语的习惯：兑了水的酒还是叫酒，他据此而作 κνημὶς νεοτεύκτου κασσιτέροιο [新锻制的锡胫甲]；锻制铁器的人被叫作铜匠，据此，[30] 伽倪墨得斯被称为宙斯的斟酒人，尽管他们不喝酒，这也许也是通过隐喻。

当词的意指看起来似乎有矛盾时，应当考虑其在说过的话里有多少种意指方式，诸如"τῇ ῥ' ἔσχετο χάλκεον ἔγχος[铜矛在那儿直立]"，可能有多少种方式受阻，这样或者 [35] 这样，哪一种最可取。这与格劳孔所说的那样正好相反，[1461b] 他说："有些人不合理地预选假定，而后根据其假定来给人定罪，批评他们认为是人家说的、和他们自己的意见相反的东西。"关于伊卡里奥斯那事就是这种遭遇。他们先假定其为拉科尼亚人，[5] 则特勒马库斯到了拉刻岱蒙却没和他相遇就很奇怪。那么也许就像克法勒尼亚人说的那样：奥德修斯娶了出自他们那儿的女人，那个男人叫伊卡迪奥斯，而不是伊卡里奥斯。由于这个错误才看似可能有问题。

一般来说，应该把不可能发生之事引向要么关乎 [10] 诗，要么关乎相关，要么关乎相信。就关乎诗而言，看似可能而不可能者比看似不可能而可能者更可取。……诸如宙克西斯所画那样的人，但是更好，因为这应该胜过原型。关乎相信不合理者，即此种情形在某些时候并非不合理；[15] 以及，违背可能如此的事情发生，这是可能的。

考察对立的话语，要像在论证中的驳论那样，考其是否是同一回事，是否关系到同样的事，以及是否以同样的方式，以联系其人自己的言论或明智者的建议来解答。

对于任何时候毫无必要采用的不合理者和 [20] 恶劣者提出批评是正确的，不合理者，就如欧里庇得斯对于埃勾斯的处理，恶劣者，就如

《俄瑞斯特斯》剧中的墨涅拉奥斯。

他们提出的批评出于五个种类，要么不可能，要么不合理，要么有害，要么矛盾，要么违反根据技艺的正确。应从［25］所说这些数里考虑如何解答，有十二种。

26

史诗制作和悲剧这两种摹仿，哪一种更好？也许有人会感到困惑。如果不那么粗俗的就更好的话，那么总是针对较好观众的就是这种，非常明显，那种全都摹仿的就是粗俗的。就好像如果他自己不加东西［30］人家就领会不了，于是搞出很多动作，就像那些低劣的双管箫演奏者，如果不得不摹仿铁饼，他们就打滚，如果要演奏《斯库拉》，就去拉扯歌队长。确实，悲剧就是这个样子，正如那些前辈演员们看待后辈演员那样。由于［表演］太过火，穆尼斯科斯［35］一直把卡里庇德斯叫作"猴子"；关于品达罗斯也有诸如此类的意见。［1462a］整个这种技艺之于史诗制作，就如这些［演员］之于那些一样。人们说，史诗所针对的是公允的听众，他们没人需要这些形体动作，而悲剧针对的则是比较低劣的观众。因此，如果悲剧粗俗，那么显然它就是较差者。

［5］首先，这不是对诗术的而是对表演技艺的指责，别忘了史诗吟诵者也在这些表现上瞎忙活，索希斯特拉图斯就是这种人，还有歌唱比赛时，奥庞提奥斯的墨纳斯瑟奥斯就是这么做的。其次，并非所有动作都得拒绝，除非确实连舞蹈都要拒绝，因而要拒绝的只是低劣的动作。受到这种指责的就是卡里庇德斯［10］这种人，还有当代其他一些摹仿非自由民妇女的人。再者，悲剧没有动作也成其为它自身，就像史诗那样，因为通过阅读即可显明它是什么性质。那么，如果它在其他方面都更好，那这个问题无论如何并不必然就属于它。

此外，还因为其具有［15］史诗具有的全部（因为可能采用的范围）。而且，它还有一个不小的成分，即音乐和形象，通过这个成分，诸多快感能最鲜明地联合起来。再者，无论通过阅读还是在演出时，它都很鲜明。[1462b]再者，能在较短篇幅内达到摹仿的目的。集聚者要比被大量时间冲淡者更令人愉悦；我说的是，就好比如果有人把索福克勒斯的《俄狄浦斯》放到像《伊利亚特》那么长的诗里。再者，史诗诗人的摹仿整一性差，证据是，从举凡一个摹仿中，[5]都能搞出来多部悲剧。因此，如果他们制作一个情节，要么展示得很简短，显得虎头蛇尾，要么因服从适宜的长度而像酒里加水过多。我说的是，就好比，如果要由多个行动组成，正如《伊利亚特》和《奥德赛》便具有诸如此类的诸多成分，且每一个都[10]颇有分量。然而，这两部作品以最佳可能组合起来，即最大限度的对一个行动的摹仿。

因此，如果悲剧在所有这些方面，更其在技艺之功（其所制造的不应是出于偶然而应是之前说过的那种快感）上优于[史诗]，那么，显然它就更强，既然它比史诗更能[15]达到目的。

关于悲剧和史诗，它们自身，及其种类和成分，[种类和成分的]数量及区别，做得好或者不好的原因，以及关于批评和解答，就谈这么多。

译笺与通绎

题　解

关于 περὶ ποιητικῆς［诗术］这个题名，一种说法认为，希腊古籍并无今天意义上的书题，所以 περὶ ποιητικῆς 并非亚里士多德（Ἀριστοτέλης）本人所题，而是后人制作文献时以卷册起始的两个词为题。这是一部分古代文献题目的来源方式。从文献制作方式看，希腊古籍多抄写在莎草纸上。莎草纸卷册抄写或阅读完之后，通常会卷起来。于是，就有了在书卷最后标明著作者和内容这样的习惯，或者是在书卷上附一个羊皮纸或莎草纸小标签，写上这个文献的必要信息。比如《诗术》，书以 περὶ ποιητικῆς αὐτῆς κτλ 开头，就有可能取开头几个词来表示书的内容，前后通常会跟上属格形式的作者名。例如抄本 A 将《诗术》的题目制作为 Ἀριστοτέλους περὶ ποιητικῆς［亚里士多德的《诗术》］。

但也不排除另一种可能，因为亚氏自己曾在《政治学》（Πολιτικά）卷八中谈到，关于净化（κάθαρσιν），他不会在《政治学》中，而是会放到"诗术（περὶ ποιητικῆς）"中再去详述（1341b39）。此外《修辞术》（Ῥητορική）中更是多次提到这个 περὶ ποιητικῆς（1372a2、1404a39、1404b8、1404b28、1405a6、1419b6）。这样看来，περὶ ποιητικῆς 即便不是亚氏自题，倒也切合亚氏心目中这篇讲稿的题目。

总之，不管是出于文献制作、后人所加还是亚氏所题、论文本有，περὶ ποιητικῆς 这个题目，无论从专业论文的形式，还是就探究内容来说，恰好都非常"切题"。

1

校勘者们认为,《诗术》26 章的这一划分并非来自亚氏本人,也追溯不到古代或者拜占庭时期,而是比较晚近的后人所分。至少可追溯至出版于 1611 年的海因修斯(Daniel Heinsius)版。

这个分章虽然有某些瑕疵和问题,但总体来说还是体现了内容的自然起落。特别是因为其中很多地方的分章有亚氏本人标志性的惯用语句作为指示,比如"以上就是我所说的……""关于……,就说这些吧"之类。也就是说,讲稿本来就暗含了一种自觉的划分。

在我们研究、阅读和使用中,划分章节相当于某种定位,能让内容安排、论述路线显得更清晰,因此,出于实际使用的便利,这里选择保留此分章。

[1447a][8] **关于诗术($ποιητικῆς$ / $ποιητικός$)本身**[①] **及其种类**

---

① [M 本释译] 玛高琉斯译本将"诗术本身"释译为"诗术的本质(the essence of poetry)"。

[M 本注] 这个表达式,不包含这个词本身,给出的是被命名的事物本身(《形而上学》1029b19)。当我们处理属和种时,属的定义给出本质(《论题篇》108b22)。文本的第一个句子就给出了这一本质。

[译笺] 参《形而上学》1029b19:"不出现于定义中的东西,且自身得到说明,方为个别事物是其所是的定义。"注中所说"文本的第一个句子",指的应是《诗术》开篇第一段对论文规划进行说明后文本的正式开始,即"史诗制作和悲剧诗,以及谐剧和酒神颂制艺,还有管箫曲艺和竖琴曲艺的绝大部分,所有这些碰巧都是全面摹仿"这句话。这句话给出了诗术的本质,即全面摹仿。

($εἰδῶν$ / $εἶδος$)，及其各具何种特别的能力（$δύναμιν$ / $δύναμις$），[1]

诗术：希腊文为 $ποιητικός$，由 $ποιέω$［制作］和 $τέχνη$［技艺］合拼而成，即"制作技艺"。$ποιέω$ 首先是"制作"或"做"之意，其次才是制作诗歌——作诗。$ποίησις$，即 $ποιέω$ 的制品，通常作狭义解，指"诗作"。亚氏此篇论文既非论诗（$ποίησις$），也非论诗人（$ποιητής$），而是论作诗技艺（$ποιητικός$）。亚氏在《形而上学》（$Τὰ\ μετὰ\ τὰ\ φυσικά$）中说：

> 在创制的科学那里，运动的本原在创制者中，而不是在被创制的事物中。这种本原或者是某种技术，或者是其他的潜能。（1064a14）

《诗术》的叙利亚-阿拉伯传本往往将本论著题目译作"论诗人的技艺"，而非"论诗的技艺"。但从《形而上学》来看，论诗人的技艺，即本原在创制者那里的技艺，与制作技艺或者作诗的技艺意义一致。另外，从文献记载以及亚里士多德本人的谈论中，我们获知他有一篇对外的《论诗人》（$Περὶ\ ποιητῶν$）。此文不传，但从残篇和其他记载看，《论诗人》大概针对的是现实诗人的创作，其中的观念多贴近大众意见；而《诗术》中虽然也会谈及现实的诗人，但其根本上是对理想的诗歌制作技艺即对这种制作技艺本身的理论探讨。

诗术本身（$αὐτῆς$）："某某事物本身"这一表达式，在亚里士多德哲学中指向事物的"是其所是"（$τὸ\ τί\ ἦν\ εἶναι$）。每一个东西的"是其所是"是那就其本身而言者（参《形而上学》1029b14）。所谓诗术本身及

---

[1] [M本释译] 玛高琉斯译本将"其种类，及其各具何种特别的能力"释译为"其种类的特别功能（the special function so fits varieties）"。

[M本注] 这里的解释是在《政治学》（1276b21）中给出的：水手之属（genus）的每一个体都有他自己特殊的功能，例如划桨手、领航员、瞭望手等等。因此，功能（function）之相应于种（species），正如本质（essence）相应于属（genus），据此，在某些特定语境中，"功能"和"种"可以彼此互换。

其种类，指向诗术的属（γένος）和种（εἶδος）；所谓诗术本身，暗指其属（γένος），与种（εἶδος）相对。对于亚里士多德来说，属（γένος）和种（εἶδος）的区分非常重要。从而，在定义某一事物时，属（γένος）与本质，与"是其所是"相关。《论题篇》（Τοπικά）言："'属'乃用于表述若干在种上呈现差异之事物的本质的范畴。"（102a32）

及其种类（εἶδος）：在《诗术》一开始，εἶδος 被用作"种"，尤其是相对于"属（γένος）"而言。εἶδος 意指种、类或型，通常也译作种类、类型、样式。此外 εἶδος 一词在《诗术》后面章节不同语境下多次出现，不同语境下有不同含义，但不同含义间并非没有关联。根据具体语境，εἶδος 可以意指种、类型，也可意指要素、抽象的或者理论上的部分。在后面部分的论述中，我们也会看到，作种类、样式讲的 εἶδος 和作成分、要素讲的 εἶδος，这两个含义间的关联。

εἶδος 是柏拉图著作中的一个关键词。特别需要指出，亚里士多德的用法与柏拉图有所不同。在柏拉图那里，εἶδος 指"形式"或者说"理型"。εἶδος 这个语词首先指一个东西的形、仅心智之眼才能看见的形；其次，这个语词被用来指称本质性的东西。当说到本质性的东西时，意思是它被理解为可能的东西，与现实的或实存的东西判然有别。而柏拉图的确认为，有某种比可感物更为真实的东西。再有，εἶδος 也用来指事物的类。在柏拉图那里，γένος 与 εἶδος 被用作同义词，所谓"类"指起源、家庭、族类，从而先于逻辑的区分。比如狗的 εἶδος，指所有狗，而非具体的、个别的（比如说这个黑的而非白的）狗；非常个别的东西是不完整的，而 εἶδος 则意味着完整，从而是激发的目标（参刘小枫《诗术》讲义，未刊稿）。

及其：注意这个"其"代指的不是"诗术"而是诗术的各个"种类"。

能力（δύναμις）：在亚里士多德《形而上学》中，δύναμις 这个词通常作"潜能"讲。在《形而上学》5.12 中有对 δύναμις 意涵的解释。在亚氏所列举的几种意涵中，《诗术》这里谈及的 δύναμις 似乎是其中"完成得好或出于选择"这个意义上的"潜能"（ἔτι ἡ τοῦ καλῶς τοῦτ' ἐπιτελεῖν ἢ κατὰ προαίρεσιν（1019a24）），因为这里接下来一句就说，"诗若要作得好……", 即这是"完成得好"意义上的"潜能"。这与《诗术》的理论品性是一贯的。作为一篇严格的哲学论著,《诗术》中的探究并不受限于特定历史时代及其现实,其中的艺类探究,也着眼于实现"诗术"本质和艺类"潜能",是对"理想"艺类的探究。

玛高琉斯注谈及《政治学》中的一段话可以让我们形象地理解这句话中"诗术本身""种""能力"的关系:

> 水手们各有职司,一为划桨(桡手),另一为舵工,另一为瞭望,又一为船上其他职事的名称;[船上既按照各人的才能分配各人的职司,]每一良水手所应有的品德就应当符合他所司的职分而各不相同。但除了最精确地符合于那些专职品德的各别定义外,显然,还须有适合于全船水手共同品德的普遍定义。(1276b21)[①]

水手是属(genus),水手这个属中有不同工种,例如划桨手、领航员、瞭望手等等,每个工种都有其特殊职司和相应能力。突出这种对应性,玛高琉斯把 δύναμις 译为"function [功能]"。"诗术本身",相当于全体水手共同的普遍定义;正如水手有划桨手、领航员、瞭望手等不同工种,诗术也具有诸如史诗、悲剧、谐剧等不同种,这些种类各有其能力(功能)。这其中,"本质(essence)"相应于"属(genus)","能力(δύναμις)"相应于"种(εἶδος)"。在某些语境中,δύναμις 和 εἶδος 这两个词可以互换。

以及诗(ποίησις)若要作得好,[②] 故事(μύθους / μῦθος)[10] 应如何放

---

① 本文中《政治学》译文除特别注明者,均采自吴寿彭译本。亚里士多德,《政治学》,吴寿彭译,北京:商务印书馆,1965。

② [M本释译] 玛高琉斯译本将"诗若要作得好"释译为"如果它要是诗术上正确的(poetically correct)"。[M本注] 第25章谈到了这种正确不同于道德正确或就其他任何科学而言的正确。

[译笺] 玛高琉斯"诗术上的正确"的译法,是联系到《诗术》后文第25章内容先行给出的理解。

到一起，

作得好："好"的希腊文为 καλός，有不同维度的含义。首先是就外表、外观而言的美；其次是品质上的好、优良；再次是具有道德意味的美好、高贵、高尚。有意思的是，这几个维度的含义本身就隐含了对诗术判断标准理解的不同倾向，或许可以概括为：审美性的、本质性的、道德性的。根据《诗术》本身的陈述，在第25章，亚里士多德谈道："诗术和政治秉持的并非同样的正确，其他技艺和诗术秉持的也非同样的正确。"但审美主义以此来为自己背书并不符合亚氏本意。此处的 καλός 既非道德伦理意义上的，也非美学意义上的，而是本质意义上的理解。如拜沃特所言："正如任何事物的类型之好可以被表述为 καλόν 一样，任何事物处于它所应然的状态就被表述为 καλῶς ἕξειν。"

故事（μῦθος）：日常用法中 μῦθος 的含义似乎有两个大类，两个大类间并非没有关联。第一大类意义的核心是"言"，同"行（ἔργον）"相对，多见于荷马（Ὅμηρος）和早期诗人的作品，可以表示言辞、话语、言谈、谈话、话题；进而表示"所说的事"，甚至包括威胁、命令、劝告、嘱咐之类；进而表示"所想的事"，甚至包括想法、意图、计划、心里想着却没说出的话；进而表示"人们的谈论"，包括传闻、叙说、讯息之类含义。另一大类意义似乎从人们这种谈天说地的"谈论"和"叙述"意发展而来，基本含义是"故事"，所涉甚广，包括神话、传说、寓言乃至箴言、警句之类的"故事"。对于古希腊人来说，以荷马史诗为代表的关于神和英雄的传说故事乃是他们共同的教养传统，所谓 μῦθος 几乎就是指向这些"故事"。

μῦθος 作为"情节"这一经典含义，必然要追溯到亚里士多德的《诗术》。μῦθος 是亚里士多德《诗术》中最重要的概念之一，《诗术》中却并未对 μῦθος 一词有专门定义。在《诗术》一开始，μῦθος 一词是在什么解释、什么铺垫都没有的情况下像日常词汇那样出现的。抛开我们对《诗术》的特殊眼光，还原到亚里士多德的时代，在谈论诗歌的语境里，就当时希腊人的普遍观念来说，μῦθος几乎会非常明确地指向史诗和悲剧中那些神和英雄的故事。毫无疑问，对于普通意见来说，希腊人所熟悉的无论是荷马史诗还是悲剧这些诗作，的确都是"将神话传说和英雄故事（μῦθος）放到一起"。μῦθος在《诗术》中的意涵显得既与μῦθος的本义有所关联，又不尽相同。作"情节"意义讲的μῦθος，是亚里士多德在《诗术》的论述行程中，逐步澄清了普通意见的夹缠、混同和误识后，从μῦθος的本义中提炼出来的意涵，从而成为由《诗术》支撑的一个特别义项。

因此，在当前语境下，我将这里的μῦθος译为"故事"。后文根据语境，分别会译为"故事"和"情节"，请谨记这两个词均指向μῦθος。并且，无论在何种语境下，不管译为"故事"还是"情节"，应谨记这两个意涵间的关联。

放到一起（συνίστασθαι / συνίστημι）：这个词朴素的含义即"放到一起、组合"，在《诗术》中会反复用于事件和情节的结构、组织、安排。在本文一开始，我倾向于用朴素的含义来翻译，后文论述中根据具体语境用于事件的构合，情节的组织、安排等。

进而，其来自多少以及什么样的部件（μορίων / μόριον），

来自多少："多少"指量上的度。参《尼各马可伦理学》(Ἠθικὰ Νικομάχεια, 1106b9)：

> 如果每一种科学都要寻求适度，并以这种适度为尺度来衡量其产品才完成得好（所以对于一件好作品的一种普遍评论说，增一分则太长，减一分则太短。这意思是，过度与不及都破坏完美，唯有适度才保存完美）。[1]

部件：这里用的是μόριον一词，在《诗术》中，这个词和μέρος（部分、

---

[1] 本文中《尼各马可伦理学》中译文均采自廖申白译本。亚里士多德，《尼各马可伦理学》，廖申白译，北京：商务印书馆，2003。

成分）经常可以互换。为了遵从尽可能严格对译亚氏希腊语词的原则，因此，凡出现译词"部件"处，均对译 μόριον，而"成分"对译 μέρος。

玛高琉斯注提到《形而上学》（1053a19）说："因为我们只有在量上和要素［译按：中文本译作"属"，疑误。希腊语原文为 εἶδος］上来分解一个实体，才知道它是由什么组成的。"[①] 这里《诗术》说到两种划分（ἐκ πόσων καί ποίων，来自多少以及什么样的），一种是量上的（ποσός），多少、多大、数量的，一种是质上的（ποῖος），什么样的、某种样子的、某种性质的。这两种划分，量的划分（ποσός）对应的是划分为构件（members）的解剖式划分（anatomy）；质的划分（ποῖος）对应的是划分为要素（factors）的分析式划分（analysis）。在第 12 章，亚氏谈道："悲剧中应被用作要素（εἶδος）的成分（μέρος），我们前面已经谈及。还有从量的角度来分的成分，……"这句话指明，第 6 章中探讨的成分划分是从理论上来说抽象分析出来的要素；而第 12 章所探讨的是可以划分为有形可分的成分，即从量的角度划分的成分。

诸如此类，[②] 都是这里要探究的，我们不妨依着自然先从[③]首要者[④]讲起。

---

① 本文中亚里士多德著作引文的中译文，除特别注明的以外，均采自《亚里士多德全集》（共十卷），苗力田主编，北京：中国人民大学出版社，1997。部分引文根据希腊文或英文略有改动。

② ［M 本注］例如还有诗术史以及荷马诗歌批评之类的问题。

③ ［M 本注］第二个始在第 4 章，处理诗术的起源和演化。既然自然依照一个计划运作，即自然在其逐步认识到这个理念之前就已有此理念，那么处理定义先于处理演化就是自然的。

④ ［M 本释译］玛高琉斯译本将这里的"首要者"释译为"属（genus）和种差（differentia）"。

［M 本注］参考《形而上学》1037b29 和《后分析篇》97b3，那里解释了这段文本中所谓"首要者"这个词的意义。艺术（Art）之属是"描绘（portrayal）"；第一个种差在于，是创造性的描绘（creative portrayal）还是复制性的描绘（reproductive portrayal）、对想象（imaginary）的描绘还是对真实（real）的描绘。

［译笺］玛高琉斯有一整套相应的对亚氏摹仿学说的解释。这里的"描绘

诸如此类：《诗术》开篇"关于诗术本身及其种类，及其各具何种特别的能力，以及诗若要作得好，故事应如何放到一起，进而，其来自多少以及什么样的部件"，这句话就像是《诗术》的梗概，勾勒出其最基本的情节。但除此之外，正如玛高琉斯提到，《诗术》中还涉及"诗术史以及荷马诗歌批评之类的问题"，这里以"诸如此类"带过，和主要情节相比，这些内容就好像穿插一样。

探究：这个词的希腊文为 μέδοδος，其原初意义为"通达……之道路"，是理智对可变动事物进行的思考活动。《尼各马可伦理学》开篇说：

> 每种技艺与探究，同样的，人的每种实践与选择，都以某种善为目的。（1094a1）

探究有别于科学，原因在于探究仍以某种善为目的，而科学意味着不专以活动之外的善为目的。

依着自然（κατὰ φύσιν）先从首要者（τῶν πρώτων）讲起：根据亚里士多德探究事物定义的逻辑方法：定义之对象为种（εἶδος），先将种放至其属（γένος）中，然后通过划分之方法（κατὰ τὰς διαιρέσεις），寻其种差（διαφορά），最终达至属加种差的定义。在首句结尾，亚里士多德说要依照自然的顺序（κατὰ φύσιν），从首要者（τῶν πρώτων）开始谈起。从《物理学》（Φυσικὴ ἀκρόασις）189b30 中我们可以获知：这一探究的自然顺序乃从共同特征到个别特征。首要者之首要在属，即用于谓述"种"的本质范畴：

> 属是对一些不同种的事物的本质范畴的谓述。（《论题篇》102a32-33）

（portrayal）"对应着一个更大范围的"摹仿"。事实上，"摹仿（μιμέομαι）"这个词本就包含了两种意义，一种是相当于复制性模拟，另一种才是音乐、诗这些技艺的制作性摹仿。玛高琉斯所说的第一种差指的就是这两种"摹仿"的差别。他把制作性摹仿称为"创造性的描绘（creative portrayal）""对想象（imaginary）的描绘"；把复制性模拟称为"复制性的描绘（reproductive portrayal）""对真实（real）的描绘"。

属者，乃是其所是者（τὸ τί ἦν εἶναι）。这与说完主题规划之后立刻开始的正文是完全对应的，因此接下来第一句给出的，就是诗术本身，即诗术的"是其所是"。即接下来一段话所谈的，史诗制作和悲剧诗等等一众艺类，都是"全面摹仿"。

这里的自然之序，首先处理的是"诗术"之定义，而非"诗术"之源起。《诗术》中并非没有谈及诗术之源起和演化。对于诗术之源起和演化问题，作为又一个开始另起于第4章。就亚里士多德的哲学而言，既然自然依照计划展开，则自然的理念先于其逐步意识到这一理念。这一观念对于《诗术》的整体构想和情节论证乃是根本性的。因此，就亚氏哲学而言，《诗术》中这样首先处理定义问题就是依据自然。这种做法和我们今天的学术通常先源起后定义的方式适成对比，背后也隐含着某些深层的思想差异。

史诗制作（ἐποποιία）[①]**和悲剧诗（τραγῳδίας ποίησις）**[②]**，以及谐剧（κωμῳδία）**[③]**和酒神颂制艺（διθυραμβοποιητική），还有**[15]**绝大部分管箫**

---

① ［M本释译］玛高琉斯译本将这里的"史诗制作（ἐποποιία）"释译为"虚构故事（Romance）"。

［M本注］根据《后分析篇》97a8，作者将所有这些风格归于普遍适用"诗"这一名称者，并找出了他们的共同特征。

［译笺］玛高琉斯在其译注本"词汇表（Glossary）"中给ἐποποιία列出了两种含义，一种是特定格律的诗歌制作，一种玛高琉斯称之为Romance。
Romance的所指，重点在于虚构故事，是一种对想象的摹仿制作，而无所谓格律。玛高琉斯认为亚氏这里是在摹仿性制作的虚构故事这种意义上使用ἐποποιία。所以，他将ἐποποιία一词直接释译为Romance。从摹仿性制作的虚构故事这一核心意义出发，可以看出这个Romance可以包括传奇、故事、小说这一系的文类。

② ［M本注］不同于展览，因为演员们有血有肉，因而一部演出的戏剧相比绘画或雕塑而言是更为"非物质性（immaterial）的"。

③ ［M本注］亚里士多德在这篇论文中对于谐剧是诗的观点未置可否（"所谓诗人"，1449b3），并且我们从贺拉斯（Horace）处得知，古人对于把诗这个名称赋予谐剧是否恰当颇有疑虑。

曲艺（αὐλητικῆς / αὐλητικός）和竖琴曲艺（κιθαριστικῆς / κιθαριστικός），

史诗制作（ἐποποιία）：玛高琉斯在其译注本的"词汇表（Glossary）"中，对 ἐποποιία 的解释为：1、六音步格制作（hexameter-making）。2. 虚构故事（romance），所有类型为非演出性的虚构故事。这里，玛高琉斯直接把 ἐποποιία 译为 romance［虚构故事］。

从词源来看，ἐποποιία 来源于 ἔπος 加 ποιεῖν［制作］。当指"诗"时，ἔπος 可以指"史诗"，特别相对于抒情诗、讽刺诗、酒神颂这些非叙事性的诗类而言；有时候也可以泛指"诗"，甚至包括抒情诗；当其作"诗行"讲时，特指戏剧中对白性的诗句。作"史诗"讲的 ἐποποιία，通常指那些写作英雄事迹的六音步格叙事诗；但后面我们会看到，亚氏认为 ἐποποιία 的这种所指存在误识。因此，《诗术》中 ἐποποιία 一词的所指并不同于普通意见中的"史诗制作"，这就是为什么玛高琉斯译注本中把这个"史诗制作（ἐποποιία）"释译为"虚构故事（Romance）"，包括传奇、故事、小说这一系的文类。这个问题的清理，本章后面部分即会展开。

管箫曲艺（αὐλητικός）和竖琴曲艺（κιθαριστικός）。αὐλός 是笛、箫、双管之类的箫管乐器。κιθαρισ 是弦琴、竖琴之类的弦乐器。αὐλητικός 指管乐，κιθαριστικός 指弦乐，两者对举。《政治学》谈论音乐教育时，其中一条就是教少年们演奏时应选择什么乐器，因为乐器也有高贵和卑下之分。而其中就谈到了 αὐλός 和 κιθαρισ 这两种乐器。对于 κιθαρισ，亚氏谈论不多，他之所以认为其不适合教少年学习，原因仅在于这种乐器的演奏是高度技巧性的；而对于 αὐλός，亚氏则花了相当大的篇幅进行贬抑，认为其不适合在少年的音乐教育中采用，原因是其不能表现道德品质，无助于人的德性操修（参《政治学》1340b31-1341b7）。

作者这里对艺类的列举，名称和顺序上似乎都有讲究。史诗制作（ἐποποιία）一词中最明确包含了制作、作诗（ποιεῖν）一词；而悲剧诗（τραγῳδίας ποίησις）中明确包含了作为 ποιεῖν［制作］之成果的 ποίησις［作品、诗]一词;谐剧(κωμῳδία)一词中既无 ποιεῖν[制作]也无 ποίησις[作品、诗]。正如玛高琉斯注释中所言,在论文后面部分,我们会看到亚氏对谐剧是否是"诗"似乎不置可否,即对于谐剧之摹仿是否属于制作性摹仿并未加以断定;酒神颂制艺(διϑυραμβοποιητική)中,出现了制作技艺、诗术(ποιητικός)一词;而管箫曲艺(αὐλητικῆς)和竖琴曲艺(κιϑαριστικῆς)都包含技艺(τέχνη)一词。

我们今天可见的《诗术》存世文本中,后面部分主要讨论了史诗制作(ἐποποιία)和悲剧诗(τραγῳδίας ποίησις),并且在论文最后明确有呼应性总结性的说法:"关于悲剧(τραγῳδία)和史诗制作(ἐποποιία)……,就谈这么多。"

所有这些碰巧都是①**全面摹仿**(μιμήσεις / μίμησις)。②

碰巧(τυγχάνω):据玛高琉斯注,所谓"碰巧"是指,在了解原理前,对具体和个别情形中遇到的这些艺类作出假定。这也是亚里士多德的一种固定表达,后文中凡出现"碰巧",也是出于如是情形。

---

① [M本释译]玛高琉斯译本将这里的"所有这些碰巧都是"释译为"所有这些事实上都是"。

[M本注]正如我们了解原理前在具体和个别情形中遇到这些艺类。当科学从这些具体和个别情形中获取了它们的定义,那时就不再是假定了(《形而上学》1064a8)。

② [M本释译]玛高琉斯译本将这里的"全面摹仿"释译为"对想象的非物质性描绘(immaterial portrayals of the imaginary)"。

[M本注]"非物质性"将这些艺类与那些使用有形物质,因而制造的乃是会朽坏的作品的技艺区别开来。"对想象的[摹仿]"将"诗术"与"史述",即描绘真实者(第9章)区别开来。更字面的翻译大概是 simulation throughout [彻彻底底的虚拟]。

希腊词 ποίησις 在这里的意思和在《形而上学》中一样,即制造(fabrication)。现代语言通常异于希腊语用意,在于将"诗"限制在语言上,甚至在有韵之文上,几乎没有哲学家会将其延伸到哑剧和芭蕾之类。

全面摹仿（μίμησις τὸ σύνολον）：玛高琉斯在导言中专门解释过 σύνολον 的专业术语含义。这个词乃《形而上学》中的专业词汇（1039b21，并且经常出现，例如 1029a5；《后分析篇》97a39），意为形式+质料，也就是"本质（essence）"这个词的一个意涵。根据这个意涵，所谓诗的本质，意味着形式和质料均为"摹仿（imitation）"。玛高琉斯又说，在既摹仿质料又摹仿形式之处，我们所用的术语并非"摹仿"，而是"想象（imagination）"或者"创造（creation）"；而这一点乃是被称为诗的创作技艺与复制技艺间的根本区别，对于复制技艺，亚里士多德用的是 ἀπεικάζειν。

对于这一所谓形式和质料均为摹仿的"全面摹仿"，玛高琉斯释译为"对想象的非物质性描绘（immaterial portrayals of the imaginary）"，涉及两个方面的限定："非物质性"和"对想象的"。玛高琉斯解释说，"非物质性"将诗术与那些使用有形物质，因而制造的乃是会朽坏的作品的技艺区别开来；而"对想象的（摹仿）"将"诗术"与"史述"即描绘过去历史中真实发生者区别开来。根据玛高琉斯的注解，所谓物质与非物质性，就比如雕像的制作受累于有形的物质材料，而诗术和乐术不受累于物质；对真实非真实的摹仿，就比如史述的制作受累于过去真实发生之事，而诗术不受累于真实。玛高琉斯提到，《诗术》通篇有意识地避免 ὕλη [质料] 一词，因为所谓 σύνολον 没有质料。

通常译法都把 τὸ σύνολον 理解为"通常、一般而言（in general）"或者"整体被看作（viewed as a whole；viewed collectively）"。"全面摹仿"这一说法，即把 τὸ σύνολον 作为亚氏哲学专业术语来处理，笔者仅见于玛高琉斯译注本。这个词的专业术语内涵隐藏着《诗术》中几乎无人发现的深度理论构架。根据通常译法，这句话的意思是前面所列举的这些艺类，"一般而言都是摹仿"或者"总体上被看作摹仿"。这看起来也没有什么问题。按照通常译法，所有这些艺类的"属"是"摹仿"；而按照玛高琉斯的注解，亚氏这里给出的"属"是"全面摹仿"。"摹仿"是比"全面摹仿"更高层级的属,说这些艺类都是"摹仿",并没有错。而且,从柏拉图那里,我们可以很生动地看出,简单认为这些艺类是摹仿,是当时希腊人普遍接受的看法。但是,对亚里士多德而言,诗和音乐所属的摹仿并不能混同于其他类型的摹仿,这正是他在《诗术》这篇论文中要深入探究的东西。也因此,柏拉图对一般意见中笼而统之的摹仿大加挞伐,而亚里士多德正是要通过区分和辨析不同类型的摹仿,回应柏拉图对诗的批评。说诗是摹仿固然不错,但这里,诗是何种摹仿,更为重要。

在对"诗术"的探究中,亚里士多德严格遵循其逻辑方法:定义之对象为种($εἶδος$),先将种放至其属($γένος$)中,然后通过划分之方法($κατὰ\ τὰς\ διαιρέσεις$),寻其种差($διαφορά$),最终达至属加种差的定义。在种属层级上,"全面摹仿"是"摹仿"这个大的属下面的一个种,也就是说,在"摹仿"这个大的属中,还有种差将诗术所属的摹仿与其他种类的摹仿进行区分。根据玛高琉斯给出的解释,先有一个种差区分了"摹仿"和"复制"。事实上,"摹仿($μιμέομαι$)"这个词本就包含了两种意义,一种是相当于复制性模拟,另一种才是音乐、诗这些技艺的制作性摹仿。玛高琉斯所说的第一种差指的就是这两种"摹仿"的差别。他把制作性摹仿称为"创造性的描绘(creative portrayal)"、"对想象(imaginary)的描绘";把复制性模拟称为"复制性的描绘(reproductive portrayal)"、"对真实(real)的描绘"。所以紧接着这句话,后面一句话就是亚氏对玛高琉斯这里所说"第一种差"的区分:

> 正如那些复制者通过色彩和形态摹仿许多事物……,也有另一类通过声音那样,前面提及的诸技艺都凭靠节律、言辞和乐调制作摹仿,单独或者混合。……摹仿性情、情感和行动。

即一类是复制性模拟,通过色彩、形态和声音摹仿事物;另一类是制作性摹仿,通过节律、言辞和乐调,摹仿性情、情感和行动。

更没有想到的是，根据玛高琉斯的注解，τὸ σύνολον 这个词的专业含义中还隐藏着要到第 9 章才涉及的诗术与史述的区分。在媒介上，史述与诗术都以言辞为媒介，不受累于物质性，但是在摹仿的内容上，诗术所摹仿的完全是想象者、虚构者，而史述则致力于描述真实。这其中的交叉关系在于，复制性摹仿，即物质性媒介的摹仿，可以摹仿真实，也可以摹仿想象和虚构。比如可以对应绘画与摄影。因而《诗术》第 2 章谈论摹仿对象时，亚氏总是用绘画的对象来和诗术对象作比，因为绘画虽然是物质性摹仿，但在摹仿想象或虚构对象这一点上，诗与画是可比的。而另一面，非物质性摹仿可以摹仿真实，也可以摹仿想象或虚构。史述之摹仿真实，某种意义上类似于媒介上受累于物质，乃是内容上受累于现实，也具有某种"复制"性。诗术在这两方面都脱离"复制性"，因而是所谓"全面摹仿"。其中可以推导出后人经常谈论到的诗术两方面的优越性：从媒介的非物质性上来说，诗术更具潜在的不朽性；从内容的非现实性上说，诗术更自由。

它们从三个方面彼此区别，[①] **要么摹仿（**μιμεῖσθαι / μιμέομαι**）所用之物不同，要么所[摹仿]之物不同，要么不同地[进行摹仿]，**[②] **即以不一样的方式。**

亚里士多德在这里谈及摹仿三方面的差异时，乃是用 ἕτερος [另一个] 这个最普通平常的词的不同格位和变化来表达的，这是亚里士多德表述的一个特点，并未制造专门的哲学术语，而是使用希腊语的日常词汇，充分利用希腊语变化和表达的灵活，制作出具有精微哲学意涵的

---

① [M 本注] 这里有三个分类的基础，包括交叉划分。这三种区别的先后是按重要性顺序排列的。

② [M 本释译] 玛高琉斯译本将这里的"不同地[进行摹仿]"释译为"处理（treatment），方式（mode）上的不同"。

[M 本注] 叙述和扮演都是言辞摹仿的不同方式，据此，这一划分后于质的划分。

语意。

所用之物不同（ἐν ἑτέροις）：ἐν［在……里］的用法，亚里士多德曾在《物理学》210a15-24中详加辨析。根据其中列举的八种用法，《诗术》1447a17处的这个ἐν似乎属于"形式在质料里"这一用法。这里谈到摹仿第一方面的差异，即我们通常所说的媒介的差异，是质料因的差异。ἐν后面跟ἕτερος的复数与格形式ἑτέροις。ἐν后接与格即表示"在……里"。

所［摹仿］之物不同（ἕτερα）：第二方面，用的是ἕτερος的复数宾格ἕτερα，因此即知其所指为对象。

不同地［进行摹仿］（ἑτέρως）：第三方面，用的是ἕτερος变化而来的副词ἑτέρως，即"不一样地""有别地"之意，指行为、动作、状态中的差异。对此后面还以一个表解说的小品词καὶ连接到一个解释：所谓ἑτέρως，即指μὴ τὸν αὐτὸν τρόπον［不同的方式］。

依照亚里士多德的逻辑理论，定义由属加种差构成，定义的对象只能是种。前面一句话说了"诗术"本身，即诗术的"是其所是"、诗术之属，因此紧接着就是走向划分个别特征，寻求所谓种差。关于全面摹仿这个属下的种差，亚氏指出："它们从三个方面彼此区别，要么摹仿所用之物（τῷ ἐν ἑτέροις）不同，要么所摹仿之物（τῷ ἕτερα）不同，要么不同地（τῷ ἑτέρως）进行摹仿，即以不一样的方式。"

不过，这三方面的种差适用于所有摹仿技艺，并非只适用于全面摹仿。玛高琉斯指出，这三方面种差的先后是按重要性排序的，媒介的种差最为重要，正如我们后面会看到，通过媒介这个种差能进行好几个层级的属类区分：在摹仿这个属下区分复制性摹仿和制作性摹仿；接着又在制作性摹仿（即全面摹仿）这个属下区分开诗、乐、舞；在"诗术"这个属下区分诗术的各种样式。第1章紧接着涉及的就是第一方面的种差，即用以摹仿之物不同，即我们通常所说的摹仿媒介问题；第2章涉及第二方面的种差，即所摹仿之物不同，即我们通常所说的摹仿对象问题；第3章涉及第三方面的种差，即不同地进行摹仿，即我们通常所说的摹仿方式问题。

正如那些复制者[1]通过色彩和形态摹仿许多事物（有的［20］凭靠技艺[τέχνης / τέχνη]，有的凭靠熟习）[2]，也有另一类通过声音[3]那样，

复制者：这里所用的 ἀπεικάζοντες［复制者］这一分词来自动词 ἀπεικάζω，意为临摹、仿作，但同时这个词也具有"摹仿"之意。正如"复制者通过色彩和形态摹仿许多事物"这句话已经表明，"复制"也是一种"摹仿"，"复制"也属于"摹仿"。但 ἀπεικάζω 所指向的那种复制性摹仿有别于亚里士多德在本论文中着重要探讨的诗术的摹仿，即制作性摹仿。μιμέομαι 一系的词，既可指复制性摹仿，也可指制作性摹仿，因为其乃这两种摹仿之属。当文中出现 ἀπεικάζω 用于表述复制性摹仿时，其与制作性摹仿相对的意涵就显露出来。也就是说，这个摹仿既可以作为属名，又可以作为这种属下面的一个种名。这里复杂的对应关系在于，

---

① [M本注]艺术这两种划分的类似之处在于分类的三重基础。形象、色彩和声音是事物明确差异的常备样本（《形而上学》1057a27、1071a25，《后分析篇》97b35，《自然论短章》l.c.）；并且被描绘的主题在种类上也会明显不同。

这个句子某种程度上是在反驳柏拉图混同艺术这两个分支。"复制性"这个词表明某些现实存在之物被复制，而"诗"则是创造，以及普遍化。尽管形象和色彩并没有构成一个人或一幢建筑（属于德谟克利特的观点，在《论动物部件》640b30中遭到反驳），但它们足以伪装一个人或一幢建筑。

② [M本释译]玛高琉斯译本将这里的"有的凭靠技艺（τέχνη），有的凭靠熟习（συνήθεια）"释译为"理想化地或现实性地处理它们（treats them ideally or realistically）"。

[M本注]《政治学》1281b12 给出了对这句话的解释：理想性的或者"艺术性"的描绘是那种将不同个体之美集于一身的美；典型例证就在宙克西斯（Zeuxis）的作品里，为了表现海伦（Helen），作者选择了五个最漂亮的克罗顿（Croton）妇女的特点（Klein, Geschichte der griechischen Kunst, ii. 168）。日常的或现实性的肖似则是被如其所是地描绘出来的个体。这种区别在我们今天恰好可以通过绘画和摄影来说明。

③ [M本注]这里指的摹拟（mimicking），是像《论声音》（Audibilibus, 800a25）和《问题集》（899b22）中描述的那种摹仿。《修辞术》（1404a22）中也提到人类的声音擅长摹拟（mimicry）。

摹仿既可以作为复制性摹仿和制作性摹仿的属,用于指称这两种摹仿中的任一种,即 $απεικάζω$ 和 $μιμέομαι$ 都归于摹仿时,它们都是这一统称下面的种;摹仿也用于指称制作性摹仿,用于指称和复制性摹仿相区别的一种摹仿,即与 $απεικάζω$ 对举时,$απεικάζω$ 和 $μιμέομαι$ 分别指复制性摹仿和制作性摹仿。仅就名称而言,这种既可以指称属,又可以指称属下某一个种的方式在语言现象中非常常见。《诗术》中也多处涉及类似问题,并且本身就谈论过这个问题。但此处,就认识而言,摹仿所具有的这两种意涵的含混和夹缠是《诗术》中最为复杂的问题之一,其理论表述和论证也相当隐晦。此处尚未展开对这种区分的论述,但埋下了伏笔,到论文后面会慢慢看到亚氏对此二者的细致分殊。

玛高琉斯认为,这里对复制性摹仿和制作性摹仿的区分,是亚里士多德针对柏拉图混同二者从而对摹仿进行激烈抨击的那一方式进行的反驳。也就是说,柏拉图通过混同复制性摹仿和制作性摹仿,从而对摹仿展开激烈抨击,而柏拉图对摹仿的激烈抨击针对的其实是复制性摹仿。亚里士多德通过区分复制性摹仿和制作性摹仿,将作为诗术核心的制作性摹仿与复制性摹仿进行剥离,是其针对柏拉图对摹仿之激烈攻击为诗术进行辩护的根本策略。

这里说的是"那些复制者通过色彩和形态摹仿许多事物($πολλά$),也有另一类通过声音那样",对比后文对那种摹仿的表述:"前面提及的诸技艺都凭靠节律、言辞和乐调制作摹仿,……摹仿性情、情感和行动。"这两句话的表述明面上容易让人注意到是在谈论媒介的对比,复制者是通过"色彩、形态和声音",诸技艺是通过"节律、言辞和乐调",但暗地里还有针对摹仿对象的对比容易让人忽略,即复制者摹仿"许多事物",而诸技艺摹仿"性情、情感和行动"。

柏拉图《王制》($Πολιτεία$,旧译《理想国》)中有一段话似乎就是对这种"摹仿许多事物($πολλὰ\ μιμοῦνταί$)"的生动写照:

> 另外有一种说故事的人,他什么都说。他的品质愈坏,就愈无

顾忌，他什么东西都模仿，他觉得什么东西都值得模仿。所以他想尽办法，一本正经，在大庭广众之间什么东西都模仿，包括我刚才所提到的雷声、风声、雹声、滑轮声、喇叭声、长笛声、哨子声、各种乐器声，他还会狗吠、羊咩、鸟鸣。所以他的整个体裁完全是声音姿态的模仿……（397a）[①]

因此，有可能柏拉图在《王制》中激烈抨击的"摹仿"，很大程度上针对的是这种"摹仿许多事物"的"复制者"的摹仿。

声音：此处没有将声音与色彩和形态并列，而是单独表述。一方面可能缘于色彩和形态都诉诸视觉，声音诉诸听觉。另一方面，与色彩和形态相比，声音的情况较为特殊，有其复杂性。声音包括了可以摹拟事物的发声，也包括节律、乐调，前者隶属复制者摹仿的媒介，而节律、乐调则隶属诸技艺摹仿性情、情感和行动的媒介。根据玛高琉斯提示的参考：《论声音》（800a25）、《问题集》（899b22）和《修辞术》（1404a22），很可能这里提到的可以和色彩、形态划入一类的"声音"乃特指人的发声，亚里士多德多次提到人的声音非常善于摹仿，并且所举之例也是拟声意义上的那种摹仿。而节律和乐调这些"声音"，则不一样。

根据前面一句中对"全面摹仿"的阐释，我们才能理解，接下来的这段话说的正是诗术所属之"全面摹仿"与另一种类型摹仿的种差问题。亚里士多德把另外这种摹仿称为"复制（ἀπεικάζω）"，即通过色彩、形态和声音这些具有物质性的媒介摹仿许多事物。

而前面提及的诸技艺都凭靠节律（ῥυθμῷ / ῥυθμός）、[②] 言辞（λόγῳ /

[①] 本文中《王制》译文均采自郭斌和、张竹明译本。柏拉图，《理想国》，郭斌和、张竹明译，北京：商务印书馆，1986。

[②] [M本注]《诗术》一文中，节律一词似乎仅用于舞蹈，而相应于语言的节律被称为格律（Metre）。在《修辞术》中其定义（适用于言辞）是"音型之数（the Number of the Figure）"。

λόγος)和乐调（ἁρμονία / ἁρμονία）[①] 制作摹仿（ποιοῦνται τὴν μίμησιν），单独或者混合。[②]

节律（ῥυθμός）：《问题集》中谈到节律和乐调都体现"秩序"。而秩序是一种原则（《物理学》252a12）。

言辞（λόγος）：《诗术》中，λόγος 用得很多，而且所使用到的含义也复杂多变。λόγος 本指说话、言语、谈论、词，进而也指谚语、传说、寓言、故事等，然后才是我们在哲学中最为熟悉的含义，指包含在这些语言形式中的道理、思想、理性、推理等等。λόγος 有从"言辞"到"故事"一系列的义项，在意义上与 μῦθος 颇有重叠。不过，在《诗术》中，λόγος 最基本和用得最多的含义是言语、言辞，与第 6 章中所言的悲剧六成分或者后来的史诗四成分中的 λέξις [言语] 最相关，甚至有些时候可以等义互换。不过，我仍然遵从尽可能严格对译亚氏希腊语用词的原则，因此，凡出现译词"言辞"处，均对译 λόγος，而"言语"对译 λέξις。当然，因为 λόγος 在《诗术》不同语境中还有不同的意指，在出现其他意指时，我会随文附上 λόγος 的希腊语原词及相关说明。

乐调（ἁρμονία）：柏拉图在《王制》卷 3 中说到，歌曲由言辞（λόγος）、乐调（ἁρμονία）和节律（ῥυθμός）组成（398c-d）。

节律和曲调也是声音。前面一句话提及声音时，特指的是进行摹拟的那种发声，那种声音可以摹拟"许多东西"，而声音中的节律和曲调

[①] [M 本注] 作者在《问题集》（919b33）中解释了这里乐调指的不是和声（chords），而是曲调（tunes）；仅指能模拟性情的那种乐调。这个词恰好意味着一种相反者的结合（《论灵魂》407b31），在此情形中，高音和低音同时或顺序出现。

[②] [M 本注] 语言加节律就是韵文（verse）；乐调加舞蹈就是音乐。在这篇论文中，舞蹈和悲剧的关系一处也没有被提及的原因在于，音乐不会被脱离开舞蹈来考虑。歌舞队员（Choreutes）是一个歌者（《问题集 901b2》）；合唱（Choreia）是有歌有舞的（柏拉图，《礼法》654b）。

则能摹仿"性情、情感和行动",可以参考《问题集》中的几段话:

> 为什么只有声音的节律和曲调相似于性情,气味不像,颜色和味道也不像?因为它们是运动,就像行动是运动一样吗?实现活动已然是有德性的,且决定性情,但气味和颜色却不造就同样的效果。(920a2-6)

> 为什么在感觉到的东西中,只有听到的才具有性情?即便音乐并不伴有文字,却有性情,但颜色、气味和味道却没有。是因为只有声音才有运动吗?不过,这不是指声音在我们之中引起的那种运动(因为这样的运动也存在于其他感官中,例如颜色就使视觉器官运动),而是指我们感觉到的、跟随着如此这般的声音而发生的运动。这种运动在节律和高低音符的配置中都类似于性情,但在混合状况中却不类似;因为,和声没有性情。这在其他感官感觉的对象中也不会发生。这些运动与行动相关,而行动就是性情的征兆。(919b26-36)

在说那些用色彩、形态和声音进行摹仿事物形象的人时,亚里士多德用了 ἀπεικάζοντες [复制者] 一词,这个词来自 ἀπεικάζω,核心的意思是复制、依模取样。用色彩、形态和声音这些媒介进行的摹拟更多依赖于感官对物质形象的直接感觉,而用节律、语言和乐调进行的"摹仿"却不能仅仅依赖直接的感官感觉,甚至脱离于直接的感官感觉,更多诉诸人们的联想、想象、理解的能力。在《论灵魂》(Περὶ Ψυχῆς)中,亚里士多德说到过:

> 就感觉来说,使感觉成为现实的东西都是外在的,如视觉对象、听觉对象,以及这一类的感觉对象。这是因为现实的感觉是个别的,而知识则是一般的。在某种意义上,一般即存在于灵魂自身之中。这就是人们只要愿意便能随时思维的原因,而感觉是不

能随自己意愿的；它必须要受到感觉对象的启动。关于感性对象的知识也是如此，由于同样的原因，感觉对象是个别的、外在的。（417b20-27）

通过色彩和形态摹仿，很自然可以想到的就是绘画、雕塑这些特别与视觉相关的造型艺术。作为摹仿的一个种差，这些艺术确实受累于物质性质料，但就摹仿对象而言，绘画、雕塑之类既可以只是简单复制"许多事物"，似乎也可以从中表现性情、情感。《诗术》中亚氏有很多处用绘画或雕塑这些造型艺术与诗术中的内容相比，可以见出二者这方面的可比性。如第2章中谈论诗的摹仿对象：

> 就如画家们那样。珀吕格鲁托斯（Πολύγνωτος）画的形象总是比我们好，泡宋（Παύσων）画的形象总是比我们差，而狄俄努西俄斯（Διονύσιος）画的形象则与我们相似。

第6章中谈论性情时说道：

> 诸如画家当中的宙克西斯（Ζεῦξις）与珀吕格鲁托斯相比较，珀吕格鲁托斯是很好的性情描绘者，而宙克西斯的描绘中却没有性情。

此外，谈到性情的重要性时，他说到情节之于性情更为重要，并以绘画作比：

> 绘画方面的情形也类似：最好看颜料的胡乱涂抹也不如白笔勾勒出形象带来愉悦。

第15章中说到悲剧摹仿人物：

> 就应摹仿好的肖像画家［的做法］。在让那人具有其个人形貌、使其相似的同时，他们［还将其］画得更美。

第 25 章中谈论诗术中的错误时，认为出于碰巧的错误并没有出于艺术本身的错误那么严重：

> 不知道母鹿没有角，[这个错]比画得不像要小。

但是，绘画和雕塑是否能摹仿"行动"？这是一个问题。我们看到众多的绘画和雕塑可以静止地摹仿某个事件中的某个场景，但其中的行动似乎都有赖于背景故事，也就是"诗"。

管箫曲艺和竖琴曲艺以及 [25] 其他碰巧也有类似能力的，比如排箫，只用乐调和节律，[①]**而舞者只用与乐调分离的节律本身**[②]**——他们通过形体的节律来摹仿性情（ἤθη / ἦθος）、情感（πάθη / πάθος）和行动（πράξεις / πρᾶξις）。**[③]

排箫（συρίγγων / σῦριγξ）：一种古老的乐器。这里不详亚氏为何在管箫曲艺和竖琴曲艺之外特意提及。

性情：性情的希腊文 ἦθος 一词从 ἔθος [风俗、习惯] 变化而来。ἦθος 这个词在较早的诗歌中被用来指动物的圈栏或人的居所，其次指风俗、习惯，再者指性情、性格。从其几个义项中都可以看到"习惯"

---

① [M 本释译] 玛高琉斯本在这里还加了一句"只是作为符号（as symbols only）"。

　[M 本注] 只是作为符号，即区别于复制性艺术的方法，复制性艺术通过直接摹仿来显示。只有复制性艺术给出的是与某个事物实际的相像，即线条和色彩的像。创作性艺术并不以这种方式复制事物，正如音乐，虽然会唤起精神状态，但它是作为一种运动形式的这种声音，去复制灵魂的运动（《问题集》919b29），而非这种声音所从属的节律和乐调去复制灵魂的运动。

② [M 本注] 所谓与乐调分离，证据在于这样的事实，即没有彼此相反的形体（figure）（《论天》307b8）。据此，舞蹈的运动是一种复制而不仅仅是暗示性的。

③ [M 本释译] 玛高琉斯译本将这里的"性情、情感和行动"释译为"不仅是道德品质（moral qualities），而且也有情感（emotions）和经历（experiences）"。

这一核心内涵。玛高琉斯译本将这里的"性情、情感和行动"释译为"不仅是道德品质（moral qualities），而且也有情感（emotions）和经历（experiences）"。ἦθος [性情] 一词转变为形容词形式 ἠθικός，即表"道德的、伦理的"。亚里士多德在《尼各马可伦理学》中讨论的道德德性即为 ἠθικὴ ἀρετή。对于这种词源关系，亚氏在《尼各马可伦理学》中就说道："道德德性则通过习惯养成，因此它的名字'道德的'也是从'习惯'这个词演变而来。"在第 2 章中，我们会看到对性情（ἦθος）的摹仿总是伴随着其道德（ἠθικός）品性，也可以说就是对不同道德品质的摹仿。

情感：情感的希腊文 πάθος 一词既可以一般性地指情感，例如第 19 章中的用法，还特别具有遭遇、遭受、灾祸以及痛苦、受苦这种含义。在第 11 章中，πάθος 被称为悲剧情节除突转和恍悟之外的第三个成分。根据那里对这个成分的解释，它指的是灾祸、苦难。因此，在《诗术》的许多语境中，特别是和悲剧相关的语境中，πάθος 往往指受苦、痛苦的这种情感。

行动：行动的希腊文是 πρᾶξις，这里首次提到这个词。在后面的展开中，我们会看到，这里提到的性情、情感和行动三者，对于诗术而言，行动最重要。

在给出"全面摹仿"这一本质后，亚氏给出了复制性摹仿和制作性摹仿（即全面摹仿）的对比。按照亚氏的逻辑学：

> 一个属说明一个种，这个属的属也说明这个种，因此找到的属很可能是更高的属。……出现这种现象就形不成定义。为了避免这种现象，亚里士多德提出使用划分方法以找出最邻近属。他认为："划分是避免遗漏任何本质因素的唯一方法（96b15）。"[①]

正如柏拉图对话中表现的，认为诗术乃是摹仿是当时希腊人普遍

---

① 王路，《亚里士多德的逻辑学说》，北京，中国社科出版社，1991，页 34。

接受的意见。但 ἀπεικάζω 所指向的这种复制性摹仿有别于亚里士多德在本论文中着重要探讨的诗术所属的摹仿，即这里说到的另一类，"前面提及的诸技艺都凭靠节律、言辞和乐调制作摹仿"。这里，亚氏说"制作摹仿（ποιοῦνται τὴν μίμησιν）"，而在《诗术》语境中，我们当然会注意到，制作（ποιέω）这个词，正是诗术（ποιητικός）的同源词。因此，这里，我们可以把与复制性摹仿相对的、诗术和乐术所属的这类摹仿称为"制作性摹仿"。由于没有在摹仿这个属下区分复制性摹仿和制作性摹仿，对于诗术属于摹仿的笼统认识并未辨识出诗术的本质特征，所以诗往往被混同于复制。这是在普通意见中造成极大混淆的一个问题。因而此处出现了玛高琉斯所说的第一次划分。通过将摹仿划分为复制性摹仿和制作性摹仿，确定了诗术所邻近的属，从根本上撇清了诗术所属之摹仿与"复制性摹仿"的基本差异。根据亚氏的描述和举例，如此划分出来的制作性摹仿，即所谓"全面摹仿"，包含了诗、乐、舞。

这个第一次划分的根据是什么？通过言辞进行摹仿不能直接诉诸感官感觉，这种抽象性对我们来说较为明显；但音乐和舞蹈呢？音乐难道没有诉诸听觉的声音，舞蹈难道没有诉诸视觉的形态？这里似乎有点费解。亚里士多德说音乐的媒介是乐调和节律。根据《论声音》（800a25）、《修辞术》（1404a22），我们会明白，针对复制性摹仿提到的可以和色彩、形态划入一类的"声音"乃特指人的发声，亚里士多德多次提到人的声音非常善于摹仿，并且所举之例也是拟声意义上的那种摹仿。至于舞蹈，亚氏说其媒介是节律，并且说"舞者只用与乐调分离的节律本身（他们通过形体的节律来摹仿性情、情感和行动）"，表明节律和形态这两种媒介有一种质性上的区别。

在《政治学》中，亚里士多德更为详细地谈论了不同媒介的摹仿与性情的关系。他说，节奏和曲调对各种道德品质（ἠθικός）的摹仿最相似于这些品质的真实自然。而其他诸如触觉和味觉之类的感觉都不能形成这种性情上的相似。视觉能稍微形成这种相似，因为形态（σχῆμα）能形成这种相似，但只能是轻微程度上的相似，不是所有人都能有此感觉。形态和颜色与性情并不相似，只是作为性情的表征，是感情状态中的标记。而乐调本身就是对性情的摹仿。就节律来说也是如此（参《政治学》8.5）。这也证实了亚氏在《诗术》这里对两种摹仿表述上的区别。也就是说，节律、乐调（曲调）（最相关的就是乐和舞）是直接摹仿性情的。而色彩和形态（最相关的是绘画和雕塑）并不能直接摹仿性情，程度也较轻微。

在与复制性摹仿进行区分时，亚氏指出，制作性摹仿和复制性摹仿在媒介上不同，全面摹仿这个属中的诸技艺都凭靠节律、言辞和乐调制作摹仿，单独或者混合，那么，属于全面摹仿这个属中的诗术也是凭靠节律、言辞和乐调制作摹仿，单独或者混合。因为既可以单独，又可以混合，所以可依照原文中讨论的顺序将这些媒介排列组合的情况总结如下：

三种媒介：节律、言辞、乐调（单独或者混合）	
节律 + 乐调	管箫曲艺、竖琴曲艺
节律	舞蹈
言辞	索弗荣（Σώφρων）父子的拟剧、苏格拉底对话
言辞 + 节律	荷马的格律诗、凯瑞蒙（Χαιρήμων）的混合格律诗
言辞 + 节律 + 乐调	酒神颂诗、诺摩斯（同时使用）
	悲剧、谐剧（分别用于不同部分）
* 乐调	
* 言辞 + 乐调	

（* 从以上排列组合的情况看来，文中没有讨论到的是单独以乐调为媒介的情况和言辞与乐调混合的情况。这是因为乐调不能单独出现，乐调必定同节律在一起，但节律并不一定跟乐调一起。）

其中音乐的媒介是只用乐调和节律，舞蹈的媒介是只用与乐调分离的节律。而剩下的几种情况，则都与言辞有关，或纯用言辞，或言辞与乐调和节律混合。于是，接下来，亚氏开始谈论"言辞（λόγος）"这一媒介。

史诗制作，只用纯粹言辞或［1447b］有格律的（μέτροις / μέτρον）［言辞］，［格律］或者混合，①**或者使用这些格律的某一个属，**②**碰巧**③**时至今日还没有名称。**④

---

① ［M本注］据此之意，"史诗制作"也可以是散文虚构故事和对句格虚构故事，因为作者本人对此差异毫不在意；按照亚里士多德（第9章）的意思，这微不足道——《伊利亚特》（Iliad）就是用散文来写，也还是"虚构（fabrication）"。

② ［M本注］用某个种来代指其属是合理和适当的（《修辞术》1405 a 36）。

［译笺］这种用法在《诗术》中就有说明，第21章谈到"隐喻词"时说："隐喻词是应用一个属于他物的名词，要么把属用到种上，要么把种用到属上，要么把种用到种上，要么根据类推。"（1457b7）

③ ［M本注］如果处理这个问题的人认识到这种区别，但因为没有属名，而代之以一个种名，则为此目的使用这个种名而不是那个种名就只是出于偶然而已。那么，同样的，不管我们在哪儿看到作者用"竖琴演奏"来代指"弦乐"，原理是一样的；在《诗术》一书中，作者并非不区分不同种类，而是使用某个种来代指其属，而另一个地方他也可能采用另一个种来代指。

［译笺］玛高琉斯从这里的例子出发，认为在整篇《诗术》中，亚氏都存在用种来指代属的可能性。在前文中，玛高琉斯曾把"管箫曲艺和竖琴曲艺"释译为"器乐（instrumental Music）"。看来，他认为亚里士多德用管箫曲艺这个种名代指"管乐"，用竖琴曲艺这个种名代指"弦乐"，而这两者加起来，代指所有"器乐"。

④ ［M本释译］玛高琉斯把这一句话和后面一句话连在一起，释译为：虚构故事（romance）（字面即六音步格制作［hexametric fabrication］）以无装饰的散文（只是作为符号），或者某种形式的韵文；且在这些韵文中，无论是通过混合风格，还是通过到目前为止碰巧使用某一特殊格律以为属：因为，否则我们（希腊人）就没有能适用于（所有散文虚构作品（fiction），例如）索弗荣和克珊纳尔库斯的拟剧以及苏格拉底对话，或是适用于所有可能用长短格、对句格或其他类似（非六音步格）风格写作的虚构作品的属名（generic name）。

此句是《诗术》解释史上的一个疑难语句。将此句子结构简化，其主干为"ἐποποιία至今没有名称。"ἐποποιία在普通希腊语中指"史诗制作"，这本来就是一个名称，怎么能说"史诗制作至今没有名称"呢？因而绝大多数注疏者均视此句中的ἐποποιία一词为衍，加之后来发现阿拉伯译本中也没有与之对译的词，更极大坚定了注疏者们删之后快的决心。然而，根据《诗术》本身的论述结构，此处的ἐποποιία与前后文的艺类列举严格对应，不可或缺。虽然将ἐποποιία视为衍词从而加以删除最有力的证据乃是阿拉伯译本中没有对应之词，但玛高琉斯源自阿拉伯传统的注疏却坚持认为ἐποποιία并非衍词，并详细澄清了这个句子中的隐微手法和理论意涵。

史诗制作：在当时普通希腊人的用法中，ἐποποιία指的是六音步格即英雄格（ἑξάμετρος）史诗制作，这其中的误识首先正是后面这一段落中要详细展开的，即关于诗之摹仿制作的本质被偏移到格律上的问题。这种误识可以说相当普遍。比如在中国，普通意见中也存在以有无格律即以韵散之分来指称诗和非诗的观念。此处可见古希腊也普遍具有这种误识。柏拉图在《会饮》（Συμπόσιον）中所谈论的正是普通希腊人的这种意见：

> 你知道，并非所有的高超艺匠都被叫做制作者，而是有别的名称。从所有的制作中，我们仅仅拈出涉及乐术和节律的那一部分，然后用这名称来表达整个制作。毕竟，只是这一部分才被叫做诗，那些具有这一部分制作［能力］的人才被称为诗人。（205b7-c9）[①]

亚里士多德需要澄清普通意见中的误识，同时也是对柏拉图对话中那些意见的回应。

按论述行程，亚氏继续探究诗术所属的摹仿的"种差"问题，在这一段要讨论以言辞媒介制作的摹仿，无论是纯用散文、纯用韵文，抑或

[①] 柏拉图《会饮》引文采用刘小枫译文。见《柏拉图四书》，刘小枫编译，北京：生活·读书·新知三联书店，2015，页236-237。

二者混用；至于格律，无论使用哪种格律，所使用的格律单一或者混合，都归属于这个艺类。他首先遇到的问题在于，这个属类在普通希腊语中没有名称，而所谓"至今无名"的实质就在于普通意见尚未认识到这个属类的本质，从而将摹仿制作这一本质偏移到语言是否有格律，也就是偏移到制作格律上。在这一属类无名的情况下，只好采用他谈论过的命名方法，用这个属中一个种的名称来指代这个属名。即用指六音步格史诗制作这个种的 ἐποποιία 这一名称来指以语言为媒介的摹仿制艺。校勘史上，将 ἐποποιία 视为衍词加以删除最有力的证据是阿拉伯本中没有与之对译的词。但在这个问题上，阿拉伯译注本作者玛高琉斯认定 ἐποποιία 并不为衍，颇不寻常。玛高琉斯还进一步对这个句子的隐微用法给出了亚氏用法的内证。他指出，在《天象论》(Περὶ μετεωρολογικά) 中，我们会用"火"来代指某种我们称为乙醚之物，原因在于所有那些烟状挥发物的属（genus）尚无名称，所以就用"火"来指称诸如此类的易燃之物（341b15）。也就是说，以言语为媒介进行摹仿的诗歌作品作为属的话，ἐποποιία 本来是用于这个属当中的一个种（即英雄格叙事史诗）的名称，因为这个属没有名称，所以可以以种的名称来代指属的名称。

但从词源学上来说，ἐποποιία 似乎本来就应该指用言辞媒介制作的摹仿，其实际使用本身是因为误识发生的偏移，用 ἐποποιία 来指这个属名，恰恰是正本清源，还其本义，名实相符。ἐποποιία 来源于 ἔπος 加 ποιεῖν。ἔπος 有几层意思，本意就是字词、言辞、言语、话语。加入一些附加意义后，有歌（带音乐伴奏的词）、承诺誓言、及时之语、神谕、成语熟谚、言谈主题这些意思，均有话语、言语的核心意涵。当指"诗"时，ἔπος 可以指"史诗"，特别相对于抒情诗、讽刺诗、酒神颂这些非叙事性的诗类而言；但有时候也可以泛指"诗"，甚至包括抒情诗；当其作"诗行"讲时，特别指戏剧中对白性的诗句。在探讨语言媒介这个语境下，这个词的词源立刻凸显出来，意思非常清晰。那么，既然对 ἔπος 来说，言辞、话语是其意义的核心，则就其词源学意义来讲，ἐποποιία 恰恰应该指以"言辞（ἔπος）"为核心媒介的制作（ποιεῖν），在普通希腊语中却没有作为"以言辞（ἔπος）为核心媒介的制作"这一属类的名称，而是被用作这一属类中碰巧使用了六音步英雄格那个种类的名称。ἐποποιία 本应该是一个属名，却在普通理解中被用作了种名。实际使用中用 ἐποποιία 来指六音步英雄格诗乃是出于误识。这里，亚里士多德不过是按其本该具有的属名意涵来使用。所谓"ἐποποιία 至今还没有名称"这个句子的意思是"ἐποποιία 至今尚未在上述意义上来使用"。相反，正因为这个词在普通理解和实际使用中词义偏离或混淆，所以亚里士多德在后面谈到 ἐποποιία 实际使用中的那些含义时，往往并不直接使用 ἐποποιία，而是给出非常具体的含义，诸如"用六音步格的摹仿技艺（ἐν ἑξαμέτροις μιμητικῆς, 1449b20）"之类。

因而，这句带有隐微手法，极具理论内涵的话可以这样来理解：[所谓]史诗制作，只用纯粹言辞或某种形式的格律文，这其中或者彼此混合，或者时至今日我们碰巧使用某一格律作为其属类[之名]，[否则普通希腊语中]没有[恰当的][属]名称。

我们[10]没有共同的名称可用于索弗荣和克珊纳尔库斯的拟剧①和苏格拉底言辞，以及所有以三音步格、对句格或其他诸如此类[格律]制作的摹仿；②

---

① [M本注]据说索弗荣拟剧是以有节律的散文写就（R.Hirzel, *Der Dialog*, i. 23）。R.Hirzel, *Der mimus*, Berlin, 1903 处理了拟剧的历史问题。

② [M本注]在第 24 章中，亚氏指出，以六音步格以外的其他格律制作叙述性虚构作品（narrative fiction）并不协调。

[译笺]虽然诗的本质性特征是摹仿而不是格律，因而用不用格律，用什么格律并不影响这一本质；但另一方面，在具体作品中，如果使用格律的话，选择何种格律并非全无所谓，不同的格律适合不同的主题、内容和风格，使用何种格律应和诗作的具体主题、内容和风格相适应、相协调。亚里士多德在后面第 4 章中就曾说道：

言语一旦出现，自然本身便找到了合乎本性的格律，而短长格即是最适合说话的格律。可资证明的是，我们在彼此面前相互交谈中最常用短长格说话，而罕用六音步格，并且[只用于]远离谈话语调时。

索弗荣和克珊纳尔库斯拟剧（Σώφρονος καὶ Ξενάρχου μίμους）：关于索弗荣和克珊纳尔库斯，我们所知不多，文学史中一般只有极为概略的介绍，细节上还有所出入。索弗荣没有一篇完整作品传世，甚至连残篇都遗存较少。根据《苏达辞书》（Σοῦδα）中尚有疑义的记载，学者们大概推定如下：索弗荣（Σώφρων，约前470—前400），叙拉古人；克珊纳尔库斯（Ξέναρχος），活跃于前4世纪早期，叙拉古僭主狄奥尼修斯在位时期，据说为索弗荣之子，亦擅写拟剧。拟剧（μῖμος）是一种用多里斯方言以散文对话形式描写西西里希腊人日常生活的短小作品。拟剧所用的散文，仍是一种颇有节律的散文，只是这种节律不那么严格，谈不上格律。其作品按内容有"男人拟剧（μῖμοι ἀνδρεῖοι）"和"女人拟剧（μῖμοι γυναικεῖοι）"两类。就其残卷看来，似乎内容有庄有谐，但通常围绕具有谐剧色彩的底层人物角色和日常生活场面，充斥着粗俗猥亵的性暗示和黄笑话。

据说希腊化时期著名的语文学家雅典的阿波罗多罗斯（Ἀπολλόδωρος ὁ Ἀθηναῖος，约前180—前120）对拟剧曾著有多达四卷的专门研究。除了索弗荣，阿波罗多罗斯也曾著书十卷，专论与拟剧渊源甚深的厄庇卡尔摩斯（Ἐπίχαρμος，约前540—450）。可见这一传统一度受到相当的重视。最为传奇的莫过于有记载说，柏拉图死后，人们在他的枕头下面发现有索弗荣的拟剧作品。不过，所谓索弗荣拟剧是柏拉图终身枕边读物这一传奇，未必像大多数评论者认为的那样，说明柏拉图对于拟剧全然赞赏。柏拉图在《王制》中对摹仿的猛烈抨击，其中一个焦点就在于那种什么都去摹仿，尤其摹仿低劣之人、低劣之事的坏影响，很像是以拟剧为潜在对象。因而，亚里士多德在《诗术》此处将拟剧与苏格拉底对话并举，指出其都属于摹仿制作，作为柏拉图《王制》对诗猛烈抨击的背景下为诗所作的辩护，其意味深长。而潜在的，这一并举下苏格拉底对话和索弗荣拟剧的云泥之别、高下之分，也会唤起对摹仿制作复杂性的思考。

苏格拉底言辞（Σωκρατικοὺς λόγους）：亚里士多德本人曾在其《论诗人》中说到，戴奥斯的阿勒克萨美努斯（Τήιος Ἀλεξαμενός）首创"对话（διάλογος）"（《论诗人》残篇72），这也许就是苏格拉底对话或者某种文学性的对话。除此之外,早于柏拉图的苏格拉底门徒中也有人曾写作对话,第欧根尼·拉尔修(Διογένης Λαέρτιος,3 世纪)的《名哲言行录》(Βίοι και γνώμαι των εν φιλοσοφία ευδοκιμησάντων)①记载了一些说法,例如:

> 西蒙(Σίμων)是雅典人,一个补鞋匠。当苏格拉底去他的作坊谈论某问题时,他尽可能把能记住的东西记下来。(2.122)
>
> 有些人说,他是以谈话的形式介绍苏格拉底式对话的第一人。(2.123)

在谈到克赛诺芬(Ξενοφῶν)时,拉尔修又说:

> 他第一个记录苏格拉底的对话,并以《回忆录》为题公之于众。(2.48)

据说安提斯特涅斯(Ἀντισθένης)、埃斯基尼斯(Αἰσχίνης Σφήττιος)、斐多(Φαίδων ὁ Ἠλεῖος)、欧克勒戴斯(Εὐκλείδης ὁ Μεγαρεύς)等等苏格拉底门徒都曾写作过对话。但如今完整留存下来的,只有柏拉图和克赛诺芬的作品。

对于 Σωκρατικοὺς λόγους 中的 λόγος,历来的译解通常是"对话",即等同于 διάλογος。后来最直接提及亚里士多德《论诗人》中与此节相关的论述时,无论第欧根尼·拉尔修、阿特纳伊乌斯还是后来发现的奥克西林库斯莎草纸残卷中用的都是 διάλογος。不过,既然在《诗术》中亚里士多德本人有意识地用了意思更为丰富、更为宽广的 λόγος 一词而非 διάλογος,也许其意欲所指的确超出了 διάλογος。在与"苏格拉底"组合构成的 Σωκρατικοὺς λόγους 这样一个词组中出现的 λόγος 一词,从各个意义维度——对话、故事、理性、推理——看起来,的确都与苏格拉底关系密切、意味深长。

索弗荣和克珊纳尔库斯的拟剧和苏格拉底言辞是《诗术》中出现的第一个例举。在这个例举中,将索弗荣拟剧和苏格拉底对话并列,从正

---

① 《名哲言行录》引文采用徐开来、溥林译本。见第欧根尼·拉尔修,《名哲言行录》(希汉对照本),徐开来、溥林译,桂林:广西师范大学出版社,2010。

在讨论摹仿媒介问题的上下文来看，似乎主要缘于拟剧和对话作品均以纯粹言辞即散文作为摹仿媒介。然而，这个例举似乎还有更多的潜台词。勾勒一下古代希腊人一般观念中对"诗"的印象，一方面，其形式上很自然地会和韵文相联系；还有一个显著的方面，其内容上会特别地同伊奥尼亚的教养传统即神与英雄的传说（μύϑος）这一根深蒂固的特征相联系。索弗荣拟剧写作语言的选择，在他的时代，似乎与众不同。除了以散文写作之外，在使用方言上也别具特色。传统教养使用的语言是伊奥尼亚方言，而索弗荣则是用多里斯方言来写作拟剧。同时，索弗荣拟剧具有浓烈的世俗、俚俗特征，用日常语言描写日常生活，与荷马史诗或阿提卡悲剧中对那些神和英雄的刻画全然不同，与伊奥尼亚教养传统有着"天壤之别"。因此，无论从"诗"的形式传统或者教养传统来看，索弗荣拟剧都颇不符合人们通常观念中对"诗"的印象。

至于苏格拉底对话，其作者多是苏格拉底派哲人，包括最著名的柏拉图，其所涉话题、内容和圈子多与哲学相关，看起来颇不似传统"诗人"和"诗"，其面目含混由来已久。尤其是，在最为著名的一部苏格拉底对话柏拉图的《王制》中，苏格拉底对"诗"进行了大概有史以来最为激烈乃至今日仍臭名昭著的抨击。并且，《王制》中苏格拉底极力抨击的"诗"，恰恰是史诗和悲剧——可谓伊奥尼亚教养传统的核心。如此，"苏格拉底对话"这一例举，也带有语言风格和教养传统两方面与传统诗歌颇为疏远的双重印戳。不管怎么说，从内容上看，苏格拉底对话确实和索弗荣拟剧一样，都是以日常语言写作日常生活，并不以神和英雄的事迹为对象。

而此二者，恰恰是在 ἐποποιία 名下所作的例举。ἐποποιία 在普通意见中几乎明确指向"史诗"，指向代表伊奥尼亚教养传统的那些英雄格韵文作品。就普通意见来说，索弗荣父子的拟剧和苏格拉底对话这两种形式跟 ἐποποιία 距离遥远，似乎完全扯不上关系，这也是为什么此前那个句中出现 ἐποποιία 让人特别别扭。如果没有这两个明确例举，就后面所举例的荷马和凯瑞蒙来说，ἐποποιία 还可以勉强过关。正如《诗术》中普通意见和理论判分间经常出现那种反讽意味，恰恰因为索弗荣拟剧和苏格拉底对话这两个"不速之客"在普通意见中的印象根深蒂固，这个举例说明似乎适得其反，不但没能扭转人们对 ἐποποιία 的意见之失，反而加剧了理解和阐释障碍，以至于很多校勘者不得不将 ἐποποιία 除之而后快。

此外，尽管在散文写作和日常语言写作日常生活上，索弗荣拟剧和苏格拉底对话似乎可以站到一起。但这两种写作样式放在一起形成的巨大反差似乎远远大于二者的共同点。拟剧是一种如此俚俗的民间娱乐形式，而苏格拉底对话，可以说是教养圈子里用于心智调教、政治反思和哲学导引的一种写作样式，通常由哲人写就。其针对的阅读对象得有一定政治、哲学、修辞术、辩证法之类的专业兴趣和基础。别说拟剧只是底层人群的娱乐形式，对话和拟剧在品味和层次上的一高一低简直有天渊之别；在某种意义上，对话甚至高于诸如史诗、悲剧、谐剧这些艺术。这些艺术样式属于城邦公共生活，主要担负城邦公民教育之责；而对话所涉的小圈子，更像一种"精英"文化，因而可以说还处在公共文化之上。这是一个从民间娱乐到公共教养到精英培育，从俗到雅、从低到高的序列，对话和拟剧处于与史诗、戏剧这些城邦公共文化的上下两极。如果这些艺类都可归于同一种属下，显然，这是一个涵盖内容极为广泛的属类，乃至于普通意见也并未辨识出其本质上的同属性，从而在当时的希腊语中也无对应之名称。

奥尔巴赫（Erich Auerbach）在其《摹仿论》（*Mimesis*）中，从文体风格高低、精神内容变迁、形式表达差异等方面细致呈现了从史诗到小说的演变。其中，他特别探讨了区别文体高低的古典主义原则，按照这个原则，日常及实际的真实只能限定在低等或中等文体之中。这种原则也和韵文非韵文那样的区分一样，很大程度上限制着人们对 ἐποποιία 本质的理解。奥尔巴赫指出，现代小说正是在彻底摆脱了古典主义这种区分后，才能对日常生活中的普通人物进行严肃描述，才成其为最根本意义上的现代小说。[①]古典主义的诸多原则，通常会追溯到亚里士多德，

---

① 奥尔巴赫，《摹仿论—西方文学中所描绘的现实》，吴麟绶、周新建、高艳婷译，天津：百花文艺出版社，2002。

但古典主义的追溯往往颇具反讽意味地出于误识。《诗术》作为亚里士多德的内传作品，其理论说法和日常意见颇有距离，但由于表达上的隐微，流俗理解往往把那些表面的说法看作亚氏理论。正如前面已经显示，在对ἐποποιία作出严格理论规定、突破韵文非韵文限制的同时，亚里士多德还以一个非常精炼巧妙、内涵深刻的例证列举，展示了ἐποποιία是一个在表现内容的高低雅俗上涵盖极为广泛的属类。虽然亚里士多德所处时代的普通观念也受到这种文体判分意识的影响，但在这个问题上，《诗术》同样也给出了超乎他那个时代的对于某些艺类本质性、理论性的认识，完全突破了古典时代通常的、有很强制约性的文体分用原则。

然而，人们总是把格律和制作联系在一起，称为对句格诗人或史诗诗人，[①]把他们共同称为诗人（ποιητάς / ποιητής）不是［15］因为摹仿，而是因为格律。[②]即便有人以格律文发表医学或自然学的东西，人们也习惯了这么称呼。可是除了格律，对荷马和恩培多克勒来说并无共同之

---

① [M本释译] 玛高琉斯把这句话释译为：普通人（ordinary people）把动词"做（即制作［fabricate］）"与格律作者，例如"对句格作者（elegy-wright）、六音步格作者（haxameter-wright）"混在一起。

② [M本注] 对此理论的反对意见在于，通俗用法（popular usage）中，"六音步格-制作（hexameter-making）"并非"虚构创作（composing fiction）"意义上而是"格律化（versifying）"意义上的"制作（making）"的一个种。既然隐喻意味着把种名用作属名，或用作同属的另一个种名，则按照这种通俗理论（vulgar theory），"六音步格-制作"也许可以用于"韵文写作（verse comosition）"的其他形式，但却不能用于散文虚构创作（prose fiction），因为散文虚构创作与之不同属。接下来的论证表明，首先，这是有关此种创作的含义的通俗理论，其次，这种理论是错误的。对此，作者在第9章还会回来。他正是在反驳《斐多》（Phaedo）中苏格拉底的观点。

[译笺] 这里很重要的一点是玛高琉斯指出，通俗理论的问题其实还不是ἐποποιία中ἔπος的含义偏移到某种特定格律的语言上去的问题，而是ποιεῖν这个制作的含义也偏离到了制作格律上去。所谓ποιητικός［诗术］这个"制作技艺"中的ποιεῖν指的是摹仿，是制作摹仿而非制作格律；ποιητής［诗人］这个"制作者"中的ποιεῖν亦然。

处。因此，称呼前者为诗人是正确的，而后者，称之为论说自然者，要比称之为[20]诗人更正确。① 同样地，甚至有人混用所有格律制作摹仿，就如凯瑞蒙混用所有格律制作叙事诗《马人》那样，也应该称之为诗人。② 那么，关于这些东西，就以这种方式来划分吧。

人们：玛高琉斯把原文中的 ἄνθρωποι [人、人们] 译为"普通人（ordinary people）"，意味着，后面这句误识是出于一般人的流俗意见。

恩培多克勒（Ἐμπεδοκλῆς，约前490—前430）：前苏格拉底哲人，西西里阿格里加斯（Ἀκράγας）人。他认为万物皆由水、土、火、气四元素构成。恩培多克勒颇具传奇色彩，身兼诗人、自然哲人、政治家、演说家、先知、巫医等多重身份，甚至在迷狂中自称为"神"，投身喷发的埃特纳火山而死。

在前苏格拉底哲人中，有一些哲人用散文写作，有一些则用韵文写作。恩培多克勒是特别专注于以韵文写作的一位，他经常用格律文撰写医学或自然哲学论著。拉尔修的《名哲言行录》中曾提及，恩培多克勒

---

① [M本注] 第一个论证表明，基于事物应在其最终目的之后再称名的理论（de Anima, 416 b 23），意味着被称为"六音步格诗人"的艺术家是用六音步格来创作的，但却不是六音步格的制作者；荷马的目标是艺术（art），而恩培多克勒的目标是科学（science）。如果有人问荷马是什么，回答是"诗人"（《论解释》21a26）。在同属同种的情况下，得有两个而非只有一个共同性，其中第二个共同性作为种差还不能是偶性的（accidental）（《形而上学》1058a2）；在眼下这个例子中，二者所具有的共同之处在恩培多克勒例中只是偶性。

② [M本注] 第二个论证中指涉《形而上学》1033a16，指出，质料因（material cause）并不将其名称赋予结果。一个木头雕像并非木头，而是木头的，等等。一部混合了所有格律的作品也不是格律，而是另外的东西，因其而把这些格律放到一起的东西。凯瑞蒙不会被称为所有这些格律的制作者，而是那个东西的制作者，那个东西由它们的混合造成。因此，如果事物由它们的最终目的而得名，则在此情形中，这个"制作"必定是以并非格律的某种东西为目标的。在《形而上学》1088b5中，同样的规则被用于反驳"多"和"少"是数之元素的理论。因为元素不能以它是其元素之一者来谓述。

曾用六音步长短短格写过自然哲学论著《论自然》(Περὶ φύσεως)和医学著作《净化》(Καθαρμοί)。拉尔修说，这两首诗长达五千行，还有一首《医学理论》(Ἰατρικός)也长达六百行（参《名哲言行录》8.77）。此外，还有帕默尼德(Παρμενίδης)，他是古希腊著名的自然哲人，他也用格律文撰写自然哲学著作。

据艾尔斯(Else)统计，亚氏作品中提到或引用恩培多克勒的次数达一百三十三次，这个频率仅次于引用荷马和柏拉图。亚氏对恩培多克勒的各种作品大概都非常熟悉，可能还素有研究。据第欧根尼·拉尔修说：

> 亚里士多德在其《智者》一书中说，恩培多克勒是修辞术的奠基者，而芝诺(Ζήνων ὁ Ἐλεάτης)是辩证法的奠基者。他在《论诗人》中又说，恩培多克勒属于荷马一系的人，擅长措辞，精于隐喻，对其他诗歌写作的技巧也非常在行。他也写过另外一些诗，其中一首是关于薛西斯(Ξέρξης)入侵的，另一首是写给阿波罗的颂歌……亚里士多德说，概而言之，恩培多克勒主要写一些悲剧和政论文章。(《名哲言行录》8.57-58)

从拉尔修《名哲言行录》中记载的轶闻看来，恩培多克勒被视为"诗人"恐怕甚于"哲人"。看来，亚里士多德《论诗人》中的说法比较贴合人们普遍的意见，而《诗术》中则提出了对"人们"的普通意见的质疑和反驳。

但这两种说法是否真的互相矛盾呢？事实上，我们会注意到，在《诗术》中，当说到与荷马全无相似之处的恩培多克勒时，亚里士多德在上一句话中特意作了铺垫，"即便有人以格律文发表医学或自然学的东西"云云，即是说当恩培多克勒写作这些内容的作品时，即便他用了韵文，也与荷马毫无相似之处。至于在《论诗人》中，当说到恩培多克勒是荷马一系的人时，亚氏举的则是其叙事诗、颂诗和悲剧这类作品。因此，这两种说法有意识地设置了具体语境，实际上并不矛盾。

此外，在《诗术》当中，我们也可看出这种区别语境。《诗术》中提到恩培多克勒之名共有三个地方,另外还有未提其名,但可考为其诗句的引征两处。这个频率,除了荷马、索福克勒斯(Σοφοκλῆς)、欧里庇得斯('Ευριπίδης)之外,在《诗术》中已经不算低了。有意思的是,每一次出现恩培多克勒时,前后都跟着荷马。而除了第 1 章提出与荷马相区分那一处,其余几处似乎都在说明恩培多克勒是"荷马一系的人"。这些引征主要与言语用法相关。在关于语言的部分(第 21 章),引诗被荷马和恩培多克勒的诗句包揽。关于词法,也多以荷马的用词为例。在隐喻词、创新词、延伸词或缩略词、变体词中都举了荷马用例。此节用得最多的,除了荷马例就是恩培多克勒例,显示了亚氏对二者用语方面的推崇。

关于诗人天赋的标志:善用隐喻。根据前一章隐喻词多以荷马和恩培多克勒为例,此处也暗指荷马以及恩培多克勒。在言语用法中,亚里士多德对隐喻最为重视,而恩培多克勒在隐喻方面的才华在亚里士多德看来,似乎可与荷马比肩。尼采在《希腊悲剧时代的诗人》(*Philosophie im tragischen Zeitalter der Griechen*)中对恩培多克勒诗句的散佚大加哀叹,大约也表达了这种惺惺相惜。前面说到恩培多克勒是个天才型的人物。在《诗术》1459a7,亚氏说:"但最重要的是恰当使用隐喻词。唯有此事无法从别人那里领受,是好禀赋(εὐφυΐας)的标志,因为隐喻的好在于看出相似性。"善用隐喻也是恩培多克勒这个天才的好禀赋(εὐφυΐας)之一。

不过,《诗术》对恩培多克勒诗句的引征,全都集中在关于言语(λέξις)的部分,所引征的诗句来自《净化》《论自然》这些作品。而在亚氏所列诗的四个本质成分中,言语似乎是最为次要的一个。可见,在言语的富有诗味和整体上是否进行摹仿、是否是"诗"上,恩培多克勒恰好是一个在普通视野中模糊含混,在亚里士多德理论中则可以用以区分的绝好例证。显然,《论诗人》的论说表面上贴合了普通的意见,如果不是知晓《诗术》中对这些意见的明确驳斥,可能很难看出《论诗人》中设置的限制。

荷马（Ὅμηρος，约前9—前8世纪），古希腊最著名、最伟大的诗人。但关于荷马，包括其出生地、时代、姓名含义、生平经历等都只有零星的、杂多来源的传说。近现代以来的学术界有各种争论，甚至争论历史上是否真有荷马其人。荷马名下最著名的是两部史诗：描写特洛伊战争的《伊利亚特》(Ἰλιάς)和描写英雄奥德修斯（Ὀδυσσεύς）还乡的《奥德赛》(Ὀδύσσεια)。无论如何，荷马史诗乃是西方思想文化精神的渊薮，其巨大身形深深投射于包括诗、史、哲在内的整个希腊古典文明。无论是从荷马汲取灵感与智慧、获得规范与界限，抑或是批评、攻击荷马甚而与之竞赛，荷马仿佛希腊思想和文明的一种原动力。

荷马是亚里士多德《诗术》中提及最多、用以举列和说明最多的诗人。在亚里士多德《诗术》中，荷马不仅是《伊利亚特》和《奥德赛》这两部史诗的作者，还是滑稽谐剧《马尔基特斯》(Μαργίτης)的作者。在《诗术》中亚里士多德对荷马的不吝赞誉和大加推崇，显得不仅是对柏拉图《王制》中对荷马批评的澄清和反驳，甚至使得《诗术》就像是一部亚里士多德对荷马的致敬之作。《诗术》总论部分（第1章到第5章）总是以荷马为核心例证。《诗术》中首将"诗人"之名用于荷马；确立诗术的核心区别特征，以荷马为例；关于摹仿三方面的区别，每个方面都例举荷马。第1章到第3章，每章都提及荷马为例。第4章关于"诗"的发展问题，荷马的"戏剧性"摹仿具有里程碑意义。总论部分，荷马是核心例证或者说范型。史诗部分，荷马不仅是核心例证，而且是唯一性的例证。在关键问题上，荷马的作为区别于所有其他史诗诗人，独树一帜，出类拔萃。

对涉及荷马的引征比较复杂的情况在悲剧部分。的确，史诗（尤其是荷马史诗）与悲剧有着诸多共同的成分：情节、性情、言辞和思想。因此，关于这些成分，举例时可以不分彼此，特别在那些荷马表现优异之处，频频以荷马为例不足为怪。（思想方面，亚氏主要在《修辞术》中讨论，《诗术》中没有展开。）语言方面，荷马用例是绝对重点。荷马在性情描写方面，也得到突出赞扬。在对悲剧情节的探讨中，荷马用例的情况比较复杂。在情节整一性方面，荷马的作为得到反复赞扬。但是，在谈到情节的成分,尤其是突转方面,没有提到荷马的作品,举的都是悲剧的例子;谈恍悟虽然举了不少荷马作品中的例子,但最好的突转和恍悟,都以悲剧为例。涉及悲剧效果和情感,在恐惧和悲怜那一章中,荷马例证也付之阙如。

以言辞为媒介,是作为"摹仿"技艺之一种的"诗术"的重要种差。因此,正是在引入言辞这一媒介后,亚里士多德开始谈论何谓"诗人"。古典时代,就语言文字作品而言,韵文和散文是两个基本大类。传统而言,散文最初用于法律、行政及神庙记录之类的事务性文书,后来又用于哲学和史述。传统中用于作"诗"的语言,通常是韵文。这可以说是"诗"最显著的特征,但却是表面的特征,或者说非本质的、偶性的特征。亚里士多德在表述这一问题时呈现出的令人为难的"无名",其实质乃是普通或者流俗意见模糊了对诗术本质的正确理解,从而使普通希腊语中的命名名实不符。最为普遍的误识在于,把是否有格律而非是否制作摹仿看作诗的本质。这造成两方面的误识。一方面是把散文写作的摹仿作品排除在"诗"之外,也就是说,普通意见中,并不把那种以纯粹言辞即散文媒介进行摹仿的作品称为"诗"。例如,我们前面遇到的那个关于"无名"的疑难文句的"疑难",正是源于这一名实间的疑难。就诗是摹仿这一本质来说,无论以散文还是韵文进行摹仿的制作本应该是同类,都属于诗,但由于普通意见的误识,散文摹仿作品不被当成韵文摹仿作品的同类,不被看作诗,从而,二者也就没有共同的名称。另一方面是把韵文写作的非摹仿性作品看作诗,比如这里例举的恩培多克勒以韵文写作的自然学著作。

凯瑞蒙($Χαιρήμων$):公元前4世纪前半叶雅典诗人。除了在《诗术》中提及凯瑞蒙,亚里士多德还在其《修辞术》中谈及,凯瑞蒙的作品更适合阅读,而非演出:"那些专写供人阅读的作品的诗人也受欢迎,例如凯瑞蒙,他的用语就像演说辞作者那样精确。"(3.12.2,1413b)《修辞术》中提及凯瑞蒙的这个语境,是在讨论书面文章和论战演说性风格的不同,指出论战演说性文章在口头表达中会颇具表现力,因而演员们倾向于喜欢具有这种风格的剧本,而诗人则追求这种演员。《诗术》第9章提及，诗人常为了演员之故，制造并非情节本身所需要的穿插。比如，为了让演员有机会制造表现力和感染力，令其发表大段带修辞色彩的论战演说类言辞，很可能就属于这种穿插。考虑到亚里士多德在《诗术》中一贯非常明确区分公共演出的影响和诗术技艺本身的要求，这种给演员加戏的做法是亚里士多德所贬抑的。联系到这一段，关于前面提及的索弗荣和克珊纳尔库斯拟剧，有学者也认为这些拟剧并不意在戏台演出，而是用于阅读。这种说法会得到一些传说证据的支持，例如：据说柏拉图喜读索弗荣的作品，比较传奇的甚至说索弗荣的作品是陪伴柏拉图终生的读物，因为柏拉图死后，人们在他枕头下面发现了索弗荣的作品。这种书面阅读性似乎与亚氏所讨论的"诗术"颇有关联。与这种书面阅读性相对的，则是作为戏剧摹仿方式的剧场表演性。

《诗术》这里提及凯瑞蒙，说他混用所有格律。在后面第24章谈到史诗的格律时，亚氏认为英雄格是适合史诗的格律，因此批评凯瑞蒙混用格律的做法。联系起来，可以看到，从格律选择是否合乎诗作自然性质来说，亚氏批评凯瑞蒙混用格律的方式不当；另一方面，虽然凯瑞蒙混用格律，而且并不恰当，但从他用言辞制作摹仿这个本质来说，不妨碍《马人》(Κένταυρον)是诗作，不妨碍凯瑞蒙成其为一位诗人。这段论述开头说："史诗制作，只用纯粹言辞或有格律的言辞，格律或者混合，或者使用这些格律的某一个属，碰巧时至今日还没有名称。"从后面的举例看，列举了散文（即只用纯粹言辞）、单一格律、混合格律的情况，凯瑞蒙的例子，应该是混合格律的极致情况。

在亚氏谈论"言辞（λόγος）"这一媒介的大段落中，他详细澄清何为"诗人"，强调诗术的制作本质在于制作摹仿而不在于制作格律，用于诗术摹仿的言辞并不一定要跟节律结合。也就是说，有无格律对于诗术来说并非本质性的，而是偶性特征。可以类推，有无乐调对于诗术来说也是非本质性的，只是偶性特征。但有无格律这一点，在普通意见中导致了对"诗术"的误识，因此特别对其加以澄清。就媒介而言，只有"言辞"对于"诗术"是本质性的，通过言辞媒介这一种差，将诗与乐、与舞区分开来。但在现实存在的艺类中，正如节律、言辞和乐调经常混合使用，诗、乐、舞也常常结合在一起。这就是为什么诸如悲剧、谐剧这些艺类经常被称为综合艺术，比如在第 26 章中比较史诗和悲剧优劣时，亚氏就说到悲剧有一个不小的成分，即音乐。他在指责表演过火时也说到，不应拒绝所有动作，比如舞蹈。在这些综合艺术中，涉及用言辞制作的摹仿，本质上属于"诗术"。

还有使用了所有这些［25］谈到过的东西，我说的是节律、曲调（μέλει / μέλος）和格律文（μέτρῳ / μέτρον）之类，诸如酒神颂和日神颂的诗以及悲剧和谐剧。区别在于，前［二］者同时使用，而后［二］者在不同的成分（μέρος）使用。那么，以上就是我所说的用以制作摹仿的那些技艺的区别。①

节律、曲调和格律文：亚里士多德在这里用"节律、曲调和格律文"取代了前面说的"节律、乐调和言辞"。曲调（μέλος）是歌，是乐调和唱词（诗句，即言辞加节律）的复合物。格律文是节律和言辞的复合物。前面我们已经知道，纯粹节律是舞蹈的媒介，乐调加节律是音乐的媒介，可以看出这里涉及的几种艺类都是包括诗、乐、舞的综合艺术。

日神颂（νόμος）：这里日神颂原词为 νόμος，是一种有其特定曲式和格律的曲调，主要用于颂神和祈神，特别常用于赞颂和祈求太阳神。这里与 διθυραμβικός［酒神颂］并举。

我们非常熟悉 νόμος 的一个义项，即"习俗、惯例、法律、法规"，而 νόμος 还有一个义项指"曲调、歌曲"。这里用的是"曲调、歌曲"这个义项。对于这个名称及其两种义项间的关联，亚里士多德在《问题集》中曾探问过：

---

① ［M 本释译］玛高琉斯译本将这句"以上就是我所说的用以制作摹仿的那些技艺的区别"释译为"这些就是我说的这些艺术在这种想象的外饰（clothing）方面的差异的意思"。

［M 本注］这些艺术在这种想象的外饰方面的差异：即这些艺术都是纯粹创造性的，不触及物质。

为什么人们唱的"诺莫依"会有如此称谓？是因为，在人懂得书写以前，就吟唱法律，以防遗忘，正如在阿伽苏尔索斯群山中的人们还在做的那样吗？所以，他们用与最初的歌同样的名字来称谓后来的第一批歌曲。（920a38）

在不同的成分（μέρος）使用：在《诗术》第6章中，亚氏说：

> 悲剧是对一个高尚、完整、有分量的行动的摹仿，以悦耳的言辞，其种类分别用于各个部件，……我所谓"悦耳的言辞"，指的是具有节律、乐调和唱段的言辞；我所谓"其种类分别用于"，指的是一些只以格律文，而另一些则以唱段来达到目的。

亚氏对悲剧定义中"其种类分别用于各个部件"这句话的解释也就是对这里"在不同的成分使用"这句话的解释。

区别（διαφορά）：这个词也即"种差"。在这一章中，亚里士多德遵循其逻辑方法：定义之对象为种（εἶδος），先将种放至其属（γένος）中，然后通过划分之方法（κατὰ τὰς διαιρέσεις），寻其种差（διαφορά），最终达至属加种差的定义。亚里士多德依照自然的顺序（κατὰ φύσιν），从首要者（τῶν πρώτων），即从"属"，也就是事物的本质开始谈起，这一本质是全面摹仿。随即谈到种差，即"它们从三个方面彼此区别，要么摹仿所用之物（τῷ ἐν ἑτέροις）不同，要么所摹仿之物（τῷ ἕτερα）不同，要么不同地（τῷ ἑτέρως）进行摹仿，即以不一样的方式"。第1章后面的部分涉及第一方面的种差，即用以摹仿之物不同（τῷ ἐν ἑτέροις），即我们通常所说的摹仿媒介问题。这里，亚氏表示，他对这一种差的讨论暂告一段落。接下来第2章谈论了第二方面的种差，第3章谈论第三方面的种差。

《诗术》第1–3章构成一个"总论"部分。参考亚氏《工具论》和《形而上学》，从《诗术》首章的表述和规划中，可以清晰看到亚里士多德严格遵循其逻辑方法：定义之对象为种（εἶδος），先将种放至其属（γένος）中，然后通过划分之方法（κατὰ τὰς διαιρέσεις），寻其种差（διαφορά），最终达至属加种差的定义。在首句结尾，亚里士多德说要依照自然的顺序（κατὰ φύσιν），从首要者（τῶν πρώτων）开始谈起。从《物理学》189b30中我们可以获知：这一探究的自然顺序乃从共同特征到个别特征。首要者之首要在属，即用于谓述"种"的本质范畴：

> 属是对一些不同种的事物的本质范畴的谓述。(《论题篇》102a32-33)

一属而多种：

> 每个属都有几个种，看是否除给定的一个种外，再不能有其他的种从属于这个属；如果没有，则所阐述的显然不是属。(《论题篇》123a30-33)

属者，乃是其所是者（τὸ τί ἦν εἶναι）。这与说完主题规划之后立刻开始的正文是完全对应的，因此接下来第一句陈述的，就是诗术本身，即诗术的"是其所是"。亚氏给出诗术之属是"全面摹仿"。

然而这里却可能会有一个问题：

> 一个属说明一个种，这个属的属也说明这个种，因此找到的属很可能是更高的属。……出现这种现象就形不成定义。为了避免这种现象，亚里士多德提出使用划分方法以找出最邻近属。他认为："划分是避免遗漏任何本质因素的唯一方法。"（96b15）[1]

正如在给出诗术之属的那句话中，因为不解 σύνολον 的专业技术含义，如果把给出的属理解为"摹仿"而非"全面摹仿"，那么所找到的

---

[1] 王路，《亚里士多德的逻辑学说》，北京：中国社会科学出版社，1991，页34。

属就是更高的属。所以需要通过划分，避免遗漏任何本质因素。正如柏拉图对话中表现的，认为诗术乃是摹仿是当时希腊人普遍接受的意见。由于没有在摹仿这个属下区分复制性摹仿和制作性摹仿，对于诗术属于摹仿的笼统认识并未辨识出诗术的本质特征，从而往往将其混同于复制。这本身是在普通意见中造成极大混淆的一个问题。因而此处出现了玛高琉斯所说的第一次划分。将摹仿划分为复制性摹仿和制作性摹仿，就确定了诗术所邻近的属，并且根本上撇清了诗术所属之摹仿与"复制性摹仿"的基本差异。根据亚氏的描述和举例，如此划分出来的制作性摹仿，即所谓"全面摹仿"，包含了诗、乐、舞。

既然说"诗术"之属是全面摹仿，"诗术"是全面摹仿之"种"，依照亚里士多德的逻辑理论，定义由属加种差构成，定义的对象只能是种。因此紧接着就是划分，走向个别特征，寻求所谓种差是也。关于全面摹仿这个属下的种差，亚氏指出："它们从三个方面彼此区别，要么摹仿所用之物（τῷ ἐν ἑτέροις）不同，要么所摹仿之物（τῷ ἕτερα）不同，要么不同地（τῷ ἑτέρως）进行摹仿，即以不一样的方式。"第1章紧接着涉及的就是第一方面的种差，即用以摹仿之物不同，即我们通常所说的摹仿媒介问题；第2章涉及第二方面的种差，即所摹仿之物不同，即我们通常所说的摹仿对象问题；第3章涉及第三方面的种差，即不同地进行摹仿，即我们通常所说的摹仿方式问题。

这三方面的种差适用于所有摹仿技艺，并非只适用于全面摹仿。亚氏对这三方面种差的先后是按重要性排序的，第一方面的种差是媒介，媒介的种差最为重要，通过媒介这个种差能进行好几个层级的属类区分：在摹仿这个属下区分复制性摹仿和制作性摹仿；接着又在制作性摹仿（即全面摹仿）这个属下区分开诗、乐、舞；在"诗术"这个属下区分诗术的各种样式。在与复制性摹仿进行区分时，亚氏指出，制作性摹仿和复制性摹仿在媒介上不同，全面摹仿这个属中的诸技艺都凭靠节律、言辞和乐调制作摹仿，单独或者混合，那么，属于全面摹仿这个属中的诗术也是凭靠节律、言辞和乐调制作摹仿，单独或者混合。因为既可以单独，又可以混合，所以可依照原文中讨论的顺序将这些媒介排列组合的情况总结如下：

三种媒介：节律言辞乐调（单独或者混合）	
节律 + 乐调	管箫曲艺、竖琴曲艺
节律	舞蹈
言辞	索弗荣（Σώφρων）父子的拟剧、苏格拉底对话
言辞 + 节律	荷马的格律诗、凯瑞蒙（Χαιρήμων）的混合格律诗
言辞 + 节律 + 乐调	酒神颂诗、诺摩斯（同时使用）
	悲剧、谐剧（分别用于不同部分）
* 乐调	
* 言辞 + 乐调	

(* 从以上排列组合的情况看来，文中没有讨论到的是单独以乐调为媒介的情况和言辞与乐调混合的情况。这是因为乐调不能单独出现，乐调必定同节律在一起，但节律并不一定跟乐调一起。)

其中音乐的媒介是只用乐调和节律，舞蹈的媒介是只用与乐调分离的节律。剩下的几种情况，则都与言辞有关，或纯用言辞或言辞与乐调和节律混合。于是，亚氏开始谈论"言辞（λόγος）"这一媒介，并在这一节中详细澄清何为"诗人"。强调诗术的制作本质在于制作摹仿而不在于制作格律，用于诗术摹仿的言辞并不一定要跟节律结合。也就是说，有无格律对于诗术来说并非本质性的，而是偶性特征。可以类推，有无乐调对于诗术来说也是非本质性的，只是偶性特征。但有无格律这一点，在普通意见中导致对"诗术"的误识，因此特别进行了澄清。只有"言辞"对于"诗术"是本质性的，通过言辞媒介这一种差，将诗与乐、与舞区分开来。但在现实存在的艺类中，正如节律、言辞和乐调经常混合使用，诗、乐、舞也常常结合在一起。这就是为什么诸如悲剧、谐剧这些艺类经常被称为综合艺术，比如在第26章比较史诗和悲剧优劣时，亚氏就说到对悲剧有一个不小的成分，即音乐。他在指责表演过火时也说到，不应拒绝所有动作，比如舞蹈。在这些综合艺术中，涉及用言辞制作的摹仿，本质上属于"诗术"。

因为这三方面的种差适用于所有这些摹仿技艺。正如亚氏在第2章中说的：

> 我们前面说过的各种摹仿也具有这些区别，每一种都以用其方式去摹仿这些不同者而各不相同，因为，就是在舞蹈、管箫演奏、竖琴演奏中，也可能像在言辞以及无音乐伴奏的格律文中出现所有这些不同。

在第1章中，通过媒介方面的划分，不仅寻找到了对于"诗术本身"而言其所具有的"言辞"这一种差；并且在言辞单独或者与节律、乐调混合的各种情况中，也呈现了诗术这个属下诸种艺类媒介方面的种差。由于用于区分"诗术本身"的种差已经找到，在接下来第二方面和第三方面种差的划分中，虽然同样可以涉及音乐和舞蹈，但《诗术》中仅就"诗术"进行探讨，用于继续寻求"诗术"这个属下诸种艺类的种差。

2

　　[1448a] 既然那些摹仿①行动者的人——这些[行动者]必然有高尚（σπουδαίους / σπουδαῖος）低劣（φαύλους / φαῦλος）②之分（性情几乎总是只与之伴随，因为所有人的性情都以其好[ἀρετῆ / ἀρετή] 坏[κακία / κακία]相区别）——摹仿要么比我们好、要么比我们差，[5]要么跟我们一样的人，

　　高尚低劣之分：高尚对译希腊文 σπουδαῖος，这个词在亚里士多德的伦理学中，特别意味着那种认真严肃、有责任心、有荣誉感、具有道德热忱和操守的人，也即道德德性意义上的"好人"。相对的，这里的

---

① [M本释译] 玛高琉斯译本把 μιμέομαι [摹仿] 一词释译为"扮演（portray）"。
　　[译笺] 玛高琉斯在导言中曾解释过他为何选择 portray 来翻译 μιμέομαι。用在这里，portray 有"扮演"和"描绘"之意，用在戏剧演员的摹仿上就是扮演，用在肖像画家的摹仿上就是描绘。而我们通常也可借用描绘之意表达文学中对形象的摹仿，即源于戏剧扮演、文学描写以及肖像画家（*portrait-painters*）的描绘都具有这种追求肖似意义上的摹仿之意。后面我们会看到，这个意义上的摹仿似乎被亚氏归为摹仿方式的问题，而《诗术》中作为诗术本质的那种情节制作上的摹仿，虽然和"扮演"一样都使用"摹仿"一词，但所指并不相同。

② [M本注] 玛高琉斯导言中说道：对于悲剧定义中的 σπουδαῖος 一词，亚里士多德在《问题集》中给我们的对应词是"英雄的（heroic）"（922b17），而这连接到《尼各马可伦理学》（1145a20）。他关于悲剧英雄在道德上优越于其当代人的理论与其体系完全协调：依照其理论体系，完美德性仅仅属于统治者，抑或其将随社会阶层的不同而有异。奴隶几乎没有德性，而工匠的情况也非常可疑（1260a14-37）。当然这将被解为潜能（dynamis），而非实现（energeia）；一个王者具备获得最高德性和最大幸福的能力；而我们乃是通过潜力而非现实来划分等级。

φαῦλος［低劣］也是指道德德性意义上差劲的人。中文语境中，有必要留意，这种"道德德性"的"道德"意味没有我们习惯的"道德"意味那么强，毋宁说，德性乃是使某个特定的人得以好好履行其职责的那种东西。但要切记，在亚氏的伦理学、政治学中，道德德性的高低要求与社会成员在政治共同体中所属的位置高低、所要履行的职责密切相关。因此，这种德性略近于所谓"德以配位"中的"德"，非常切合中文语境中所谓的"君子小人"之分。玛高琉斯提到 σπουδαῖος 对应着"英雄的（heroic）"。依照亚氏的理论体系，完美德性仅仅属于统治者，因为德性将随社会阶层的不同而有异，这是在 dynamis［潜能］而非 energeia［实现］意义上来说。因而，一个王者具备获得最高德性和最大幸福的能力。从探究具有最高德性者的实现行动这一目的出发，就很清楚，为何在悲剧和史诗中总是选择"王公贵族"之类的主人公。放在历史时序中，由于政体的变迁，作为王者的悲剧英雄在道德上（就潜能而言）也优越于处于民主政体中的亚氏当代人。

性情：ἦθος［性情］一词从 ἔθος［风俗、习惯］变化而来。而 ἦθος 转变为形容词形式 ἠθικός，即表"道德的、伦理的"。比如亚里士多德在《尼各马可伦理学》中讨论的道德德性（ἠθική ἀρετή）。对于这种词源关系，亚氏在《尼各马可伦理学》中就说道："道德德性则通过习惯养成，因此它的名字'道德的'也是从'习惯'这个词演变而来。"在《诗术》这一段话中，我们可以看到作为性格、性情讲的 ἦθος 和道德德性（ἠθική ἀρετή）的密切关系，这句话也可以理解为，性情（ἦθος）总是与道德（ἠθικός）品性相伴随。对性情（ἦθος）的摹仿也可以说特别是对道德品性的摹仿。

玛高琉斯在导言解释过"伴随（ἀκολουθεῖ / ἀκολουθέω）"这个词的专业含义：这是一个逻辑专名，意为"从思考的顺序得出"，亦即成为某个种之属或成为某一个体之种。意思就是"这些种仅仅是这个属的常规特征"，即"只有这样性情才能规整地进行分类"。对于任何特征我们可以说其相对好或坏，但并非必然是其他什么。

好坏：这里希腊文中原作"坏和好（κακία γὰρ καὶ ἀρετῇ）"。译文调整为"好坏"只是为了符合中文表达的习惯，并且这个调整对原意来说没有影响。和前面的"高尚（σπουδαῖος）低劣（φαῦλος）"相应，这里的"好（ἀρετή）坏（κακία）"也是德性意味上的，ἀρετή是美德，κακία是邪恶，好坏显得是比较通俗的说法，也可译为美恶。

玛高琉斯在导言中解释过第2章开头这个句子：ἐπεὶ δὲ μιμοῦνται οἱ μιμούμενοι πράττοντας。按照一般的翻译，这句话译为"既然摹仿者摹仿行动者……"，玛高琉斯认为在这种理解中，两个摹仿意义重复，而作为隐微文本，《诗术》中的遣词造句不会有冗辞，且词序也是精心排列。因而，这句话应该是："既然那些摹仿行动者的人"——跟着一个长长的插入语——"摹仿跟我们自己比起来更好……"玛高琉斯解释说，"摹仿行动者"这一表述对应着第3章中说的，索福克勒斯和阿里斯托芬（Ἀριστοφάνης）均"摹仿行动中的人"；在那里，"行动中的人"用的是*drontas*这个词，这个说法是为了将戏剧家的情形同后面提到的画家区分开来。区别存在于*dynamis*［潜能］和*energeia*［活动］之间，即虽然诗和画都摹仿不同道德德性的人，但诗摹仿的是在实现活动中的人（即行动中的人），而画家摹仿的只是潜在的行动者。

玛高琉斯的导言中谈到，关于摹仿对象比我们好或比我们差的这种表述，必须参考亚里士多德对这些表述方式的界定和分析：好与坏被用来表述人以及许多其他主项，但这两者之一并不必然属于它们所表述的那些主项。因为并非任何事物非好即坏。在好和坏之间存在着既非好也非坏的居间者（《范畴篇》［Κατηγορίαι］12a13-15，另参《论题篇》123b17；《形而上学》1055b23）。并且，在此情形下，居间者无名（《形而上学》1056a25）。因而，有必要区分 ἤτοι-ἤ 和 ἤ-ἤ 这两个希腊语表达法，玛高琉斯称之为穷尽式二中择一（exhausted alternative）和平衡式二中择一（balanced alternative）。平衡式二中择一的表达式意味着此一或彼一选项乃相对于某一或另一标准而言；而穷尽式二中择一意味着此一或彼一选项是相对于某一特殊标准而言（参《天象论》（Περί μετεωρολογικά）382a10；《论生成》(Περὶ γενέσεως) 332b22）。也就是说，《诗术》中亚里士多德在谈及摹仿对象的种差时，用的并非穷尽式二中择一，而是平衡式二中择一，即不是非好即坏的决然判分，而是相对而言的更好或更坏。

对于摹仿对象的这种区分，在逻辑和表述方式上，需要联系《范畴篇》《形而上学》，而在内涵上还得参考亚氏的伦理学和政治学。亚氏在《诗术》第15章中说到，一个人的"好"有赖于其所属类型，甚至一个妇女或者一个奴隶也可能好；尽管妇女差一些，而奴隶则通常低劣。这提示我们，对于亚里士多德而言，德性的要求是与一个人在城邦生活中的角色地位相配的。玛高琉斯评论说：

> 只有就其自然而言本可以看的情况，才有目盲之说。只有就其本可以慷慨而言，才有吝啬之说；只有就其本可以忠贞而言，才有不贞之说；只有就其本可以高尚而言，才有卑鄙之说。但照《政治学》来看，只有在城邦统治者身上才能找到追求完善德性之能力（《政治学》1260a17）；离最高权力越远的人，其能力也相应减少。如果勇敢严格意义上的领域是战争，那么不能把那些不能战斗之人划分为相对勇敢和相对懦弱（《尼各马可伦理学》1115a30）。那些没有"荣誉感"的人不能被划分为忠贞或不贞的；那些没有财产的人不能划分为相对慷慨或吝啬。因此，在城邦的底层，追求种种德性的能力都被排除了；但即便如此，那里还是有相对的好和坏，因为城邦中最微贱的成员也有其要去履行的职责，而德性正是使其得以好好履行其职责的那种东西。

如此，我们方可理解，史诗和悲剧人物为什么总是"王公贵族"，因为要展示最高德性的实现活动，这些人物在角色地位上要具备追求较高德性的可能。从另一方面来说，这也体现了这些道德德性之实现，有赖于城邦之政治架构。

就如画家们那样。① 珀吕格鲁托斯画的形象总是比我们好，泡宋画的形象总是比我们坏，而狄俄努西俄斯画的形象则与我们相似。②

珀吕格鲁托斯（Πολύγνωτος），公元前5世纪著名画家，除了此处，亚氏还在第6章中谈到珀吕格鲁托斯是很好的性情描绘者。

泡宋（Παύσων），阿里斯托芬同时代人，《阿卡奈人》（Ἀχαρνεῖς）854提及泡宋的讽刺。和这里特别相关的语境是亚里士多德《政治学》中谈及道德品质的教育时，认为年轻人不宜观看泡宋的作品，而应观看珀吕格鲁托斯以及其他具有道德性的画家和雕塑家的作品（参《政治学》8.5）。

狄俄努西俄斯（Διονύσιος）：生平事迹不详。

---

① [M本释译] 玛高琉斯译本将这里的第一段话释译为："由于这些扮演（portray）人物者——其必定相对（relatively）好或坏，只有这样性情才能有规律地进行区分，因为在所有性情中都有相对（relatively）坏和相对好——扮演（portray）这些比我们好、比我们坏，或跟我们一个水平者；就如肖像画家（portrait-painters）。"

[M本注] 这段话在"导言"中已经详加解释，但还可以在这里简短地分析一下。"人"构成一个属，只有以其特殊品质才能被再现；这些特殊品质必须从这个属的种差中提取出来。一个戏剧角色是一种性情；性情的种差在于德性（或者，用希腊人的说法，美德和邪恶）。这一证据在于任何两种性情间的差异都是"好"的程度的差异；例如，如果庞培（Pompey）和恺撒（Caesar）在勇气上有差别，那意思就是其中一个比另一个缺乏勇气或者说更懦弱。进而，我们体系中的所有德性都依据"正当理由"选择一个中道；任何其他种类的勇气都不作数。因此，任何人都能被排列到德性的尺度中。然而，这却没有客观的两极，我们不得不以我们自己为标准，相应地把人三级排列。

② [M本注] 珀吕格鲁托斯的主题主要是诸神和英雄；另外两位画家我们所知甚少。泡宋看起来好像是讽刺画家之类。《政治学》（1340a35-37）中说年轻人不该学泡宋的作品，大概只有因其为讽刺画家，这个训诫才好理解。《形而上学》中还提到过他的赫耳墨斯，显得也是这一类的东西。既然这种差别是一种道德上的差别，对这些艺术家作品的评价也许应该被归于所谓"人相学（Physiognomy）"的学科，《自然史》（The Natural History）中提到过这个学科，而且有一篇论述人相学的论文被归于亚里士多德 [译按：即《相学》]。每种性情具有相应外表的这个说法，我们不久就会碰到（第6章）；我们得认为，在珀吕格鲁托斯的作品中，对德性的呈现是夸大的，正如在讽刺画中对邪恶的呈现也是夸大的。

这里的好坏（κρείττους / χείρους）换了一组反义词，κρείττους是 ἀγαθός的不规则的比较级，χείρους是κακός的不规则的比较级。ἀγαθός和 κακός有好与坏、高贵与低微、高尚与低劣这些对立的意思。

这里提到画家，不禁会让人想起第1章中所说的"那些复制者通过色彩和形态摹仿许多事物"。在第1章中，作为对"摹仿"的第一次划分，与绘画特别相关的这种用"色彩和形态"进行摹仿的技艺，似乎被归为一种复制性的摹仿，与属于创造性摹仿的诸艺类，主要是诗乐舞相区分，这些艺类用"节律、言辞和乐调"摹仿"性情、情感和行动"。因此，这里谈论对性情的摹仿时，用画家作比较，就显得非常奇怪。不只这里，在第6章中谈到性情描绘时，亚氏也再次提到画家。通过色彩和形态摹仿，很自然可以想到的就是绘画、雕塑这些特别与视觉相关的造型艺术。作为摹仿的一个种差，这些艺术确实受累于物质性质料，但就摹仿对象而言，绘画、雕塑之类既可以只是简单复制"许多事物"，似乎也可以从中表现性情、情感。《诗术》中亚氏有很多处用绘画或雕塑这些造型艺术与诗术中的内容相比，可以见出二者在这方面的可比性。

正如我们前面已经提到亚里士多德在《政治学》(8.5)中对此有所解释，他认为节奏和曲调对各种道德品质（ἠθικός）的摹仿和这些品质的真实自然最为相似。相比之下，视觉形象只能稍微形成这种相似，因为形态（σχῆμα）固然能形成这种相似，但程度轻微，不是所有人都能有此感觉。形态和颜色与性情并不相似，只是作为性情的表征，是感情状态中的标记。也就是说，和音乐、舞蹈可以通过节律和乐调直接摹仿性情相比，通过"形态"和"色彩"并不能直接摹仿性情，只是以一种性情表征的方式，因此即便摹仿性情，程度也是轻微的。这也证实了亚氏在《诗术》这里对两种摹仿表述上的区别。也就是说，节律、乐调（曲调）（最相关的就是乐和舞）是直接摹仿性情的。而色彩和形态（最相关的是绘画和雕塑）并不能直接摹仿性情，程度也较轻微。

因为绘画对于道德品质的呈现较为轻微，玛高琉斯说"我们得认为，在珀吕格鲁托斯的作品中，对德性的呈现是夸大的，正如在讽刺画中对邪恶的呈现也是夸大的",这很有道理。正如亚里士多德在《政治学》中还说,即便在观察这些性情表征方面存在差别,也不宜让年轻人观看泡宋的作品,而应让他们观看珀吕格鲁托斯以及其他具有道德性的画家和雕塑家的作品(参《政治学》8.5)。也就是说,绘画对于性情的摹仿其实是不够明显的,而亚里士多德之所以在《诗术》中提出珀吕格鲁托斯和泡宋这一对画家来作为性情呈现的例子,在《政治学》中用来作为性情教育方式正反教材的例子,大概都因为这两者是通过夸张的方式,让其绘画中的性情呈现变得比较明显。

此外,即便绘画和雕塑可以间接摹仿性情和情感,是否能摹仿"行动"?这是一个问题。我们看到众多的绘画和雕塑可以静止地摹仿某个事件中的某个场景,但其中的行动似乎都有赖于背景故事,也就是"诗"。这就是前面那句话中,所谓"摹仿行动者"的潜台词,诗摹仿的是在实现活动中的人(即行动中的人),而画家摹仿的只是潜在的行动者。因此,虽然在谈到摹仿性情时,会用绘画来作比,但到第6章以后,亚里士多德会反复强调,对于诗而言,首要的是摹仿情节(对应着行动),而非性情。

显然,我们前面说过的各种摹仿也具有这些区别,每一种都以用其方式去摹仿这些不同者而各不相同,因为,就是在舞蹈、管箫演奏、[10]竖琴演奏中也可能像在言辞以及无音乐伴奏的格律文中出现所有这些不同。①

我们前面说过的各种摹仿:指的是第1章中列举过的艺类:"史诗制作和悲剧诗,以及谐剧和酒神颂制艺,还有管箫曲艺和竖琴曲艺的绝大部分,所有这些……",即主要包括诗和音乐。此外,正如在第1章列举诗与乐之外,也谈及以纯粹节律为媒介的舞蹈,这里所说的"在舞

---

① [M本注] 对于言辞的情况,这里也强调了"所有的"这个词;亚里士多德认识到表现日常生活的虚构作品,尽管他认为这既不是悲剧也不是谐剧。这种差异被归因于作者,让我们提前预知在第4章中将会了解到的,即艺术家会选择适合其个体气质的类型。

蹈中、管箫演奏、竖琴演奏中也可能像在言辞以及无音乐伴奏的格律文中"这句话，包括了纯粹节律、节律加乐调、纯粹言辞和言辞加节律这些媒介，就是我们前面分析过的"舞、乐、诗"，即用纯粹节律是舞蹈，用节律加乐调是音乐，用纯粹言辞以及言辞加节律的是诗。

这段话呼应了第1章中对这诸种技艺媒介种差的讨论。也正如我们在第1章中就看到的，亚氏就是在列举这诸种艺类，并给出其"是其所是"后，紧接着就谈到这方面的种差，因而这三方面的种差适用于所有这些摹仿技艺。但正如玛高琉斯指出，这三方面种差是按重要性排列的，第一方面的种差，即媒介的种差最为重要。第1章中，通过媒介方面的划分，即寻找到了对于"诗术本身"而言，其所具有的"言辞"这一种差，从而与舞蹈和音乐区分开来；并且在言辞单独或者与节律、乐调混合的各种情况中，呈现了诗术这个属下诸种艺类媒介方面的种差。由于用于区分"诗术本身"的种差已经找到，在接下来第二方面和第三方面种差的划分中，虽然可能同样可以涉及音乐和舞蹈，但重点落在了诗术这个类目上，用于继续寻求"诗术"这个属下诸种艺类的种差。

例如，荷马［制作的形象］就更好，克勒俄丰［制作的形象］与我们相似，而第一个制作滑稽体的萨索斯的赫格蒙和《德里亚达》的［作者］尼柯卡瑞斯［制作的形象］则更差。至于酒神颂和［15］日神颂，也类似，正如提莫瑟俄斯和菲洛克塞罗斯都摹仿过盖亚①和圆目巨人②。在此

---

① [M本注] 许多版本中都将这里的 γᾶς［盖亚］一词当作衍词去掉了。玛高琉斯则不同意，他认为大地女神盖亚和我们自己的相似之处也许在于大地处在中间（《论天》296b17）。这里提到的两个诗人都创作过以"圆目巨人"为题的作品，这是已知的；但是否在两部作品中大地女神盖亚所扮演的形象都是圆目巨人的母亲，这就不知道了；但没有理由质疑亚里士多德说作品里表现了盖亚。

② [M本注]《尼各马可伦理学》1180a27处的提及证明圆目巨人就是"一种像我们自己的性情"，那里观察到在绝大多数城邦中，每个人喜欢怎么生活就怎么生活，"以圆目巨人式的风格，统治他们的妻儿"。

区别中，谐剧与悲剧对立：一则意欲摹仿比当今之人更差的人，一则［意欲摹仿］比当今之人更好的人。

前面一段话谈及包括诗、乐、舞在内的诸种艺类在这个种差下的区分，这一段话则谈论诗术这个属下第二方面种差的区分。

克勒俄丰（Κλεοφῶν）：公元前4世纪雅典悲剧诗人。在第22章中，亚氏谈及克勒俄丰语言的特点："出自普通语者最为明晰，但却卑下。"这种普通平常的语言风格和这里谈到的摹仿对象的普通——不更好也不更差——似乎有一种匹配。

萨索斯的赫革蒙（Ἡγήμωνδὲ ὁ Θάσιος）：公元前5世纪居住在雅典的旧谐剧诗人。亚氏在这里说他是 παρῳδία［带滑稽意味的戏拟诗］这种滑稽体诗的首创者。

尼柯卡瑞斯（Νικοχάρης）：阿里斯托芬同时代的旧谐剧诗人。《苏达辞书》中记载了他多篇作品名。《德里亚达》（Δειλιάδα），该题目原意"德洛斯（Δῆλος，旧译提洛岛）的故事"。

这里表示好坏用的是 βελτίους 和 χείρους 这一对反义词。βελτίους 是 ἀγαθός 的比较级，χείρους 是 κακός 的不规则的比较级。ἀγαθός 和 κακός 有好与坏、高贵与低微、高尚与低劣这些对立的意思。

提莫瑟俄斯（Τιμόθεος）：米利都（Μίλητο）人，约公元前5世纪中到前4世纪中的音乐家和酒神颂诗人。《诗术》中另有两处提到提莫瑟俄斯的酒神颂作品《斯库拉》（Σκύλλα），都是有所批评的语境：一处是在第15章中批评他描写"不像样和不合宜"的性情；另一处是在第26章中批评《斯库拉》演奏中演员太多摹仿动作。

菲洛克塞罗斯（Φιλόξενος，约前435—前380）：库塞里奥斯（Κυθήριος）人，酒神颂诗人。他的《圆目巨人》是一部杰作，阿里斯托芬曾摹仿过他。

圆目巨人（Κύκλωπας / Κύκλωψ）：这是希腊神话中的一个原始种族，是一些额头上长着独眼的巨人。Κύκλωψ 一词的字面意思是"圆眼"。赫西俄德（Ἡσίοδος，约前8世纪）和荷马的史诗中描写过不同的圆目巨人。荷马的《奥德赛》中说,他们"每人各自统帅自己的儿女与妻子,彼此不相往顾"(9.112-114)。亚氏的《政治学》和柏拉图的《法义》都引用过这句话,《政治学》中说这是一种原始的族长式的统治。亚里士多德在《尼各马可伦理学》谈论法律对于德性生活的作用的语境下说到,在大多数其他城邦(按:指斯巴达之外),它们(按:指立法者关心公民的哺育与训练)受到忽略。每个人想怎么生活就怎么生活,像库克洛普斯那样,每个人"给自己的孩子与妻子立法"(10.9)。玛高琉斯认为,从这个意义上说,圆目巨人就是"与我们相似的人"。

比当今之人:这句话和前面的陈述相比,特别之处在于,前面用于作比的"我们"这里改为"当今之人($\nu\tilde{\nu}\nu$)"。悲剧总是描写神和英雄,这些似乎都是"过去的人",这些以往时代的人显得比"当今之人"要好、要高贵、要强大;谐剧描写当代人,但往往把一般人的缺点、邪僻夸大地表现出来,因此显得比"当今之人"更差、更可笑、更糟糕一些。

此前谈到亚氏对于德性的理解,系于人在政治和社会构架中的身份位置。简单说即"以德配位"。本章最末在对悲剧和谐剧所摹仿人物德性差异的表述上,不像一开始说的比"我们"更好或更差,而是说比"现如今的人"好或者差,也许还有更深刻的意涵。悲剧和谐剧与雅典民主政制有非常紧密的联系,在民主制的政制构架中,传统那种以德配位似乎失去了根据。悲剧要表现那种有位有德之人,只能溯及以往,寻找王政或贵族制中的"帝王将相"。雅典虽然是民主制,在其从梭伦($\Sigma \acute{o} \lambda \omega \nu$,前638-558)改革到鼎盛的那一时期,却具备很多后世民主制缺乏的共和制的特质。在某些方面,由于保持着德性和政治作为相联系这种意识,也就还葆有某些潜在的"贵族制"的理想。所以,悲剧具有一种在多数人统治中树立德性精英意识的努力。

"跟我们一样的人","与我们相似的人":对于摹仿对象的种差,亚里士多德明确提到,在悲剧和谐剧之间有所谓"跟我们一样""与我们相似"的中间项。也就是说,亚里士多德明确意识到,表现日常生活的虚构作品从摹仿对象来说,属于诗术的一种。从《诗术》探讨来看,古希腊当时盛行的悲剧、谐剧和史诗这些艺类的摹仿对象通常是更好或更差的。正如奥尔巴赫在《摹仿论》中指出，现代小说是在彻底摆脱了古典主义那种区别文体高低的文体分用原则后，才能将日常生活中普通人物进行严肃性的描述，成其为最根本意义上的现代小说。摹仿中间项对象的艺类在亚里士多德的时代远没有史诗和悲剧、谐剧这样盛行，但这并不妨碍亚氏辨识出这类作品，《诗术》中严格理论性的哲学探究并不受制于其时代。

《诗术》第1–3章构成一个"总论"部分。亚里士多德严格遵循其逻辑方法：定义之对象为种（εἶδος），先将种放至其属（γένος）中，然后通过划分之方法（κατὰ τὰς διαιρέσεις），寻其种差（διαφορά），最终达至属加种差的定义。既然诗术（ποιητικός）作为要定义的种，因此先将诗术这个种放到全面摹仿（μίμησις）这个属中，通过划分的方法，寻其种差，即摹仿从三方面彼此区别：要么用以摹仿之物不同（τῷ ἐν ἑτέροις），要么在于所摹仿之物不同（τῷ ἕτερα），要么不同地（τῷ ἑτέρως）进行摹仿，也即不同的模式。第1章先给出了属，并讨论了第一方面的种差，即用以摹仿之物不同，即我们通常所说的摹仿媒介问题；第2章涉及第二方面的种差，即所摹仿之物不同，即我们通常所说的摹仿对象问题；第3章涉及第三方面的种差，即不同地进行摹仿，即我们通常所说的摹仿方式问题。

这三方面的种差适用于所有摹仿技艺。亚氏对这三方面种差的先后是按重要性排序的。第一方面的种差是媒介，媒介的种差最为重要，第1章通过第一方面的种差，已经将诗术从同属全面摹仿的"诗、乐、舞"中区分出来。第2章涉及第二方面的种差，即所摹仿之物不同（τῷ ἕτερα），即我们通常所说的摹仿对象问题；这一种差虽然同样可用于对诗、乐、舞的区分，但在探讨诗术的语境中，重点遂放在对诗术的进一步区分。

3

  进而，它们之间的第三点区别在于，可能会如何［20］摹仿［前述］各种［对象］。即便用同样的［媒介］摹仿同样的［对象］，有时会以叙述（ἀπαγγέλλοντα / ἀπαγγέλλω）［的方式］：要么像荷马那样制作，变换成另一个人［叙述］，要么就以同一个人［叙述］，即始终不变；[①] 有时则通过众摹仿者[②] 作为所有行动者（πράττοντας / πράττω）即事功活动者（ἐνεργοῦντας / ἐνεργέω）。

  如何摹仿各种：这里的表达是对上一章的承继，因而"如何摹仿各种"指的就是"如何摹仿前述各种对象"，即高尚、低劣或与我们相似

  [①]［M本注］从第6章中我们会获知，作者认为只有两种方式，即叙述的和戏剧的方式，而不是柏拉图认为的三种；事实上，直接引语（oratio recta）和间接引语（oratio obliqua）间的差别显然并不止是来自间接提及。重要差别在于一种情况下我们获得的是对过去的叙述，另一种情况下则是对当下的认识。第26章会提醒我们，这于写作和演出的悲剧是一样的；这不是发生过的，而是发生着的事。用短语"变成别的东西"而不是"变成不同的人"，似乎在第24章（1460a11）有解释，此处，荷马所引出的是"某个角色"，男人或者女人。于是，"假扮各种角色"与叙述保持一致，犹如保持着同一个人与叙述保持一致。

  [②]［M本注］既然我们已经被明确告知悲剧并非对人物的摹仿，则这些不是被摹仿的人，而是模拟者（simulators）、假扮者（pretenders），要么是演员，要么是戏剧角色（dramatis personæ）。此一议题成为这个系统的基础。悲剧是对充分自觉的生活的虚拟实现（a fictitious realization of fully conscious life）。既然人是一种社会性的动物，那必然不止一个人涉入。他们并非偶然地被带到一起，通过他们间的关系，这些个体才能实现（energeia）其潜能（dynameis）。正如将会看到的那样，荷马的功绩在于，他让"行动（praxis）"成为史诗的基础，而就其自然来说，行动必然是戏剧的基础。

的对象。

要么像荷马那样制作：第 24 章有一段话与这段话密切呼应，那里也对比了荷马与其他史诗诗人的不同，亚氏赞扬史诗诗人中唯有荷马

> 深知自己该如何去制作。应该是诗人自己最少说话，因为他并非凭借这些是为摹仿者。其他那些诗人整个过程都是自己在竞赛，摹仿很少以及很少摹仿。但是他，在简短的开场后，径直引入男人或女人或其他某种性情，没有任何一个人没性情，而是各具性情。

从这段话中，我们能了解第 3 章在"叙述"这种方式中分出这两种类型的更多细节。首先，荷马乃是作为一个特例和所有其他史诗诗人相对，即"变换成另一个人［叙述］"这种方式，只有荷马一人。荷马的叙述方式是尽量少自己叙述，在简短的开场白之后马上引入各种人物，即变换成另一个人叙述；第 24 章的潜台词即其他史诗诗人自己说得很多。其次，亚氏完全贬抑其他史诗诗人那种"以同一个人［叙述］，即始终不变"的方式，认为这"摹仿很少以及很少摹仿"，甚至认为摹仿者不应该这样做。

众摹仿者（τοὺς μιμουμένους）：玛高琉斯解释了这段话校勘中颇有疑义的 τοὺς μιμουμένους 一词。如果 τοὺς μιμουμένους 指的是作者意义上的摹仿者，则应该和这段话一开始所用的动词 μιμήσαιτο 保持一致。现在的问题是，前面的动词形式是单数，而这里的 τοὺς μιμουμένους 却是复数。这个单数到复数的变化令校勘者们头疼。此外，τοὺς μιμουμένους 如果是作者意义上的摹仿者，在这里也显得多余，所以这个词被一些人视为衍词。按照玛高琉斯的解释，根据亚里士多德的意思，悲剧要摹仿的并非人物，而是情节。情节是行动中各种人物的交织，因而这里的 τοὺς μιμουμένους 是演员意义上的"摹仿者"，摹仿社会生活中的相互联系的各种人物，因此这句话里的众行动者都是复数。正如玛高琉斯所言："既然人是一种社会性的动物，那必然不止一个人涉入。他们并非偶然地被带到一起，而是一些通过他们的关系其潜能得以实现的个体。"因而，

这里的摹仿指的也不是作者"制作情节"意义上的摹仿，而是演员扮演人物意义上的摹仿。

行动者即事功活动者（πράττοντας καὶ ἐνεργοῦντας）：玛高琉斯导言中谈道：πράττοντας καὶ ἐνεργοῦντας 中间这个 καὶ 是表解说的小品词，因此不应该理解和翻译为"和"，而是"πράττοντας 即 ἐνεργοῦντας"。ἐνεργοῦντας 是 ἐνέργεια 的同源词，是亚氏形而上学和伦理学中极为重要的专业词汇，意指内在具有其 ἔργον［事功、任务、工作、功能］的事物的完成活动、实现活动。亚里士多德在《形而上学》中对 πρᾶξις［行动］作了界定。对于有限度的 πρᾶξις，没有一个是目的，而是达到目的的手段。一个完满意义上的 πρᾶξις，乃同时具备一个目标指向和这个行动过程。对于非完满意义的 πρᾶξις，亚氏将其命名为"运动"，对于完满意义的 πρᾶξις，名为 ἐνέργεια［实现活动］（参《形而上学》1048b18以下），正是在此意义上，πράττοντας 和 ἐνεργοῦντας 可以等同。这种行动与"生活和幸福"密切相关，在《尼各马可伦理学》中，幸福的定义乃是"合乎完善德性的实现活动（ἐνέργεια）"，后文我们可以看到，亚里士多德《伦理学》中对幸福的定义与其《诗术》中对悲剧的定义密切相关。

柏拉图把摹仿区分为三种：一种是纯粹叙述，一种是摹仿，还有一种是叙述和摹仿交替使用（参《王制》3.392D-394C）。而亚里士多德在第6章的悲剧定义中，只说到做戏和叙述，即戏剧和叙述这两种方式。从第3章这一段话看来，亚里士多德把叙述又区分为两种，似乎就对应着柏拉图三种区分中的纯粹叙述和叙述、摹仿交替使用这两种方式。荷马那种"变换成另一个人叙述"的方式如果就是第24章中说的"在简短的开场后，径直引入男人或女人或其他某种性情"，似乎就对应着柏拉图所说的"叙述和摹仿交替使用"。而其他史诗诗人那种"以同一个人叙述，即始终不变"的方式大概就对应着"纯粹叙述"。

摹仿存在于这三种区别中，[25] 正如我们一开始所说的那样：用

什么［摹仿］、［摹仿］什么和如何［摹仿］。[1] 因此，从某种意义上来说，作为摹仿者，索福克勒斯和荷马是一样的，因为二者都摹仿高尚者；而从另一种意义上说，［索福克勒斯］又和阿里斯托芬是一样的，因为二者都摹仿行动中人（πράττοντας / πράττω），即正在做的人（δρῶντας / δράω）。出于这种原因，就有些人说 δράματα［戏剧］之所以得名，是因为摹仿 δρῶντας［正在做的人］。[2]

这三种区别：正如玛高琉斯注释说的，这三个方面的种差才能构成真正分类的基础，因为这三方面的种差不是偶性的。所谓偶性的，就比如第 1 章中着力讨论过的格律问题，对诗来说，有无格律这种差别就是偶性的。此外，这三方面的种差能够形成交叉划分。亚里士多德就谈过交叉划分，他说：

> 从某种意义上来说，作为摹仿者，索福克勒斯和荷马是一样的，因为二者都摹仿高尚者；而从另一种意义上说，索福克勒斯

---

[1]［M 本注］即这三点差别不是偶性差别，偶性差别不构成分类的真正基础（《论题篇》144a23）。测试标准在于，此分类标准是否能被抽走、抽走后这事是否照样可行；因此，比如格律就不会是真正的基础，因为摹仿（mimesis）可以没有格律。可要是你描述有意识的生活，其必定具有某种品质；且其必定要么用叙述要么用戏剧形式。因此，这些东西构成交叉划分。

[2]［M 本注］亚里士多德并未支持这种意见。说动词 dran 是多里斯人的用法，而阿提卡人的是 prattein，这个断言也没得到亚里士多德的支持，并且事实上这显然是不对的，因为这两个词也都是阿提卡的，但意指有所不同；只有一个异乡人（就像《所罗门的智慧》[Wisdom of Solomon] 14.10 的作者那样）才会混淆二者。

所有这些名称的来源都模糊不清，并且这些名称在不同的希腊城邦中也大不相同（Athenaeus 14. 621 d sqq.）。

［译笺］δρᾶν 特别与戏剧的表演性这种摹仿方式密切相关，也许 δράματα［戏剧］确实是从此得名。在整个《诗术》中，就这种表演性与诗术本质的关系来说，有各种细节表明亚里士多德对这种表演性的贬低。大概这就是为什么亚里士多德对这种说法不置可否，显得并不认同的原因。

又和阿里斯托芬是一样的，因为二者都摹仿行动中人，即正在做的人。

索福克勒斯（Σοφοκλῆς，前 497/6—前 406/5）：古希腊最著名的悲剧家之一，和埃斯库罗斯、欧里庇得斯并称古希腊三大悲剧诗人。索福克勒斯的一生差不多正好跨越了雅典城邦的鼎盛期，他写作了一百二十多部作品，在戏剧赛会中夺冠达 24 次之多。他也在雅典政界担任公职，政治上属于温和的民主派。索福克勒斯有七部悲剧完整流传至今，其最著名的作品《俄狄浦斯王》（Οἰδίπους Τύραννος）被认为是古希腊悲剧的典范，具有严密的情节结构和高度的艺术技巧。索福克勒斯及其作品《俄狄浦斯王》是亚里士多德在《诗术》中最常提及和用于举例的悲剧作家和悲剧作品，并且通常是作为正面和优秀的范例。

阿里斯托芬（Ἀριστοφάνης，前 446—前 386），古希腊最著名的谐剧家，是雅典旧谐剧最重要的代表人物。相传他写了四十四部谐剧，完整流传至今的有十一部。

摹仿行动中人，即正在做的人（πράττοντας γὰρ μιμοῦνται καὶ δρῶντας）：这句话中同时出现了 πράττοντας 和 δρῶντας。这两个词的词源会成为本章后面西西里、多里斯和雅典争夺戏剧发明权的一个证词。亚氏这句话似乎表明，πράττοντας 和 δρῶντας 可以互换；而在前面出现 πράττοντας［行动中人、行动者］时，与之等同的是 ἐνεργοῦντας［事功活动者］。在短短几行，出现同一个意思换用不同的词，又在一个反复提及词源学证据的语境中，显得颇不寻常。也就是说，πράττοντας［正在行动的人］既可等同于 ἐνεργοῦντας［事功活动者］，又可等同于 δρῶντας［正在做什么的人］。δρᾶν 只强调做，不强调做什么、为什么做。前面谈到过，ἐνεργοῦντας［正在实现活动中的人］的行动是指向目标那种完满意义上的 πρᾶξις［行动］，那么 πράττοντας 在与 ἐνεργοῦντας 等同时，强调的是这种有目的的、行动意义上的"做"；与 δρῶντας 等同时，强调的只是在做着什么。前者强调行动的指向性、目的性；后者只表示动作性。所涉及的两句话，虽然都是在谈论戏剧摹仿方式的语境中，但"通过众摹仿者作为所有行动者（πράττοντας / πράττω）即事功活动者（ἐνεργοῦντας / ἐνεργέω）"，意思是戏剧方式是所有人物都通过演员扮演，但对诸多人物进行摹仿指向的摹仿对象其实是行动（事功活动）；"二者都摹仿行动中人（πράττοντας / πράττω），即正在做的人（δρῶντας / δράω）"，意思是演员扮演的方式是通过摹仿正在做什么的人，即摹仿人物的动作。

出于这种原因：以这句话为分界，第3章前面部分承接第1、2章，形式和规划清晰整齐，而且非常理论化。但就在这句话之后，在这个部分的结尾处，却突然引出一段关于戏剧起源争议的插话，风格上也一改前面的理论性、规范性陈述，变为随意散漫的"史话""趣谈"之类，其表述全是"有人说"如何如何，有些人"声称"如何如何。更奇怪的是，亚里士多德似乎只是摆出这样一些"说法""意见"，却对其不置可否。

因此，[30]多里斯人声称悲剧和谐剧属于自己

第3章这段"戏剧史话"的主题是多里斯人要跟属于伊奥尼亚人一支的雅典人争夺戏剧起源归属，好像我们今天很多地方争夺某某历史文化名号一样。多里斯人的西西里城邦和雅典的文化竞争在《诗术》中颇有反响，零星而含糊的暗指颇多，此处是最为集中的一个段落。在文学史上，这一背景的确因为后来雅典的强盛而变成了"过去时"，不再那么受重视。在《诗术》中，我们仍能看到当初这一文化争夺的影子，即便只是一些零星模糊的影像，也隐隐透露出当初争夺的激烈情形。我们今天谈到希腊璀璨的文学和艺术时，几乎本能地持有一种"雅典中心主义"。雅典的确在古典时期达到了顶峰，但如果仔细观察，雅典的这种优势在时间上有阶段性，品质上更有某些特异之处，并非一种简单对比之下的兴旺。在此之前，希腊思想和艺术的高度繁荣来自小亚细亚的伊奥尼亚殖民地、爱奥尼亚城邦、伯罗奔半岛的多里斯人或者西西里的希腊殖民城邦。

一般来说，悲剧被认定为典型的阿提卡事物，争议很少；谐剧则不然，虽然阿提卡旧谐剧成就斐然，并且颇有特色，但似乎总面临着来自多里斯人的竞争。至于西西里谐剧传统和雅典谐剧传统间的关系，更是剪不断理还乱。各种形式、内容、语言等方面的联系如此明显，但就是没有事实上的历史根据和文献记载予以澄清。《诗术》第3章这段"戏剧史话"正涉及这个问题。看来，这是一个起码在亚里士多德时代就争讼不断却缺乏定论的问题。从《诗术》这段影影绰绰的反映来看，多里斯人似乎对雅典人僭取了属于他们的荣光感到忿忿不平，提出各种理由和证据来争夺戏剧起源的归属权。这一争议何以重要？《诗术》以一种令人惊讶而又颇为隐晦的方式提出了这个问题。并且其在《诗术》中出现的位置也耐人寻味。

　　从起源看，多里斯人对谐剧出于他们中间的声称似乎很有道理。与谐剧渊源颇深的拟剧是多里斯人传承久远的节日表演形式，在很早以前的多里斯部落中就普遍存在；后来的多里斯城邦，诸如斯巴达、墨迦拉、叙拉古等，都有各种形式的拟剧表演。多里斯拟剧一度非常盛行，其"摹仿性""戏剧性"的表演方式广为传播，影响了包括阿提卡这些非多里斯人的地区。雅典的谐剧、悲剧的表演形式或许也脱胎于这种早期的娱乐表演形式。多里斯人自称悲剧和谐剧（戏剧）的首创者，的确不是空穴来风。亚里士多德在《诗术》中也充分展示了多里斯人的这种诉求。也许正是根据亚里士多德这段"戏剧史话"，大多数文学史家不说认可，起码也同情多里斯人的诉求。即便承认这一点，但在阿提卡，这些表演形式脱离了在多里斯民间文化中保留的那种低俗嬉闹、娱乐性特征。在这些艺术的成熟形态中，阿提卡谐剧是有序的；阿提卡酒神颂比较文雅；阿提卡悲剧则颇为高贵。[①]这里一定有某种可称为"阿提卡特质"或"阿提卡天赋"的东西，深刻地改变了多里斯人的"摹仿"。

[①] 参 W. Mure, A Critical History of Language and Literature of Ancient Greece, London: Longman, Brown. Greenand Longmans., 1850. v. Ⅲ, pp.80-81.

——当地的墨迦拉人声称谐剧属于他们,就其出现在他们的民主政体时期而言;①而来自西西里的那些[墨迦拉人],则以诗人②厄庇卡尔摩斯来自他们那里为由,因[厄庇卡尔摩斯]比基俄尼德斯和马格奈斯都要早得多;伯罗奔半岛的某些[多里斯人]③则[35]声称悲剧属于他们——

声称($ἀντιποιέω$):这个词的希腊文 $ἀντιποιέω$ 由 $ἀντι$ 和 $ποιέω$ 构成,因此颇具反讽意味。

民主政体($δημοκρατίας$ / $δημοκρατία$):词源来自 $δῆμος$。后面接着就会说到,多里斯人"把乡村称之为 $κώμας$,而雅典人则称为 $δήμους$"。这里问题的关键和这个词源学证据的反讽意义在于,墨迦拉人虽然从表面看到谐剧和民主政体($δημοκρατία$)的关系,但却缺乏雅典人在典型的阿提卡词 $δῆμος$ 中注入的深刻意识。

墨迦拉人声称谐剧属于他们:墨迦拉谐剧的确颇为兴盛,也颇有影响。一方面,的确拜其民主政体之赐,给予谐剧非常适宜的温床;一方面,由于政治冲突剧烈,墨迦拉人热衷于使用激烈的嘲讽,甚至辱骂诽谤、恶

---

① [M本注] 墨伽拉的民主政体是《政治学》(1304b35)中暗指的一个主题。"墨伽拉笑话(Megarian jest)"似乎曾经是雅典人用来指低劣笑话的流行语,并且这种说法也许还催生了这一理论。《尼各马可伦理学》(1123a24)中提到了墨伽拉谐剧的庸俗。

② [M本注] 在这段话中,"诗人"这个词必定具有某种特殊的强调意味,否则就是冗词。Thiele(*Neue Jahrbücher*, 1902, i.418)也许猜对了这种强调意味,他表明,西西里谐剧开始时像一种木偶剧,后来才附有文本。在第 5 章中还会进一步表明,"诗人"用在谐剧身上具有某些特别的意味。我们也许还可以推论说,Comicus 这个词在西西里不适用于厄庇卡尔摩斯。

③ [M本注] 伯罗奔半岛的某些多里斯人所说的,意指"西库翁的厄庇盖讷斯(*Epigenes of Sicyon*)的模糊故事"。本特雷非常正确地以此推断,在亚里士多德的时代,前埃斯库罗斯悲剧没有写本;既然此类文本的存在(这确实也不需要写出来)就可以解决这个问题;然而,亚里士多德归于多里安人的只有词源学的证据。

[译笺]《苏达辞书》中提到说这个 *Epigenes of Sicyon* 是最早的悲剧诗人。但不太清楚 *Epigenes* 活跃在什么时期,《苏达辞书》提到的时间也比较可疑。

意中伤，这构成墨迦拉谐剧的风格。雅典谐剧家直接说耻于作墨迦拉谐剧。墨迦拉谐剧没有流传，我们只是通过雅典谐剧作家们对墨迦拉谐剧风格的不屑，才得知墨迦拉谐剧这种风格。而且，很可能墨迦拉谐剧从来没有付诸笔墨的剧本，所以几乎只得零星语句流传。与之适成对比，墨迦拉人在戏剧戏台装饰上的浮夸奢靡却着实"有名"，这一世人熟知的笑料成了亚里士多德《伦理学》中的经典例证。亚里士多德不止在一个地方指出这种方式的荒唐可笑。《尼各马可伦理学》中说，像墨迦拉人那样给一个谐剧中的合唱队装备紫色长袍是炫耀和粗俗的，品位低下（1123a23；另见《大伦理学》（*Ηϑικά Μεγάλα*）《优德莫伦理学》（*Ἠϑικὰ Εὐδήμεια*）。

亚氏接着评论说：

> 这两种品质（指过度炫耀、摆阔和小气、吝啬）都是恶。但是它们并不使人特别丢脸，因为它们对别人并无损害，也算不上特别丑恶。

亚氏此言，恰恰切合谐剧人物的特点。墨迦拉谐剧内涵品味不怎么样，墨迦拉谐剧风格本身倒是颇有"谐剧性"。在关于 *κωμῳδία* 的词源学方面，墨迦拉人又一次展现了其谐剧性。墨迦拉人意识不到 *κωμῳδία* 的本质意涵系于 *δῆμος* 根本上的城邦性、政治性，而非 *κώμη* 的家族性，墨迦拉人此举，恰恰暴露出他们与雅典人的根本区别。由于缺乏充分的意识，仅仅是盲目"摹仿"，让墨迦拉人成了阿提卡谐剧中取笑的对象。墨迦拉人成了十足的谐剧题材，充当了谐剧里的角色，却不是好的谐剧诗人（*ποιητής*，制作者）。

诗人厄庇卡尔摩斯：这里出现在厄庇卡尔摩斯前面的"诗人（*ποιητής*）"一词显得很突兀，于是有学者怀疑是后人增补。后面第5章关于谐剧的发展，亚氏说：

> 当所谓它的诗人有记录时，它已经具有其形制。谁让谐剧有了面具，有了开场白，谁充实了演员之数，以及诸如此类的问题，都已不为人知。

显出亚里士多德自己并不认同早期这种谐剧诗人这种称谓，对于面具啊、开场白啊、演员数目啊这些东西，觉得无关紧要。而在第3章，也是谈论跟谐剧起源相关的话题时，亚氏给厄庇卡尔摩斯特意加上了"诗人"的限定。一处是对所谓"诗人"的称谓不以为然，一处是特意加上个"诗人"的称谓。其原因要在第5章再次谈到厄庇卡尔摩斯时才会显明。在第5章后面谈到 μῦθος 作为一个对于谐剧发展来说关键的环节，亚氏说："情节的制作[厄庇卡尔摩斯和弗尔弥斯]最初起于西西里。"所谓 ποιητικός，这个词当中的"制作（ποιέω）"之意既然本质上是制作情节，那么只有制作情节的人，才是名副其实的诗人（ποιητής）。因此早期文献中那些谐剧诗人的称名，亚氏并不认同，但却认同厄庇卡尔摩斯的诗人之名。

厄庇卡尔摩斯（Ἐπίχαρμος，约前550—前460）：古希腊哲人和戏剧作家，常被认为是最早的谐剧作家之一。厄庇卡尔摩斯并非西西里人，后来才移民到西西里，关于其出生地则有不同说法。关于厄庇卡尔摩斯的信息主要来自阿特纳伊乌斯、狄奥根尼·拉尔修的著作和《苏达辞书》。亚里士多德《诗术》中曾两次提及厄庇卡尔摩斯，另外还有对其诗行的引用。亚氏的另一处提及是在第5章中，他把最初的情节制作归之于在西西里的厄庇卡尔摩斯和弗尔弥斯（Φόρμις）。在当下这个语境中提及厄庇卡尔摩斯，源于西西里的墨伽拉人以厄庇卡尔摩斯为由声索谐剧的发明权，大概因为厄庇卡尔摩斯常被认为是最早的谐剧作家。在柏拉图对话《泰阿泰德》（Θεαίτητος）中，苏格拉底说过："还有两类诗歌的顶尖诗人，谐剧方面的厄庇卡尔谟，悲剧方面的荷马。"（152e5）[1] 我们知道在《王制》中，苏格拉底将荷马看作悲剧的祖师爷、魁首，这里将厄庇卡尔摩斯之于谐剧与荷马之于悲剧相提并论，则可以说是将厄庇卡尔摩斯当作谐剧的祖师爷、魁首，正是《王制》说法的写照。此外，柏拉图似乎与厄庇卡尔摩斯渊源颇深。第欧根尼·拉尔修《名哲言行录》中本有厄庇

---

[1] 此处采用詹文杰译文。柏拉图，《泰阿泰德》，詹文杰译，北京：商务印书馆，2015。

卡尔摩斯的单篇传记，但那篇传记仅仅记录了作为哲学家的厄庇卡尔摩斯的行迹。而作为"诗人"的厄庇卡尔摩斯的事迹全记入柏拉图传记中。

基俄尼德斯（Χιονίδης）：公元前 5 世纪早期雅典谐剧诗人。

马格奈斯（Μάγνης）：公元前 5 世纪早期雅典谐剧诗人。

他们把这些名称作成（ποιούμενοι / ποιέω）标志：据说他们把乡村称为 κώμας，而雅典人则称之为 δήμους，κωμῳδούς[谐剧演员]之名并非来自 κωμάζειν[狂欢]，而是因为他们不受待见而离开城镇，流浪于村落之间（κατὰκώμας）。①

据说他们把乡村称为 κώμας，而雅典人则称之为 δήμους：多里斯人称乡村为 κώμη，而雅典人称之为 δήμος。通过《政治学》我们会知道这两个词的差异。对于 κώμη，亚氏说：

> 当多个家庭为着比生活必需品更多的东西而联合起来时，村落（κώμη）便产生了。村落（κώμη）最自然的形式似乎是由一个家庭繁衍而来。（《政治学》1252b15）

δῆμος 则是一个典型的阿提卡词。这个词在最初的意义上，的确是与"城（πόλις）"相对的"乡"。但在公元前 6 世纪末克莱斯特涅斯（Κλεισθένης，约前 570—前 507）变法中，雅典原有的基于血缘的氏族村社（也就是 κώμη）被改造为 δῆμος，以区域而不是依氏族划分，依照城邦律法而不是靠家族管理。嗣后，δῆμος 遂成城乡通用名称。δῆμος 的居民称为 δημότης，原来是 δῆμος 的居民，后来也成为雅典一般公民的通称。δῆμος 的治理者由 δημότης 选举产生，在此基础上建立的政体便是 δημοκρατία（平民政体、

---

① [M 本注] 所有这些名称的起源都很模糊，而且在不同的希腊城邦说法差异巨大（Athenaeus xiv. 621 d sqq.）。既然亚里士多德说谐剧起源未受重视，那么有可能对于这个主题不会有什么确定的东西可知了。Comicus 这个词并不是在西西里被用于厄庇卡耳摩斯的。

民主政体）。δῆμος 与 κώμη 的单一家族性不同，δῆμος 乃是政治单位，乃是雅典城邦政治的基础。对此，亚里士多德《政治学》中说：

> 城邦是若干家庭和种族结合成的保障优良生活的共同体，以完美、自足的生活为目标。……城邦的目的是优良的生活，……我们说，这就是幸福而高尚的生活。（1280b34）
>
> 政治共同体的确立应以高尚的行为为目标。（1281a2）
>
> 要真正配得上城邦这一名称而非徒有其名，就必须关心德性问题。（1280b5）

作为克莱斯特涅斯改革为雅典民主制奠定的基石，δῆμος 所瞄准的是高贵的行为，优良的德性，完善、自足的生活。所有这些，道出了一种"阿提卡特质"，是构成阿提卡戏剧的核心内涵。这个阿提卡词的深意在于"朝向高远目标地""具有充分意识地"去做，正是亚里士多德伦理学中所说的人的合逻各斯的实现活动，其与意识、理性、目的密切相关，乃是作为城邦动物的人类"灵魂"的深刻展示。出于对这样一种人类本质行动的摹仿，阿提卡戏剧所具有的那种鲜明的、令人印象深刻的"公共性""总体性""政治性"，不仅在后世之人看来无与伦比，即便在当时的希腊世界也卓尔不群。而这种看似"个别"的雅典特质中才真正蕴含着亚里士多德所要探讨的某种普遍性的、理论性的诗术本质。

[1448b]还有，他们把 ποιεῖν［做、制作］称为 δρᾶν［做］，而雅典人却称之为 πράττειν［做，行动］。①

---

① ［M 本注］玛高琉斯在导言中谈到某一方面的意涵上，πράττειν 与 δρᾶν 非常不同：πράττειν 是动词"交好运"的属，这是被用作 πάσχειν 的同义词的一个动词，……πράττειν 之例可以是"保持静止"，亦可是"行走""爱和恨"等等。其用法上与 δρᾶν 全然迥异，就 μεγάλα πράττειν 来说，意为大获成功，ἀγαθόν τι πρᾶξαι 通常意为"得到一个恩惠"，而 δρᾶν 一词在此语境中却意为"做大事"及"给予一个恩惠"。ἔπραξεν ὡς ἔπραξεν 意为"他像他遭遇的那样遭遇了"，ἔδρασεν ὡς ἔδρασεν 意为"他像他行动的那样去行动"。

他们把 $ποιεῖν$ 称为 $δρᾶν$，而雅典人却称之为 $πράττειν$：多里斯人说，他们把 $ποιεῖν$ 叫作 $δρᾶν$，而雅典人则称为 $πράττειν$。多里斯人的声称有点夸张，$δρᾶν$ 很难说是多里斯人的专用词，这个词在阿提卡地区也很常见。但 $πράττειν$ 确是个典型的阿提卡词，其名词形式为 $πρᾶξις$，这个词在亚氏《伦理学》中极为关键。与《伦理学》相应，$πράττειν$ 一词在《诗术》中也极为重要。$δρᾶν$ 和 $πράττειν$ 这两个似乎同义或者近义的词在第 3 章中反复并列出现，就在这段戏剧史话之前，亚里士多德刚谈及索福克勒斯和阿里斯托芬相似："因为二者都摹仿行动中人（$πράττοντας$），即正在做的人（$δρῶντας$）。"从这句话看起来，$πράττοντας$ 和 $δρῶντας$ 这两个词的含义可以互换。既然这两个词同义，但戏剧一词（$δράματα$）来源于多里斯人那个词 $δρᾶν$，而非阿提卡那个同义词 $πράττειν$，似乎证明多里斯人的诉求非常合理。但此前亚里士多德说，摹仿技艺可以是叙述的方式，也可以通过众摹仿者［摹仿］全部 $πράττοντας\ καὶ\ ἐνεργοῦντας$［行动者，即事功活动者］，这里 $πράττοντας$ 又和 $ἐνεργοῦντας$ 等同。前面已经解释了 $πράττοντας$ 又与 $ἐνεργοῦντας$ 等同的基础和意义所在，即 $πράττειν$ 具有双重含义或者说有两种用法：既可指 $ἐνέργεια$［实现活动］意义上的行动，也可指 $δρᾶν$［做］意义上的行动。$ἐνεργοῦντας$［正在实现活动中的人］的行动是指向目标那种完满意义上的 $πρᾶξις$，而 $δρῶντας$［正在做什么的人］的 $δρᾶν$ 则只强调做，不强调做什么、为什么做。谈及 $ἐνεργοῦντας$［正在实现活动中的人］，涉及的是摹仿对象的问题，即所摹仿的行动；而谈及 $δρῶντας$［正在做什么的人］，涉及的是摹仿方式的问题，指用行动来进行摹仿。$πράττειν$ 可以涵盖 $δρᾶν$，但 $δρᾶν$ 中却缺乏 $πράττειν$ 中指向 $ἐνέργεια$ 那种内涵。

谐剧和悲剧在摹仿方式这一种差上相同，不像史诗那样采用叙述，而是通过演员扮演，即以所谓"摹仿正在行动（做）的人（$δρῶντας$）"的方式来摹仿。无论悲剧还是谐剧，其之所以得名为 $δρᾶμα$［戏剧］，也许的确与其扮饰、表演、做戏这种以"做"来摹仿的方式相关，与 $δρᾶν$ 这个词相关。但亚里士多德在《诗术》开篇提纲挈领提出的作为诗术本质的那一摹仿（$μίμησις$），并非作为摹仿方式的这种表演性摹仿；πράττειν 的歧义性恰恰对应着摹仿的这一歧义性。严格说来，在关于 δρᾶν 的词源学证据非常靠谱的情况下，多里斯人也只能据此宣称，表演性摹仿即戏剧的这种表演方式起源于他们。也许，正因为多里斯人缺乏阿提卡所独有的 πράττειν 一词中那一意识，他们误把摹拟表演意义上的"做、动作"的含义当成了戏剧的本质，当成诗术（ποιητικός）的制作（ποιεῖν）之意。正如前面已经多次提到，这三方面种差，乃是按重要程度排序，则摹仿对象的重要性，要超过摹仿方式。

此外，πράττειν 这个动词在《诗术》中所占分量如此之巨，其意义颇费思量。就字面上说，其基本意为"经历"，可以是经历一个行动或者经历某种情感；玛高琉斯认为，照亚里士多德的意思，分类不是在主动和被动的经历之间分，而是在经历以致远和经历而无以致远之间（between going through to get beyond and going through when there is no beyond，参导言）。πράττειν 的这种指向完满和高远的意涵，在谐剧中似乎是成问题的，πράττειν 与 δρᾶν 这一关键区分从谐剧看来并不清晰，但对于悲剧则至关重要。对于悲剧来说，摹仿 ἐνέργεια［实现活动］意义上的 πρᾶξις 也许恰恰是悲剧与谐剧的区别特征所在（详第 6 章）。谐剧的行动恰恰是缺乏 πρᾶξις 的 ἐνέργεια 特质的。相对而言，谐剧效果似乎也更仰赖表演。《诗术》中谐剧在诗术（ποιητικός）制作（ποιεῖν）之意上的悬而未决也许与此有关。亚里士多德在《诗术》中对多里斯人的谐剧着墨颇多，在某种意义上，他并不否定多里斯人在谐剧方面的成就。但或许不是偶然，悲剧——正如与之关系紧密的 πράττειν 一词——可以说是典型的阿提卡事物。

那么，关于摹仿的区别，有多少以及是哪些，就说这些吧。

那么，关于摹仿的区别，有多少以及是哪些，就说这些吧：这句话清楚标明，对种差的讨论到此为止。这是讲稿中亚氏表示内容告一段落的惯用语式。此外也表明，前面这一段"戏剧史话"虽然形式上显得很不协调，内容上看起来也像是离题话，但其表述的内容在亚氏规划中就是属于第 1-3 章总论部分不可或缺的一部分。ποιεῖν、πράττειν、δρᾶν 这三种"做"之内涵区分，似乎隐隐对应着媒介、对象和方式这三个种差，而其中蕴含的深意，乃是《诗术》极为深层的理论思考。

※

《诗术》第 1-3 章构成一个"总论"部分。亚里士多德严格遵循其逻辑方法：定义之对象为种（εἶδος），先将种放至其属（γένος）中，然后通过划分之方法（κατὰ τὰς διαιρέ εις），寻其种差（διαφορά），最终达至属加种差的定义。既然诗术（ποιητικός）作为要定义的种，因此先将诗术这个种放到全面摹仿（μίμησις）这个属中，通过划分的方法，寻其种差，即摹仿从三方面彼此区别：要么用以摹仿之物不同（τῷ ἐν ἑτέροις），要么在于所摹仿之物不同（τῷ ἕτερα），要么不同地（τῷ ἑτέρως）进行摹仿，也即不同的模式。第 1 章先给出了属，并讨论了第一方面的种差，即用以摹仿之物不同，即我们通常所说的摹仿媒介问题；第 2 章涉及第二方面的种差，即所摹仿之物不同，即我们通常所说的摹仿对象问题；第 3 章涉及第三方面的种差，即不同地进行摹仿，即我们通常所说的摹仿方式问题。

这三方面的种差适用于所有摹仿技艺。亚氏对这三方面种差的先后是按重要性排序的。第一方面的种差是媒介，媒介的种差最为重要，第 1 章中通过第一方面的种差，已经将诗术从同属全面摹仿的"诗、乐、舞"中区分出来。第 2 章、第 3 章涉及的种差，虽然同样可用于对诗、乐、舞的区分，但在探讨诗术的语境中，重点遂放在对诗术的进一步区分。本章涉及第三方面的种差，即不同地进行摹仿，也即不同的模式，只考虑诗术的进一步区分，特别涉及史诗和悲剧、谐剧。从最后一段话隐藏的对 ποιεῖν、πράττειν、δρᾶν 这三种"做"的内涵区分中可以看出，第三方面的种差的确是最次要的。

4

看来，出于两个原因，自然本身［5］产生①了整个诗术。一则，因为摹仿对于人类来说从孩童时起即是天性，人与其他动物的区别就在于人最善摹仿，②并通过摹仿把最初的理解制作（ποιεῖται / ποιέω）③出来；二则，所有人都从摹仿物中获得快乐［亦为天性］。

自然（φυσικαί / φυσικός）：后面即会说到这出自人的"天性（σύμφυτος）"，即人的自然。

天性（σύμφυτον / σύμφυτος）：与生俱来的、天生的、先天的；自然的、天然的。

最善摹仿（μιμητικώτατον）：μιμητικός［摹仿的，能摹仿的］的最高级。自然界中有很多善于摹仿的动物，而这里指出，人类是其中最善于摹仿的。

理解（μαθήσεις / μάθησις）：动词 μανθάνω 的名词形式。玛高琉斯在其"导言"中谈及，从《辩谬篇》（165b33）中可以获知，μανθάνειν 具有两个有区别的意涵：一种意涵是去获取知识；另一种意涵是"用某人具备的知识去理解"。他并提到，μανθάνειν 一词在阿提卡日常会话中以 to make out（理

---

① ［M本注］这里的原因，即《形而上学》所谓"变化之始点"（1013a30），是出于自然，而非智虑，非出于有意为之的发明者。

② ［M本注］《自然史》中提到各种各样会摹仿或者模拟的造物，例如夜鸦（597b24）、类人猿（609b16）。

③ ［M本注］在《问题集》（956a14）中，这一点被作为人比其他动物值得信任的原因之一，不过对此原因的说明语焉不详。

解、辨认出）之意为常见，并用于解谜之意（希罗多德6.37；普鲁塔克，sept. Sap.Conv. §10 [585R]）。第4章中这个词取"理解、辨认出"这个意涵，而非通常翻译的"学习、求知"之意。对此，后面还会详细解释。

把最初的理解制作（ποιεῖται / ποιέω）出来：这句译文生硬，但考虑到亚氏用词常有深意，而 ποιέω [制作] 一词对本文来说极为紧要，特别是在与"摹仿"同时出现时，故而硬译，意在保留对这篇论著来说至为重要的"制作"这一核心意涵。此外也要留意，这里使用了 ποιέω 一词的中动态。ποιέω 一般意为"做、制作、制造"；进而特别意为"作（诗）、创作"；作为中动态，ποιέω 可指"生（孩子）"，还表示"为自己做""为自己制作""把某物制作出来"，诸如蜜蜂为自己造蜂房。非中动态的 ποιέω 也有"取得""获得"之意，此处似可译作"获得最初的理解"或"达成最初的理解"。

但亚氏使用中动态或有深意。我们可以从这句话中体味到两层意思。一是人类最初的求知中具有制作性。要理解这一点，只要想想这一内涵最直观的指向——μῦθος [神话]——就能明白，而这恰恰与亚氏所要讨论的"诗术"密切相关。同时，涉及求知，可对比亚氏在《尼各马可伦理学》中所谈论的"理智德性"，所谓"沉思的理智同实践与制作没有关系"（1139a27）；如果说一为诗术的求知，一为哲学的求知，这里似乎存在两种求知的判分。二是所用中动态的意味，这一最初的求知来自人类天性，并且是"为了自己制作"。这是否意味着，包括诗人在内的摹仿者，首先是为了自己理解。那么潜在的，戏剧朝向观众的"表演性"就不是首要的。

如果把亚里士多德这种诗术起源于自然、起源于人的天性的探究称为诗术起源的"人性说"，我们要知道，与之相对的，为古代希腊人所熟悉的，是一种诗术起源的"神性说"。最早的诗和诗人与"神意""神事"密切相关。古希腊传说中，人间最早的诗人俄耳甫斯（Ὀρφεύς）是缪斯女神（αἱ μοῦσαι）之一卡丽娥佩（Καλλιόπη）的儿子，后来成为古代希腊民间影响极大的宗教生活和诗教传统——俄耳甫斯秘仪中的神主。在荷马和赫西俄德的诗中，都说诗人是神的宠儿或者是神意的使者。他们作诗时都向神吁请灵感和权能。在荷马史诗中没少用"神一般的（ϑεῖος）"这个词来称呼诗人，诗人身份还常和先知、祭司之职合二为一。早期诗人和诗歌最重要的作用和内容便是为众多的神祇和英雄编订了族谱。亚里士多德把赫西俄德这些早期诗人看成 ϑεολόγοι［论神者、谈论诸神的人］（《形而上学》1000a9）。在文字书写尚不普及的时代，游吟诗人将遥远过去的光辉岁月，将神和英雄的世界化为他们歌中的不朽记忆，世代流传。记忆具有某种神圣性，诗和诗人因此也具有某种神圣性。在哲学和史述兴起之前，从神事到人事的各种知识和记忆都由诗人来保存和传授。

从其功能上［10］就可佐证，即令那些本身看来令人痛苦的事物，诸如最受贱视之动物①和尸体，我们在观其最精确之像时也会觉得快乐。

功能（ἔργων / ἔργον）：这个词的希腊文 ἔργον 有"事功、任务、功能、工作、活计、行动、产品"这些意思。ἐνέργεια 是亚氏形而上学和伦理学中极为重要的专业词汇，意指内在具有其 ἔργον［工作、功能］的事物的完成活动、实现活动。根据前后文语境，此处的 ἔργον 或许指内在于人的、出于人摹仿天性所做之事。

动物（ϑηρίων / ϑηρίον）：这个词所指的"动物"有三个基本的义项，其一特别指猎物意义上的野生动物；其二是指一般性的动物，从《论动物部件》（Περὶ ζῴων μορίων）中亚里士多德对这个词的诸多用例看，所指的动物不止兽类，也包括鱼类、昆虫；其三指野兽，特别指对人有敌意，令人厌憎的野兽。

---

①［M 本释译］玛高琉斯译本将这个 ϑηρίον 释译为"最低阶的动物（animals at the bottom of the scale of creation）"。

［M 本注］在《物理学》261a17 以及其他地方，都按进化程度来排列动物，进化程度高的生物被称为更多实现其自然的生物。《形而上学》1051a3 证明"现实"比"潜能"更受尊重。低阶动物的例子就是蠕虫和甲虫之类（《大伦理学》1205a30）。

最受贱视（ἀτιμοτάτων）：这个词是希腊词 ἄτιμος［不受尊重的、被贱视的、没有价值的］的最高级。

最受贱视之动物：本文语境中，也有译者取"令人厌憎之野兽"这个义项。不过，就前面 ἀτιμοτάτων［最不受尊重的、最被贱视的、最没有价值］这个修饰词而言，玛高琉斯这里释为"低阶动物"应该更为恰当。玛高琉斯注释提及在《物理学》261a17 以及其他地方，亚氏都按进化程度来排列动物，进化程度高的生物被称为更多实现其自然的生物。对于这种排列，《形而上学》1051a3 证明"现实"比"潜能"更受尊重。《大伦理学》（1205a30）中提及低阶动物的例子就是蠕虫和甲虫之类。亚氏用来说明的例证，往往都是我们能平常感受到的，比如人们看到蠕虫之类生物的确会产生莫名的不适感。此外，与看到低阶动物这种痛苦感并列，这里还说到看到尸体也让人感到痛苦。两者的共同点都是因为这种"无价值感"吗？

此处言及我们在看那些低阶生物时会感到不适，可对比《论动物部件》中的一段话。这段话可资佐证《诗术》这里所指 ἀτιμοτάτων［最不受尊重的、最被贱视的、最没有价值的］动物是那些低阶动物：

> 研究了宇宙的天象，我们行即讨论动物界的事情，这里我们也当竭其才力，不遗任何虽是卑微的品种。若说有些生物在我们的感觉上并不见到何妙处，然而对于一切具有哲学倾向而其慧识又足能追寻因果关系的人们，即便是这些形声无可惊人的虫豸，毕竟也向他们泄露着那创造它们的自然之匠心，这就够令人不胜喜悦了。倘一幅模拟草虫的图像竟能引人入胜，相共叹赏于那画家或雕塑家的模拟技巧，令这些草虫苟直接呈现于当世，甚或示向可以识破造物的天机的人们之前，谁谓人们面对这些真实的原本，未必更加有动于衷，那才确乎可诧异了。所以，我们必不可在捡到一些较卑微的动物时，遽似易于厌弃的童心，随即敛手而退却。……整个生物世界向我们表达着自然的美妙，每一生物也各向我们表达着某些自

然的美妙。(《论动物部件》645a6-21)①

亚氏在不同的语境下似乎给出了完全矛盾的结论,《论动物部件》是在一种哲学或者说科学求知的语境中,即理智德性的、沉思的语境。这两个不同的语境,指向的大概正是前面谈及诗术的和哲学的两种求知的判分。

形（μορφάς / μορφή）：指形象、形状、形态；外貌、外观。

像（εἰκόνας / εἰκών）：可以是画像、雕像、影像。

即令那些本身看来令人痛苦的事物,诸如最受贱视之动物和尸体,我们在观其最精essential之像时也会觉得快乐：这句话中用了两个不同的词表达"看"的意思。"看"对应着ὁράω；"观"对应着θεωρέω。ὁράω主要是指视觉意义上的看见；θεωρέω则除了看还带有审视、默察、思索之意。

原因在于，理解不仅对哲人来说最是愉悦，对其他人来说也有似于此，只是这些人分有[15]得少。他们从看像中获得快乐，因为在运用所知的过程中伴有理解，即推断各种事物，② 比如[认出]"这就是那个"。③ 若碰巧是之前未曾见过的事物，其摹仿物就不会造就愉悦，而是出自作品完成性、色彩④ 或其他诸如此类的原因。⑤

---

① 本文中《论动物部件》译文均采自吴寿彭译本。亚里士多德,《动物四篇·动物之构造》,吴寿彭译,北京：商务印书馆,2010。

② [M本注] 这是一个"依据自然"不受阻碍的运动,因而是令人愉悦的(《尼各马可伦理学》1153a14、《物理学》255b22、《修辞术》1370a5)。这个理论必须以《论动物部件》(645a13)中的说法加以补充,即部分愉悦来自对能工巧匠技艺的赞赏；但他此处却力图排除实在仿作之外的所有因素。他的解释说明了一个经常被讨论的事实,即为了产生美的愉悦,不可以复制过多；必须给想象和推理能力留下空间。

③ [M本注] 《修辞术》(1410b19)中描述了这一操作迅速执行的愉悦。

④ [M本注] 注视绿色会让眼睛感到愉悦(《问题集》959a35)。

[译笺] 我认为亚氏这里所指并非或者不止玛高琉斯注引的这种愉悦,应该包括颜色和配色上的美感。

⑤ [M本注] 即所描绘之人客观的美(《政治学》1340a25)。

理解（μανϑάνω）：第4章这段话中反复出现μανϑάνω，这个词有一个含义是"求知、学习"，许多译本都取这个义项。如果把这个词理解为"求知"，意味着亚里士多德说"求知对所有人来说都是快乐的"，这似乎与我们的常识和经验不符。正如玛高琉斯说的，如果求知这么令人愉快，为什么我们得对小孩子们连哄带骗才能让他们学习？人们给予最伟大的教师苏格拉底的报偿表明求知是一种愉悦？而且，亚氏本人在《政治学》中明确说过求知伴有痛苦（1339 a 28），这倒是与我们的经验相符。玛高琉斯在导言中特意解释过此处语境中的μανϑάνω并非"求知、学习"之意，而是"理解、辨认出"之意。他解释说，亚里士多德在《辩谬篇》（165b33）、《尼各马可伦理学》（1143a12）中都曾提醒我们，μανϑάνειν具有两个截然不同的含义，一种含义是去获取知识；另一种含义是"用某人具备的知识去理解"。如果说所有人均享受那种"理解、辨认出"的快乐，这我们会承认；就是不喜欢学习的孩童，也享受解出难题的快乐；看出熟悉之物相似性（至少到相当程度）的愉悦感在于对事物类同之处的察觉。

在运用所知的过程中伴有理解（συμβαίνει ϑεωροῦντας μανϑάνειν）：玛高琉斯在导言中解释了，这里不能理解为"他们在观看图画时伴随着求知"。在《尼各马可伦理学》（1146b33）中，ϑεωρεῖν被定义为χρῆσϑαι τῇ ἐπιστήμῃ［运用知识］。在《辩谬篇》中，μανϑάνειν意为συνιέναι χρώμενον τῇ ἐπιστήμῃ［通过使用知识而理解］。因此，这句话只可能意为"这一过程伴随着运用某人已有知识得以理解"，即解决某些问题。然后，《物理学》（255b25）会告诉我们，除非有什么妨碍，否则已具备知识的人马上就能理解；而《尼各马可伦理学》则说，这种不受阻碍的既有品质的运用是一种快乐（1153a15）。如此，我们方能完整理解这个段话的逻辑和内涵。

他们从看像中获得快乐，因为在运用所知的过程中伴有理解：这句话中也有ὁράω和ϑεωρέω，但根据玛高琉斯导言所解释的，这里的ϑεωρέω与前面句子中作"注视、观看"的取义不同，这里意为"运用所知用以理解"。

推断（συλλογίζεσϑαι / συλλογίζομαι）：从这个词的构成可看出其"汇合各种线索进行推理"的含义。这句话的意思可能是人在观像的时候，通过自己已经具有的知识，汇集各种线索，推断事物本身是什么。这里看起来好像在说观看绘画，但"观像"同样适用于阅读和观看诗术摹仿中的形象。通过自己已经具有的知识，汇集各种线索，推断事物本身是什么，且因此产生愉悦，也是人们在阅读文学作品时的经验。

"认出这就是那个"：就是辨认出。可以佐证玛高琉斯的解释，即这个段落中的 μανϑάνω 应作"理解、辨认出"这个含义讲。《修辞术》（1410b19）中描述了这一操作迅速执行的愉悦。《修辞术》中谈到容易令我们产生愉悦的推理是那种需要加以思索但又易于领会的推理。过于直白、不假思索就能明白的，或者过于艰深、无法懂得的推理，都不受欢迎（1410b10-25）。

造就：这里"造就"用的是 ποιέω 一词，除了"做、制作"，ποιέω 也有"产生、造成、带来"之意。

作品完成性（ἀπεργασίαν / ἀπεργασία）：有"制造、制作、完成"之意。其动词形式意为"做完、完成、使成为成品"。因而，其含义特别指向"完成、制成成品"，用在这个语境中，可能就相当于我们所说的"作品完成性"这个意思。这个用词不同于后面谈论情节和行动的完整性时所用的 τέλειος 和 ὅλος。

其他诸如此类的原因：玛高琉斯注释说，这指的是描绘对象本身的美，比如画一个美人，美人本身的美也令人愉悦，但不是摹仿技艺带来的愉悦。玛高琉斯的说法来自《政治学》1340a25："例如人如果因谛视某物的雕像而感到欢喜——倘使他所欢喜的确出于形象[而不是出于雕塑材料的优美或高贵]……"

[20] **既然乐调和节律（格律显然是节律的部件）**[①] **的摹仿出于自**

---

① [M本注]也就是说，并非格律被叠加在言辞上，而是言辞被叠加在格律上；类似地，在对悲剧之起源进行说明时，亚氏断言"言辞"后起，最初的表演乃是音乐和舞蹈。那么，外饰（clothing）的三种形式中，只有两种是"自然的"；第三种，即"言辞"，是人为的（artificial）。

然，^①则起初那些生来就最长于此者从即兴口占中一点一点地推动了诗的产生。

乐调和节律（格律显然是节律的部件）的摹仿出于自然：玛高琉斯注释说，《问题集》920b30表明乐调和节律都来自"秩序"这个属。秩序是"自然的（natural）"，这一原理来自《物理学》（252a12）："那些由于自然和根据自然的事物绝不会是无秩序的，因为自然是一切秩序的原因。"在《物理学》中，"秩序"总是被说成是"逻各斯（logos）"，即"原理（principle）"。《问题集》上述章节中，还给出了这个命题的归纳证据，即所有孩童都会因乐调和节律感到快乐，以及有秩序的习惯让我们保持健康。

第4章开始时，亚氏说到"两个原因，自然本身产生了整个诗术"。玛高琉斯在导言中解释，这两个原因，一个是"摹仿"，前面部分讲的就是"摹仿"这一天性；接下来，现在这段话讲的是另一个原因，即秩序之爱。看起来乐调和节律好像是两个原因，但玛高琉斯解释说，通过《问题集》xix.38的讨论，亚氏表明，合乐及节律都属"秩序"之列，有序之事要比杂乱无序更"合乎自然"。因此，这第二个起因即秩序之爱。只不过这个起因在《诗术》中只是提及，并没有详述，而是联系到《诗术》外部的其他亚氏文本。例如，可参《问题集》（920b30）：

> 为什么人人都喜欢节律和曲调以及一般而言的和声？是因为，我们合乎自然地喜欢合乎自然的运动吗？事实上新生婴儿也喜欢它们便可以表明这一点。我们喜欢不同风格的曲调是由于习惯，我们喜欢节律则由于它有熟悉的、次序井然的数目，而且，它也有序地

---

① [M本注] 例如在曲调和舞蹈中那样。此论之证据并非在此处，而是在《问题集》920b30：彼处表明乐调和节律都来自"秩序（order）"这个属，而秩序是"自然的（natural）"这一原理来自《物理学》（252a12），那里"秩序"总是被说成"逻各斯（logos）"，即"原理（principle）"。《问题集》上述章节给出了这个命题的归纳证据，即所有孩童都会因乐调和节律感到快乐，以及有秩序的习惯让我们保持健康。

运动我们；因为有序运动比无序运动自然地更类似于我们，所以，也更合乎自然。说明如下：如果我们有序地锻炼和吃喝，我们就会保持和增强我们的本性和力量，但如若无序，则会弄糟和扰乱它；因为身体的疾病是不合乎自然次序的运动。

在第 1 章中，亚里士多德谈到了诗术之属，所谓"全面摹仿"的三种媒介：节律、乐调、言辞。这里我们看到节律和乐调源于自然，出自人的天性，且这两个媒介颇有共同性，在这里可以合为秩序之爱。

一点一点地（κατὰ μικρὸν）：一小点一小点地，这个过程应当是相当缓慢、漫长的。

诗依各人本己的性情而分道扬镳。[25] 较严肃者去摹仿高贵的行动，即这些人的[行动]；较卑贱者则[摹仿]那些低劣者，先是制作谩骂，就如另一些人[先是制作]颂歌和赞辞。在荷马之前的此类作品我们一个也说不出来，虽说好像有许多；从荷马开始，这往后，我们就说得出了，[25] 诸如他的《马尔基特斯》以及诸如此类的。

诗依各人本己的性情而分道扬镳：这里把摹仿内容的高低追溯自诗人自身的性情。但后面我们看到，荷马既"最是高尚之事的诗人"，"也是展现谐剧雏形的第一人"。荷马既能摹仿高贵者，也能摹仿低劣者。但不能说荷马的性情既是较严肃的，又是较卑贱的。这里所说的是诗发展最初期的情况，这时候的"诗人"依着自身性情进行摹仿，通常是制作谩骂或颂词。从荷马开始，其摹仿是让各有其性情的人物出场，这种情况下，诗人似乎将自己隐匿了，能以某种"冷眼旁观"式抽离态度看待各色人等、各种性情，诗人的性情也不再以那么直接的方式呈现出来。

高贵（καλάς / καλός）：这里用的是 καλός，兼具美和高贵的意思。

此类作品：这里"作品"的希腊文用的是 ποίημα 一词。

《马尔基特斯》（Μαργίτης）：已佚。根据文献记载，可以大概了解其内容和特征。正如主人公的名字（来自 μάργος，疯子、傻子）已然提示，马尔基特斯惊人愚蠢，因为他样样自以为是，但其实极度无知。这部作品被称为"傻瓜史诗"，纯粹是一部风趣幽默、滑稽可笑、带有讽刺意味的作品。像《马尔基特斯》这一类滑稽诗通常是对严肃史诗的戏仿。虽然很少认为《马尔基特斯》是戏仿某部作品，不过看起来，《马尔基特斯》颇像是对《奥德赛》的戏仿。①

《马尔基特斯》是不是荷马的作品？《诗术》中涉及史实的部分永远争议不断，因为很多这类年代久远的问题，在亚氏生活的时代就已经只是"说法"，并不可考。在当时的流行看法中，有许多作品被归于荷马名下。不过，亚里士多德对这些流行看法并未全盘接纳。诸如《库普利亚》《小伊利亚特》等也被归于荷马名下，但在《诗术》中，亚氏却并不接受这些说法。被亚氏明确归于荷马的，只有《伊利亚特》《奥德赛》和《马尔基特斯》。所以，我们应换一个问法：亚氏接纳《马尔基特斯》是荷马作品，是否有道理，是什么理由？

《马尔基特斯》最让人惊讶的特征是其使用混合格律，并且显得自由散漫。很多学者凭借这一点就认为其不可能是荷马的作品。不过，第1章中已经说过，不管混合格律好还是不好，其本身无涉摹仿制作的关键所在。虽然亚氏在《诗术》中没有回避格律问题，但可以看出，他对于格律的讨论总是跟随着内容特征。也就是说，格律的恰当与否，在于是否符合那种诗体内容的自然。例如第4章谈到悲剧格律，第24章有关史诗格律。我认为恰恰是《马尔基特斯》这一混合格律的特征向我们透露了亚里士多德给予其如此高地位的原因。《马尔基特斯》的奇特之处在于，其在史诗专用之英雄格（ἑξάμετρος）中混用了短长格（ἰαμβεῖος）。就在这一章后面部分，在说及悲剧发展时，亚氏说，念白的产生使悲剧找到了符合其自然的

---

① 参 W.Mure, *A Critical History of Language and Literature of Acient Greece*, 卷二，页363-367。穆尔的文学史重视并充分尊重亚里士多德的权威，对于《诗术》涉及的文学史上的相关内容，颇有参考价值。关于古代文献中《马尔基特斯》的详细情况，参 William Smith, *Dictionary of Greek and Roman Biography and Mythology*, 1870, article on Margites, 卷2，页949。

格律。在所有格律中，短长格是最适合于讲话的。由此我们可以推断，《马尔基特斯》的确不再像以往的讽刺诗那样直接谩骂，而是在叙述（英雄格）中加入了对话（短长格）。正如亚氏评论的：叙述的同时进行摹仿，让人物各自出场，这是典型的荷马的做法。亚氏认为，在史诗诗人中，荷马的做法是独一无二的，唯有他意识到应该这样做。如此推测的证据在于，正好就在这段话后，亚氏随即讲起了短长格。所谓短长格的应运而生，是因为《马尔基特斯》像悲剧一样，找到了符合"戏剧性摹仿"的那种格律。所以亚氏说，荷马在《马尔基特斯》中以戏剧性的方式表现滑稽可笑的事物，而不是谩骂。但《马尔基特斯》毕竟还没有脱离用语言为媒介的摹仿技艺与英雄格之间的那种误识关系，因此，亚氏说荷马只是"显示出谐剧轮廓"，却没有像说他在严肃作品方面那样达到了"最（μάλιστα）"的程度。

这里要说是，对于诗的发展来说，重要的关节点在于从直接的赞美和谩骂转向摹仿行动。荷马之前摹仿高尚者及其行动或者摹仿低劣者及其行动的作者和作品都已湮没无闻。在前三章理论性地探讨诗的摹仿本质时，荷马是当仁不让的第一范例。在引入历史发生学时，亚氏似乎并不否定在荷马之前有此类作品及作者，问题仅仅是不可考，我们不知道而已。但对于亚氏的理论研究来说，这种实证性的历史却并不重要。从荷马开始，就有例证了。对于亚氏来说，不是荷马作品本身，因而无所谓年代学的历史实证，而是荷马作品所具备的那些诗的要素（εἶδος）、诗的自然、本性（φύσιν），使之在诗的发展中具有了里程碑意义。这不是历史性的，而是理论性的。与此相应的，在第4章接下来的部分及第5章谈及悲剧和谐剧的发展时，很明显，亚氏着眼的也不是实证性的历史发生学。他关心的是悲剧在发展中如何具备其要素（εἶδος），逐步臻于完善，然后在具备其自然、本性（φύσιν）后停止了发展。其所举例证，从属于说明这些要素的出现，说明悲剧和谐剧如何获得其自然。这与主导我们如今文学史、诗学史的那些兴趣、思想和方法可谓大异其趣。

前面谈到了全面摹仿诸技艺的两种媒介——乐调和节律——出于自然、来自人的天性。这里，全面摹仿诸技艺的对象，高贵或低劣，追溯到人的性情，也出于自然。

与此同时，与之相适应的这种短长格（$iαμβεῖον$ / $iαμβεῖος$）格律应运而生，[①] **因为这种格律曾经被用于相互讽刺（$iάμβιζον$ / $iαμβίζω$），所以至今仍被称为讽刺格（$iαμβεῖον$ / $iαμβεῖος$）。那些古人中，一些成为英雄体[诗人]，另一些则成为讽刺体诗人。**

　　果然，这里紧接着就开始谈论短长格的问题。这段话的意思一向夹缠不清，恐怕又是拜亚氏隐微风格之赐，这句话涉及 $ίαμβος$、$iαμβεῖος$、$iαμβίζω$ 这几个同源词的词源学问题。这些词都有两方面的含义，一是在内容风格上，指讽刺的；另一是在形式格律上，指短长格的。这两方面的含义因为关系密切而纠结在一起。亚里士多德想表明，$iαμβίζω$［嘲讽］是由人的性情选择发展出的一种嘲讽性风格，而短长格的这种格律因恰好适应这种嘲讽的风格应运而生，以至于被称为 $iαμβεῖος$［讽刺体的］、$ίαμβος$［讽刺体］。但是否必定如此？即嘲讽风格必定用短长格，短长格必定用于嘲讽？《诗术》中常会出现这种词源学误识的举例，而亚氏对许多理论问题的澄清常常来自对这些词源学中似是而非误识的分疏辨析，此即一例。这里出现的词源学误识在于：因为人们互相嘲讽时喜用短长格，短长格就被误认为是适合讽刺诗的格律。就是这里说的："因为这种格律曾经被用于相互讽刺，所以至今仍被称为讽刺格。"但讽刺只是人们说话的一种。实际上，正如亚里士多德在本章后面会说："短长格即是最适合说话的格律。表现在，我们在彼此面前相互交谈中最常用短长格说话。"短长格不仅适用于嘲讽，也适用于一般的说话、交谈。因而，所谓短长格的应运而生，是因为《马尔基特斯》像悲剧一样，找到了符合"戏剧性摹仿"的那种格律，

---

　　① ［M本注］英雄格的情况也是如此，在第23章中强调了这种适应性，这个段落与之互涉。《马尔基特斯》就是用英雄格写的。

　　［译笺］《马尔基特斯》用英雄格写，但也加入了短长格。

不再是直接谩骂。

　　正如荷马最是高尚之事的诗人，[①][35]不仅其他方面[制作得]好，且唯有他制作有戏剧技艺的（δραματικάς / δραματικός）[②] 摹仿；他也是展现谐剧雏形的第一人。他戏剧性地制作（δραματοποιήσας / δραματοποιέω）可笑之事，而非谩骂。《马尔基特斯》之类似谐剧，[③] 就如《伊利亚特》和《奥德赛》[1449a]之于悲剧那样。[④]

---

　　① [M本释译] 玛高琉斯译本将这个"最（μάλιστα）"释译为"完整意义上（in the full sense）"。

　　[M本注] 此处可参见第8章和第23章，这两章对荷马作为有更充分的解释：荷马是一个完整意义上的制作者或者创作者，因其制作具有整一性的行动而不是着眼于英雄人物，而且，他虚构编制而不是复制实际发生的过去。

　　他在导言中说到，"完全意义上的诗人"何谓也？乃指第9章（1451b27），这里表明，诗人或者编制者（fabricator）应该是故事编制者甚于韵文编制者。自然，就"诗人"即编制者这个词本身，我们应该参看《形而上学》或者《论生成》，那里解释了，所制作者乃"形式"也。荷马不仅编制韵文，也编制故事，并予之艺术性的形式。

　　[译笺] 玛高琉斯这一部分的译文和注释，总是将后面章节中才涉及的一些内容提前。本章中对于荷马之为完整意义上的诗人的认定，主要在于其制作戏剧性摹仿，而这里的"戏剧性"到底指什么，也是后面章节中才慢慢辨析清楚的一个问题。而关于情节之为灵魂，情节的整一性、诗与史述的本质差异这些内容，都是后面章节才依次展开，并历经颇为漫长的论述行程慢慢辨析清楚的。

　　② [M本注] 玛高琉斯导言中说到，这里的"戏剧性"（dramatic）是什么意思？到第23章，定义来了："有开头、中间和结尾"，也就是主题的整一，正如第8章中说到的，荷马被认为已经发现了这些原则。

　　③ [M本注] 即便诸如《骑士》（Knights）或者《云》（Clouds）这样的剧本也确是这样，权且不管克利翁（Cleon）和苏格拉底是历史人物这个事实；因为在剧中，他们代表类型，而在这两部剧中都没有复制历史事实。

　　[译笺] 玛高琉斯说的是虚构性问题，主要针对诗与史之别。不过，这里亚氏说《马尔基特斯》和谐剧的相似性，似乎与此关系不大。

　　④ [M本注] 阿拉伯本中，这里还有个词，意为"结构性"，即《马尔基特斯》和谐剧"结构上的相似"。这里可参看第8章，在《奥德赛》的例子中这一点特别明

荷马最是高尚之事的诗人：在说到荷马是严肃事物方面诗人时，亚里士多德用了 μάλιστα，是副词 μάλα［非常、十分、很］的最高级。看后面的话，似乎是指荷马在涉及严肃事物诗作的方方面面都做得好。第18章，亚氏提到悲剧中最重要的四成分，并说诗人应尽量争取使用所有成分，如果做不到，也应使用其中大部分和最重要者。他还说到，当时虽然有在使用这些成分方面各有所长的诗人，但仍然受到批评。看来很少有诗人能像荷马那样在各方面都做得好。第24章，亚氏说到史诗的成分，说荷马最先使用这些成分，而且用得很好。那么间接说来，其他严肃事物方面的诗人，包括荷马之外的史诗诗人以及所有悲剧诗人，即便某些方面做得好，但在其他某些方面却可能存在缺陷，跟荷马比起来有所不及。他也可能指，荷马所摹仿的是最严肃、重大的事物。

有戏剧技艺的（δραματικάς / δραματικός）：即有戏剧性的，这里根据希腊语词源，译为"有戏剧技艺的"。玛高琉斯在导言中谈到，这个所谓"戏剧性"指的是第23章中所说的，"有起始、中段和完结"，亦即第8章中说到的主题的整一，荷马被认为已经发现了这些原则。因此，这里虽然提到了戏剧性，但对于这个"戏剧性"含义，是散落在后面章节中展开的。这里的论证情节本身就颇有"戏剧性"。因为，当我们理解到这个"戏剧性"原来与情节整一深刻关联之前，光看 δραματικός 这个词的词源，必定让人想起第3章最后那段离题话中有关戏剧词源的说法，会让人想当然以为戏剧性乃是与"戏剧"——特别是戏剧这种表演方式密切相关的。那么，我们必定会奇怪，荷马是史诗诗人，不是戏剧诗人，亚里士多德为何在这里反复赞扬荷马的制作有"戏剧性"。也许，只有带着这样疑问的人，才会在后面的情节论证中发现相关线索，从而理解亚氏所谓"戏剧性"的所指，

显；作品并非奥德修斯的传记，而是"奥德修斯的回返"。这个"结构性"的增补不可或缺，因为我们在第24章中被告知，可以用这两部史诗为例来说明悲剧的四种类型。

［译笺］玛高琉斯认为这个"结构性"不可或缺，因为这样的话，就能更清楚地暗示"情节"问题。

并恍悟亚氏最初的刻意设置和词源学讨论中暗藏的普遍误识。

《马尔基特斯》之类似谐剧,就如《伊利亚特》和《奥德赛》之于悲剧那样:在《诗术》中被亚氏明确归于荷马的,有《伊利亚特》《奥德赛》和《马尔基特斯》。《伊利亚特》和《奥德赛》将荷马和悲剧紧密联系起来,《马尔基特斯》将荷马和谐剧关联起来。亚里士多德这里赞扬荷马兼擅悲、谐剧,不禁令人想到在柏拉图《会饮》中,苏格拉底与悲剧诗人阿伽通($A\gamma\acute{a}\vartheta\omega\nu$)和谐剧诗人阿里斯托芬讨论的尾声,苏格拉底逼他们两个同意,同一个人可以兼擅谐剧和悲剧,掌握技艺的悲剧诗人也会以谐剧示人。这段话前面刚谈及最初的诗人乃是依着自身性情分道扬镳,要么制作嘲讽、谩骂,要么制作颂歌、赞辞;然后发展出讽刺体诗人和英雄体诗人。可是到荷马这里,又集这两种分道扬镳的诗体于一身了。转折即在于"制作有戏剧技艺的摹仿"。正如我们前面说到的,"制作有戏剧技艺的摹仿"和"戏剧性地制作",意味着诗人的某种抽离,不再在作品中依着自身性情直接呈示。

悲剧和谐剧崭露头角后,那些自身自然[1]**使然依循这两种诗各自发展**[2]**的人,[5][有的]成为谐剧诗人,而非讽刺诗的[诗人],[有的]成为悲剧导演,**[3]**而非史诗[诗人],因为那些[谐剧和悲剧]形式上[比**

---

[1] [M本注]即其天性中"黑胆汁"的过量,既然只有诸如此类的人才能成为出类拔萃的诗人(《问题集》953a)。

[译笺]关于这个问题,参玛高琉斯译本导言中相关论述。在《诗术》第17章中,亚里士多德说:"诗术属于好禀赋的人($εὐφυής$)或者疯迷者($μανικοῦ$)。"《问题集》中有对这两类人在生理学和病理学上某些共同基础的探讨(《问题集》953a10ff)。亚氏这里所谈论的问题,指的应该是前面说到过的"诗依各人本己的性情而分道扬镳",而不是黑胆汁过量所影响的两种类型。玛高琉斯把两种不同的语境弄混了。

[2] [M本注]"固有之进化(the proper evolution)"是事物按自然预期所致,因为那些还是胚芽或未充分发育者尚未获得其"形式(form)"(《形而上学》1050a6)。

[3] [M本注]荷马作品与真正的悲剧和谐剧作品间的区别只是出于偶然,据此理论,这里用的"谐剧诗人"和"悲剧诗人"这些词庶几可包括讽刺作品和史诗作品在内。

讽刺诗和史诗]更高[1]、更受尊重。[2]

那些自身自然使然依循这两种诗各自发展的人：人的性情这种自然的力量颇为强大，亚里士多德前面追溯了诗术从早期一直发展到悲、谐剧的几个阶段，从直接谩骂和嘲讽以及制作赞歌和颂词发展为相对适应格律的讽刺体诗和英雄体诗，再到具备了戏剧性的谐剧和悲剧，都依着人性情的这种自然区分而两相对峙。

有的成为谐剧诗人，而非讽刺诗的诗人，有的成为悲剧导演，而非史诗的诗人：这里，谐剧诗人的希腊文为 $κωμῳδοποιοί$（$κωμῳδοποιός$）。译作"悲剧导演"者，因亚氏用了 $τραγῳδοδιδάσκαλοι$（$τραγῳδοδιδάσκαλος$）一词。$τραγῳδοδιδάσκαλος$ 和 $τραγῳδοποιός$ 都可以称为"悲剧诗人"，但 $τραγῳδοδιδάσκαλος$ 指训练歌队和演员的悲剧诗人，大概就像我们今天的戏剧导演；而 $τραγῳδοποιός$ 指写作悲剧者，大概相当于我们今天的戏剧编剧。这种区分并非无关紧要。事实上，亚氏讨论的诗术意义上的诗

---

[1] [M本注] 所谓更高，即成长得更为完满：事物有其自然的规模以及自然的形制，事物会不断发展以达致其规模和形制（《物理学》261a35）。每个后继者均包含了在先者（《论灵魂》414b29），正如这里所说的悲剧包括了对高贵者的诗歌表达和描写。"更高"这个用语字面意思就是"更受尊重的"，即实现者要比潜在者"更受尊重"（《形而上学》1051a3，参考《物理学》293b13、《论题篇》116b17）。

[2] [M本注] 可以看到，这一段以及后续段落中的年代学如此谨慎，以至于只有一个可能被否定的观点，即把"主题的整一"归之于荷马，也就是以对想象性行动的描写取代对系于具体个人的实际表现的复制。当复制人们做过之事的欲望与节律和乐调结合，就产生了赞颂和讽刺两种风格；出乎于此，因为荷马的天才，通过以虚构代替实际发生，以主题整一代替人物整一，悲剧性的史诗和谐剧性的滑稽剧得以演变。这就是诗术本身（poetry *per se*）的发展历程；其公众表演这一面，则起于通过舞蹈来表现，进而发展为古典悲剧和谐剧。

[译笺] 这里玛高琉斯所谓"诗术本身"，可参考第 1 章"某某事物本身（$αὐτῆς$）"这一表达式，在亚里士多德哲学中指向事物的"是其所是（$τὸ\ τί\ ἦν\ εἶναι$）"，即事物的本质。玛高琉斯这里所言对诗的理解，有本质性和非本质性的方面。悲剧和谐剧表演上的那种摹仿并非诗术本质所属的那种摹仿。

人，应该是写作剧本，即编剧意义上的悲剧诗人，而非排练歌队和演员的导演意义上的悲剧诗人。但在古希腊，这两者通常是合一的。这里选择按亚里士多德本来的用词区分进行翻译，即便我们暂不理解亚里士多德在这里为何刻意使用 τραγῳδοδιδάσκαλος，而不是用与谐剧诗人（κωμῳδοποιός）更对称的悲剧诗人（τραγῳδποιός）。这里史诗用的是 ἐπῶν（ἔπος）。根据前文的对应关系，这里的"史诗"指的就是英雄体诗。

对于前面这一系列的发展演变历程，玛高琉斯解释说，最初是简单直接地复制人们做过之事的欲望，与节律和乐调结合，产生了赞颂和讽刺两种风格。而荷马里程碑式的意义在于，以对想象性行动的描写取代对具体个人实际表现的复制。从而通过以虚构代替实际发生，以主题整一代替人物整一，悲剧性的史诗和谐剧性的滑稽剧得以演变。

那么进一步来考虑，到这个阶段，悲剧就其诸要素（εἴδεσιν / εἶδος）而言是否业已充足，从其自身来看不同于从观众席那边来看，[那是] 另一个逻辑。初时，①[悲剧]确实和谐剧[一样]都是从最初的[10] 即兴口占术发展而来的；前者起源于酒神颂歌队领队的[即兴口占术]②，而后者起源于生殖崇拜仪式③中歌队领队的[即兴口占术]，直到今日，

---

①[M本释译] 玛高琉斯译本把这里释译为"初步开始后（having, then, started rudimentarily）"。

[M本注] 这一段话最后一句，又重新开始谈论诗之起源。

②[M本注] 看起来最好认为这个词以及该句其他部分的类似校注是基督徒所窜入。另见导言。首先，说悲剧起源于酒神颂就不对，既然这两种风格发源时其音乐特点就根本不同；"悲剧的"音乐音调不规则，因用于摹仿深陷某种危机或某种悲痛中人的声音；酒神颂的音乐则是"醉酒的"（《政治学》1342b25）。一者的雏形乃是吼叫和哀号，另一者的雏形则是酒醉者的举动和叫喊。如希罗多德所记，悲剧和酒神颂的联系显得完全是伪造的。此外，酒神颂非但不是一种草创雏形，甚至亚里士多德还把它视为诗的一种发展形式。那么，这个地方提到这种表演必定具有一个基督徒反感的名字，但这个名字不能像更改"生殖崇拜"那么容易。

③[M本注] 这一事实解释了阿提卡谐剧那种令人费解的淫秽。这个特点起初

这些活动在许多城邦仍然被奉为习俗。悲剧通过点滴积累，被推动着使其自身尽可能展现出来，历经诸多演变，①[15]在实现其自然后②停止[**演化**]。③

诸要素（εἴδεσιν / εἶδος）：根据语境，这里的εἴδεσιν（εἶδος）译为"要素"。εἶδος有两种含义：一是指"种"；一是指"成分"。εἶδος一词在《诗术》不同语境下多次出现，不同语境下有不同含义，而不同含义间又彼此关联。根据具体语境，εἶδος可以意指"种、类型"，也可意指"要素、抽象的或者理论上的成分"。玛高琉斯解释过，《诗术》中的"成分"划分有两种：量的划分（ποσός）对应的是划分为构件（members）的解剖式划分

构成整个表演，而后只作为一种雏形遗留在最终产物中，此时，就像悲剧，它已经发展为一种艺术形式。在《政治学》（1336b16）中，亚里士多德允许延续这些淫秽的仪式以纪念某些神，但把他们的庆祝仪式限制在那些已经成年的人范围内。

这些生殖崇拜仪式肯定一直持续到异教时代结束：因为杨布里科斯（Iamblichus）的《论秘仪》（de Mysteriis）还在为这些东西辩护。对于这些仪式的目的，他的观点颇合于前段所述。"主要的表演是一种类型的生殖力，而我们将其看作参与世界的延续。出于这种原因，大部分此类仪式都在春天举行，此时整个世界从诸神那里领受到造物的更新。那些下流的语言，我认为是在物质中发现的对美的否定的象征，以及那些后来获得形状者初始时的无形。这些事物缺乏秩序，格外渴求秩序，以至于咒骂他们自己的下流。从丑陋的言辞中认识何为丑陋，他们追寻其反面，即理型之因和美；这种表演把他们的注意力从丑陋但在言辞中展示其知识者转移开，把他们的欲望转向反面。"（ed. Parthey, P. 39）于是，他提出一种发泄这种情感的理论。

① [M本注] 在"成长"中，演变限制在从不完善到完善（《物理学》261a35），或者从小到大，通过情节和语言加以说明。

② [M本注] 这个说法的定义在《物理学》193b1："形式与定义一致。"

③ [M本注] 关于这句话的表述，有些困难，因为这个想法在发生于自然作品的情况和发生于技艺作品的情况之间徘徊。在这两种情形里，部件都"潜在地"存在于胚胎中；但这些部件会在不同时间显露出来；这是《论动物生殖》（de Generatione Animalium, pp.734和735）中的解释。不管怎么说，自然作品的情况是，当其逐渐成熟时，就自己增加或者发展（735a14）。技艺作品则不能，慢慢变清晰的是其自身揭示给创造者的规定性的部分，创造者再相应地将其开发出来。

(anatomy); 质的划分（ποῖος）对应的是划分为要素（factors）的分析式划分（analysis）。在第 12 章，亚氏谈道："悲剧中应被用作要素（εἶδος）的成分（μέρος），我们前面已经谈及。还有从量的角度来分的成分，……"他所说的，就指第 6 章中探讨的成分划分是从理论上来说抽象地分析出来的要素；第 12 章所探讨的是可以划分为有形可分的成分，即从量的角度的划分。当下语境中的 εἶδος，也是从质的角度划分的成分，即要素。

从其自身（καθ' αὑτό）：前面已多次提到，本文中所谓"某某事物本身"这一表达式，在亚里士多德哲学中指向事物的"是其所是（τὸ τί ἦν εἶναι）"。参《形而上学》1029b14："每一个东西的'是其所是'是那就其本身而言者"，即指事物之本质。那么这个短语的意思就是"从其本质来看"。《诗术》中提到了两种成分划分方式，从其自身来看的成分，是理论的、质的划分呈现的要素；与之相对，所谓"从观众席那边来看"的成分划分，是否就相应于另外那种"量的"划分的成分，即第 12 章中所谈论的内容，这些成分包括开场、场、退场、合唱等，这种成分划分，看起来特别和戏台表演和观看相关，大概就是这里所谓"从观众席那边来看"的意思。

那是另一个逻辑（λόγος）：这里的逻辑指思路、论证逻辑，论证理路，中文恰巧也将"逻辑"用于表述论证理路之意。

即兴口占术（αὐτοσχεδιαστικῆς / αὐτοσχεδιαστικός）：亚里士多德使用的这个词中包含 τικός（技艺）这个部分，故译为"即兴口占术"。

前者起源于酒神颂歌队领队的即兴口占术：玛高琉斯认为悲剧起源于酒神颂的说法乃出于后世基督徒的篡改，因为原文或许有令基督徒感到亵渎的字眼。他的理由首先是，悲剧和酒神颂这两种风格发源时的音乐特点根本不同："悲剧的"音乐音调不规则，因用于摹仿深陷某种危机或某种悲痛中人的声音；而酒神颂的音乐则是"醉酒的"（《政治学》1342b25）。悲剧的雏形乃是吼叫和哀号，而酒神颂的雏形则是酒醉者的举动和叫喊。其次，酒神颂在《诗术》中被亚里士多德作为一种成熟的诗术样式，因此其并非一种草创雏形。

奉为习俗：希腊文为 νομιζόμενα（νομίζω），和 νόμος［习惯、习俗、风俗］同源，意为习惯于做某事，采用某种习惯、奉行某种风俗。

悲剧通过点滴积累，被推动着使其自身尽可能展现出来，历经诸多演变，在实现其自然后停止演化：亚氏在第 4 章短短的篇幅中，讨论了诗术起源和演变的历程，从其叙述中，我们了解到，这一过程经历了点滴积累，诸多演变，原是极其漫长的。但同时，与我们某种习惯性的观念相反，这个演化历程并非会不断持续下去，而是"在实现其自然后停止演化"。正如玛高琉斯解释的，这就如同自然造物的生长，部件都"潜在地"存在于种子或胚胎中；但这些部件会在不同时间显露出来，最后长成那种植物或动物"是其所是"的那个样子。也就是亚里士多德哲学中，从潜在到实现的过程。

埃斯库罗斯第一个把演员的数目从一名增至两名，又减少了歌队［歌舞］，给言辞担当主角做好了预备。索福克勒斯引进了三名演员以及舞台布景。进而，其分量从萨图尔剧的短小故事和［20］可笑言语，历经漫长，变得正经庄重，格律也从四音步格变为短长格。早先之所以采用四音步格，因［那时之］诗尚属萨图尔式的，即适合舞蹈［节律］的；① 但言语一旦出现，自然本身便找到了合乎其本性的格律，［25］而

---

① ［M 本释译］玛高琉斯译本把这里释译为："因为这种诗还是'萨图尔式的'，即舞蹈占统治地位的"。

［M 本注］据说四音步长短格的节律最适合科尔达克斯舞蹈（kordax）或者说谐剧性的舞蹈（《修辞术》1408b36，［译按］kordax 是旧谐剧中采用的一种跳跃式的轻快舞蹈，非常粗野。参罗念生译《修辞学》注释）。初时是通过舞蹈来模拟的，因此就采用了一种适合舞蹈的节律；一开始以一种随意辅助的方式引入言辞时，言辞本身也采用了这种舞蹈的节律；当言辞成为主角时，就有了作者归之于埃斯库罗斯的一个发展，言辞顺理成章采用了更适合的格律，这就是短长格（《修辞术》，1.c.）。显而易见，舞者不同于演员，但二者都名列用嗓音的艺术家之列（《问题集》901b2）。作者所要应对的困难，短长格格律的使用是出于（1）古人的讽刺或者谩骂，（2）在戏台上对高级事物的描述。看起来他通过假设短长格有双重起源来解决这个

短长格即是最适合说话的格律。表现在，我们在彼此面前相互交谈中最常用短长格说话，而罕用六音步格，并且［只用于］在远离谈话语调时。①

埃斯库罗斯（Αἰσχύλος，前 525—前 456）：古希腊最著名的悲剧家之一，和索福克勒斯、欧里庇得斯并称古希腊三大悲剧诗人，被称为"悲剧之父"。公元前 484 年首次在赛会中获胜。相传写有九十多部作品，今传七部，包括《俄瑞斯特亚》三联剧（《阿迦门农》《奠酒人》和《复仇女神》）、《乞援人》《波斯人》《七将攻忒拜》和《被缚的普罗米修斯》。

埃斯库罗斯第一个把演员的数目从一名增至两名，又减少了歌队歌舞，给言辞担当主角做好了预备：演员的希腊文 ὑποκριτῶν 原意就是"答话者"。根据这句话的潜台词，如果只有一个演员表演的话，舞蹈的分量很大，说话只是随意性、辅助性的；增加一个"答话人"后，才有可能有谈话、对白，因而说为言辞担当主角做好了预备。后面谈到格律的改变时，也证实了这一点："早先之所以采用四音步格，因那时之诗尚属萨图尔式的，即适合舞蹈节律的。"所谓"萨图尔式的"，玛高琉斯解释为"舞蹈占统治地位的"。根据亚里士多德在这一章中对演化出悲剧、谐剧这一历程的描述，玛高琉斯谈到，在悲剧、谐剧的演化过程中，其公众表演这一面起于通过舞蹈来表现；因此，就悲剧、谐剧的三种媒介节律、乐调和言辞而言，节律无疑是最早的，而言辞的出现则较晚（这里没有谈到乐调的情况）。

问题。悲剧的短长格和谐剧的短长格之间明显的差别被无视了，因为（很不幸）老的讽刺体更接近悲剧短长格而非谐剧短长格的方式。

［译笺］kordax 是旧谐剧中采用的一种跳跃式的轻快舞蹈，非常粗野。参罗念生《修辞学》注释。

① ［M 本注］在《修辞术》（1908b3）［译按：疑误，经翻检，可能为 1408b3］中，短长格的语言被说成是谈话"本身"的语言，而六音步格的语言只有部分是谈话语言，缺乏"和谐"；后面把这解释为与生新感的混合。

索福克勒斯引进了三名演员以及舞台布景。前面说，埃斯库罗斯把演员的数目从一名增至两名，给言辞担当主角做好预备。索福克勒斯引进了三名演员后，言辞成了主角。标志是格律从四音步格变为短长格。玛高琉斯注释谈到，四音步长短格的节律最适合谐剧性的舞蹈（《修辞术》1408b36）。早期的"戏剧"是通过舞蹈来模拟的，因此采用了一种适合舞蹈的节律；一开始以一种随意辅助的方式引入言辞时，言辞本身也采用了这种舞蹈的节律；当言辞成为主角时，才采用了更适合于"说话"的格律，这就是短长格（《修辞术》，1.c.）。

玛高琉斯这里说亚里士多德假设短长格有双重起源，我认为是错误的。首先原文中看不出哪里说到这种双重起源。这里要解决的问题看起来，貌似短长格有两种用法，用于谩骂讽刺和用于谈话，但这并非不同起源，而恰恰是同一起源。只是出于词源学中的误识及历史沿用，把应该是属的格律误以为是这个属下面一个格律种。讽刺和谩骂不过是谈话的一种，适合谈话的格律也适用于讽刺和谩骂，就让人以为这种格律就是适合于讽刺和谩骂，甚至被称为讽刺格了。本章中，前面提到短长格被称为讽刺格时，亚氏只是陈述有这种说法，自己未置可否；后面这里提到短长格是最适合说话的格律时，是断语，并且明确说这是自然本身找到了合乎言语本性的格律。

本章涉及诗术及其种类的起源和演变，这个议题是现代学术特别关心的方面。诸如现代人类学、艺术学之类，看似与亚里士多德本章中的某些内容密切相关，但其实证的旨趣根本上并不合乎亚里士多德的关切。①

---

① 盖因如此，本章中玛高琉斯译注本引用各种近现代学术成果的注释特别多，虽然对于这类注释，本书的原则是加以剔除、不予采纳。但本章中即便未表明是这类引用的玛高琉斯注显然也受了这些研究很深的影响，所以他本人的注释也让我充满疑虑。这里我虽然保留了他引用现代学术之外的其他注释，但必须提醒读者，对于这部分注释仍然必须小心加以甄别。

至于场次的增加及其他［30］各种情况是怎样，权当包括在我们已经说过［的内容里了］，因为要把这些一一梳理清楚，恐怕是一件工作量很大的事情。

　　根据后面第 12 章的内容，我们会知道，场次的问题，属于量的成分。而本章中，亚里士多德探讨悲剧、谐剧的演化，重点关注的乃是其诸要素（εἶδος），即质的成分如何在演化过程中出现并臻至齐备。而关于量的成分的问题，就略过了。

～

　　在第 1 章，亚里士多德说要依着自然先从首要者讲起。这个首要者，乃诗术之属，即用于谓述"种"的本质范畴：然后进行划分，寻其种差。这一轮讨论到第 3 章为止。第 4 章，则从一个新的起点开始谈，似乎引入了一个历史发生学的顺序，谈论了诗术本身及其种类的起源以及演化。那么按照亚里士多德言下之意，第 4 章之另起一端，乃是次要者。在亚氏看来，既然自然依照一个计划运作，即自然在其逐步认识到这个理念之前就已有此理念，那么处理定义先于处理演化就是自然的。

　　本章谈论了诗术及其种类的起源和演化，在诗术种类的起源和演化中，本章主要讨论悲剧的演化，下一章讨论谐剧的演化。

5

正如我们说过的,谐剧是对较低劣者的摹仿,但肯定不是所有的坏,滑稽(γελοῖον / γέλοιος)只是丑(αἰσχροῦ / αἰσχρός)的一部分。① 滑稽是[35]某种错误,是消解痛苦、没有破坏的丑。② 直观的[例子]就如滑稽面具,丑怪且扭曲,却并不令人痛苦。

坏(κακία):第2章中也用到这个词,作为与ἀρετή[好、美德]相对的κακία[坏、邪恶],指人的性情的好坏、美恶。

丑(αἰσχρός):这个词可以与καλός[美好]相对,指"丑陋、丑恶"以及"卑劣、卑鄙",即美丑、善恶之对。αἰσχρός还有"可耻的、耻辱的"之意。

---

① [M本释译]玛高琉斯把这一句释译为"正如我们说过的,谐剧是对下等人的描绘,但不是他们所有下等处,而是抽取其丑陋的可笑一面。"

[M本注]根据《物理学》(193a31)中的一个规则,艺术名称可以用于对象和主体;艺术既是艺术的,也是艺术家的力量。因此,谐剧既是谐剧的,也是谐剧家的能力。

② [M本释译]玛高琉斯把这一句译为:"滑稽属于过错(failing)这个属的一个种丑陋下面的不痛苦和没破坏的类型。"

[M本注]正如我们在《问题集》(886b)中被告知的,痛苦具有共情性(sympathetic),某个过错会带来痛苦时,就不好笑了,例如剧烈的咳嗽。这个过失也不应该出现诸如"毁伤自然"这类的事。因此,一种外国口音,当其没完全听不懂的地步,就会滑稽。在同样范围内,既没有带来痛苦,也没有造成破坏的醉酒恶习最常用于谐剧效果。在一个比较敏感的年纪,醉酒带来痛苦,并意味着"毁伤自然",这时候醉酒就不再是滑稽了。

错误（ἁμάρτημά）：在《诗术》中，凡谐剧中的错误总是用ἁμάρτημα这个词，而悲剧中的过错用的则是ἁμάρτια。我始终以"错误"来对译ἁμάρτημά。以"过错"来对译ἁμάρτια。

谐剧是对较低劣者的摹仿，但肯定不是所有的恶，滑稽只是丑的一部分：要注意这句的两个词，前半句的πᾶσαν［所有、全部、整个］，后半句的μόριον［一部分］，"不是所有"即等于"只是一部分"。第2章中说过，行动者必然有高尚者和低劣者之分，他们必然在性情的好坏上相区别。显然，谐剧所摹仿的是低劣者，即性情坏者，而这里进一步区分说，谐剧所摹仿的，并非所有的坏，而是其中的一部分，即丑；但还不是所有的丑，只是丑的其中一部分，即滑稽。这句话分了两个层级，丑是坏的一部分，滑稽是丑的一部分。所以，玛高琉斯将此句释译为："谐剧是对下等人的描绘，但不是他们所有下等处，而是抽取其丑陋的可笑一面。"罗念生中译文亦取此理解："如前面所说，谐剧是对于比较坏的人的摹仿，然而，'坏'不是指一切恶而言，而是指丑而言，其中一种是滑稽。"另一种解读把κακία理解为恶，把αἰσχρός理解为丑，把这个句子中的恶和丑理解为相对立的比照，恶会带来痛苦和破坏，而丑则不会。参陈中梅译文："如前所述，谐剧摹仿低劣的人；这些人不是无恶不作的歹徒——滑稽只是丑陋的一种表现。"

滑稽是某种错误，是消解痛苦、没有破坏的丑：玛高琉斯的注提醒我们注意到，这句话中提及的滑稽、丑、错误乃是种属关系。错误是属，丑是错误这个属下的一个种，而滑稽又是丑这个属下的一个种，种差是不造成痛苦、没有毁伤性。亚里士多德在《问题集》中谈到，痛苦具有共情性，所以，带来痛苦的过错就不好笑了。如果错误会造成伤害，特别是"毁伤自然"，那也失去滑稽的效果。在《诗术》语境中，有悲剧错误和谐剧错误，如果说错误是属，谐剧错误就是错误这个属中消解痛苦、没有破坏的那个种。与之相对，显然，悲剧错误是带来痛苦、造成破坏的种。

悲剧的演变及其成长所历经者，并没有受到忽视，而谐剧［的这些情况］，由于不被看重，从一开始就遭到忽视。［1449b］执政官在很晚的某个时候才［开始］提供谐剧歌队，此前则一直都是些自愿者。① 当所谓它的诗人有记录时，它已经具有其形制。谁让［谐剧］有了面具，有了开场白，［5］谁充实了演员［之数］，以及诸如此类的问题，都已不为人知。

谐剧的这些情况：第4章中讲述了悲剧演变和成长的经历，提到埃斯库罗斯把演员的数目从一名增至两名，减少了舞蹈。索福克勒斯引进了三名演员以及舞台布景。悲剧逐渐变得正经庄重，格律从更适合舞蹈的四音步格变为适合说话的短长格等。与之相对，谐剧由于一开始就不受重视，因此这些情况都不明了。这里我们会想到第3章那段戏剧史话中的一些说法，谐剧早期是浪荡在村落间的一种表演。对应着这里说的，谐剧进入城邦生活之前，一直都是些自愿者在表演。这里提到执政官给谐剧提供歌队，也就意味着谐剧进入了城邦公共生活。但这里也说了，这是相当晚的事情。正如我们在解释第3章那段戏剧史话时说到的，对于谐剧来说，最为重要的在于从 $\kappa\acute{\omega}\mu\alpha\varsigma$ 到 $\delta\acute{\eta}\mu o \upsilon\varsigma$ 的脱胎换骨。

执政官在很晚的某个时候才开始提供谐剧歌队：要参加雅典的戏剧比赛，须提出申请，获准者会得到执政官提供的歌队。

所谓它的诗人：这里"它"指谐剧，即谐剧的诗人。应该注意，对这种称谓，亚氏用了"所谓（$\lambda\varepsilon\gamma\acute{o}\mu\varepsilon\nu o\iota$）"一词，也就是人们是这么说的，但他本人对此说法不置可否。但亚氏在第3章中曾刻意在谐剧作家厄庇卡尔摩斯的名字前冠以"诗人"称号。这都值得留意。这里后面紧接着就会再次提到厄庇卡尔摩斯，我们会看到亚氏在几乎所有细节中都预留了线索。

---

① ［M本注］$\varepsilon\vartheta\varepsilon\lambda o\nu\tau\alpha\acute{\iota}$（$\varepsilon\vartheta\varepsilon\lambda o\nu\tau\acute{\eta}\varsigma$，自愿的）这个词，在忒拜就被用于指"谐剧演员"。

情节（μύϑους / μῦϑος）的制作［厄庇卡尔摩斯和弗尔弥斯］最初起于西西里。那些在雅典的［诗人］中，卡尔特斯最早弃用讽刺体的形式，普遍地（καϑόλου）来制作故事（λόγους / λόγος），即情节（μύϑους / μῦϑος）。

情节（μῦϑος）：这个词可以说是亚里士多德《诗术》中最重要的概念之一。μῦϑος 在《诗术》中最基本和用得最多的含义是"情节"，相对于后世文学越来越重视"性情"，《诗术》中，"情节"的首要地位和重要性得到了最大限度的强调。《诗术》开篇第一段话中，亚里士多德就谈到诗要作得美，在于如何将 "τοὺς μύϑους" 整合到一起；在著名的悲剧六成分中，亚氏说 μῦϑος 是悲剧的 τέλος［目的］；μῦϑος 是悲剧的 ἀρχή［元］，是悲剧的 ψυχή［灵魂］；在提出悲剧六成分之后，从第6章到第18章，其间除了第12章和第15章是穿插之外，全都在谈论 μῦϑος；最后一章对比史诗和悲剧优劣，恰恰是在说二者谁更好地达到了"目的（τέλους）"：悲剧因能更好地获得由 μῦϑος 达成的功效（ἔργω）以及由 μῦϑος 取得的快感（ἡδονήν），更好地达到了目的，从而优于史诗。

有意思的是，μῦϑος 这个词在第1章最开始出现过之后，在第4章中悲剧发展历程中，惊鸿一瞥地提到过一次萨图尔剧的短小"故事"，然后到第5章才再次出现。并且，在第1章中，我们还并不确定其适合作"情节"讲，而是将其译为"故事"，第4章也是。到了第5章这里，我们才能确定其适合作"情节"讲，也许，就像在真实的诗术演化过程中那样，"情节"的出场就是这般历经漫长，姗姗来迟。

厄庇卡尔摩斯：关于这位"诗人"，第3章提到时我们已作了介绍。在谐剧发展的语境中，这里再次提及。从亚里士多德刻意的表述细节看，他似乎并不认同早期所谓谐剧"诗人"的称谓，对于面具啊、开场白啊、演员数目啊这些东西，不觉得那么紧要。但他却认同厄庇卡尔摩斯的"诗人"身份。因为亚氏在这里说："情节的制作［厄庇卡尔摩斯和弗尔弥斯］最初起于西西里。"所谓 ποιητικός 的"制作（ποιέω）"之意既然本质上是制作情节，那么只有制作情节的人，才是名副其实的诗人（ποιητής）。因此早期文献中那些谐剧诗人的称名，亚氏并不认同，但却认同厄庇卡尔摩斯的诗人之名。至于西西里是否就因此拥有了谐剧起源地归属权，鉴于厄庇卡尔摩斯和弗尔弥斯都非西西里本地人，而是移民，似乎也并不是很好的证据。

弗尔弥斯（Φόρμις，死于公元前478年）：西西里谐剧诗人。不过，他和厄庇卡尔摩斯都不是西西里本地人。据泡萨尼阿斯（Παυσανίας）说，弗尔弥斯生在阿卡迪亚，后来才移民到西西里。

卡尔特斯（Κράτης，约公元前5世纪）：雅典谐剧诗人。

普遍地（καθόλου）：这里相对的是前面所说的"讽刺诗"的具体性、个别性。就在前一章中，亚氏谈论诗术起源时，说到讽刺诗是出于谩骂，这是一种针对具体个人的攻击。而从这种具体性转变到普遍性，针对的不再是现实的、具体的人，而代之以虚构的、具有普遍性的人物和情节。对于这一区别，后面第9章中，亚氏明确说道：

> 就谐剧而言，迄今为止已然很清楚：[他们]依可能如此把情节组合到一起，然后随便给取些名字，不再像讽刺诗人那样针对个别之人来制作。

这个重要的词还出现在第9章诗史之别那句重要的话中：

> 诗比之史述更具哲学性、更高尚，因为诗更多讲述普遍（καθόλου）之事，而史述更多讲述个别（καθ' ἕκαστον）之事。

那里，普遍性也是和个别性相对。而何谓普遍性，也是到第9章才给出解说：

> 此普遍者，是根据可能如此或必然如此某一类人可能会说或会行[之事]……

καθόλου 可作形容词，可作副词，都具"普遍性、一般性"之含义，因此，根据句法，本句酌情作副词译，第9章作形容词译，但普遍性、一般性的含义是完全一致的。

普遍地来制作故事（λόγος），即情节（μῦθος）：在这句话里，λόγος 和 μῦθος 一起出现了。在《诗术》中，λόγος 也是一个关键词，用得很多，而且所使用到的含义也复杂多变。λόγος 有从"言辞"到"故事"一系列的义项，在含义上与 μῦθος 颇有重叠。λόγος 本指"说话、言语、谈论、词"，进而也指"谚语、传说、寓言、故事"等，然后才是我们最为熟悉的含义，指包含在这些语言形式中的"道理、思想、理性、推理"等等。在《诗术》中，λόγος 最基本和用得最多的含义是"言语、言辞"，与第6章中所言的悲剧六成分或者后来的史诗四成分中的 λέξις [用语] 最相关，甚至有些时候可以等义互换。受到根深蒂固的悲剧六成分观念和 λόγος 在《诗术》中主导用法的干扰，有些译者把这里这个 λόγος 翻译成等同于 λέξις 的"言语、言辞"，反而会使得这句话颇为费解。这里的 λόγος 绝不可能指 λέξις [言语、言辞]，说克拉特斯率先制作出"一般性（或普遍性）的言辞"，这实在是不知所谓。实际上，这句话的意思很清楚，关键是小品词 καί 在这里并非连接并列成分，而是起到一种解说的作用，因而，前后两个部分是等同的关系。亚里士多德利用这么一个细小的地方，解释了 λόγος 和 μῦθος 的关系：一般性、普遍性地（καθόλου）制作的 λόγος [故事]，即是（καί）μῦθος [情节]。这与我们在后面慢慢会了解到的亚氏对情节的解说和强调若合符节。只要嵌入了"一般性、普遍性"，《诗术》中的 λόγος 和 μῦθος 即作为"情节"这个意义讲，关键就是在原来的"故事"之义上嵌入和突出了"普遍性"。只是，这个问题是后面章节才展开来大谈特谈的内容，没想到亚里士多德会在这么一个不起眼的地方给出极为关键的暗示。

然而，不得不说，λόγος 与 μῦθος 正是一对在古希腊思想史中引发巨大冲撞的词。著名的所谓"诗与哲学之争"差不多可置换为"迷说思（μῦθος）与逻各斯（λόγος）之争"。柏拉图在《王制》中挑起的"诗与哲学之争"是亚里士多德《诗术》最重要的论争背景。一旦把普遍

性嵌入 μῦϑος 这个概念里，其实已经根本上置换了这个词在传统观念中那种取意偏向。作为史诗主题和悲剧题材的"神话传说故事"意义上的 μῦϑος，总是要么和古代对神的谈论紧密联系，也就是和离奇的、非真实的、甚至谎言一般的"神话"紧密联系，要么作为久远过去"发生过的事情"，也就是和"史"夹缠不清，这也是为什么史诗内容常常被作为"史"的原因。像希罗多德这样的史家，为了撇清同 μῦϑος 的"虚构、虚假"之间的干系，把自己的著述称为 λόγος。看来非但哲人在用 λόγος 攻击 μῦϑος，史家也在用 λόγος 攻击 μῦϑος；不仅有诗与哲学之争，还有诗与历史之争。

在亚里士多德对"诗"的辩护中，μῦϑος 一旦和"普遍性"结合，便脱胎换骨一般，作为具有普遍性的 λόγος，和史述彻底撇清关系，归入"合逻各斯"的"想象、虚构、故事"。另一方面，μῦϑος 之与 ποίησις［诗］的密切关联，在当时希腊人的观念中根深蒂固；而 λόγος 这个术语之与"诗"的密切关联，不仅不是现成的，在当时的希腊语境中，跟摹仿、跟诗恰恰是敌意重重。无论是哲人或者史家都打着 λόγος 的旗帜来反对、否定和抨击"诗"，在此语境下，亚里士多德将 λόγος 引入 ποίησις，不可不谓意义重大。亚氏大大化解了 λόγος 和 μῦϑος 之间的敌意，不仅如此，他还肯定了 μῦϑος 中具有的 λόγος，并且对史述反戈一击，将诗与哲学的距离拉得比史述更亲密。即第 9 章中那句著名的话：

    诗比之史述更具哲学性、更高尚，因为诗更多讲述普遍之事，而史述更多讲述个别之事。

解释清楚这段话的内涵，再来看一下亚里士多德表述细节时给出的线索。《诗术》中，情节对悲剧的意义如此之巨，为什么"普遍地来制作故事，即情节"这一重要的提示不是在关于悲剧发展那一节里，而是在关于谐剧发展的段落中？因为关于这一点，在谐剧里看得最为分明。悲剧由于总是从传说故事（μῦϑος）中取材，恰恰会遮蔽这一关键的区分。悲剧多采用传说故事和人物，完全采取虚构事件和人名的情况极少，后面亚里士多德特意举了阿伽通的《安修斯》（Ἄνϑος）一剧作为悲剧采用虚构人物人名的特例。而谐剧很早就开始虚构人物人名（例如马上要提到的雅典谐剧作家克拉特斯），从而"一般性地、普遍地"来制作情节。

既然有普遍性情节的谐剧最早出现在西西里，为什么在说到雅典诗人克拉特斯的时候才对所谓情节的普遍性进行暗示，而不是在厄庇卡尔摩斯和弗尔弥斯那里呢？前面说到，"普遍地来制作故事，即情节"这一重要的提示为什么不是在关于悲剧发展的那一节里，而是在关于谐剧发展的段落中。在谐剧的发展中，厄庇卡尔摩斯和弗尔弥斯虽然已经开始制作"故事情节"，但他们像悲剧诗人一样，从传说故事中取材，采用神话故事中的人物；而克拉特斯则真正摆脱了这种套路，以彻底虚构的人物和事件编制情节，这才是"普遍地来制作"。正如后面第9章中完全对应的那句话说的：

> 就谐剧而言，迄今为止已然很清楚：[他们]依可能如此把情节组合到一起，然后随便给取些名字，不再像讽刺诗人那样针对个别之人来制作。

因此，对于情节普遍性的暗示，没有放在悲剧发展过程中，而是放在谐剧发展过程中；没有放在厄庇卡尔摩斯和弗尔弥斯处，而是放在克拉特斯处。

直到以言辞对高尚者的摹仿为止这一范围①，[10]史诗制作都是跟

---

① [M本注] 关于这句话中的 μέτρον 一词译为"范围"而不是"格律"，玛高琉斯在导言中写道：隐微风格有一个不易让人信服的特征，在于作者最喜欢在同一个段落或句子中使用同一个词的不同含义。……在 1449b9 中，μέτρον 意为"范围、广度（extent）"，而在此语境中，读者自然而然想到的却是"格律（metre）"，因为后面马上就跟着"格律"的意思；这让从古至今多少读者都在这里栽了跟头。

这里［二者相同项］的数量是精心选择的，以防只是指涉史诗制作（Epic Poetry）

从悲剧的；区别在于，[史诗制作]是单一格律和叙述。此外，长度方面，[悲剧]尽量[保持]在太阳[起落]一周或稍稍超出，而史诗制作则没有时间上的限制，[长度上]也就不同。尽管[15]刚开始时，在悲剧和在史诗中做法相似。成分[的话]，有些是相同的，有些则为悲剧所独有。因此，知道关于悲剧之优劣者也知道关于史诗[之优劣]，因为史诗制作所具备者，也为悲剧所有，而[悲剧]所有者，史诗制作中[20]却并不全有。

范围（$μέτρον$）：这句话中的$μέτρον$一词是"范围"而不是"格律"的意思。在《诗术》的语境中，$μέτρον$极有可能被理解为"格律"，其在《诗术》中绝大部分地方都是"格律"这个义项。玛高琉斯提醒说，作者最在同一个段落或句子中使用同一个词的不同含义，这是隐微风的一个特征，特别让人难以置信。

直到以言辞对高尚者的摹仿为止这一范围：玛高琉斯注释说，这里之所以要限定范围，是因为所谈及的史诗制作和悲剧相同的项目是精心挑选的，即言辞、高尚者。这是通常意义上的史诗和悲剧的共同之处。紧接着说史诗是"单一格律"，也要在传统史诗制作的意义上才对得上。因此，这里提到的"史诗制作（$ἐποποιία$）"，就不是亚里士多德在第1章中着意澄清的，实际上应作为以言辞制作摹仿那一更高属名意义上的，从而就指古希腊人的史诗制作。正如我们在第1章中说过，亚里士多德在后面使用与传统的"史诗制作"意义对应的词时，通常会作出具体限定，而不是直接使用这个词。而这里，亚里士多德直接使用了这个词，但他同时明确作出了限定，以提示我们他在何种意义上使用该词。

的陈述广泛应用于虚构故事（Romance）。在所有虚构故事那里，都没有时间限制，这是对的；但是只摹仿英雄人物，或者其格律单一，或者用叙述的方式，就不对；这些特殊规定并不属于虚构故事，而只属于描写英雄的那一特别的支系，即史诗制作。

[译笺] 玛高琉斯在提示这里的$ἐποποιία$指的是通常意义上的史诗制作，而不是在第1章中隐微暗示的那种理论意义上的含义。

长度方面，悲剧尽量保持在太阳起落一周或稍稍超出：关于这个时间限制问题，后来被新古典主义抽绎出来，并赫然成了三一律中的 l'unité de temps:en un jour［时间整一律：一天之中］，被赋予了同 l'unité d'action:Un seul fait accompli［行动整一律：一个完整行动］同样的重要性。但是，从《诗术》后面部分相关讨论来看，实际上亚氏并不认为这一规定性有如此重要，将其与行动整一律相提并论更远非亚氏本意。这里只是简单提及这一限制，但对这一限制的评判，后面第 7 章中才会看到。

知道关于悲剧之优劣者也知道关于史诗之优劣：这里"优劣"用的就是前面谈摹仿对象的差别时指高贵卑劣、君子小人的那两个词（σπουδαίας καὶ φαύλης）。

既然从规划看，亚里士多德从第 4 章开始讨论"诗术"及其种类的起源和演化问题，第 4 章谈论了诗术本身以及悲剧的起源和演化问题，第 5 章开始谈论了喜剧及其演化问题，作为重要艺类，就还差史诗。正如我们在《诗术》全书中看到的那样，史诗的问题经常是和悲剧放在一起来谈的，无论是二者的同或异，这里也是如此。在谈论起源和演化这部分最后，亚里士多德没有遗漏史诗制作，但是把它和悲剧进行比较来谈。这段话中谈到的史诗制作和悲剧的异同的各种内容，是一个总的提及，每一方面都在《诗术》其他章节中有更详细展开："以言辞摹仿"在第 1 章；"对高尚者的摹仿"在第 2 章；史诗制作的"单一格律"，在第 24 章；史诗的"叙述"模式，在第 3 章；二者的"长度"问题，在第 7 章、第 24 章；二者的"成分"问题，在第 24 章；二者的"优劣"问题，在第 26 章。

本章继续第 4 章开始的对诗术本身及其种类的起源以及演化的论述。第 4 章谈论了诗术及其种类的起源和演化。在诗术种类的起源和演化中，主要讨论悲剧的演化，第5章主要讨论谐剧及其演化。最后也没有遗漏史诗制作这一重要艺类，并和《诗术》全文中的情况类似，放在与悲剧异同的语境中来谈论。

《诗术》第1到5章，是一个总论部分。其中又分成两个部分，并有主次之分：第1到3章是第一个部分，是首要的，探究诗术本身及其种类，其属、其种，划分和种差。第4到5章，是次要的，探讨诗术本身及其种类的起源以及演化。至此，关于整个诗术的总论部分告一段落，从第6章开始，转入对诗术具体种类——悲剧——的探究。

6

关于用六音步格的摹仿技艺和谐剧，我们后面再谈。

用六音步格的摹仿技艺（ἐν ἑξαμέτροις μιμητικῆς）：对应的就是普通意见中的 ἐποποιία［史诗制作］。前面已经多次出现 ἐποποιία 一词，但是这里却刻意不用 ἐποποιία，应该就是源于第 1 章中出现的因普通意见误识而混用种属名称的问题。在开始讨论诗术具体"种类"的语境下，在认为名称不当时，亚里士多德选择了不用名称而用严格规定的方式来指称他要谈论的事物。这里的摹仿用了 μιμητικός 一词，而不是前面常用的 μίμησις。μιμητικός 带有 τικός［技艺］这个词根，故而译作摹仿技艺，强调其"制作、技艺"之义。

关于用六音步格的摹仿技艺和谐剧：亚氏每次在罗列这些艺类时，名称上都显得刻意，第 1 章中最早出现的列举就是如此。但每次称谐剧之名时，似乎都是 κωμῳδία，没有变化；且从未像列称其他有些艺类那样带上摹仿、制作、技艺之类的词。前面第 3 章中，亚氏曾讨论过谐剧名称的问题，但只是提及一些传闻，显得不置可否。

关于用六音步格的摹仿技艺和谐剧，我们后面再谈：到后面第 23 章时，亚氏明确说，我们现在来讨论用叙述和格律进行摹仿的技艺，对应着这里讨论关于用六音步格的摹仿技艺的承诺。但对于谐剧的承诺则成了一大悬案。在我们现在所看到的《诗术》中，第 1 章到第 5 章的总论部分中，谐剧明白无误是其中一角。但在第 6 章这个关于具体谈论的明确承诺之后，却完全找不到这样一个关于谐剧的部分。学界的主流看法是，这一部分已经散佚，要么亚里士多德没有兑现承诺，压根就没写这部分。一个

名为 *Tractatus Coislinianus* 的 10 世纪抄本在 19 世纪 30 年代被发现，这一抄件恰是一个讨论谐剧的论纲，虽然非常概略，但看起来跟《诗术》中讨论悲剧的部分在方式、方法、步骤以及某些定义上都颇为对应。随着这一抄件的发现，关于这个抄件与《诗术》的关系遂成议题。这是否就是《诗术》那一谈论谐剧部分的论纲呢？学者们持积极而温和的看法，虽不至于认为这就是亚里士多德《诗术》谈论谐剧的部分，但会认为这是亚里士多德学派或者注疏者的作品。即便是这种温和的看法也并不为主流学界所接受，许多学者认为该抄件不过是拜占庭时期的一个伪作。如今通行的大部分重要版本由于宣称散佚或者其他原因，倾向于忽略这一部分。

让我们就悲剧来谈谈，把前面所谈及的内容归拢到由以形成本质之定义。悲剧是对一个高尚（σπουδαίας / σπουδαῖος），[25] **完整**（τελείας / τέλειος）、**有分量**（μέγεθος / μέγεθος）**的行动**（πράξεως / πρᾶξις）**的摹仿，**

　　本质（οὐσίας / οὐσία）：在亚里士多德哲学中，这个词可有多种意指。这里取事物本性、本质之意。

　　把前面所谈及的内容归拢到由以形成本质之定义。此句硬译。句子的意思并不复杂，即由以构成悲剧本质的那些内容，散落在前述部分，此处将其归拢以形成定义。《诗术》中颇多论述行程，以这种前面散落，后面归拢的方式进行，但有些地方并没有明言。因而，此处的明言当是对这种方式的一个提醒，需要有心的读者举一反三、多加留意。

　　悲剧是对一个高尚（σπουδαῖος）、完整（τέλειος）、有分量（μέγεθος）的行动（πρᾶξις）的摹仿。玛高琉斯在导言中详述了悲剧定义这句话是如何从前述部分提取的。μίμησις［摹仿］是从第 1 章来的；σπουδαία［高尚］来自第 2 章；πρᾶξις［行动］来自第 2 章或第 3 章；至于 τελείας，玛高琉斯认为来自第 3 章中的这句话："有时则通过众摹仿者作为所有行动者（πράττοντας）即事功活动者（ἐνεργοῦντας）。"其中作为同位语的 ἐνεργοῦντας 解释了 πράττοντας，相当于解释了《诗术》中的 πρᾶξις 特指亚里士多德形而上学、伦理学框架中的 ἐνέργεια。ἐνέργεια（一般译为"实现活动"）是亚氏形而上学和伦理学中极为重要的专业词汇，意指内在具有其 ἔργον [事功、任务、工作、功能]的事物的完成活动、实现活动（参《形而上学》9.1-6）。从《形而上学》里我们会得知，只有 πρᾶξις τελεία [完整的行动、整全的践履]才叫作 ἐνέργεια。《诗术》中对悲剧的定义与亚氏伦理学是完全兼容的，也就是说，对《诗术》的理解有赖于其伦理学框架。亚氏伦理学中对幸福的定义乃是"合乎完善德性的实现活动（ἐνέργεια κατ'ἀρετήν τελείαν）"，这就是悲剧行动——"一个完整而高尚的行动（πρᾶξις τελεία καί σπουδαία）"——的指向所在。

高尚（σπουδαῖος）：这个词在前面第 2 章谈论摹仿对象时已经出现过。在亚里士多德的伦理学中，特别意味着那种严肃认真、有责任心和荣誉感、具有道德热忱和操守的人，也即在道德德性意义上的"好人"。德性乃是使某一特定之人得以好好履行其职责的那种东西，因此在亚氏的伦理学、政治学中，道德德性的高低要求与社会成员在政治共同体中所属的位置高低、所要履行的职责密切相关。类似中文语境中的所谓"君子"，所谓"德以配位"。依照亚氏的理论体系，因为德性将随社会阶层的不同而有异，就潜能而非实现意义上说，完美德性仅仅属于统治者。因而，只有王者具备获得最高德性和最大幸福的能力。从探究最高德性者的实现行动这一目的出发，悲剧和史诗总是选择"王公贵族"之类处在高尚之位的主人公。因此，这个词始终联系着德与位。

亚里士多德在《尼各马可伦理学》中谈到三种生活：享乐的生活、公民大会或政治的生活、沉思的生活。显然，与"高尚者"相关的，乃是政治生活。政治生活的目的到底是荣誉还是德性？高尚这个词看似指向德性，但指向的是德性之名还是德性之实？亚里士多德说他们"那些有品位的人和爱活动的人则把荣誉等同于幸福，因为荣誉可以说就是政治的生活的目的"。但人们寻求因德性而得到荣誉，因此，德性显然是比荣誉更大的善，"甚至还可以假定它比荣誉更加是政治的生活的目的"。从中可以洞悉政治生活中有些人的"爱德性"，可能只是"爱德性之名"，即"爱荣誉"。

完整（τέλειος，完成的、完整的、完美的、完善的）：τέλειος 作为"完成的、完整的"意义讲，潜在地意味着它是有意识地指向某个目标（τέλος）的，而这种意识和目标又和 σπουδαῖος 联系起来，悲剧行动所指向的目标是严肃、高尚的。

分量（μέγεθος，分量、体量、规模）：这个词表面主要指行动有相当长度（特别从后面第 7 章的详述中看来），但和"高尚""完整"相联系，这个词也意味着有相当的价值、意义和重要性。这两个方面并不完全等同，但也并非截然可分。会有某些高尚、完整的行动是很快完成的，因而就不具有相当长度。但正如前面已经谈及，既然悲剧行动是有充分意识的、指向高远的目标的、严肃而高尚的实现活动，那么就潜在地意味着其间所涉的人物和中间行动众多，从而往往是艰难的、曲折的，非一蹴而就的。根本上来说，悲剧特别涉及的就是此类行动。因此，这里用分量一词，兼顾时间长度和意义价值。

行动（πρᾶξις）：一个完满意义上的 πρᾶξις，乃同时具备一个目标指向和这个行动过程。对于非完满意义的 πρᾶξις，亚氏将其命名为"运动（κίνησιν）"；对于完满意义的 πρᾶξις，名为 ἐνέργεια［事功活动、实现活动］（参《形而上学》1048b18 以下）。这句话中用的是 πρᾶξις［行动］的单数（πράξεως）。作为情节制作意义上的摹仿，是对一个完整行动的摹仿；而作为表演意义上的摹仿，是诸演员对诸多人物行动的诸多摹仿。

以悦耳的言辞，其种类分别用于各个部件，[①]**做（**δρώντων / δράω**）［动作］**

---

① [M 本注] 这里要参考的是《修辞术》（1408b27，1409a31、b4 以及更后面的 1414a25）。在这些地方，我们会获知，语言可以用两种方式来变得悦耳：一种是通过限制，例如，采用周期性复现，或者节律和时段；另一种是通过将熟习和新异的混合，所谓新异，在这里专指"乐调（harmony）"。第三种模式，即曲调（tune）的使用，这就不属于《修辞术》了，而是从《政治学》（1340a4）中获知的一种变得悦耳的方式。

而不是通过叙述，通过悲怜（ἐλέου / ἔλεος）和恐惧（φόβου / φόβος）进行调节，达致使诸如此类情感恢复平衡（κάθαρσιν / κάθαρσις）的目的。①

悦耳（ἡδυσμένῳ / ἡδύνω）：ἡδύνω 的本义为使变甜、加佐料、加调味品、变得有味道。加了格律和乐调这些"调味品"的言辞，就变得有味。在感官的转义上，就是变得悦耳。本章最后，谈到"其余的成分中，唱段是最重要的调味品"。ἥδυσμα [调味品、佐料、香料] 与 ἡδύνω 同源。让言辞变甜的调味品，就是言辞甜味剂。

做 [动作]（δρώντων / δράω）：这个词已经在前面第3章预热过。δράω 的基本意思就是做、做某事。这里说到用"做"而非通过叙述的方式，谈论的正是第3章所说的摹仿方式上的种差。戏剧（包括悲剧和谐剧）与史诗不同。戏剧（悲剧和谐剧）采用表演、演戏的方式，即通过演员扮演，以演员"做"的方式来摹仿角色的行动；史诗则没有演员的扮演，只是叙述。这里的 δρώντων 用的是复数现在分词，从而表达了伴随性地通过诸演员当下所做动作来摹仿之意。一方面，相对于"悲剧是对一个高尚、有分量的行动（πρᾶξις）的摹仿"中那个"行动"的单数，诸演员"做"戏则是复数；另一方面，在摹仿方式上，"通过叙述（δι' ἀπαγγελίας）"用的是 ἀπαγγελία [叙述] 一词的单数，因为是诗人一人进行叙述。

---

① [M本释译] 玛高琉斯译文把这句释译为：并不直接地通过怜悯和恐惧调整这种类型 [人] 的精神扰乱。即把 κάθαρσις 的意思译释为 righting mental disorders [调整精神扰乱]。

[M本注]"这种类型 [人] 的精神扰乱"，例如，黑胆汁寒冷所引发的状况。顺势疗法通过内外寒冷的对立，间接重建热度的恰当比例。这不同于对抗疗法，对抗疗法会采用藜芦，藜芦里含有超量的热（《问题集》864a4）。玛高琉斯的导言中详述了 κάθαρσις 的问题，认为 ὁμαλύνειν [使变平衡] 或 ἀποκατάστασις [复元] 或 κατάστασιν 差不多是同义词。

[译笺] 根据玛高琉斯的解释，κάθαρσις 的完整意义是"通过顺势疗法调节情感以恢复平衡"。

前面第3章中曾反复谈到 $δράω$ 这个词和戏剧（$δράματα$）一词的词源关系："有些人说 $δράματα$［戏剧］之所以得名，是因为摹仿 $δρῶντας$［正在做的人］。"在第3章的相关段落中，我们已经讨论过，无论悲剧还是谐剧，其之所以得名为 $δρᾶμα$［戏剧］，也许的确与其扮饰、表演、做戏这种以"做"来摹仿的方式相关，与 $δρᾶν$ 这个词相关。但亚里士多德在《诗术》开篇提纲挈领提出的作为诗术本质的那一摹仿（$μίμησις$），并非作为摹仿方式的这种表演性摹仿；因此，在对于悲剧和谐剧起源归属的争夺上，亚里士多德表面上对这些词源学证据不置可否，实则颇有反讽。在第4章中，我们也看到当亚氏谈到"有戏剧技艺的（$δραματικός$）"这个词时，乃是从完整的情节起承转合这个意义上来理解所谓"戏剧性"；在这里，词源学的证据是完全失效的。

悲怜（$ἔλεος$，悲怜、怜悯，同情）和恐惧（$φόβος$，恐惧、惧怕）：亚里士多德《政治学》中谈及音乐的 $κάθαρσις$［卡塔西斯］功能时，特别提及了这两种情感，另外还有一种与宗教情感特别相关的"热忱"：

> 怜悯、恐惧、热忱这类情感对有些人的心灵感应特别敏锐的，对一般人也必有同感，只是或强或弱，程度不等而已。其中某些人尤其易于激起宗教灵感。我们可以看到这些人每每被祭颂音节所激动，而他们倾听兴奋神魂的歌咏时，就如醉似狂，不能自已，几而苏醒，回复安静，好像服了一贴药剂，顿然消除了他的病患。［用相应的乐调］也可以在另一些特别容易感受恐惧和怜悯情绪或其他任何情绪的人们，引致同样的效果；而对其余的人，依个人感应程度的强弱，实际上也一定发生相符的影响：于是，所有人全都由音乐激发情感，各各在某种程度上被除了沉郁而继以普遍的怡悦。
> （《政治学》1342a3-15）

诸如此类的情感：这里的意思似乎是，通过戏剧引发的悲怜和恐惧来解决诸如悲怜和恐惧之类的精神搅扰。从前面所引《政治学》中相关内容看，悲怜和恐惧特别容易感染人，从而使人沉浸其中不能自拔，这是一种不健康的心理状态，因此过度的悲怜和恐惧需要被减轻，恢复一种平衡。

通过悲怜和恐惧进行调节，达致使诸如此类情感恢复平衡（κάϑαρσις）的目的：像前面谈到的 μῦϑος［故事；情节］这个词一样，κάϑαρσις 本来也是古希腊日常语汇中的用词，但因为《诗术》中的用法获得了非常特别的色彩，变得好像是《诗术》中的一个专业术语了。按照我们今天学术研究的方法，特别专业的术语或者概念应该加以定义或者说明，但在《诗术》中，今天我们视作术语的许多关键词完全没有作特别定义和说明，恰恰就像日常语汇中的普通词那样来使用。最著名的例子，大概就要数 κάϑαρσις 了。这个词本是当时希腊医学和宗教中的用词，尽管其成了《诗术》中非常著名的一个术语，并且亚氏曾在《政治学》中承诺会在一部关于诗术的著作中解释这个词（1341b39）。但事实上，《诗术》现存文本对之没有做过任何说明。一百多年来对其恰切含义的争议从未停止，并集中在它到底指的是宗教意义上的"净化"，还是医学意义上的"疏泄"。《诗术》中这个词只出现过两次。一次就是在这里这个著名的悲剧定义中，从而使得这个词成了著名的术语。另一次是在一个看似无关的语境中（1455b15）：亚里士多德提到在欧里庇得斯的《伊菲格涅娅在陶洛人里》（Ἰφιγένεια ἐν Ταύροις）（1156—1243）中，伊菲格涅娅以祭司身份的权威告诉陶洛人，她要在大海中洁净（καϑάρσεως）女神像，但很难就此确定 κάϑαρσις 的意思是宗教上的净罪。

根据玛高琉斯的解说，κάϑαρσις 的意思是"通过（外在的）顺势疗法进行调节以恢复（内在的）平衡"。关于 κάϑαρσις，有一种被广为接受的解释，将其理解为"疏泄"之意，即以激情的轻微放纵代替极端放纵。悲剧和谐剧给予激情一个无害的发泄口，否则这些激情会放纵得很危险。这个看法来自4世纪的哲学家杨布里科斯。玛高琉斯认为，这些有着新柏拉图主义者标记，非逍遥学派中人的解释需要小心对待，因此他不接受杨布里科斯的解释。玛高琉斯引述亚里士多德本人在《问题集》中的相关论述，认为恐惧和悲怜从身体方面来说是黑胆汁的急剧冷却。

可以通过顺势疗法，对这种失序进行调整，重建冷和热的均衡，这便是 κάθαρσις。因此，不是疏泄、排泄。他认为 κάθαρσις 可用作 ὁμαλύνειν［使变平衡］或 ἀποκατάστασις［复元］或 κατάστασις［平息、恢复］的同义词。

我所谓"悦耳的言辞"，指的是具有节律和乐调①和唱段的［言辞］；我所谓"其种类分别[30]用于"，②指的是一些只以格律文，而另一些则以唱段来达到目的。

这句话前半句说节律和乐调和唱段（ῥυθμὸν καὶ ἁρμονίαν καὶ μέλος），提到了三样东西，但后半句似乎只说到了格律和唱段。玛高琉斯的注解释了这个问题。他对这里的 ἁρμονία 一词的理解很特别。认为其意为"混合熟习与生新"，并且认为混合熟习与生新的这种言辞，是整个悲剧语言的特点。因此，"其种类分别用于"就不包括 ἁρμονία，而只是指节律加言辞的格律文和唱段这两个种类。

亚氏行文非常严整。这句话中用了"使达到目的（περαίνεσθαι / περαίνω）"这个动词，前面悲剧定义那一整句话中用的也是这个动词，严格对应，因而，这里的表述也是与前面那句话严格对应的，指"一些成分只以格律文来实现，而另一些成分则是以唱段……来实现对诸如此

---

① [M本注] 玛高琉斯在导言中说：ἁρμονία 用在 1449b29 意为"在用语中混用熟习语和生新语"。

[译笺] 这个说法非常奇怪，他的解释也不够清晰，并且在他的释译本中看不出是如何体现的。故这里暂且还是保留"乐调"的译法。

② [M本注] 熟习者和不熟习者的混合，这里被称之为"乐调"，这在整部悲剧的语言中都能找到；但是格律和曲调的控制规则并没有完全都使用。《形而上学》（1087b35、6）中解释了这两种限制方法的区别：其中一种限制方式的度量单位是音节（syllable），另一种限制方法的度量单位是半音程（semitone）。

[译笺] 这句话前半句说节律和乐调和唱段（ῥυθμὸν καὶ ἁρμονίαν καὶ μέλος），提到了三样东西，但后半句似乎只说到了格律和唱段。玛高琉斯的注解释了这个问题。这一对乐调的理解很特别。

类的情感进行调节以恢复平衡的目的"。

既然是众行动者把摹仿制作出来，[①] 那么，扮相的装饰（ὄψεως κόσμος）首当其冲是悲剧必不可少的一个部件，其次是唱段制作（μελοποιία）和言语（λέξις），因为［行动者］要用它们把摹仿制作出来。我所说的言语，即其［35］诸格律的合成物。至于唱段制作，其能力对所有人都显而易见。

众行动者把摹仿制作出来（ἐπεὶ δὲ πράττοντες ποιοῦνται τὴν μίμησιν）：这句话是硬译。πράττοντες 是复数，对应着众多的戏剧人物，悲剧是对一个行动的摹仿，但一个悲剧行动中牵涉众多行动者；ποιοῦνται 是中动态，ποιέω 的中动态表示"为自己做""为自己制作""把某物制作出来"；μίμησιν 是单数。结合后面谈到的内容是关于"扮相的装饰（即服装、面具之类）"，则这里的"众行动者"指的就是戏剧中的人物，即通过这些人物（在戏台上的扮演、演出）把摹仿（对一个悲剧行动的摹仿）制作出来。这句话的要点在于指出悲剧的戏台呈现方式，紧接着这句话后面的内容也可印证。

扮相的装饰（ὄψεως κόσμος）：ὄψεως（ὄψις），这个词指形象、样子、外表、面貌，特别和人的观感相关。本章最后提到，"就扮相制作而言，服装面具师的技艺要比诗人的技艺更为紧要"，并且联系这里说"扮相"之前出现的"众行动者"，ὄψις 指的应该是戏剧人物的"形象""扮相"，而 ὄψεως κόσμος［扮相的装饰］指的就是服装、面具等这些行头。ὄψις 这

---

① ［M本释译］玛高琉斯译本将"既然是众行动者把摹仿制作出来（ἐπειδὲ πράττοντες ποιοῦνται τὴν μίμησιν）"释译为"既然剧中人（dramatis personae）自己来经历他们的角色（parts）"。

［译笺］可以看到，玛高琉斯认为原文中的 πράττοντες［行动者］对应的是剧中人（dramatis personae，这里玛氏特意用了斜体），译文体现了 ποιοῦνται［制作］的中动态，译解为"自己来经历（go through… themselves）"，而 μίμησιν 则体现在"角色（their parts）"一词中。原文中的"把摹仿制作出来"，在译文的解释中即通过角色扮演，剧中人自己去经历的这种制作方式。

个词本意就是"形象",在诗学中,我们常说"塑造人物形象",但这里"形象"其实更多指的是人物的性情、性格。为了避免这样的误解,这里译作"扮相"。有些翻译把这个词理解为舞台设置,但这里所指应该不是戏景、布景,布景一词在前面第4章1449b19出现过,用的是 σκηνογραφία 一词。

扮相的装饰首当其冲是悲剧必不可少的一个部件:"扮相的装饰"这个成分在这里被特别加以突出,用了 πρῶτον [第一位的、首当其冲的]、ἐξ ἀνάγκης [出于必要、必不可少]来大加强调。关键在于,这和戏剧诉诸表演、诉诸观众的观看这一点密切联系。亚氏在谈论悲剧部分时,一上来就如此夸张地强调这一点,其实是很有"戏剧性"的一种手法。因为这一点非常符合一般人的感觉和普通意见,似乎也"摹仿"了我们观看戏剧时的第一感觉。对此,柏拉图《伊翁》("Ἴων)中的辛辣反讽可资印证。即便今天也是如此,我们只要想想多少人听戏时首先迷恋"角儿"的扮相、服饰,多少人看电影是出于追星,迷恋明星的相貌,热衷于服饰妆容的精致漂亮,就能明白亚氏此处"所言非虚"。不过,请谨记此处的强调是在前半句戏剧演出模式这一条件限制下的强调。不然,到了本章后半段,当我们看到亚氏不断贬抑这个成分时,难免会觉得前后矛盾,莫名其妙。这一情节论证的"错误""突转",本就是颇具戏剧性的。

唱段制作(μελοποιία):这里的用词包括了表示制作的 ποιία。

言语(λέξις):作为悲剧六成分的言语,用的是 λέξις;前面章节中谈及诸技艺所凭借制作摹仿的媒介,即节律、言辞和乐调,言辞用的是 λόγος。

诸格律的合成物(τῶν μέτρων σύνθεσιν):指格律文,因为悲剧中的言辞都是格律化的言辞。合成物用的单数,而格律则是复数 μέτρων,故译为诸格律的合成物,因为悲剧言辞中并不是单一格律。

至于唱段制作,其能力对所有人都显而易见:所谓显而易见,也许因为这个成分的能力诉诸感官,如视觉、听觉,因而是所有人都特别直接、特别明显能感受到的,诸如唱段的悦耳、扮相装饰的悦目之类。这也潜在地意味着有些成分的能力并不诉诸感官,并非显而易见。

既然[悲剧]是行动的摹仿,被众行动者行出来,而[这些人]必然依其性情($\mathring{\eta}\vartheta o \varsigma$ / $\mathring{\eta}\vartheta o \varsigma$)和才智($\delta\iota\acute{\alpha}\nu o\iota\alpha\nu$ / $\delta\iota\acute{\alpha}\nu o\iota\alpha$)而是什么样的[人],因此只有通过这些,我们认定那些行动是什么样的行动,①[1450a]**才智和性情是行动的两个与生俱来的始因,**②**依照这些,所有人都有其幸运与不幸运。**

既然悲剧是行动的摹仿,被众行动者行出来:"被众行动者行出来($\pi\varrho\acute{\alpha}\tau\tau\epsilon\tau\alpha\iota$ $\delta\grave{\epsilon}$ $\dot{\upsilon}\pi\grave{o}$ $\tau\iota\nu\tilde{\omega}\nu$ $\pi\varrho\alpha\tau\tau\acute{o}\nu\tau\omega\nu$)"这个表达很特别。前面谈"扮相的装饰"时,限定是"既然众行动者把摹仿制作出来($\dot{\epsilon}\pi\epsilon\grave{\iota}$ $\delta\grave{\epsilon}$ $\pi\varrho\acute{\alpha}\tau\tau o\nu\tau\epsilon\varsigma$ $\pi o\iota o\tilde{\upsilon}\nu\tau\alpha\iota$ $\tau\grave{\eta}\nu$ $\mu\acute{\iota}\mu\eta\sigma\iota\nu$)",相当于"被众行动者呈现出来",特别相关于表演呈现的人物形象、外观。这里说"被众行动者行出来",指的是戏剧中的行动者的经历,特别相关于剧情行动的内在逻辑,在此限定下,来谈性情、才智。玛高琉斯的注解释了何谓"行动者",他指出,行动者首先必须具有"有意识和负责任的存在"这一属性,也就是说作为行动

---

① [M本释译]玛高琉斯译本将"既然[悲剧]是行动的摹仿,被众行动者行出来,而[这些人]必然依其性情和才智而是什么样的[人]"这句话释译为:"既然悲剧是一个想象出来的经历(imaginary experience),是这样一些个体活出来的,这些个体是'有意识和负责任的存在(conscious and responsible beings)'这个属(gennus)的,而其种的品质(specific qualities)即其性情和才智的品质者。"

[译笺]这个释译相当于解释了一下"行动者",认为作为行动者的先决条件是清醒、有明确意识、对自己的行为负责,然后性情和才智是这个"属"下面的不同类型。至于玛高琉斯的释译中总是强调 imaginary[想象性的、虚构性的],这是把第9章中讨论的问题提前了,主要是强调这些行为和经历并非真实发生了,只是想象的、虚构的。

② [M本注]这里要参考《尼各马可伦理学》1139a34:"离开了才智和性情,就没有行为中的做得好或者坏了。"这里的论据就在于,既然属(genus)不能独立于所有种(species)之外,则某一行为者就必然以一种特别的方式行动;以一种特别的方式行动就会展示道德和才智品质;因此戏台人物就具有心和脑的品质。接下来,才智被限制在言辞中所展现者;反之性情则既通过言辞也通过行动来展示。这是为什么?似乎没有解释。但在谈及戏台"性格"时,流行用法和亚里士多德一致。

者的先决条件是有明确意识、能为自己的行为负责。行动者的属是"有意识和负责任的存在",而不同的性情和才智造成不同的品质则是这个属下的不同类型。《尼各马可伦理学》说:"离开了才智和性情,就没有行为中的做得好或者坏了。"(1139a34)

性情(ἦθος):前面章节已经多次谈及。

才智(διάνοιαν / διάνοια):这个词的基本含义是思想,但是这里译作"思想"会有所误解。从文中解释看,这种"思想(διάνοια)"指的是我们天生所具有的智性能力、理解力。从每个人的理解力出发,他会说出符合他理解和认识的话。这种天生所禀赋的理解认识事物的能力,用"才智"来对译似乎更为恰当。玛高琉斯把这个词译解为 intelligence、intellect,即"智力、理解力"。

什么样的(ποιούς / ποιός):这里一般性地译作"什么样的",这个词具有"某种样子的""某种性质的"之意。后面还有好几处用到这个表达。这个词的名词形式 ποιότης 就指品质、性质。所谓"什么样的",都有确定其性质的意思。

与生俱来的(πέφυκεν / φύω):天生的、生就是、生来是。

幸运与不幸运(τυγχάνουσι καὶ ἀποτυγχάνουσι):"幸与不幸"可以是"幸福与不幸福",也可以是"幸运与不幸运",这里用的是"幸运与不幸运"。亚里士多德在《物理学》中说道:

> 当某一机会的结果是好的时,就被说成是运气好,相反,当某一结果糟糕时,就被说成是运气坏,当这些结果关系重大时,就用幸运和厄运来称谓。(197a26)

同时,他在《物理学》中也谈道:

> 机会性和由于机会的事情只适于交好运以及一般而言能有行为能力的行为者。所以,机会必然是有关行为的。下面的事实能证明这一点:幸运被认为是与幸福同一的,或者至少也近于同一;而幸福就是某种

行为（因为幸福就是做得好），所以，凡不可能行为的东西就不能做碰机会的任何事情。正因为如此，不论是无生物、低级动物还是小孩，都不能做任何出于机会的事情，因为它们没有选择的能力。（197b2）

虽说幸运和不幸运基于机缘巧合，是偶然性，但这里说幸运与不幸运有天生性情和才智的原因。即因为这段话所说，幸运和不幸运只适于"有行动能力的行动者"，行动者必须是"有意识和负责任的存在"，从而具有选择的能力。不同的性情和才智造成不同的品质，从而产生不同类型的行动者，他们可能做出不同的选择。《尼各马可伦理学》说："离开了才智和性情，就没有行为中的做得好或者坏了。"（1139a34）

情节是行动的摹仿，我所说的情节，[5] 指事件（πραγμάτων / πρᾶγμα）**的组合；至于性情，指我们能据以认定那些正在行动者是什么样[的人]者；至于才智，是说话时，[那些正在行动者] 通过其展示什么或发表意见者。每部悲剧都必然具有六种成分，据之以确定一部悲剧是什么样的[悲剧]。这些[成分]是情节、性情、言语、[10] 才智、形象以及唱段制作。**① 其中两个成分是用以摹仿者，一个是如何摹仿者，三个是

---

① [M本释译] 玛高琉斯译本将"情节、性情、言语、才智、形象以及唱段制作"这六成分译为：故事（Story）、心理（Psychology）、措辞（Diction）、才智（Intelligence）、展示（Presentation）、音乐（Music）。

[译笺] 他还加上了 analytically [分析式地]。这是前面已经说过的，《诗术》中对于成分的划分有两种方式：第 1 章第一句话已经有所暗示，一种是量上的（πόσων / ποσός，多少、多大，数量的），一种是质上的（ποίων / ποῖος，什么样的、怎样的、某种样子的、某种性质的）的划分。根据玛高琉斯的解释，量的划分（ποσός）对应的是划分为构件（members）的解剖式划分（anatomy）；质的划分（ποῖος）对应的是划分为要素（factors）的分析式划分（analysis）。在第 12 章，亚氏谈道："悲剧中应被用作要素（εἶδος）的成分（μέρος），我们前面已经谈及。还有从量的角度来分的成分，……"他所说的，就指第 6 章中探讨的成分划分是从理论上来说抽象地分析出要素来；第 12 章所探讨的是可以划分为有形可分的成分，即从量的角度的划分。

所摹仿者，此外就没有了。可以说，他们中不少使用了这些要素，因为每一个都有其形象、性情、情节、言语、唱段、才智。①

事件的组合：组合（σύνϑεσις，组合、构合）一词，其动词形式为συντίϑημι，与第1章第一句话中"故事应如何放到一起"的那个动词συνίστημι都有"放到一起"的基本意思，可以指组织、安排情节。但συντίϑημι还有"编造故事、创作诗歌"之意。

每部悲剧都必然具有六种成分，据之以确定一部悲剧是什么样的悲剧：

---

① [M本释译] 这句话原文颇为费解。玛高琉斯译注本这句话释译为："这些要素（factors）粗略来说体现在不少剧中人物（dramatis personae）身上；因为每个角色（character）都相应有他自己的外表（external）、故事、措辞、歌曲（melody）和才智。"

[M本注] 根据阿拉伯本加以订正后，这句话才可以理解。当我们谈及悲剧的六要素时，我们的意思并不是所有东西整齐划一，而是说，有些东西随着戏台上每个角色或角色之类型而变化；因而，如果戏台上有一个国王、一个公主、一个奴隶，他们每个人的服饰、故事、措辞、以及音乐，都相应于每个人的性情而不同。既然已经表明，戏台角色的主要差别是性情，那么其他五个要素都是随性情而变的。而且我们还真会从《相学》中得知，相貌和轮廓因会随性情而异；从《修辞术》（1405a14）中可知，服饰因年龄而异；从《政治学》（1340a19）中可知，音乐随情绪而变；从《修辞术》（1404b16）中可知，儿童或者奴隶的语言必定比高等级角色的语言简单；从《物理学》（197a7）中可知，目的（或行为的原则），是由心理特点而"不是由理性"指明；也就是说，理性随性情而异。故事和言语随性情而异，这在第9章中也谈论到，在那章我们被告知，诗人所要处理的问题是，在特定条件下，什么样以及这样一种性情可能会做什么事、说什么话。因此，一部悲剧的要素并非六乘一，而是六乘n，这个n差不多就是戏台上的人物数。之所以采用"粗略来说不少"这个提醒的短语，是因为在某些戏台角色是不说话的，而某些角色则以群体方式表演，例如歌队。时不时的，也会有不在戏台上露面的戏剧人物。

作者老是惦记着音乐随性情变化的问题，特别在《问题集》（922b）以及对这里所谈到的东西有某些重要补充的论文中，例如，被称为hypodoristi和hypophrygisti的乐调被用于戏台音乐而非乐队音乐，因为它们是"摹仿性的"和"实践性的"。他还说，在福瑞尼库斯（Phrynichus）的时代，戏剧中音乐多于韵文。

这句话预示后面才会详谈悲剧类型的问题。第 18 章中说:"悲剧有四个种类(前面说过的成分也是这么多)"。然而,矛盾的是,这里明确说每部悲剧都必然具有六种成分,而第 18 章中悲剧只有四种类型,并且那里说悲剧成分也这么多,即也是四种。如果我们心存对这种矛盾的印象,必定可以从《诗术》中找到用以解决矛盾的内容,对于这个问题的解决,详后。

两个成分是用以摹仿者,一个是如何摹仿者,三个是所摹仿者:用以摹仿者,即媒介,六成分中的言语和唱段即用以摹仿者;如何摹仿者,即摹仿的方式,六成分中的形象属于摹仿的方式;所摹仿者,即摹仿的对象,六成分中的情节、性情、才智是所摹仿者。

他们中不少:这里的"他们中不少"指的是什么,原文看不出来。许多译本理解为诗人们。但接下来的段落中马上就会说到当代大多数悲剧诗人的作品缺少性情等等,这样一来,就会显得先后矛盾。根据玛高琉斯的注,这个"他们"指的是剧中人物。这句话意为,剧中不少人物身上都用到这些要素,因为每一个不同的剧中人物,各有其形象、性情、故事、言语、唱段和才智。他还补充说,角色的主要差别是性情,因而其他的要素多相应于每个人性情而有所不同。我们会从《相学》中可知,相貌和轮廓因会随性情而异;从《修辞术》(1405a14)中可知,服饰因年龄而异;从《政治学》(1340a19)中可知,音乐随情绪而变;从《修辞术》(1404b16)中可知,儿童或者奴隶的语言必定比高等级角色的语言简单;从《物理学》(197a7)中可知,目的(或行为的原则),是由心理特点而"不是由理性"指明;也就是说,理性随性情而异。《诗术》第 9 章中会谈到,诗人要处理的问题是,在特定条件下,有什么样的性情,以及这样一种性情可能会做什么事,此即故事和言语随性情而异。但舞台上也存在某些不说话甚至不露面的角色,或者群体表演的角色,因此,这里说是大部分人物,并非一定是所有人物。

[15] **事件的组合是这些[成分]中最重要者,因为悲剧并非对人**

而是对行动和生活的摹仿。幸福与不幸福①是在行动中，目的是行动而非品质。②具有某种品质依据的是其性情，但幸福与否［20］则是依据行动。因此，并不是为了摹仿性情而行动，而是通过行动把性情包括进去。③因而，诸事件，即情节，才是悲剧的目的，而目的是全体中最重要者。再者，没有行动就不成其为悲剧，但没有性情，［悲剧］却仍然［25］可能成立。事实上，新近绝大多数悲剧是缺少性情的，整个来说，④诗人们［的作品］也是如此，比如画家当中的宙克西斯与珀吕格鲁托斯相比较，珀吕格鲁托斯是很好的性情描绘者，而宙克西斯的描绘中却没有性情。再者，如果只是将一连串表现性情的以及就言语［30］和才智来说制作精良的剧词摆一起，⑤并不能制造出我所说的悲剧的功效；⑥相反，一部悲剧，即使在这些方面有所欠缺，但只要有情节，即事件的

---

① ［M本注］要验证"不幸（wretchedness）"这个属给得是否正确，要看其是否具有对立的好（《论题篇》124a5）。既然这个属是本质，这让我们得以确信我们正确地找到了本质。

② ［M本注］幸福（有德或英勇的生活）并不导向除它自身外的任何目的（《形而上学》1050b1）；因此，最终的原因是遭际（faring），而不是主体的品质。因为人不是为了有德而幸福，而是为了幸福而有德。

③ ［M本释译］玛高琉斯译本把"而是通过行动把性情包括进去"这句话释译为"而是因为他们将要去经历什么而赋予他们性情"。原文比较费解，玛高琉斯的译文不失为一种解释。

［M本注］正如我们已经了解的，没有种，就不能呈现属；"经历者（farers）"这个种是性情决定的。既然一个剧作家要表现一个"经历者"，他就得给他一个性情。

因此，这个准则显示了"经历（experience）"的优先性；戏剧人物只活在戏剧演出持续的时间中；此时，主题并非一个人物或诸人物，而是具有特定顺序的生命篇章；既然是生命而非品质正在做着什么，那么生命才是戏剧的本质，而品质只是偶性的，虽然是不可分离的偶性。

④ ［M本注］这里的"整个来说"，即超出悲剧的范围。

⑤ ［M本注］这个文本定然不能被改变，既然我们在《修辞术》中被告知，同一个叙述不能既是心理的（psychological），又是"推理（reasoning）"的。

⑥ ［M本注］即不能让人落泪或者惊恐。

组合，就好得多。此外，悲剧最能动人心魄者，是情节的成分，即突转（περιπέτειαι / περιπέτεια）和 [35] 恍悟（ἀναγνωρίσεις / ἀναγνώρισις）。①还有一点可资证明：尝试制作者最先能够精于言语和性情而非事件组合，那些过去的诗人们差不多也这样。②

悲剧并非对人而是对行动和生活的摹仿。幸福与不幸福是在行动中，目的是行动而非品质：这句话与亚氏的伦理学完全兼容。在《尼各马可伦理学》中，亚里士多德说：

> 我们的定义同那些主张幸福在于德性或某种德性的意见是相合的。因为，合于德性的活动就包含着德性。但是，认为最高善在于具有德性还是认为在于实现活动，认为善在于拥有它的状态还是认为在于行动，这两者是很不同的。因为，一种东西你可能拥有而不产生任何结果，就如一个人睡着了或因为其他某种原因而不去运用他的能力时一样。但是实现活动不可能是不行动的，它必定是要去做，并且要做得好。（1098b31-1099a2）

幸福与不幸福（εὐδαιμονία καὶ κακοδαιμονία）：这两个词都含有 δαιμονία 这个词，有"个体守护神"的含义。在亚里士多德的伦理学中，幸福（εὐδαιμονία）与一个人的灵魂状态和活动密切相关。这个"幸福与不幸福"不同于前面 1450a2 处的"幸与不幸"（τυγχάνουσι καὶ ἀποτυγχάνουσι [幸运与不幸运]）。在《尼各马可伦理学》中，亚里士多德把幸福"规定为灵魂的一种特别的活动（1099b25）"，即"灵魂的遵循或包含着逻各斯的实现活动"（1098a16）。对于这种规定来说：

> 幸福和不幸并不依赖于运气，尽管我们说过生活也需要运气。

---

① [M本释译] 突转（περιπέτεια）和恍悟（ἀναγνώρισις），玛高琉斯译本译为"命运的反讽和身份错误的发现"，这也相当于一种解释。

② [M本注] 也许可以设想，这事主要不是练习的问题，而是一个自然天赋的问题。

造成幸福的是合德性的活动。(《尼各马可伦理学》1100b8-10)

在《政治学》中,亚里士多德明确区分了"幸福"和"幸运":

> 这里也可从而阐释幸福(快乐)和幸运之间所应有的分别。人[的成为幸运者]往往由于偶然的机会获得灵魂之外的诸善(财富和健康);可是谁都不能完全依赖偶然的机会而成就其正义和节制[这些属于灵魂的]诸善因此而获得幸福。(1323b26-29)

品质(ποιότης):此即前面出现过的 ποιός [某种样子的、某种性质的]一词的名词形式。

宙克西斯(Ζεῦξις):公元前5世纪前后古希腊著名画家。据说他画的葡萄逼真得让鸟儿都飞来啄食。他的作品没有流传下来。

动人心魄(ψυχαγωγέω, ψυχαγωγεῖ,):本章最后说道:"虽说形象颇动人心魄,但却是缺少技艺性的,和诗术也最少亲缘关系"时,也用了 ψυχαγωγικός [ψυχαγωγικόν,动人心魄]一词。情节的动人心魄和形象的动人心魄,一个是诗术最核心成分的效果,一个是和诗术关系最疏远成分的效果;虽说同样是"触动灵魂"的,看起来大概是不同性质的动人心魄,或者触动的是灵魂的不同部分。

突转和恍悟:这里是第一次提到情节的这两个成分,后面第11章、第13章和第16章中才会详细讨论突转和恍悟。第11章中还说到情节的两个成分是突转和恍悟,第三个成分是苦难。

因此,情节是悲剧之元,就如其灵魂一般。性情次之。绘画方面的情形也类似:[1450b] 最好看颜料的胡乱涂抹也不如白笔勾勒出形象带来愉悦。①[悲剧]是对行动的摹仿,必定为此,② 才是对行动者的[摹仿]。

---

① [M本注] 此即"识别"的愉悦,作为一种智性愉悦,有甚于感官的愉悦(参《形而上学》1072b24)。

② [M本注] 正如一个人,他想复制一个形象,就不得不为之赋彩(《自然论短

情节是悲剧之元："元"的希腊文是 ἀρχή，这个词有"开始、起因、本源、基础、原则、要素"以及"王、君首、统治权"之意。这个词也是亚里士多德哲学的一个重要术语，常被译为"始点"。英文中常以 first principle 对译。对于这个词在《诗术》此处的准确含义，耐人寻味，此处姑且取一个比较抽象的意义；无论如何，这个词的所指都具有"首""元"这种意味上的重要性。

悲剧是对行动的摹仿，必定为此，才是对行动者的摹仿。这里行动（πράξεως）用的是单数，而行动中人（πραττόντων）用的是复数。单数的行动对应着后面会谈到的情节整一。也就是说，悲剧是对一个整一行动的摹仿，而不是对某个行动者（比如主角）以及多个行动者的诸多行动的摹仿。一个行动会涉及诸多人物，悲剧因摹仿这个行动而摹仿诸多人物，即摹仿诸行动中人。

第三个［成分］是才智，指［5］能够得体合宜地说话，① 此即在处理言辞时，② 政治术和修辞术③的功用。从前之人制作像政治家那样的讲话，④ 当今之人则让讲话像修辞术士一样。性情是显示选择和逃避⑤此类

章》437a8）。

① ［M 本注］这一定义适用于所有才智发挥作用的情形。"内在者（what is within）"适用于个体力量所及者，同样也适用于构成他所面临之问题的基础者；而恰当性同样允许主体方和客体方的解释。

② ［M 本注］这里，很清楚，主观和客观的解释都需要，而《修辞术》确实这两方面都坚持。

③ ［M 本注］politike 这个词在亚里士多德那里意思就是"伦理学（Ethics）"（《修辞术》1356b27）。按照他的意思，修辞术是伦理学的寄生物，甚至假装成那门科学。因为，依照亚氏的理论，演说家必须懂得如何说服，为了达到这一目的，就得让自己熟稔人们的各种小癖好。

④ ［M 本释译］玛高琉斯把这一句释译为："老辈戏剧家让他们的人物自自然然地说话，"即像并未受过修辞术训练但具备平均能力的人。

⑤ ［M 本释译］玛高琉斯将这一段话释译为：在一个当下决断（正面还是负面）

尚不明了的抉择[的说话]，① 因此，有些言辞若全然没有说话者的[10]选择和逃避，就没有性情。② 才智是论证事物是或非是，或者展示普遍事物的话语。

第三个成分是才智，指能够得体合宜地说话：玛高琉斯反复强调言辞的得体合宜涉及主观和客观两方面：主观方面，合乎说话者的身份、地位、性情等；客观方面，合乎环境、情境、问题之类。

从前之人和当今之人：可能指诗人，因为文中出现了 ἐποίουν (ποιέω)一词，即过去之人制作像政治家那样的言辞。这个对比涉及政治学和修辞术之间的关系。关于才智的问题，后面章节也说到"被放到了关于修辞术的内容中，因为这更其专属于那一探究"。

性情是显示选择和逃避此类尚不明了的抉择的说话，因此，有些言辞若全然没有说话者的选择和逃避，就没有性情。才智是论证事物是或非是，或者展示普遍事物的话语：这句话似乎在对比与性情相关的言语和与才智相关的言语的不同，前者是具有个体性的，后者则是普遍性的。

的长远目标自然还不明了时，在"目标性质的指标"这个意义上，心理（psychology）就有其用武之地；当说话者的话中没有目的，没有正反，那些话中就没有"心理"的余地。

[M本注]《优德莫伦理学》(Eudemian Ethics) 中解释"目标"一词有双重含义；一个行动由当下目标构成，但却由长远目标来定性。例如：一个人偶然扣动手枪扳机，没有目的或意图地射了一枪，这并不构成一个行动（action）；但要是他有意图地射击，这一意图就是能确定其行为好坏的长远目标（比如偷盗还是自卫）。那么，对于有意图的行动，但在这一行动的长远目标并不明了的情形下，在"心理"以其特质能预示长远目标这一意义上来说，这就是"心理"的空间。

① [M本注] 在此之前，ἦθος 一直被用来表示人物的"性情"；此处则在属于言语或行动的某种东西这个意义上来用，作者在《修辞术》(1395a15) 中引述了他的定义，也涉及《优德莫伦理学》1227b37.

② [M本注] 这就像在自然法的演示中一样（《修辞术》1418a15）。

第四个实质性的［成分］是言语。① 我所谓的言语，正如已经讲过的那样，指用词表达意思，其能力在韵文和［15］散文中都一样。

至于其他的，唱段是最重要②的调味品。虽说扮相③颇动人心魄，但却缺少技艺性，和诗术也最少亲缘关系。即使不通过赛会和演员，悲剧还是葆有其能力。此外，就扮相［20］制成而言，服装面具师的技艺要比诗人的技艺更为紧要。

第四个实质性的［成分］是言语：这个句子的希腊语原文为τέταρτον δὲ †τῶν μὲν λόγων† ἡ λέξις，其中的这个 τῶν μὲν λόγων 释读起来非常棘手，所以颇多校注者以及译注者将其视为衍文。玛高琉斯的注本并没有略去这个部分，而是作出了很有说服力的解释。他认为这里

---

① ［M本释译］玛高琉斯将这句话释译为：协同性（coefficients）［成分］的第四个是言语。

［M本注］所谓协同性［成分］的第四个，是相对于增强效果（intensifiers）的［成分］（1462a16）来说的。把这里的 logos 这个词翻译为 coefficient［共同作用的、协同的］，是在"实质（essence）"的形而上学意义上来用的，或者依据《形而上学》1034a20 而来的部分（part thereof），在那里讨论了部分的实质（logos）在多大程度上进入整体实质（logos）的问题；那么正好，既然 eidos（这是 logos 的同义词）被用于"依据 eidos［种类］［而固有］的部分"，那么这里的 logos 也用于指内在于 logos 中的部分。因此，对于增强性［部分］（音乐和展示）就没有给予序数，因为悲剧没有这两部分也能行。

［译笺］关于玛高琉斯注释中这句话："那么正好，既然 eidos（这是 logos 的同义词）被用于'依据 eidos（种类）［而固有］的成分'，那么这里的 logos 也用于指内在于 logos 中的部分。"我们根据上述几个引文就能理解，玛高琉斯认为这里的 λόγος 一词的限定性和 εἶδος 的限定性一样，都是指本质性的、要素性的。而 εἶδος 可以用作悲剧 εἶδος 所固有的部分之意，λόγος 也可以用作悲剧 λόγος 所固有的部分之意。

② ［M本注］关于这个"最"，《政治学》（1339b）中给出了音乐之令人愉悦的证据。

③ ［M本注］展示（presentation）最少科学性（scientific），因为服饰必定是地方性和历史性的，而这些东西属于特定区域，而非普遍性。另一方面，说到相学，即相貌与性情的联系，这是科学性的，但与《诗术》不相关。

的 λόγος 作为限定，指的是作为悲剧本质性的成分，即属于悲剧的逻各斯（λόγος）的成分。在本章中，亚里士多德说悲剧的成分有六个。在列举的时候，从第一个情节，到第二个性情，到第三个才智，到第四个言语，到言语这个成分的时候，亚里士多德作了这个"本质性"的限定，限定在此之前所列举的这四个成分对于悲剧来说是"本质性"的成分。与此相对，六成分中剩下的形象和唱段，只是增加效果的成分，并非本质性的成分。因此，亚里士多德在列举时，以第四个为限作了这个本质性（τῶν μὲν λόγων）的说明，而剩下的两个成分，他也有意不以第五、第六这样的序列来列举，而是说"至于其他的"如何如何。

事实上，对于这个本质性四成分和增效性两成分的区分，在后面章节中还会有多处与此呼应的处理。在《诗术》一开始，εἶδος 被用作"样式、种"，尤其是相对于"属"而言。但在《诗术》后面的部分，εἶδος 似乎常对应着"成分（μέρος）"的含义，译为"要素"。第 12 章谈道："悲剧中应被用作要素（εἴδεσι / εἶδος）的成分（μέρη / μέρος），我们前面已经谈及。"从这里看，某些性质的成分属于 εἶδος，也就是说，并非所有的成分属于 εἶδος。联系第 6 章这里，就知道，只有那些实质性的成分才属于 εἶδος。第 18 章谈道："悲剧有四个种类（εἴδη / εἶδος）（前面说过成分［μέρη / μέρος］也是这么多）。"亚里士多德在此又再次提醒，成分的数量是四个。他还暗示，这个意义上的成分和种类、样式相对应。第 19 章谈道："关于其他要素都已经谈过了，剩下的还有言语和才智。"根据文本，所谓前面已经说过的要素（εἶδος）只有情节和性情，加上剩下还有言语和才智，也是情节、性情、言语和才智这四个成分。也就是说，只有这四个成分是称为要素（εἶδος）的成分。

其能力在韵文和散文中都一样：前面悲剧定义中说到悦耳的言辞，所谓"悦耳"，就包括格律，即韵文的效果。但这里再次强调前面反复强调过的这个问题，就诗术而言，格律并非本质性的。

调味品（ἥδυσμα / ἡδυσμάτων，调味品、佐料、香料）：这里还是指让言辞变得悦耳的增饰作用。前面悲剧定义中讲到"悦耳的言辞"，"悦耳"一词从 ἡδύνω 而来，其本义为使变甜、加佐料、加调味品、使变得有味道。ἥδυσμα［调味品、佐料、香料］与 ἡδύνω 同源。让言辞变甜的调味品，就是甜味剂。加了格律和乐调这些"调味品"的言辞，就变得有味，都是增饰效果。

唱段是最重要的调味品：这里有最高级，则唱段增加效果的能力还要高于格律文。关于音乐所具有的强烈感染力，可参《政治学》中的相关内容。

动人心魄：本章最后这里说："虽说扮相颇动人心魄，但却是缺少技艺性的，和诗术也最少亲缘关系。"前面在反复谈论情节是悲剧最重要的成分时，说情节的两个成分即突转和恍悟"动人心魄"。情节的动人心魄和形象的动人心魄，一个是诗术最核心成分的效果，一个是和诗术关系最疏远成分的效果，虽说都"触动灵魂"，但看起来大概是不同性质的动人心魄，或者触动的是灵魂的不同部分。

缺少技艺性（ἀτεχνότατον / ἄτεχνος，无技艺的）：这里说"形象"这个成分缺少技艺性，是在诗术的意义上说的，即缺少诗术技艺；因为后面就说到形象涉及服装面具师的技艺。

赛会（ἀγῶνος / ἀγών）：本文中谈论的古希腊的这些艺术形式，包括戏剧和史诗都通过在城邦赛会上进行竞赛表演，赛会就意味着演出，自然和扮相的关系特别密切。

扮相的制成：这里的"制成"一词用的是 ἀπεργασία（ἀπεργασίαν），而不是与诗歌制作技艺的 ποιέω［制作］同源的词。ἀπεργασία 意为"制作、完成"。

在地位上，形象和唱段似乎类似，一个是装饰品，一个是调味品。在《诗术》最后一章比较悲剧和史诗优劣时，悲剧比史诗多出来的这两个成分，被作为一个"成分（μέρος）"看待，这个"成分"在悲剧给人带来愉悦（快感）的效果方面功不可没。——那里用的是 ἡδονή 一词，显然和 ἡδύνω 相关（1462a16）。尽管如此，就诗术本身而言，此二者还是不具实质意义。在本章结尾亚氏说过，一部悲剧，即便不通过赛会和演员，也仍葆有其能力（$\delta\acute{\upsilon}\nu\alpha\mu\iota\varsigma$）。可以看出，这两者都是与感官感觉关系密切的成分，其相似地位及作用的基础正在于此，在此意义上，亚氏将二者合为一个成分，就不难理解了。

※

在第 1 到 5 章总论结束之后，第 6 章开始讨论诗术种类之一的悲剧。

给出了悲剧的定义：悲剧是对一个高尚、完整、有分量的行动的摹仿，以悦耳的言辞，其种类分别用于各个部件，做［动作］而不是通过叙述，通过悲怜和恐惧进行调节，以使诸如此类情感恢复平衡的目的。

并一一解释了悲剧的六成分：情节、性情、言语、才智、扮相和唱段制作。

7

这些东西界定好了,接下来我们谈一谈事件的组合应该是什么样的,既然这是悲剧最首要和最重要的[成分]。

已然确定,悲剧是对一个完整的,即一体的(ὅλης / ὅλος),①且[25]具一定分量的行动的摹仿,因为[有的行动]尽管是一体的,却没有分量。②

这些东西:这里承接前文,"这些东西"所代指的应是第 6 章中依次进行了界定的悲剧诸成分。

界定(διωρισμένων / ὁρίζω):ὁρίζω 指"划分、界定",还有"下定义"的意思。前面一章对悲剧本身给出了定义,然后对诸成分进行了说明,有的给出了定义,有的似乎只是加以说明,并未给出定义。这里姑且译为"界定"。

事件(πραγμάτων / πρᾶγμα):πρᾶγμα 这个词指"事、行动、事件、事务"。第 6 章中已经出现过这个词:"情节是行动的摹仿,我所说的情节,指事件的组合。"本章中多次用到 πρᾶγμα 一词,"事、行动"是其核心含义。除非特别加以说明,"事件"一律对译 πρᾶγμα。

这是悲剧最首要和最重要的成分:第 6 章中说到过"事件的组合是这些成分中最重要者""诸事件,即情节,才是悲剧的目的,而目的是全体中最重要者""情节是悲剧之元,就如其灵魂一般",这些都在说情

---

① [M 本释译] 玛高琉斯译本将这里的 τελείας καὶ ὅλης 释译为"完整的,即整体(complete, i. e. whole)"。

[M 本注] 参《物理学》207a13。这两个词差不多是同义词。

② [M 本注] 这里所要参考的是"第一动力",或运动的首要原因,一方面没有分量(《物理学》最后一个句子),另一方面是完整的(《形而上学》1073a1)。

节即事件之组合"是悲剧最首要和最重要的成分"。

完整的（τελείας / τέλειος）：τέλειος 意为"完全的、完整的、完美的、（行动）完成了的"，这个词已经出现在第 6 章的悲剧定义中。

一体的（ὅλης / ὅλος）：ὅλος 意为"整体的、整个的、全部的、完整的"。《形而上学》1024a1 谈到"整体（ὅλος）"的适用情况时，是和"全部（πᾶς）"对比来说的。"整体（ὅλος）"适用于顺序有所谓的情况，而"全部（πᾶς）"则适用于顺序无所谓的情况。完整和整体这两个词并列，不太能体现意涵上有何区别，以前常将其合起来解为"整一"。这里根据玛高琉斯译本，把 καί 作为表解释的连词。这一章中多次出现 ὅλος 一词，均以"一体的（即一个整体）"来对译 ὅλος。

分量（μέγεθος）：这个词已经出现在第 6 章的悲剧定义中。μέγεθος 主要指体积、分量、体量上的大（也具有长度之意），还具有"风格崇高、心灵高尚"之意。在《诗术》这部分语境中，因为在讲行动和情节展开的问题，所以许多译本将其理解为长度。μέγεθος 的这些不同维度的含义，有着某些内在联系。本章中后面一个段落，亚氏就会谈到分量（μέγεθος）和美（καλός）的关系，而希腊的这个美（καλός），同时也有"高贵、高尚"之意，正是 μέγεθος 在比喻意义上所具有的一个意涵。所以，我们这里且不译作"长度"，而是译为"分量"，多少能葆有其高大（包括风格和精神品质上）的意涵。此外，《诗术》中在谈到长度时，用到另一个词 μῆκος（μῆκος，长度、高度；[时间上]长久；[体积]巨大、宏大）（1451a6）。这个词与 μέγεθος 的含义颇有重叠之处，只是 μέγεθος 似乎不像 μῆκος 那么偏于时间维度上长这个含义。

有的行动尽管是一体的，却没有分量：对于这句补充说明的理解，从《诗术》语境来说，似乎很自然地会理解为悲剧所摹仿的行动要有一定长度，不能太短，太短的话，也许会缺乏"故事性"；或者，行动有一定分量，即从行动的意义上来说，不能是太无足轻重或没太大意义的行动。但玛高琉斯的注释则指向《诗术》之外，指向亚里士多德《物理学》和《形而上学》的语境，其间谈到有一种独立于可感事物存在的、不被运动而运动的永恒的实体。这种实体没有分量，没有部分。前面两种在《诗术》内部语境中来理解的所谓"没有分量",其实指的是"没有足够的分量",即长度不够、分量不够;而指向外部语境的这种理解,指的是非可感实体,没有体量(体积)、没有部分、不可分。如果这句话确实指向的是外部语境,那么这句话暂且可以放在一边,并不影响我们的理解;不过,如果是这样的话,对我们从内部语境所作的两种解释就需要斟酌再三,看是否符合亚氏本人在《诗术》中的意指。

有起始($\dot{\alpha}\varrho\chi\acute{\eta}\nu$ / $\dot{\alpha}\varrho\chi\acute{\eta}$)、中段($\mu\acute{\varepsilon}\sigma o\nu$ / $\mu\acute{\varepsilon}\sigma o\varsigma$)、完结($\tau\varepsilon\lambda\varepsilon\upsilon\tau\acute{\eta}\nu$ / $\tau\varepsilon\lambda\varepsilon\upsilon\tau\acute{\eta}$),方为一体。① 起始② 是其本身并不出于必然③ 在他者之后,而在那之后则有他者出于自然④ 存在或生成。⑤ 反之,完结是其本身出于

---

① [M本释译] 玛高琉斯译本将此句译作:分量(magnitude)是具有起始、中段和完结的一个整体。

[M本注] 来自《形而上学》1024a1,那里表明,这些东西是属于量的(magnitude),并且"整体"这个词适用于顺序有重要性的情况,而不适用于顺序无所谓的情况。

② [M本注] 这里的问题在于如何找到事件之流中那个作为故事起始的点,答案就是,情节根据自然规律(laws of nature)或接近必然的可能性(moral certainty)开始进展的那个点。因此,在《俄狄浦斯王》(Oedipus Tyrannus)中,发现被推动起来的那个点就是忒拜城的瘟疫。在《安提戈涅》(Antigone)中,暴尸示众启动了剧中的一系列事件。考虑一下,要是没有忒拜城的瘟疫,以及克瑞翁没有下令暴尸的话,会是什么情形?一旦这些事情发生,自然肇因就启动了。

③ [M本释译] $\dot{\varepsilon}\xi\dot{\alpha}\nu\dot{\alpha}\gamma\kappa\eta\varsigma$,出于必然。玛高琉斯译本译作"by a law of nature [由于自然规律]"。

④ [M本释译] $\pi\acute{\varepsilon}\varphi\upsilon\kappa\varepsilon\nu$($\varphi\acute{\upsilon}\omega$),出于自然。玛高琉斯译本译作"by the plan of nature [由于自然规划]"。

[M本注]"起始是其本身并不出于必然在他者之后,而在那之后则有他者出于自然存在或生成。"这句话前半句用 $\dot{\varepsilon}\xi\dot{\alpha}\nu\dot{\alpha}\gamma\kappa\eta\varsigma$ [出于必然],后半句用的是 $\pi\acute{\varepsilon}\varphi\upsilon\kappa\varepsilon\nu$ [出于自然],对于其间区别,玛高琉斯译本注释道:在没有受到阻碍而发生者中,就会看到自然规划(the plan of nature)。根据自然,一粒种子意味着会长成一棵植物;但这也许会被阻碍(《论生成》337b6)。这就是为什么在这个句子这一部分用的不是"自然规律(law of nature)"。

⑤ [M本释译] 玛高琉斯译本把"存在或生成($\varepsilon\tilde{\iota}\nu\alpha\iota$ ἢ $\gamma\acute{\iota}\nu\varepsilon\sigma\vartheta\alpha\iota$)"释译为"存在

自然在他者之后，或是[30]出于必然，或是大多如此，① 但其后不复有他者。中段则其自身在他者之后，而在其后也复有他者。因此，组合得好的情节不应偶然于某处起始，偶然于某处完结，而是要具有上述这些形式。

有起始、中段、完结，方为一体：ἀρχή，起始、起因；μέσος，中间的；τελευτή，完成、实现；结束、终点、结局、结果。玛高琉斯解释说，起始就是情节根据必然如此或可能如此开始进展的那个点。完结就像起始一样，是就后续来说必然如此或可能如此停止发生作用的那个点。但正如玛高琉斯指出的，事前展望性的推理基于必然如此或可能如此，而事后回顾性的推理只基于必然如此，这中间的微妙区别，对悲剧情节来说意味深长。

大多如此（ἐπὶ τὸ πολύ）：这似乎就是"可能如此（τὸ εἰκὸς）"。玛高琉斯译本将"大多如此（ἐπὶ τὸ πολύ）"释译为"接近必然的可能性（moral certainty）"。后文中经常出现的"可能如此（τὸ εἰκὸς）"，玛高琉斯也释译为"接近必然的可能性"，看来这两种表述意涵等同。

形式（ἰδέαις / ἰδέα，形式、种类、方式）：这里的形式指像前面说的那样"理想的"形式。

或被接续（is or is to be followed）"。

[M本注] 在推论科学中，结果与开端是同时的，例如直角三角形斜边的平方等于两直角边的平方和，与其由之开始推导的原理同时。起始处于时间中的那种情况，就不是同时的。

① [M本释译] 玛高琉斯译本将"大多如此（ἐπὶ τὸ πολύ）"释译为"接近必然的可能性（moral certainty）"。

[M本注] 那么，完结就像起始一样，是就后续来说，自然规律（laws of nature）和接近必然的可能性（moral certainty）停止发生作用的那个点。

展望性的推理（prospective reasoning）基于必然如此或接近必然如此的可能性，而回顾性的推理（retrospective reasoning）只基于必然如此，这一区别的微妙之处，显然是有意的。

此外，既然无论美的形象还是[美的]每一[35]事件，都是由某些东西放在一起构成的，那就不仅得让这些东西排列得当，而且还得具有并非偶然的分量，因为美就在安排[的次序]和分量中。② 因此，极微小的动物就不能成其为美，因为在几乎感觉不到的持续时间里视觉印象③ 会变得模糊不清，太巨大了也不成，[1451a]因为视觉印象没有同时发生，对那些正在观看者来说，它的一，即一体性从视觉中消失了。④ 好比要是有一个万里之长的动物，就会出现这种情况。因此，正如身体和形象所应有的分量，得能一眼览其全貌，[5]情节也应有其[适当的]长度，得易于记忆。⑤

---

② [M本注]"高大的身体中才能找到美。身材矮小的人可以'标致，匀称'，但不算美。"(《尼各马可伦理学》1123b7) 然而，尺寸也得有所限制，否则动物、植物或机械将不能发挥其功能(《政治学》1326b7)。因此，尺寸的重要性不及安排次序、对称和限制(《形而上学》1078b1)。对称性是构成整体者(《问题集》916a1)。那么，这里接下来的论证就是，尺寸并不一定关涉物体的整体性；物体由其部分的对称性构成，而其一体性(整体性)由其部分的安排次序构成(《形而上学》1042a2)。那么，同样的，对于能一眼完全看到的整体，诸部分越大，则这些部分的对称性和安排次序越明显；但这些部分相应大小由整体的自然确定，据此则没有添补的可能性。

那么，这一巧妙的论证涉及分散在多篇论著中的前提。一个物体，如果其部分不清晰，这个物体就是"模糊不清"的；如果出现这种情况，美的两个部分，安排次序和对称性就丧失了；另一方面，如果失掉整体性和完整性，对称和安排次序也会丧失。

③ [M本注]存在一个点，到这个点上，除非与另一个事物结合，否则事物就没有实际的可感性了；就其自身来说，它只有潜在的可感性(《自然论短章》440 和 446)。

④ [M本注]数值上的整体性由外在的视觉来判断，具体的整体性(例如，一头狮子的"一"、一匹马的"一")由内在感觉来判定(《自然论短章》447b25)。

⑤ [M本注]玛高琉斯导言中说：隐微风格有一个不易让人信服的特征在于，作者最喜欢在同一个段落或句子中使用同一个词的不同含义。……在1450b34-1451a4，ζῷον 出现了四次，第一次和第四次意为"形象(image)"，第二和第三次意为"动物"。

安排（τάξει / τάξις）：指安排、排列、布置、布局及安排的顺序、次序。

它的一，即一体性：在这一章，亚氏谈论行动的整体性时，反复使用 ὅλος[一体的] 一词。在下一章中，亚氏会反复使用这个比较抽象的"一（εἷς）"来谈论情节的整一、一体性。通过这句话，亚氏指明这两者可以等同。

它的一，即一体性从视觉中消失了：意思就是事物分量太大，我们不能一览而尽，从而看不到其整体。这里似乎在暗示我们，美与我们对整体性、一体性的感知有关。

万里之长：这里用的是古希腊长度单位希腊的里（σταδίων / στάδιον），1 希腊里，约合 184.2 米。

长度（μήκους / μῆκος）：长度、高度；（时间上）长久；（体积）巨大、宏大。这个词与 μέγεθος 的含义有重叠之处，只是 μέγεθος 似乎不像 μῆκος 有偏于时间维度的长这个意涵。这句话前面讲身体和动物大小时，用的是 μέγεθος，后面相应讲到情节长短时，用的是 μῆκος，也许就出于前者为视觉感觉和后者为时间维度这一区别。

1450b34-1451a4 这段话中出现了四次 ζῷον 这个词，根据玛高琉斯所解，第一次、第四次译为"形象"，第二次、第三次译为"动物。"

[受制于]赛会和感觉的长度限度非此技艺之属。因为，要是有上百部悲剧参加赛会角逐，那就得"用水钟来赛"，这样做就像人们其他某个时间说的那样。[1] 而依照事件[10]自然本身的限度，[2] 就分量而言，

---

① [M本注] 此即交际花（Clepsydra）用的"计时器"（水钟），她根据水钟记时规则来接待她的爱人们，这成了欧布鲁斯（Eubulus）一部谐剧的主题。（Athenaeus, p. 567 d）

② [M本释译] 玛高琉斯译本把这里"限制（ὅρος）"释译为"量的范围（the quantitative compass）"。

越大，大到［脉络］清晰，就越美。如果用一句话来加以界定，容许一系列依照可能如此或必然如此前后相续，从厄运转入好运或者从好运转入厄运的［事件的］分量，就是［15］分量的恰当限度。

赛会（ἀγῶνας / ἀγών）：古代希腊的城邦在祭祀诸神的节日庆典中会举办各种形式的竞赛，包括体育竞技比赛，音乐、戏剧等赛会。据说在泛雅典娜大节（Παναθήναια）上朗诵荷马诗歌的法令，是由梭伦订立的。而在僭主庇西斯特拉托斯（Πεισίστρατος，约前600—前527）当政时期，在其主持下，对在各大节庆上断章取义地进行吟诵的史诗进行了大规模的汇编和修订，整理成册，付诸雅典城邦典藏；庇西斯特拉托斯继续推进和扩大泛雅典娜节庆的史诗吟诵赛会，并增加了后来成为悲剧赛会的酒神节（Διονύσια）。史诗和悲剧都与城邦公共建制密切相关。赛会的公共表演性和竞赛性对诗人有实实在在的影响，而对于这些影响，在《诗术》中，亚里士多德多次基于诗术技艺本身进行澄清、加以排除。

受制于赛会和感觉的长度限度非此技艺之属：感觉（αἴσθησιν / αἴσθησις），（视、听方面的）感觉、感受。在《诗术》中，谈及赛会和感觉，往往与人们的各种"意见"相关。关于这种意见的时代氛围，可参看柏拉图的《伊翁》，《伊翁》折射出时代风尚的精致片段：城邦各种五花八门的赛会、风风光光穿行列邦的诵诗人、热衷于这些活动的民众。赛会与诗术技艺之间的关系，在柏拉图的《伊翁》中有生动的、戏剧性

［M本注］大量的事件串起一部戏剧，并不关涉用来进行表述的字句的数量。我们从《物理学》中获知，事物的"形式（form）"由其"限度（limit）"构成，而限度控制其尺寸（209b）。《论生成》（335a21）中可以找到同样的学说；因此，"范围（compass）"和"尺寸"用在这里的时候，可以互换。

这个定义遵循悲剧定义中的"生命的完整篇章（complete chapter of life）"这些词句。因为完整的行动（praxis）是一个完整的"运动（motion）"，根据《物理学》中的学说，这种运动是两极间的运动，"遭际（faring）"的两极是好运和厄运。

的呈现。许多研究者注意到柏拉图对诗、对戏剧的敌意，很大一部分针对公共演出的影响。亚里士多德看似为诗辩护，但在对于戏剧的演出性这一方面，《诗术》中也明确将其与诗术技艺本质相区分。柏拉图对于诗的敌意，往往故意混同诗术本身与其公共表演和竞赛因素；而亚氏的辩护策略则是区分二者。

越大：这里用的是 $μέγας$ [大、高大、庞大] 一词的比较级 $μείζων$，可以指体积和程度。

而依照事件自然本身的限度，就分量而言，越大，大到脉络清晰，就越美：这里用的 $σύνδηλος$ [明晰、清晰] 一词，指放在一起的清晰、明晰，故而内含"脉络清晰"之意。对于这句话的意思，玛高琉斯认为其巧妙论证的前提分散在亚氏多篇论著中，他提及，《尼各马可伦理学》中说到"高大的身体中才能找到美。身材矮小的人可以是标致，匀称，但不算是美。"（1123b7）《政治学》1326b7 说："尺寸也得有所限制，否则动物、植物或机械将不能发挥其功能。"因此，《形而上学》1078b1 会说，尺寸的重要性不及安排次序、对称和限制。(《问题集》916a1 说到对称性是构成整体者。) 那么，接下来的论证就是，尺寸并不一定关涉物体的整体性；物体由其部分的对称性构成，而其一体性（整体性）由其部分的安排次序构成（《形而上学》1042a2）。同样的，对于能一眼完全看到的整体，诸部分越大则这些部分的对称性和安排次序越明显；但这些部分相应的大小由整体的自然确定，并不能随意改变。也就是说，一个物体，如果其部分不清晰，这个物体就是"模糊不清"的；如果出现这种情况，美的两个部分，安排次序和对称性就丧失了；另一方面，如果失掉整体性和完整性，对称和安排次序也会丧失。

从厄运转入好运或者从好运转入厄运的事件的分量，就是分量的恰当限度：这句话是对后面第 13 章谈论内容的铺垫。但悲剧往往是从好运转入厄运。像《奥德赛》那样，倒可以说是从厄运转入好运。

第6章开始讨论诗术各种类之一的悲剧，给出了悲剧的定义，并解释了悲剧的六成分。第7章开始讨论具体成分，从最首要、最重要的情节开始。悲剧的定义说，悲剧是对一个完整的、具一定分量的行动的摹仿，第7章重点讨论了"具一定分量"的问题。

8

　　情节之为一，并非如有些人认为的那样，只要是关于一个人的［就为一］。因为有许多乃至无数事情发生在一个人身上，［其中］某些［事情］并不能为一。① 同样，一个人的行动有许许多多，从中也不能成其为一个行动。②

　　情节之为一：这一章中，亚氏反复使用了比较抽象的"一（εἷς）"来谈论情节的整体性、一体性，而不是使用上一章中谈论行动时反复使用的ὅλος［一体的］一词。故而，我们这里依照原文，也译作比较抽象的"一"。此章后面还有多处出现这个抽象的"一"，均对译εἷς［一、一个］。

―――――――

　　① ［M本释译］玛高琉斯译本将这里的"因为有许多乃至无数事情发生在一个人身上，［其中］某些［事情］并不能为一"释译为："属（genus）中有好些偶性（accidents），其中一些不能成其为一个种（a species）。"

　　［M本注］见导言。种是一个整体（《物理学》190b28），而其属则不是（同上，249a21）；某些特殊的差异使得这个属变成一个种，但其他一些差异则否（《论题篇》143b6）。"同一个事物，可以是一个人、白的，以及其他种种。但如果你被问到这是否是一个人，你应该回答对一事物要紧的东西，而不是添加'白'或者'高大'；因为偶性（accidents）的数目是无限的，也就不可遍及。"（《形而上学》1007a14）"两足陆生动物"会构成一事物，但其他"偶性"则不能。

　　② ［M本释译］玛高琉斯译本将这里的"一个人的行动有许许多多，从中也不能成其为一个行动"释译为："因此，某一个人会有许多并不能一起构成一项事业（career）的经历（experiences）。"

　　［M本注］他的人生篇章只是由某些不完美的行动构成。然而，看起来好像这个作者总把悲剧性的"生命篇章"想成是被许多个人分有的。

玛高琉斯注说，亚里士多德似乎"总把悲剧性的'生命篇章'想成是被许多个人分有的"。确实，亚里士多德在这里反复否定的是围绕"一个人"的行动即能为一，没有明言的潜台词是，一个完整的行动必然涉及众多人。这是我们在前面的表述中已经反复看到的，诗术的摹仿是对诸行动者的一个完整行动的摹仿。这里深层的意义更在于玛高琉斯就第3章说到的人的社会生活（或者说政治生活）基础："既然人是一种社会性的动物，那必然不止一个人涉入。他们并非偶然地被带到一起，而是一些通过他们的关系其潜能（dynameis）得以实现（energeia）的个体。"

因此，所有那些［20］制作了《赫拉克勒斯》《忒修斯》以及诸如此类作品的诗人似乎都犯了错。他们以为，既然赫拉克勒斯是［同］一个人，就合适以其故事为一。然而，荷马在这一点上看起来也如在其他方面那样具有真知灼见，不论是凭借技艺还是凭借自然［禀赋］。① 因为，在制作《奥德赛》时，［25］他没有把所有发生在其身上的事儿都制作［进去］，诸如在帕纳尔索斯山上受伤，以及在大军集会动员时装疯（这两件事中某一件的发生并不会必然如此或可能如此地让另一件事发生），而是围绕一个我们所说的为一的行动组合成《奥德赛》，并同样地来组合［30］《伊利亚特》。

所有那些制作了《赫拉克勒斯》《忒修斯》以及诸如此类作品的诗人：这里似乎强调了除荷马之外"所有（πάντες / πᾶς）"的史诗诗人。对荷马在作诗技艺上的特出性、唯一性的赞誉，后面章节还会一再出现。

《赫拉克勒斯》《忒修斯》以及诸如此类作品：赫拉克勒斯（Ἡρακλῆς）是古希腊传说中的英雄，力大无穷、机智勇敢，有著名的十二大功绩。

---

① ［M本释译］玛高琉斯译本将"不论是凭借技艺还是凭借自然［禀赋］"释译为"无论是凭借对原理的知识（knowledge of principles）还是凭借直觉（instinct）"。

忒修斯（Θησεύς）也是古希腊传说中的雅典英雄。在古希腊传说中，无论赫拉克勒斯还是忒修斯，经历都非常丰富、传奇，这些经历有些能串联起来，有些则是独立的。根据亚氏的说法，古希腊有不少关于他们经历的史诗作品，大概因为二者的经历特别丰富，而这些作品只知道将故事作为这个英雄名下的事迹串联起来，并不懂得如何选材以构合成一体的情节。这里的"此类作品"，用的是 ποιήματα（ποίημα）一词，而不是 ποίησις［诗、作品］。这里的 ποιήματα 译为"作品"。

真知灼见（καλῶς ἰδεῖν）：ἰδεῖν（εἶδον）有看、知道的意思。καλῶς ἰδεῖν 的字面意思即"看得很清楚""知道得很好"，进而指"完全懂得""彻底精通"。

荷马在这一点上看起来也如在其他方面那样具有真知灼见：《诗术》中会反复强调荷马在众（史诗）诗人中的特出。这里强调了在处理情节整一问题上，荷马之于其他诗人的优胜，由于前面已经强调除了荷马，"所有"其他史诗诗人在这个问题上都犯了错，荷马的优胜可以说是出乎其类、拔乎其萃。在第 26 章对比史诗与悲剧优劣时，亚氏又说到史诗诗人的摹仿在情节整一性方面欠完美，再次强调，许多和荷马史诗一样规模庞大的作品在情节整一性上都会出现问题，而荷马的这"这两部作品以最佳可能组合起来，即最大限度地对一个行动的摹仿"。再次赞扬，并且以唯一性赞扬荷马。

在柏拉图的《伊翁》中，柏拉图就已经借伊翁的口提到"他们（其他诗人）与荷马作诗的方式（ὁμοίως）不同"（参《伊翁》531d）。《伊翁》与《诗术》似乎有一个共识，即荷马极为优异。用伊翁的话来说，其他诗人跟荷马比起来"差远了"（《伊翁》531d）。伊翁意识到了荷马的与众不同在于"方式"，而且在于其方式比其他诗人好得多——虽然他不知道为什么。在《诗术》中，亚里士多德同样赋予了荷马与在史诗诗人中某种出类拔萃的"唯一性"。不过，伊翁不能"凭借技艺和知识解说荷马"（《伊翁》531d），而亚里士多德在《诗术》中似乎正是在"凭借技艺和知识解说荷马"。

凭借技艺（διὰ τέχνην）：在古希腊传统中，诗人的才能，无论灵感还是技巧，在诗人们自己那里，通常被追溯到神。比如荷马和赫西俄德对缪斯女神的祈求和依凭。到公元前5世纪时，技艺观念似乎后来居上。哈里维尔谈道：

> 这种古希腊诗歌技巧的成熟观念正好凝结在"诗"（ποίησις= making［制作］）这个名词上，这个名词从生产更为切实有形的制品借用过来。碰巧这个名词以及从同一词根而来的某些同源词，在这一意义上最初都出现于前5世纪。……看起来很可能在前5世纪，尤其是在那些智术师们建立理论体系的风潮影响之下，诗的技巧观念赢得了地盘。①

凭借自然禀赋（διὰ φύσιν）：虽然传统的评注均认为《诗术》以专注理性技艺为特征，远离传统诗人的自我标榜以及诸如柏拉图《伊翁》中谈到的那种所谓"神灵凭附"的迷狂说，但亚里士多德谈到自然禀赋时，却与这种迷狂说或神灵凭附说有一定关系。在《诗术》第17章中，亚里士多德说："诗术属于εὐφυής［天资聪颖、天纵之资］或者μανικοῦ［疯迷的、迷狂的］之人。"《问题集》中有对这两类人在生理学和病理学上某些共同基础的探讨（30.1.953a10ff.）。对于这种生理或病理影响，亚里士多德谈到了传说中赫拉克勒斯就有此本性（同前，953a14），并说古人因此就将此种情绪状态称为"神圣疯狂（ἱερὰν νόσον）"（同前，953a16）。在柏拉图的《伊翁》中，苏格拉底发表"迷狂说"时，用了一个磁石喻，并说这种欧里庇得斯称为磁石（μαγνῆτιν）的东西，被大多数人称为"赫拉克勒斯石（Ἡρακλείαν）"（《伊翁》533d）。看来，柏拉图和亚里士多德都会聚于这种颖慧或迷狂的天赋特征。此外，《问题集》也将这种疯迷与"酒"的作用相比较，而《伊翁》中的迷狂说也与

---

① 哈里维尔，《〈诗学〉的背景》，陈陌译，收入经典与解释15期《诗学解诂》，华夏出版社，2006，页49-50。

酒神作用（βακχεύουσι）紧密相关。不过，虽说亚里士多德并不否认天赋，但他似乎将其解释为一种自然禀赋，而不是《伊翁》中迷狂说的那种神力的传导。天纵之资（εὐφυής）和疯迷癫狂（μανικοῦ）虽有某些共同点，但并不等同。亚里士多德在《尼各马可伦理学》中曾谈及这种天纵之资（εὐφυής），说其乃是在对善的选择和判断上有自然禀赋的人，这是天生的，不是从别人那里学来的，并说这是最好、最高贵的馈赠（1114b5-10）。εὐφυής 乃是神之馈赠，神馈赠的"知"和"技艺"。就此而言，技艺也会以天赋的方式和"神"相关。

玛高琉斯将"不论是凭借技艺还是凭借自然禀赋"释译为"无论是凭借对原理的知识（knowledge of principles）还是凭借直觉（instinct）"。

在制作《奥德赛》时：前面说到因为赫拉克勒斯和忒修斯这两位英雄的经历都特别丰富，而那些以他们为名的作品只知道将故事作为这个英雄名下的事迹串联起来，并不懂得如何选材以构合成一体的情节。奥德修斯同样经历丰富，有很多传说故事，但荷马在制作《奥德赛》的时候却善于对各种事件取舍裁剪，构作出一体的情节。至于《伊利亚特》，它并不是在某一个人名下的故事，亚里士多德说荷马制作《伊利亚特》也和《奥德赛》一样，通过对各种事件的恰当取舍，构合成一体的情节。在最后一章中，亚氏又批评荷马之外的其他史诗诗人在情节构合方面缺乏一体性，并高度赞扬荷马："……由多个行动组成，正如《伊利亚特》和《奥德赛》便具有诸如此类的诸多成分，且每一个都颇有分量。然而，这两部作品以可能达到的最佳组合起来，还尽可能作为对一个行动的摹仿。"

那么，正如在其他摹仿技艺中，一个摹仿是对一的［摹仿］，则情节也是如此，既然［情节］是对行动的摹仿，就是对一即这个整体的摹仿。事件成分要组合到这样，以至若任何成分改动或删削，就会使整体变化和松动。对于出现［35］与否都不造成显著［差异］者，就不是这个整体的部件。

一即这个整体（μιᾶς τε εἶναι καὶ ταύτης ὅλης）：在这句话中，根据亚里士多德惯用的方式，他很可能又是把 καὶ 用作表解释的成分，从而解释了 μιᾶς（εἷς，一、一个）即 ταύτης ὅλης（ὅλος，整体的），一即这个整体。

事件成分要组合到这样，以至若任何成分改动或删削，就会使整体变化和松动。对于出现与否都不造成显著差异者，就不是这个整体的部件：这两句话中既用了成分（μέρος），也用了部件（μόριος），也表明这两个词含义上基本可以互通。

⁂

第6章开始讨论诗术种类之一的悲剧，给出了悲剧的定义，并一一解释了悲剧的六成分。第7章开始讨论具体成分，从最首要、最重要的情节开始。悲剧定义说，悲剧是对一个完整的、具一定分量的行动的摹仿，第7章重点讨论了"具一定分量"的问题。第8章讨论"情节之为一"即"完整性"问题。

9

　　从前面所述［来看］就很清楚，① 诗人之功不在于讲述已然发生者，而在于讲述可能会发生者，即依可能如此或必然如此有可能发生者。②

　　从前面所述来看就很清楚：作者在论文中会给出很多情节论述上前后照应的提示，这里也是一例。有一些互涉是非常明显的，有一些

---

① ［M本注］此从诗作为"对想象的描绘（portrayal of the Imaginary）"的定义而来，且从此理论推导出戏剧方式的准则在于，人物的存在以剧作的起始和终结为限。不管怎么说，"对想象的描绘"看起来是这个段落的真正来源。因此，在接下来的一章（第14章），剧作者被告知要自己去创作，只需要追随传统中最重要的一些特征。

② ［M本释译］玛高琉斯把"诗人之功不在于讲述已然发生者，而在于讲述可能会发生者，即依可能如此或必然如此有可能发生者"这一句释译为："诗人之职不在于处理现实之事，而是处理典型之事（the typical），即受制于接近必然的可能性（moral certainty）或自然规律（laws of nature）的潜在之事（The Potential）。"［M本注］作为一个条件句的结论，这是对可能情态（the potential mood）这个意思的定义。"接近必然的可能性（moral certainty）"这个译法来自《修辞术》。正如文本用的"可能会（would）"这个词，意味着某些不同于"如果一个人被伤害，他可能会（would）为自己复仇"和"如果a+b乘以a+b，结果会（would）是$a^2+2ab+b^2$"这两个句子的某些东西。在前一个句子中，结果通常会出现，而第二个句子中，结果一定会出现。那么，诗（或者毋宁说虚构作品［fiction］）涉及假设的后果；这一假设大体就是人物的性情：遵循这些假设而来的结果会部分地遵循接近必然的可能性，例如俄狄浦斯将指责克瑞翁唆使特瑞西阿斯，俄狄浦斯会刺瞎他自己等等；部分则遵循自然规律，例如既然宙斯颁布了复仇的法律，阿伽门农将为他杀死自己女儿而被杀等等。这个主题主要的讨论在《形而上学》1047b，在那里，这个潜在必然如此的理论就是像上面这样解释的。

却好像并没有着落。关于本章这里要讨论的，即诗人不讲述已然发生者，而是讲述可能发生者，亚氏说从前面的论述看就很清楚了，但我们似乎并没有看到前面明确论述这个问题。前面一章，重点在讨论情节构合的问题，情节的"完整性"意味着这个行动有某种自足性，其中的构合并不依赖于是否真实发生，而是依赖于事件的相互关系，即第 8 章中谈到的，其中某一件事的发生要能必然如此或可能如此地让另一件事发生。从而，事件成分的组合要达到任何成分一旦改动或删削就会使整体变化和松动的程度，而那些出现与否都不造成显著差异者的成分，都得排除到情节整体之外。这与第 9 章有一定关联。不过，我们记得，关于这个问题，玛高琉斯在前面已经多次讲到，诗乃"对想象的描绘"，意在强调诗的虚构性质。这样看来，这里的"从前面所述"，实际上指隔了相当长一段距离的地方。第 1 章中讲诗术之属是"全面摹仿（μίμησις τὸ σύνολον）"时，解释了σύνολον 的专业术语含义，即所谓"形式和质料均为摹仿"，玛高琉斯释译为"对想象的非物质性描绘（immaterial portrayals of the imaginary）"。因此，这个专业术语中已经包含了诗术的虚构性特征；之后在第 4 章诗术发展历程中，从针对个别具体之人进行谩骂嘲讽的讽刺体，发展到摹仿戏剧性行动的谐剧，已经暗含情节意味；第 5 章中明确提到了谐剧诗人制作具有普遍性的情节，与这里的问题更是密切关联。因此，亚氏在这里提示我们与前文的互涉，不仅指前面的第 7、8 章，更要回到前五章的总论部分。确实，第 6 章开始讲述悲剧，然后 7、8 两章顺着讲情节，但第 9 章又回到了诗术本身的问题，与前五章相联。但是，显然，虚构性的问题与情节问题密切相关，因此，即便有了第 1 章的定义，第 4、5 章在诗术发展中对情节普遍性的揭示，但仍然要到第 7、8 两章谈论了情节的整体性、一体性之后，到第 9 章才重点来谈诗术虚构性的问题。

史家和诗人的区别不在于其讲述是合格律的还是无格律的，[1451b] 可以把希罗多德的描述格律化，用格律者之为史述，并不会比无格律者

差；而他们的区别在于，一个讲述已然发生［5］者，另一个讲述可能要发生者之类。

希罗多德（*Ηρόδοτος*，约前484—前425）：约公元前5世纪的古希腊史家。希罗多德本人生平事迹记载甚少。根据他作品中的线索及一些相当晚近的资料（比如10世纪拜占庭的《苏达辞书》），大概知道他于公元前484年生于现在小亚细亚的哈利卡那索斯，似乎在一次政变失败后被流放，并在萨摩斯岛隐居。他著有《原史》（*Ἱστορίαι*）一书，*Ἱστορίαι*［史述］一词原意为"调查、探究"，《原史》一书即流放中他周游列邦所记述下的所见所闻，其中也参考了各地的许多记载，推原求本，发表自己的意见。文体上说，《原史》是西方语文史上第一部完整流传下来的散文作品。就史述而言，希罗多德因这部最早的史述著作被罗马的西塞罗称为"史述之父（pater historiae）"。

古典时代，韵文、散文是语言文字作品基本的两个大类。无格律的散文最初用于法律行政及神庙记录之类的事务性文书，后来又用于哲学和史述。传统中用于作"诗"的语言，则通常是有格律的韵文。因而，有格律似乎成了"诗"最显著的特征，而有无格律似乎也是诗和史述最明显的差异。但正如第1章中亚里士多德就已着重处理过这个问题，对诗而言，有无格律虽是一个最显著的特征，但却是表面的特征，或者说非本质的、偶性的特征。其实质乃是普通或者说流俗意见把是否有格律而非是否制作摹仿看作诗的本质。同样，散文形式对于史述来说也只是一个非本质的、偶性的特征。正如亚氏这里所说的，即便把史述格律化，对其之为史述本身也不会有差。因而，虽然韵散之分表面上看来是诗与史述最显著的区分，因而也就是流俗意见中对诗和史述区别最普遍的看法，但既然这一特征对于二者而言都只是非本质的、偶性的特征，当然也就不是二者本质性的区分特征。这里既指出了普通意见中对诗史分别看法的错误，即诗史区别不在于有无格律，同时也指出了二者本质性区别在于史述讲述已然发生者，而诗讲述可能要发生者。

因而，诗比之史述更具哲学性、更高尚，①因为诗更多讲述普遍（καϑόλου）之事，而史述更多讲述个别（καϑ' ἕκαστον）之事。②此普遍者，是根据可能如此或必然如此某一类人可能会说或会行［之事］，［10］这就是在［给人物］取名字的同时，诗所瞄准者；③至于个别者，是阿尔喀比亚德所经历或遭遇之事。

  诗比之史述更具哲学性、更高尚（φιλοσοφώτερον［φιλόσοφος］καὶ σπουδαιότερον［σπουδαῖος］）：σπουδαῖος 这个词在前面第 2 章谈论摹仿对象的不同、第 6 章谈论悲剧定义时都已经出现过。这里出现 φιλόσοφος［哲学的］一词，则显得非比寻常。作为背景，这句话涉及诗、史和哲三者的关系。在古希腊，哲学和史述兴起之前，从神事到人事的各种知识和记忆都是由诗人来保存和传授的。但哲学和史述兴起之后，对诗的权威发起了挑战。诗靠传说保存下来的往事、先业、惯例、旧规，凭借"古老""久远""祖传"这些性质获得的权威性，遭到了哲学之说理论证（λόγος）和

---

  ①［M 本注］在《后分析篇》（88a6）中，我们被告知，普遍性是值得尊敬的，因为其解释了原因；反之，通过生理感觉了解到的情况，其原理只能通过理解力来辨别。《论灵魂》（417b22）中也重复了这一点。基于同样原因，探究者高于演说者（《问题集》956b6）。科学和政治对君子来说是两种可能的志业（《政治学》1255b37）。那么，史述与诗两者的差别可以用一个商人的账簿和一篇代数论文的差别来比拟。前者"登记入册"，例如 A 买了多少，B 卖了多少；后者"用公式表示原理"，例如给出一系列数字，将怎样计算？对于虚构作品（fiction），其中真正的原理是由性情构建的，即品质和环境的组合，而代数之于簿记的关系就代表着这种虚构作品之于史述的关系。

  ②［M 本释译］玛高琉斯译本把"诗比之史述更具哲学性、更高尚，因为诗更多讲述具有普遍性的事，而史述更多讲述个别之事"这句话释译为："诗是更科学和更高等级的；因为诗普遍化（generalizes），而史述个体化（particularizes）。"

  ③［M 本释译］玛高琉斯译本把"这就是在［给人物］取名字的同时，诗所瞄准者"这句话释译为："这是试图用代数方法去解决的问题。"

史述之眼见为实（ἱστορία）的质疑。作为史诗主题和悲剧题材的"神话传说故事"意义上的谜索思（μῦθος），总是要么和古代对神的谈论紧密联系，也就是和离奇的、非真实的甚至谎言一般的"神话"紧密联系，要么作为久远过去"发生过的事情"，也就是和"史"夹缠不清。这也是为什么史诗内容常常被视为"史"的原因。哲学探求 λόγος，把诗看作"谎言"；像希罗多德这样的史家，为了撇清同 μῦθος 的"虚构""虚假"之间的干系，也把自己的著述称为 λόγος。看来非但哲人在用 λόγος 攻击 μῦθος，史家也在用 λόγος 攻击 μῦθος；不仅有诗与哲学之争，还有诗与史述之争。在亚里士多德对"诗"的辩护中，一旦和"普遍性（καθόλου）"相结合，诗便和讲述个别性的史述撇清关系，归入"合逻各斯"的"想象""虚构""故事"。哲学探究普遍，诗更多讲述普遍者，而史述更多讲述个别者；相对于诗，史述与 λόγος 的关系受到贬抑，从而诗与哲学建立起更紧密的关系。亚里士多德在这里，不仅要澄清诗与史的区别，还回应了柏拉图《王制》卷十的"诗与哲学之争"中从哲学角度对诗的贬抑。

诗更多讲述普遍（καθόλου）之事：καθόλου［一般的、普遍的］，这个词在第 5 章 1449b9 就出现了。那里说："那些在雅典的诗人中，卡尔特斯最早弃用讽刺体的形式，普遍地来制作故事（λόγους），即情节（μύθους）。"在这句话里，亚里士多德解释了 λόγος 和 μῦθος 的关系：具有普遍性（καθόλου）的故事（λόγος），即是（καὶ）情节（μῦθος）。本章涉及和展开的重要内容，在第 5 章一个不起眼的地方已经做了铺垫，给出极为关键的提示。前面谈到，无论哲学还是史述，都以 λόγος 的名义贬抑诗的权威，在希腊语境中，所谓"诗与哲学之争"差不多可置换为"谜索思（μῦθος）与逻各斯（λόγος）之争"。在第 5 章的那句话中，一旦和这种"一般的、普遍的"意义结合，μῦθος 便脱胎换骨，和史述彻底撇清关系，归入"合逻各斯"的"想象""虚构""故事"，和哲学建立起更为紧密的关系。

阿尔喀比亚德（Ἀλκιβιάδης Κλεινίου Σκαμβωνίδης，前 450—前 404）：公元前 5 世纪雅典著名政治人物。雅典政治家伯利克勒斯（Περικλῆς）

是其亲族，在阿尔喀比亚德的父亲去世后曾担任他的监护人。阿尔喀比亚德体貌俊美，生活中放荡不羁，政治上富有才干、野心勃勃。他曾担任雅典将军，在伯罗奔半岛战争后半段扮演了重要角色，担任战略顾问、军事指挥官和政治家。战争期间，阿尔喀比亚德数次出尔反尔，变换其政治忠诚。在故乡雅典时，他主张一种好战的外交政策，是西西里远征的主要支持者。但在受其政敌指控犯有亵渎罪逃亡斯巴达后，又在斯巴达担任战略顾问，提议或监督了反对雅典的几次主要战役。之后在斯巴达面临强大的敌人波斯时，阿尔喀比亚德再次叛投波斯，直到其雅典政治盟友将其召回。公元前410年，阿尔喀比亚德重掌雅典的舰队，此后3年间带领雅典连战连胜，但最终其政敌再次将他流放。流放波斯期间，在波斯盟邦斯巴达要求下，阿尔喀比亚德被谋杀。

　　亚里士多德在这里特别指明阿尔喀比亚德所经历或遭遇的事，作为伯罗奔半岛战争中的一个重要人物，又在关于史述言说的语境下，虽然亚氏并未言明，但会非常自然地让人想到修昔底德（Θουκυδίδης）的《伯罗奔半岛战争志》（Ἱστορία τοῦ Πελοποννησιακοῦ Πολέμου），这部记述了阿尔喀比亚德诸多经历和遭遇的史述。阿尔喀比亚德的行为和遭遇，他变色龙一样变来变去的政治选择，似乎相当极端、相当特别，不太具有普遍性。但颇有一些哲人和诗人以阿尔喀比亚德作为他们作品中的人物，包括柏拉图、色诺芬（Ξενοφῶν）的对话，最著名的比如柏拉图的《会饮》，柏拉图还写有以阿尔喀比亚德之名为题的对话。《诗术》第1章中在谈及以散文为媒介的摹仿制作也是诗时，特别举 Σωκρατικοὺς λόγους［苏格拉底对话］为例，可见《诗术》明确认为柏拉图、色诺芬这些对话作品都是"诗"。那么，在柏拉图、色诺芬他们的苏格拉底对话中，阿尔喀比亚德显然可以代表某一类人，从而探讨这类人"根据可能如此或必然如此可能会说或会做之事"。从苏格拉底对话中和哲人苏格拉底作为对举和比较的人物来看，可以说阿尔喀比亚德代表了某一类政治人。正如本章后面说到诗人可以从过去发生的事中取材，因为"没有什么能阻碍过去发生的事中有一些事是合乎可能如此会发生的"，阿尔喀比亚德作为某一类人的代表，依然有其普遍性。如果亚里士多德这里确实是暗指《伯罗奔半岛战争志》，认为其中记述的阿尔喀比亚德所经历和遭遇的是个别之事，那么在他看来，修昔底德的史述和柏拉图、色诺芬的苏格拉底对话中对阿尔喀比亚德的取材和处理上有所不同。任何一个人所经历和遭遇的事，可能都是这两方面的复合，既有普遍性的"根据可能如此或必然如此某类人可能会说或会做之事"，也有不具普遍性的"个别之事"。

就谐剧而言，迄今为止已然很清楚：[他们] 依可能如此把情节组合到一起，然后随便给取些名字，① 不再像讽刺诗人那样针对个别之人 [15] 来制作。就悲剧而言，他们仍执着于现成的名字，理由在于有可能者就是可信的；② 我们不相信还未发生的事是有可能的，而已经发生的

---

① [M本注] 这让我们吃惊，因为通常来说，这些名字都有一种适用性，并且，在新谐剧（the New Comedy）中有常备的名字，可以用很久。也许这可以被亚里士多德用来和无能画家那种给画贴标签的方式作比，因为不这么做的话，那些人物的身份就没法认出来。

② [M本注] 正如已经看到的那样，诗的领地在于潜在性或可能性，而有人认为可能者，另一个人也许认为为不可能。但在实际上已经发生的情况下，就不可能产生这种疑义，那么举个例子：如果主题是关于博沙萨（Belshazzar [译按：巴比伦末代国王]）的，"墙上的笔迹"就不会受嘲笑，而在一部原创剧作中就很可笑。对此主题进一步的讨论在《问题集》917b8-16。在那里我们被告知，对于所知者，我们会期待更多，而了解确定者比不确定者更好；据此，关于单一事情的故事要比关于许多事情的故事更令人愉悦。此外，最令人愉悦的故事是关于那些既非过于古老也不十分现代的事情；过于古老的事情如此久远以至令人怀疑，而在我们不相信的事情中，我们找不到愉悦；另一方面，太现代的事几乎还在感觉可及的范围内、在听闻中，我们也感觉不到愉悦。对 D 手稿的释读给出了对这个段落的准确翻译（见校注）。"相信"的问题，构成演说者的领域（《修辞术》1355b27），演说者处理的乃是意见而非知识。我们也许先在地就会认为，没有母亲仅仅因为怨恨其丈夫便杀死自己的孩子。但当我们熟悉了美狄亚的传说，她的名字就可以被用到发生这种事的情节中；要是把这事归到一个虚构人名下，看起来可能就太不可信了。但这些名字是虚构作者从历史中借来的最主要的东西。

事则显然是可能的，否则，要是都不可能的话就不会发生。即便如此，在悲剧里，有些［作品］中，一［20］两个名字是现成的，而其余的都是造出来的，有些里面甚至一个［现成的人名］都没有，比如阿伽通的《安修斯》。该剧中的事件和人名一样都是造出来的，但其使人喜爱［的程度］并不逊色。因此，不应当寻求完全执着于那些悲剧所围绕的流传下来的故事（μύθων / μῦθος）。［25］寻求这个很可笑，因为即便是知名者，也只是对少数人而言知名，^①尽管如此，［这些故事］仍然让所有人喜爱。

就谐剧而言，迄今为止已然很清楚：他们依可能如此把情节组合到一起，然后随便给取些名字，不再像讽刺诗人那样针对个别之人来制作：这句话的内容在前面第4、5章已经有许多铺垫。第4章中曾有相当篇幅谈及这里所谓的"讽刺诗人"。亚氏说到，诗的发展依人的性情而分道扬镳。其中较卑贱者喜欢摹仿小人的行动，起于制作讽刺诗。开始的讽刺诗只是"谩骂"而非"制作戏剧性摹仿"。对于诗的发展来说，重要的关节点在于从直接针对具体个别之人的赞美和谩骂转向摹仿行动，从而也就从讽刺诗发展为谐剧。到了第5章，亚氏说："情节的制作［厄庇卡尔摩斯和弗尔弥斯］最初起于西西里。那些在雅典的诗人中，卡尔特斯最早弃用讽刺体的形式，普遍地来制作故事（λόγος），即

---

① ［M本注］悲剧的目标并非知识，而是愉悦；不必在细节的精确上孜孜以求，因为即便在熟悉的故事中，也几乎没人知道得全然精确，比如能给出故事的时间和见证；能给出俄狄浦斯准确历史的人的数量只是对这个故事感兴趣的人中很小很小的一部分。那么，正如后面看到的，只要不违反故事的突出特征，细节问题上的自由度没什么问题。

［译笺］玛高琉斯这个注释似乎偏离了亚氏原意。这里所说"悲剧所围绕的那些流传下来的故事""即便是知名者，也只是对少数人而言知名"，指的应该是国族性和普遍性的问题，而非故事本身精确性的问题。这些传说故事乃是希腊人共同的教养传统，但即便如此，对于希腊人来说也许人所共知的故事，就普遍性（所有人）而言，希腊人也只是少数人。

情节（μῦθος）。"这里说"一般性地、普遍地"，相对的就是"讽刺诗"的具体性、个别性。从个别性转变到一般性，针对的不再是现实的具体的人，而代之以虚构的具有普遍性的人物和情节，据说卡尔特斯就是最早采用虚构人名来制作情节的谐剧诗人。

一两个名字是现成的，而其余的都是造出来的（πεποιημένα / ποιέω）：这里对于虚构人物的名字，用的也是制作（ποιέω）这个词。

阿伽通（Ἀγάθων，前445—约前400）：雅典悲剧诗人。阿伽通曾在公元前416年大酒神节的戏剧比赛中获得头奖，柏拉图的《会饮》便以这一事件为背景，描写了阿伽通获奖后在其家中举行的一次宴饮。阿伽通因在柏拉图《会饮》中的这一出场最为人所知。除了出现在柏拉图的对话中，谐剧家阿里斯托芬在《地母节妇女》（Θεσμοφοριάζουσαι）和《蛙》（Βάτραχοι）中对阿伽通也有提及。伯罗奔半岛战争后期，阿伽通离开雅典前往马其顿，并在马其顿宫廷终老。阿伽通的作品，现存仅余40行残篇；包括《诗术》这里提到的《安修斯》，全都没有流传下来。根据《诗术》这里所述，我们得知阿伽通的《安修斯》不同于其他希腊悲剧，不从神话传说故事中取材，完全出于虚构，包括其中人物的名字。这也是现在所知唯一一部不从神话故事取材，包括人名全都出自虚构的希腊悲剧作品。在后面第18章中，亚氏又几次提及阿伽通。

因此，不当寻求完全执着于那些悲剧所围绕的流传下来的故事（μύθων / μῦθος）：对于古希腊人来说，以荷马史诗为代表的关于神和英雄的传说故事乃是他们共同的教养传统，所谓μῦθος几乎就是指向这些"故事"的。而μῦθος作"情节"讲这一经典含义，既与μῦθος的本义有所关联，又不尽相同。作为"情节"讲的μῦθος恰恰是亚里士多德在《诗术》的论述行程中逐步澄清了普通意见的夹缠、混同和误识后，在μῦθος的本义中提炼出来的意涵，从而成为由《诗术》特别支撑的一个义项。μῦθος在普通意见中的所指与《诗术》中所要澄清、提炼的所指不同，本章中μῦθος在不同语境下呈现出的含义偏向恰好能显明二者的区别。此处语境下μῦθος的所指是作为史诗主题和悲剧题材的"神话传说"意义上的"故事",这种意义上的 $μῦθος$ 总是要么和古代对神的谈论紧密联系,也就是和离奇的、非真实的甚至谎言一般的"神话"紧密联系,要么作为久远过去"发生过的事情",也就是和"史"夹缠不清。这里重点处理的是"传说故事"被作为过去发生过的事所产生的迷误,因人们执着于发生过的事更可信,而执着于这些"故事"。

可以说,亚氏在本章集中论述了诗的"普遍性",仿佛两线作战,将"诗"的情节同史述($ἱστορία$)和神话传说故事($μῦθος$)进行了重点区分。毫不奇怪,亚里士多德认为没有必要非得从那些悲剧所围绕的传统故事($μῦθος$)中取材。这里,$μῦθος$ 回到了其本来意义,即与传统结合紧密的神话和传说,却是在一个被亚氏明确摒弃的语境中。这一章呼应着前面第 5 章中涵藏的谜团和深意。在《诗术》中,情节对悲剧的意义如此之巨,为什么"普遍地来制作故事,即情节"这一重要的提示不是在关于悲剧发展的段落,而是在关于谐剧发展的段落中?因为在这一点上,谐剧里看得最为明显。悲剧由于总是从传说故事($μῦθος$)中取材,恰恰会遮蔽这一关键的区分。本章中关于谐剧和悲剧在情节和人物虚构上的不同,再次显明了这一点。

即便是知名者,也只是对少数人而言知名,尽管如此,这些故事仍然让所有人喜爱:留意这句话中的少数人($ὀλίγοις$)和所有人($πάντας$),这也意味着个别性和普遍性之间的某种对比。这些传说故事乃是希腊人共同的教养传统,但即便如此,对于希腊人来说也许人所共知的故事未必就是普遍,因为就普遍性(所有人)而言,希腊人也只是少数人。因此,所应寻求的并不是这种只为少数人所知的知名性,而是寻求这些故事之所以让所有人喜爱的那种具有普遍性的东西。这里处理的问题,可以指向我们所说的"民族的才是世界的"这一命题。根据这句话可知,亚里士多德对此命题的回应是,所谓"民族的才是世界的",乃是因为这些民族的故事中蕴含普遍性,虽然只为本民族熟知,但同样能让所有人喜爱。

从这些就很清楚，[诗人]更其是情节的制作者（ποιητήν／ποιητής），而非格律的[制作者]，因诗人所是乃依据摹仿，对行动进行摹仿。并且即便偶然制作[30]过去发生的事，也不失为诗人，因为没有什么能阻碍过去发生的事中有一些事是合乎可能如此会发生的，即有可能发生的，职是之故，才成其为诗人。

从这些就很清楚，诗人更其是情节的制作者（ποιητήν／ποιητής）而非格律的制作者，因诗人所是乃依据摹仿，对行动进行摹仿：这里的制作者和诗人是同一个词ποιητής，但这里要说的是，只有情节的制作者才是诗人，格律的制作者并非诗人。这句话遥远地呼应着第1章中那段话："人们总是把格律和制作联系在一起，……把他们称为诗人（ποιητής），不是因为摹仿，而是共同地因为格律。"情节，就是对行动的摹仿，制作情节即摹仿行动。而这和柏拉图《会饮》中那段关于诗人的著名说辞正好相对：

> 你知道，并非所有的高超艺匠都被叫作制作者，而是有别的名称。从所有的制作中，我们仅仅拈出涉及乐术和节律的那一部分，然后用这名称来表达整个制作。毕竟，只是这一部分才被叫作诗，那些具有这一部分制作[能力]的人才被称为诗人。（205b7-c9）

即便偶然制作过去发生的事，也不失为诗人，因为没有什么能阻碍过去发生的事中有一些事是合乎可能如此会发生的，即有可能发生的，职是之故，才成其为诗人：这句话解释了某些诗与史述常常被混同或二者似乎可以掺杂的问题。既然没有什么能阻碍过去发生的事中有一些事是合乎可能如此会发生的，即有可能发生的事，那这么说来，某些史述看起来像诗，也就并不奇怪。但诗只是偶然制作过去发生的事，因为取了其中合乎诗的行动；史述则着眼于讲述过去发生的事，尽管其中很可能包含有"合乎可能发生者"这类像诗的内容。进而，正如我们在众多史述中也会看到，有些史家似乎只是单纯记述过去发生的事，而有些史家则颇具"诗人"笔法，善于发现历史中那些"合乎可能发生者"。

  在单一情节和行动中，穿插式的最糟糕。①我所谓的穿插式情节，[35]是指其中一个接一个的场次既非可能如此也非必然如此。差的诗人制作此类[情节]是出于其本身，好的诗人[如此制作]则是出于演员。因为制作竞赛手段，他们把情节拖得很长，大大超出[情节本身的]能力，强行扭曲其顺序。②

  在单一情节和行动中，穿插式的最糟糕。我所谓的穿插式情节，是指其中一个接一个的场次既非可能如此也非必然如此："场次（ἐπεισόδια / ἐπεισόδιος）"这个词既指场次，也指穿插。前面所说的"穿插式的（ἐπεισοδιώδεις / ἐπεισοδιώδης）"，就是这同一个词。前面一段话中刚说到诗和史可能混同之处，这句话马上又对可能的误解进行了澄清。如果过去发生的事件仅仅是"一个接着一个"，但相互间并不出于可能如此或

---

  ①[M本注]作者的惯例是从最糟糕的类型开始，并以惯常的方式将其从列举中排除；因此，第14章（1453b36）列举，提到犯罪图谋是有意计划的，但却没有实施的情况，但这种情况却被排除在清单外。这里，故事单一，但不连贯者，也如是处理，这种类型被放到真正的列举外，真正的列举从故事单一但却连贯者开始；下一段中最后出现的那个词所指涉者即此类型，表明这个句子不可能颠倒，而对单一故事的预先限定（就像peripeteia那样）只不过是隐微风格的一个特征。证据就是接下来给出的，涉及命运的反讽（the irony of fate）要好于没有命运的反讽的故事；那么，就表明，最好的类型是命运的反讽伴随的认出或对弄错的身份的恍悟。

  ②[M本注]这里指涉《修辞术》（1413b10），在那里，我们被告知诗人要留意照顾演员，而演员关心那些"论战性（agonistic）"的剧作。接下来的说明表明这个词相应于我们翻译里的雄辩（declamation），代表了一种并不适合写作，但适合公共演说的风格。这一思想，只要改变一下表述，赋予不同的特点，就可以是伤感的或者推理性的，也是同样的道理。那么，除非演员有东西去雄辩，否则就没有恰当的机会，而诗人不得不提供雄辩的机会，否则他就没法得到最好的演员到他的剧中来演出。

必然如此，史述中很可能出现这种"穿插式"，但如果这样来制作诗，则是最糟糕的。因此，对于史述而言，时间序列可能就足够了，但对诗而言，时间序列并非本质性的，而是要出于可能如此或必然如此的事件序列。

好的诗人如此制作则是出于演员：玛高琉斯援引《修辞术》（3.12.）谈论书面文章风格和论战演说风格差别时提到，

> 论战演说的风格最适合于口头发表；后者又分两种，即表现性格的风格和表现情感的风格。所以演员总是追求具有这种风格的剧本，诗人总是追求善于表现这种风格的演员。

也就是说，演员追求表演时的表现力，诗人也因为要追求表现力赢得赛会胜利而刻意迎合演员，写作大段"论战演说风格"（包括情感性或推理性）的讲辞让演员去表演。论战（agonistic）这个词和赛会（ἀγῶνας）的同源性非常清晰。如果这种迎合并非情节发展本身所必需，往往就是诗人为了迎合演员表现力而加戏，因而出现这里所批评的"穿插式"。

因为制作竞赛手段，他们把情节拖得很长，大大超出情节本身的能力，强行扭曲其顺序：竞赛（ἀγωνίσματα / ἀγώνισμα）这个词可以指竞赛、夺奖，还可以指参加竞赛的手段，比如史诗赛会的朗诵、戏剧赛会的演出。赛会演出时，诗人常为了演员之故，制造并非情节本身所需要的穿插。比如为了让演员有机会制造表现力和感染力，发表大段带修辞色彩的论战演说类言辞之类。在《诗术》中，谈及赛会（ἀγών），往往意味着人们的"意见"。区分公共演出对创作的影响和诗术本身的要求，贬抑前者、澄清后者，这是亚里士多德《诗术》中前后一贯、非常明确的论述策略。因此，《诗术》中对于赛会的影响多有贬抑。第7章中就曾说："受制于赛会和感觉的长度限度非此技艺（指诗术）之属。"属于诗术本身的恰当的长度是"依照事件自然本身的限度"的长度。

[1452a] 既然这[2]不仅是对一个完整，而且[是对]令人恐惧和悲怜的行动的摹仿。而每当接二连三[的行动]发生得出人意料，就[5]最能[和更能]产生这些[效果]。这比出于自发和碰运气的[行动]更让人惊异。^③当这些碰运气[的行动]显得就像是有意发生的一样时，看起来最令人惊异。^④就比如位于阿尔戈斯城的弥图斯雕像杀死了对弥图斯之死负有罪责的那个人，当这个人正在凝视[雕像]时，[雕像]倒了下来。诸如此类的事情看似[10]不会无缘无故发生。诸如此类的情节必然更好。

就最能和更能产生这些效果：这句话紧接前面一句话而来，这里所

---

① [M本释译] 玛高琉斯译本把"既然这不仅是对一个完整，而且[是对]令人恐惧和悲怜的行动的摹仿。而每当接二连三[的行动]发生得出人意料，就最能[和更能]产生这些[效果]"释译为："既然这一描绘针对的不仅是一个想象性的经历，而且是想象性的残酷（atrocities）和悲恸（woes），并且当残酷是悲恸的不可预知的结果，或悲恸是残酷不可预知的结果时，二者都会达到最高点或者被强化。"

[M本注] 在《特拉克斯少女》（Trachiniae）中，德伊阿妮拉（Deianira）谋杀赫拉克勒斯就是残忍，是一场受苦（a suffering）的不可预知的结果；《俄狄浦斯王》中俄狄浦斯的悲恸是其弑父罪行不可预知的结果，而残酷本身是其受苦的不可预知的结果。"达到顶点或被强化"这句话特意考虑到属于不同情境的程度变化。《修辞术》中注意到怜悯和恐惧是相互关联的，并经常与同样的事件相关。

② [M本释译] 玛高琉斯译本把"出于自发和碰运气的"释译为"是自动的，即意外的报应（spontaneous, i. e. accidental retribution）"，即把"自发的"就等同于"偶发的"。

③ [M本注] 强化是惊奇引发的（《优德莫伦理学》1239a26）。

④ [M本注] 这处文本中所使用术语的意涵，《物理学》197b非常小心地作了分析。第二个词受制于无目的地达成一个也许曾经有目的的结果这一情形。并非偶然的情形本身有多好，但偶然的报应这种情形就非常好。而且作者认为，假如天意的运作无法预料，则这一运作越是能被清晰地追溯到，就越美妙。城邦由"相互性（correspondence）"来维持（《尼各马可伦理学》1132b34）；设立法庭是为了校正得失。因此，如果本来也许要靠设计来影响的相互性出于偶然发生了，这就是值得惊异的原因（第23章，1460a13）。

产生的效果，指的就是恐惧和悲怜。

出于自发和碰运气的行动：亚氏在《物理学》中谈到自发和碰运气是什么，以及二者的区别：

> 所以很明显，如果某物是在有所谓而生成的一般事物之列，但是，由于外在的原因，当它的生成不是为了实际发生的结果时，我们就说它是由于自发。如果这些由于自发的事件是按照具有选择能力的人的选择而生成的，那就叫作由于机会。（197b18）

诸如此类的事情看似不会无缘无故发生。诸如此类的情节必然更好：前一句话中的发生的事只是看似如此，即可能如此；后一句话所说的这样的情节是更好的情节，则必定如此，是必然如此。

第 9 章探讨了诗与史述的区别不在于格律，而在于史述讲述已然发生者，诗讲述可能发生者。诗更多讲述普遍之事，而史述更多讲述个别之事。诗比之史述更具哲学性、更高尚。

因此，戏剧中的事件和人物可出于虚构，只在于事件的发生是否合乎可能如此或必然如此。谐剧已然如此，悲剧亦不必执着于从传说故事中取材。单一情节和行动中，场次间组合既非出于可能如此也非出于必然如此的穿插式最糟糕。就悲剧所要摹仿的令人恐惧和悲怜的行动而言，出人意料的行动能加强令人恐惧和悲怜的效果。

10

情节有的单一（*ἁπλοῖ / ἁπλός*），有的缠绕（*πεπλεγμένοι / πλέκω*），因为情节所摹仿的行动作为肇端就有此分。① 我所谓的"单一行动"，[15] 就如所界定的那样，连贯为一，推移中没有突转或恍悟；而"缠绕行动"，指在其中凭借恍悟或突转或并此二者推移者。这些应从情节结构严密本身产生，成为前事 [20] 出自必然如此或根据可能如此而来的结果。这些事是一些根据一些，还是一些接续一些而来，大有区别。

情节有的单一，有的缠绕：单一（*ἁπλόος*）型，前面第 9 章已经提到过单一情节和行动。缠绕（*πλέκω*）型，一般译为"复杂型"。*πλέκω* 意为"编织、缠绕"，引申为诗歌或戏剧中情节的设计复杂，就像打"结"一样，把这些事件缠绕起来，最后再"解"开。为了和后面的"结"和"解"对应，这里更为直观地译为"缠绕型"。单一和缠绕区别的关键，正如玛高琉斯所言：单一运动是直线性的，复合运动则是直线和环线的混合（《论天》268b30）；"单一"和"复杂"这两个词的逻辑意义为"容许无变化"和"容许变化"（《论动物部件》643b31）；一个

---

① [M 本释译] M 本把这句话释译为："故事总是有些单一，另一些复杂；因为我们所知的现实经验就是如此，故事就是现实经验的想象性对应物。"

[M 本注] 作为"运动"，它们就有单一者或复合者（《论天》302a6）。单一运动是直线性的，复合运动则是直线和环线的混合（268b30）。混合物的运动是复合的（同上）。"单一"和"复杂"这两个词都是逻辑意义的，意为"容许无变化"和"容许变化"（《论动物部件》643b31）。一个经历或过程必定朝向要么好要么坏；复合的可能性在于，对于这一点主体也许会受欺骗；实际上朝向不幸的经历，还以为是朝向好。

经历或过程必定朝向要么好要么坏，因而缠绕型可能会在行动走向上欺骗主体，实际上朝向不幸的经历，还以为是朝向好，这就是突转和恍悟。

就如所界定的那样：亚氏行文中经常出现这种关于文本内部指涉的提示语，对于提示所指涉的究竟是哪处文本，有时候并不那么清晰。界定（ὥρισται / ὁρίζω）一词是比较含糊的译法，这个词也指"规定、下定义"。但正如此处指涉，我们在前文中似乎找不到关于"单一行动"的明确定义。我们只在前面第9章中看到亚氏批评穿插式情节时提到过："在单一情节和行动中，穿插式的最糟糕。我所谓的穿插式情节，是指其中一个接一个的场次既非可能如此也非必然如此。"从这里看，所谓"单一情节"指的就是其中场次一个接一个。

这些事是一些根据一些，还是一些接续一些而来：亚里士多德在这里用了两个不同的介词（διά 和 μετά）来表示前后相续的一些事（τάδε）和一些事之间不同的关系，μετά 表示的就是时间上前后相续的关系，διά 有"依凭、根据"之意。διά 表示前因后果，μετά 表示此前彼后。显然，仅仅是时间上的前后相续，并不一定具有因果关系，而根据亚氏前面反复强调的，情节中的事件构合应出于可能如此或必然如此的因果关系。所以，仅仅是时间上的前后相续，与逻辑上的因果相续，大有区别。

这些应从情节结构严密本身产生，成为前事出自必然如此或根据可能如此而来的结果。这些事是一些根据一些，还是一些接续一些而来，大有区别：这里指的应该是突转和恍悟应从情节结构严密本身产生。不过，这两种接续方式的区分似乎也适用于单一情节。第9章批评的穿插式单一情节，"其中一个接一个的场次既非可能如此也非必然如此"，也就是第10章说的，仅仅是"一些接续一些而来"，而非"一些根据一些"而来。看来，单一情节和行动可以有"一些接续一些而来"和"一些根据一些而来"两种，"一些接续一些而来"这种，即所谓穿插式情节，严格来说不属于诗术的情节，而史述则可以如此。既然诗术根本上"在于讲述可能会发生者，即依可能如此或必然如此有可能发生者"，那么严格来说，这种"一些根据一些而来""从情节结构严密本身产生，成为前事出自必然如此或根据可能如此而来的结果"才是诗的情节。仅仅是时间序列上"一些接续一些而来"的穿插式，也许更属于史述，而非诗术。

第 10 章区分了两种行动（及情节）：单一型和缠绕型。区别就在于其中的事件推移是否有突转或者恍悟。接下来第 11 章就开始讲突转和恍悟。

11

突转（*περιπέτεια*）^①即行事按照我们要说的那样转向相反的方向，^②并且就像我们所说的那样依照可能如此或必然如此，就如在［25］《俄狄浦斯》剧中，那人前来本以为会令俄狄浦斯高兴，并解除其关于母亲的恐惧，而一旦那人讲明他是谁，却造成相反［的结果］。又如在《伦库斯》剧中，伦库斯被带去处死，达纳奥斯跟去处死他，而作为前事的结果，后者被杀，前者得救。

突转（*περιπέτεια*）：意即转向。在本章详细谈论前，前面章节已有两次提及突转和恍悟。第6章谈论情节这个成分时，亚氏曾提到过一句："此外，悲剧最能动人心魄者，是情节的成分，即突转和恍悟。"这也是《诗术》中第一次说到"突转和恍悟"。第10章讲到两种行动（及情节）——单一型和缠绕型，两者的区别就在于其中的事件推移是否有突转或者恍悟。就像做了预告和铺垫一样，两次提及都让我们注意到了突转和恍悟对于情节的重要性、关键性。玛高琉斯把 *περιπέτεια* 释译为 the irony of fate ［命运的反讽］。

行事按照我们要说的那样：《诗术》中不仅有对前述内容的提示，

---

① [M本释译] 正如前面已经注释过，玛高琉斯把 *περιπέτεια* ［突转］译为 the Irony of Fate ［命运的反讽］。

② [M本注]《自然史》（7.2, 590b14）给出了一个命运之反讽的绝佳例证："章鱼吞食小龙虾，小龙虾吞食海鳗，而海鳗吞食章鱼。"章鱼追赶和捕食的经验通过自然法则转向反面，被追赶和捕食；因为章鱼所追赶的小龙虾本可以从章鱼所面临的海鳗那里救下章鱼。我们很难找到比这更好的就像根据戏剧插图而来的情形了。

也有后续内容的预告。这里预告的就是后面第 13 章才展开的内容。

就如在《俄狄浦斯》剧中：这里讲的是索福克勒斯的悲剧《俄狄浦斯王》。俄狄浦斯是忒拜国王拉伊俄斯的儿子，俄狄浦斯出生时，神谕说他长大后会杀父娶母。为了逃避命运，拉伊俄斯刺穿了新生儿的脚踝，并将他丢弃在野外等死。奉命执行的牧人心生怜悯，偷偷将婴儿转送给一个科林斯的牧人，牧人又将婴儿送给科林斯国王波吕波斯。国王把俄狄浦斯当作自己的儿子抚养长大。俄狄浦斯长大后得知自己将来会"弑父娶母"，为避免神谕成真，他离开科林斯，发誓永不再回去。俄狄浦斯流浪到忒拜时，在一个三岔路上与一驾马车发生冲突，失手杀了全部的人，其中包括他的亲生父亲拉伊俄斯。此时忒拜城正被人面狮身兽斯芬克斯所困。俄狄浦斯解开了斯芬克斯之谜，解救了忒拜，被拥戴为忒拜城的国王，并娶国王的遗孀伊俄卡斯特为妻。后来，忒拜不断遭受灾祸与瘟疫之苦，俄狄浦斯锲而不舍地要找到杀死老王拉伊俄斯的凶手；在这个过程中，俄狄浦斯恍悟了自己真正的身份，应验了他杀父娶母的不幸命运。

而一旦那人讲明他是谁，却造成相反的结果：这里所说的"那人"，即剧中的报信人，这个报信人就是当年把俄狄浦斯送给柯林斯国王的那个柯林斯牧人。柯林斯牧人说出自己的身份，告诉俄狄浦斯，他并非柯林斯国王的亲生儿子，是想解除俄狄浦斯对杀父娶母神谕的恐惧，但却揭开了俄狄浦斯是忒拜国王拉伊俄斯之子的真实身份，剧情因之急转直下。

《伦库斯》（Λυγκεύς）：《诗术》中，亚氏曾两次提及这部作品，在第 18 章提到这部作品时，我们知道其为悲剧作家泰奥德克特斯（Θεοδέκτης）的作品。泰奥德克特斯是公元前 4 世纪左右的修辞学家和悲剧作家，曾为柏拉图的学生和亚里士多德的朋友。他写过五十多部悲剧作品，曾八次获奖，可惜这些作品都没有流传，故而我们也不清楚《伦库斯》的剧情。据传说，伦库斯是埃及国王埃古普托斯的五十个儿子之一。埃古普托斯要其兄弟阿尔戈斯国王达纳奥斯（Δαναός）的五十个女儿嫁给自己的五十个儿子。达纳奥斯命令其五十个女儿在新婚之夜杀死她们的新郎。其中唯有一个女儿许珀尔涅丝特拉对自己的新郎伦库斯手下留情。伦库斯后来杀死达纳奥斯登上了阿尔戈斯的王位。

恍悟（ἀναγνώρισις），①[30]正如这个词所指示的，指从不认识到认识的转变，即剧中注定好运或厄运者，要么转向友爱，要么转向敌对。②恍悟与突转同时发生即为最佳，就如《俄狄浦斯》中的那一恍悟。此外也有其他恍悟：恍悟可以来自无生命物和[35]偶然之物以及某人做或者没做某事。但是，与情节即与行动关系最密切的恍悟，③是前面说过的那一种，因为这样的恍悟和突转会带来悲怜或恐惧[1452b]（我们认为悲剧就是对此类行动的摹仿）；此外这些情形也会伴随好运与厄运。

恍悟（ἀναγνώρισις）：γνώρισις是"认识、熟识"之意。ἀναγνώρισις这个词的核心意涵在于"认识、认出"，加上前缀就有重新认识之意。旧译为"发现"，最直接的意思即"认出"。所谓"从不认识（ἄγνοια）到认识（γνῶσις）的转变"，核心意涵也在于"认识、认出"。玛高琉斯译本把ἀναγνώρισις释译为"发现弄错的身份（disclosure of mistaken identity）"。亚氏说，ἀναγνώρισις这个词指示的是从不认识到认识，从没

---

① [M本释译]玛高琉斯译本把ἀναγνώρισις释译为"发现弄错的身份（Disclosure of Mistaken Identity）"。

② [M本释译]玛高琉斯把"恍悟，正如这个词所指示的，指从不认识到认识的转变，即剧中注定好运或厄运者，要么转向友爱要么转向敌对"这句话释译为："发现弄错的身份，正如这个名称意味着剧中注定或选定者（the doomed or elect of the play）从陌生人（strangers）向熟识者（acquaintances），即联系或敌对（connexions or foemen）的转变。"

[M本注]正如我们在《物理学》中了解到的那样，转向总是在诸极（Poles）之间，但并不必然从一极转向另一极，命运的反讽就是如此。因此，一个并没有确定关系的人，通过其身份的揭露，会转变为具有确定关系的某一个人。

③ [M本释译]玛高琉斯把这种恍悟译作"最属于故事的"。

[M本注]故事受到主角身份揭示的影响要比任何其他类型恍悟都严重。俄狄浦斯杀死拉伊俄斯这件事的揭露，比起他们之间关系的揭露来，并没有那么重要。

认出到认出，从不知到知。在悲剧中，这个从不认识到认识的过程并非简单的认识过程，而往往是从并不认识一个人的真实身份却以为认识（即以为是另一个身份），转变为认出其真实身份；从以为知而其实不知到真正知（即知道真相）的过程。故而译为"恍悟"。

好运或厄运（εὐτυχίαν ἢ δυστυχίαν）：这里的核心含义在于 τύχη［运气、机运］这个词。亚里士多德在《物理学》中说：

> 当某一机会的结果是好的时，就被说成是运气好，相反，当某一结果糟糕时，就被说成是运气坏，当这些结果关系重大时，就用幸运和厄运来称谓。（197a26）

同时，他在《物理学》中也谈道：

> 机会性和由于机会的事情只适于交好运以及一般而言能有行为能力的行为者。所以，机会必然是有关行为的。……所以，凡不可能行为的东西就不能做碰机会的任何事情。正因为如此，不论是无生物、低级动物还是小孩，都不能做任何出于机会的事情，因为它们没有选择的能力。（197b2）

本章只是提到好运和厄运，并没有展开，更多的谈论要到第 13 章。

要么转向友爱，要么转向敌对（εἰςφιλίαν ἢ εἰςἔχϑραν）：从具体的悲剧，以及亚氏《诗术》后面章节的论述来看，这里的友爱（φιλία）和敌对（ἔχϑρα）往往都和亲缘关系相关，特别是血亲。不过，正如亚氏《伦理学》中讨论友爱时，亲情也属于友爱之列。

与情节即与行动关系最密切的恍悟，是前面说过的那一种，因为这样的恍悟和突转会带来悲怜或恐惧（我们认为悲剧就是对此类行动的摹仿）："悲剧就是对此类行动的摹仿"，即前面说到的，悲剧不仅是对一个完整，而且是对令人恐惧和悲怜的行动的摹仿。后面第 13 章中还会强调"所摹仿的应是令人恐惧和悲怜者"，这一点是悲剧的特性。这里所谓"前面说过的那一种"指哪一种？和当下这句话"与情节，即与行动关系最密切的恍悟，是前面说过的那一种，因为这样的恍悟和突转会带来悲怜或恐惧（我们认为悲剧就是对此类行动的摹仿）"最能呼应的，似乎是前面第 9 章中所说的，"既然这（指悲剧）不仅是对一个完整，而且令人恐惧和悲怜的行动的摹仿。而每当接二连三的行动发生得出人意料，就最能和更能产生这些效果"。结合第 9 章中那个段落的意思，这意味着，这种恍悟和突转得是接二连三的行动而且发生得出人意料，但并非无缘无故发生的那种。

既然恍悟是对某些人的恍悟，有些恍悟只是一方对另一方的恍悟，不管什么时候一方是［5］明确的；有些则要双方互相恍悟。例如，通过送信一事伊菲格涅娅被俄瑞斯特斯认出，而俄瑞斯特斯则需另一次恍悟才能让伊菲格涅娅恍悟。

通过送信一事伊菲格涅娅被俄瑞斯特斯认出：这应该是欧里庇得斯的剧作《伊菲格涅娅在陶洛人里》中的剧情。该剧是亚里士多德《诗术》中除《俄狄浦斯王》之外，提及最多的悲剧。在陶洛斯岛做女祭司的伊菲格涅娅，本来要处死当地人抓到的两个异乡人（其中一个是俄瑞斯特斯［Ὀρέστης］），后来她想放过其中一个，并让他给自己带信给自己希腊的家人。由此俄瑞斯特斯得以认出伊菲格涅娅。要让伊菲格涅娅"认出"俄瑞斯特斯，俄瑞斯特斯还要通过一些信物，让伊菲格涅娅"认出"他就是她的弟弟俄瑞斯特斯。

情节的两个成分是突转［10］和恍悟，第三个成分是苦难（πάθος）[1]。在这些成分中，突转和恍悟我们已探讨过。苦难指毁灭性的或痛苦的行

---

[1]［M 本释译］玛高琉斯把 πάθος 译作 Catastrophe［悲惨、毁灭、灾祸］。

［M 本注］这个词在这个主题下的用法和普通用法有所不同，特指受到情感影响（《政治学》1287b3，《修辞术》1386b4［1455a32］）。

［译笺］玛高琉斯的注也表明了这里作灾难讲的这个 πάθος 特别指向受苦的情感。

动，诸如众目睽睽下①的死亡、极度痛苦、受伤以及诸如此类的情况。

苦难（πάϑος）：这个词有"情感、激情"之意，在前面第 1 章中已经出现："诸技艺……摹仿性情、情感（πάϑος）和行动。"这个词还有遭遇、痛苦、受苦、不幸、灾难、苦难之意。在当前语境中，从后面的解释，我们可以看到这里的第三个成分指的不是一般的情感，而是让人感到痛苦的悲惨遭遇、灾祸而致的苦难之类。作"苦难"讲，也特别指向受苦的情感。玛高琉斯把 πάϑος 译作 Catastrophe［悲惨、毁灭、灾祸］。

众目睽睽下（ἐν τῷ φανερῷ）：简单讲，即"明显地"之意。但这里玛高琉斯注说，亚里士多德区分了 ἐν φανερῷ 在《修辞术》1384a35、1372a23 的"在公共场合，众目睽睽之下"之义与《自然史》533a4、510a9 以及《论动物生成》719b4 的解剖学意义上的"在身体外部"之义。根据这个注释，这种死亡特指在公共场合的、众目睽睽下的死亡。

※

第 11 章探讨了悲剧情节中的两个成分：突转和恍悟。突转是依照可能如此或必然如此，行事转向相反的方向；恍悟是指从不认识到认识的转变，即剧中注定好运或厄运者，要么转向友爱要么转向敌对。此外还谈到第三个成分苦难，即毁灭性的或痛苦的行动。

---

① ［M 本注］所列举灾难的中的第一种情形很自然地是身体死亡的发生。戏台上的死亡表演暗示，死亡发生是经常性的，然而并非如此。

亚里士多德区分了 ἐν φανερῷ 在《修辞术》1384a35、1372a23 的"在公共场合，众目睽睽之下"之义与《自然史》533a4、510a9 以及《论动物生成》719b4 的解剖学意义上的"在身体外部"之义。

12

悲剧中应被用作要素（εἴδεσι / εἶδος）的成分（μέρη / μέρος），[15] 我们前面已经谈及。还有从量的角度来分的成分，即切分为这些节：开场、场、退场、合唱，[合唱] 又分为进场歌与合唱歌，此为所有 [悲剧] 所共有；而戏台上的唱段和孔摩斯，则只为某些 [悲剧] 所特有。

要素（εἶδος）：εἶδος 一词在《诗术》不同章节不同语境下多次出现，不同语境下有不同含义，不同含义间又有关联。根据具体语境，εἶδος 可以意指"种、类型"，也可意指"要素"、抽象的或者理论上的"成分"。在《诗术》一开始，εἶδος 被用作"种"，尤其是相对于属而言。第4章谈到悲剧起源和发展历程时说："到这个阶段，悲剧就其诸要素而言是否业已充足。"——这里的 εἶδος 即作"要素"讲。第6章中说："可以说，他们中不少使用了这些要素，因为每一个都有其形象、性情、情节、言语、唱段、才智。"这暗示了要素可与成分互换。

悲剧中应被用作要素的成分，我们前面已经谈及：在第6章中，亚里士多德说悲剧的成分有六个。但在对这六个成分的列举中，亚氏做了区分和限定，只有情节、性情、才智、言语这四个成分属于本质性的成分，与此相对，六成分中剩下的形象和唱段，只是增加效果的成分，并非本质性的成分。对于本质性四成分和增效性两成分的区分，在后面章节中还会有多处与此呼应的处理。第18章谈道："悲剧有四个种类（εἴδη / εἶδος）（前面说过成分 [μέρη / μέρος] 也是这么多）。"亚里士多德这里又再次提醒，成分的数量是四个，并且暗示，这个意义上的成分和种类、样式相对应。第19章谈道："关于其他要素都已经谈过了，剩下的还有言语和才智。"根据文本，所谓前面已经说过的要素（εἶδος）只有情节和性情，加上剩下的言语和才智，也是情节、性情、言语和才智这四个成分。也就是说，只有这四个成分是称为要素（εἶδος）的成分。这就是本章这里谈到的："应被用作要素（εἶδος）的成分（μέρος）。"虽然要联系到第 18、19 章我们才会最终搞清楚这些"被用作要素的成分"，但是的确，当我们恍悟之时，我们发现，悲剧中应被用作要素的成分，我们的确在第 6 章就已经谈及。

　　成分（μέρος）：这个词作"成分"讲，在《诗术》中出现得最为频繁。从这一章可以看出，μέρος 可以一般性地指"成分"，可以指"质"的意义上划分的成分，即 εἶδος；也可以指本章谈论的"量"的意义上划分的成分。第 6 章谈及的成分，乃"质"的意义上的或者用作"要素"的成分。在本章，亚氏要处理从"量"的角度所划分的成分。

开场是悲剧歌队进场歌之前的整个 [20] 成分，场是悲剧两个完整合唱之间的整个成分，退场是悲剧的，之后再无歌队的整个成分。在合唱中，进场歌是歌队的第一次完整言语；合唱歌是歌队唱的其中没有短短长格和长短格的歌；孔摩斯是歌队与 [25] 戏台上那些人共唱的哀歌。

　　开场（πρόλογος / πρόλογος）、场（ἐπεισόδιον / ἐπεισόδιος）、退场（ἔξοδος / ἔξοδος）、合唱（χορικόν / χορικός），合唱又分为进场歌（πάροδος / πάροδος）与合唱歌（στάσιμον / στάσιμος），此为所有 [悲剧] 所共有；而戏台上的唱段（σκηνῆς / σκηνή）和孔摩斯（κομμοί / κομμός），则只为某些悲剧所特有。

悲剧的成分中应被用作要素者，我们前面已经谈及；从量的角度来分的，即切分为节的，就是这些。

　　在《诗术》一开篇即预告过对诗术的探究包括其种类"来自多少以及什么样的部件"，根据玛高琉斯的注释，我们得知这指的是两种划分方式，所谓 *ἐκ πόσων καὶ ποίων*［来自多少以及什么样的］，一种是量上的（*πόσων / ποσός*，多少、多大、数量的），一种是质上的（*ποίων / ποῖος*，什么样的、某种样子的、某种性质的）。第 6 章中著名的悲剧六成分，即是理论上来说抽象地分析出来的质性的要素；这里所探讨的就是另外一种划分方法，可以划分为有形可分的成分，即接下来所说的，从量的角度的划分。

尽管如此，整个 12 章的这个段落显得像一个明显的穿插，打断了第 11 章到第 13 章之间清晰的衔接关系。这个穿插段落最后一句话与第一句话几乎一模一样，起落清晰。

✺

第 12 章探究了悲剧从量的角度划分的成分，包括：开场、场、退场、合唱，合唱又分为进场歌与合唱歌，以及戏台上的唱段和孔摩斯。

《诗术》开篇即预告过对诗术的探究包括其种类"来自多少以及什么样的部件"，即指两种成分划分方式，一种是量上的成分划分，一种是质上的要素划分。第 6 章中的悲剧六成分，即质上的要素划分；第 12 章探讨了从量上的成分划分。

尽管如此，第 11 章到第 13 章之间有清晰的衔接关系，第 12 章显得像一个明显的穿插，插入了从第 7 章开始关于情节这个成分的探讨中。

13

在组织情节时应追求什么[目标]，当心什么[问题]，以及怎样才能使悲剧达其[30]功效，承前所述，接下来现在来谈。既然最好的悲剧的结构不应是单一的而是缠绕的，且所摹仿的应是令人恐惧和悲怜者（这是此种摹仿的特性）①，那么，首先，显然不应是公允（ἐπιεικεῖς / ἐπιεικής）之人[35]由好运转入厄运，因为这既不让人恐惧，亦不引发悲怜，而是亵渎的。再者，不应是邪恶之人由厄运转入好运，因为这全然是非悲剧性的，没有其所应有的东西，既无慈悲，②且不令人悲怜也不令人恐惧。[1453a]再者，不应是极恶之人由幸运转为不幸，因为此种构合也许慈悲，却既不令人悲怜也不令人恐惧；对于遭受不幸之人，[5]悲怜关乎的是他不该遭此厄运，恐惧关乎他是和我们一样的人，③而发生这样的事则既不让人悲怜，也不使人恐惧。

最好的悲剧的结构不应是单一的而是缠绕的：前面第9章提到过单一的行动和情节。第10章谈及行动有单一行动和缠绕行动之分。这里明确说，最好的悲剧结果不应是单一的而是缠绕的，也就是说，最好的

---

① [M本注] 特性（peculiarity）构成《论题篇》中（bk. v.）的一个主题。特性应该是某种并不指示事物本质的东西，它对其主体来说还是可变的。每出悲剧都得摹仿可怕者和可怜者，且只有悲剧得这么做。

② [M本释言] 玛高琉斯译本把这个"慈悲（φιλάνθρωπον）"释译为 edification[教化、启迪、教诲]，即"既不合教化"。

③ [M本注] 在《修辞术》（1383a10）中，我们被告知，如果我们想吓唬别人，我们应该向他们展示，跟他们一样的其他一些人已经遭受了我们所期望的同样的事。要使这一点与悲剧英雄必然与观众处在不同水平的假设相调和，可不太容易。

悲剧结构必须有突转和恍悟。

且所摹仿的应是令人恐惧和悲怜者（这是此种摹仿的特性）：特性（ἴδιον），ἴδιος 意为"特殊的、特定的"；ἴδιον 可以指"特别之处、特性"。玛高琉斯注说，《论题篇》中（bk. v.）有"特性"这个主题。特性应该是某种并不指示事物本质的东西，它对其主体来说还是可变的。每出悲剧都得摹仿可怕者和可怜者，且只有悲剧得这么做。从玛高琉斯这一注释来看，"所摹仿的应是令人恐惧和悲怜者"，这一点是悲剧的特性，而非本质。第 11 章中说到"与情节，即与行动关系最密切的恍悟，是前面说过的那一种，因为这样的恍悟和突转会带来悲怜或恐惧（我们认为悲剧就是对此类行动的摹仿）"，也以类似的方式对这种特性进行了补充强调。对比第 6 章的悲剧定义：

> 悲剧是对一个高尚、完整、有分量的行动的摹仿，以悦耳的言辞，其种类分别用于各个部件，做动作而不是通过叙述，通过悲怜和恐惧进行调节，达致使诸如此类情感恢复平衡的目的。

摹仿的对象落在"高尚、完整、有分量的行动"，以及由这种行动所引发的"悲怜和恐惧"。如果仅仅是从"令人恐惧和悲怜者"着眼，是否一定是"高尚、完整、有分量的行动"，这并不确定。第 14 章中，亚氏就会谈到，恐惧和悲怜也可以出自形象，而非情节，但通过形象来寻求悲剧效果，非悲剧之道。

公允（ἐπιεικεῖς / ἐπιεικής）：公道、中正、宽厚。亚里士多德在《尼各马可伦理学》卷五讨论公正（δικαιοσύνη）主题时，其中一节专门讨论过 ἐπιεικής。重点是这种德性与公正之间的异同。亚氏说：

> 公道虽然公正，却不属于法律的公正，而是对法律公正的一种纠正。这里的原因在于，法律是一般性的陈述，但有些事情不可能只靠一般陈述解决问题。……公道的性质就是这样，它是对法律由于其一般性而带来的缺陷的纠正。……公道的人是出于选择和品质

而做公道的事，虽有法律支持也不会不通情理地坚持权利，而愿意少取一点的人。(1137b11)

也就是说，亚里士多德认为公正更其是就对法律的遵循而言，即法律正义，而法律的一般性很可能不能精确覆盖复杂具体的人类行为，公允之人会秉持真正的公正，而不仅仅是法律规定，在某些情形下甚至成为对法律正义的校正和超越。公道也是一种公正，一种更优越的公正。既然这样的人不属于悲剧表现的对象，这潜在地意味着悲剧人物不会是具有公允德性之人，他们所具有的公正，最多是法律正义。

亵渎（μιαρόν / μιαρός）：这个词意指"血污、残忍、邪恶"。似乎这种表现公道之人不幸的情节有某种亵渎的意味。道德意味上，也可以译为"令人憎恶的"。

慈悲（φιλάνθρωπον / φιλάνθρωπος）：这个词字面上的意思就是"爱人类的"。意为"仁爱、仁慈、慈悲"。

介于这两种人之间，还有一种人，这种人既没有卓异的美德和公正，也不是因为坏和恶，而是由于 [10] 某种过错（ἁμαρτίαν / ἁμαρτία）转致厄运。这种人声名显赫且气运亨通，如俄狄浦斯、苏厄斯特斯和其他出自此类家族的著名人物。

介于这两种人之间：前面一段把公允者和极恶者排除在悲剧人物之外，这里说到，悲剧人物正好是介于公允者和极恶者这两端中间的一种人。

公正（δικαιοσύνη / δικαιοσύνη）：亚氏在《尼各马可伦理学》卷五中整个讨论关于 δικαιοσύνη [公正] 的主题。这里说到像俄狄浦斯、苏厄斯特斯（Θυέστης）这些声名显赫之人，其实并没有优于常人的美德和公正。前面提到那种被称为 ἐπιεικής [公道、公允、中正、宽厚] 的人，就是一种优于一般公正的公正。公允者由好运转入厄运，被排除在悲剧情节之外，可见俄狄浦斯这些人都不属于公允者。

过错（άμαρτία）：错误、过失、过错。第 5 章中曾谈到过谐剧中的"错误""过失"，谐剧的"过错"一词用的是 άμάρτημά。在《诗术》中，凡谐剧中的过错总是用 άμάρτημα 这个词，悲剧的过错用的则是 άμάρτια。所谓"悲剧过错"，希腊文为 άμαρτία，一直被作为《诗术》中的关键词。但奇怪的是，亚里士多德在《诗术》中好像顺手拈来，没有对之作任何解释。那么悲剧过错到底指什么呢？从《诗术》中这个词的用法来看，它本身是一个很普通的词，并非只限于出现在悲剧错误的语境。对《诗术》中的 άμαρτ- 一系的词作一简单的统计，可以注意到，首先，谐剧当中也有错误。不过，对于谐剧里出现的错误，亚里士多德用了 άμάρτημά 一词；第 13 章中讨论了悲剧的错误，用的是 άμαρτία；错误一词出现得最为频繁是在第 25 章中，谈论问题和解决，也就是针对诗的批评和回应的部分。在谈到诗术的两种错误这段话中，我们看到亚氏对 άμάρτημά 和 άμαρτία 的意涵似乎有所区分：

> 诗术本身的两种过错，一者是出于其自身的，一者是出于碰巧的。要是有意选择某事进行摹仿却缺乏能力，这就是本身的过错（άμαρτία）。要是其选择不正确，那么马并迈两条右腿或者某个特别技艺，诸如医学上或其他诸如此类的技艺上的错误（άμάρτημά），这就是并非出于本身的。

关于诗术的错误，这里 άμαρτία / άμάρτημά 两个词都用到了，用于区分属于诗术本身的错误和出于偶然的错误的语境，άμαρτία 用于指前者，άμάρτημά 用于指后者。άμαρτία 指诗人出于意图有所选择，但却因能力欠缺（άδυναμιν / ά-δυναμιν）而做得不好的情况；άμάρτημά 则是选择不正确，例如描写马的两条右腿同时举步。这里的 άμαρτία 似乎可以说是一种"志大才疏"的情况，心有余而力不足；而 άμάρτημά 才是真的搞错、弄错。那么，άμαρτία 的问题似乎是某种能力（δύναμιν）的"欠缺（ά-）"。

而对于"能（δύναμιν）"，亚里士多德在《形而上学》中解释了它的多种含义，其中有一种即"做好一项工作的才干，（或是能做得称心如意）可说是'能'"（1019a24），似乎解释了诗术的 ἁμαρτία 中所欠缺的 δύναμιν。同时，我们还看到另外一个义项：

> 事物若由于某些品德而达成绝对不受动，不变化，或不易变化的，这也被称为"能"；因为事物之被打碎、压破或弯曲，或一般的被毁灭，并不是由于它们有"能"而正是由于它们欠缺某"能"，或缺乏某物之故；对于这些破坏过程，事物倘能不受影响，或虽受影响而几乎无所动变，这就表现它具有一种"能"，因此它达到了某种积极境界，而于动变中能有所自见。（《形而上学》1019a28-33）

这种抗打击、从容应变、化被动为主动的 δύναμιν，似乎正是《诗术》中谈到的那种超越于悲剧人物之上的"公允（ἐπιεικής）"之人所具有的"能"。

声名显赫且气运亨通（τῶν ἐν μεγάλῃ δόξῃ ὄντων καὶ εὐτυχίᾳ）：这句话照希腊文直译，即"大的声望、好的运气"。

声名（δόξη / δόξα）：名声、声望。这句话中"声望"所对应的希腊词 δόξα 具有这样几个基本含义：

1. 期望、想法；
2. 信念、判断、意见；
3. 声望、荣誉、名声、光荣。

这几个意思具有隐秘的联系。"声名"与"期望"有关系，与"意见"有关系。有良好外在背景，包括家世、财富、运气这些因素的人，通常自视甚高，也就是有比较高的自我期许。这可以说是一种自我的"意见"。亚里士多德在《修辞术》中说：

> 尊荣和好名声（εὐδοξία）最让人愉快，这让人把自己想象成那种高尚者（σπουδαῖος）。（《修辞术》1371a8-9）

另一方面,"声名"意味着他人倾向于"认为""以为""相信"其具有卓越品质,这算是他人的"意见":

> 好名声意味着被所有人认为是高尚者($σπουδαῖος$)。(《修辞术》1361a25)

> 或者具有某种要么大多数人、要么好人、要么明智的人企望之物。(《修辞术》1361a26)

后面这句引语表明,"好名声"的可靠与否,实际上取决于这种名声来自哪类人的评价,因而这种"名声"本身是需要存疑的。在一般情况下,多数人的"意见"常常来自诸如"家世"这类外在保证:

> 高贵的出身对于一个民族或城邦是指土生土长和古老的血统,其最初的首领声名显赫,其后裔中很多人由于拥有为人羡慕的事物也是遐迩闻名。对于个人来说,高贵的出身来自父亲或母亲一方,纯正的血统则来自父母双方,就同城邦的出身一样,它意指其祖先因为德性、财富或其他代表荣耀的事物而著名,这一族的后裔中也有众多出名之人,无论是男是女、是老是少。(《修辞术》1360b31-37)

那些著名家族的所谓"声名",乃是家族中优秀人物代代累积的结果,这种观念在人们的头脑中根深蒂固,往往累积形成"传说",正如古希腊传说中那些著名家族的记述。这里也说到了悲剧人物往往出自这些家族。但这种信念并无稳固保证。因而,这个出身高贵、声名显赫、气运亨通之人,无论他的自视、期望也好,或者他人对他的仰慕、评价也好,究其实,都只是"意见($δόξα$)",其根据只是"传说($μῦθος$)"而已。

气运亨通($εὐτυχία$,好机运):亚里士多德在《修辞术》1.5谈到"幸福",其组成部分包括:出身高贵、朋友众多、朋友好、财富、子女优秀、子女众多、晚年安泰;拥有身体方面的德性,比如健康、漂亮、强壮、高大、有能力、能对抗；还有名声、荣誉、好运和德性（1360b19-23）。这个幸福的名单颇为庞杂，包括了外在诸善和内在诸善，而"德性（ἀρετή）"被排在最后，显得最不起眼，尤其是和前面那些显眼耀目的外在诸善比起来。这其中又以排在倒数第二的机运（τύχης）最为特别：

> 好运在于获得和拥有或者是全部，或者是大部分，或者是最重要部分的诸善，而机遇是它们的契因。（《修辞术》1360b39-1361a1）

也就是说，好的机运可能囊括这个名单中的很多项目，亚里士多德隐藏的意思，似乎所有外在诸善都可以囊括到机运之下。

与《修辞学》不同，在《尼各马可伦理学》中，亚里士多德则说幸福在于德性（1098b30），但后面还有这么一段话：

> 不过，如所说过的，幸福也显然需要外在的善。因为，没有那些外在的手段就不可能或很难做高尚［高贵］的事。许多高尚［高贵］的活动都需要有朋友、财富或权力这些手段。还有些东西，如高贵出身、可爱的子女和健美，缺少了它们福祉就会暗淡无光。一个身材丑陋或出身卑贱、没有子女的孤独的人，不是我们所说的幸福的人。一个有坏子女或坏朋友，或者虽然有过好子女和好朋友却失去了他们的人，更不是我们所说的幸福的人。所以如所说过的，幸福还需要外在的运气为其补充。（《尼各马可伦理学》1099a30-1099b5）

从这里看来，机运便囊括了诸种外在之善。

这种人既没有卓异的美德和公正，也不是因为坏和恶，而是由于某种过错转致厄运。这种人声名显赫且气运亨通：这里对悲剧人物的界定多少会让我们觉得颠覆。第2章中称，悲剧的摹仿对象是"高尚的行动者"时，我们会觉得悲剧人物身上充满积极正面的道德德性意味。第

13章对于"悲剧人物"的经典介定则称悲剧人物声名显赫,气运亨通,却并无卓异美德,几乎消解了悲剧人物身上的德性光环。

　　苏厄斯特斯($\vartheta\nu\acute{\varepsilon}\sigma\tau\eta\varsigma$):希腊神话中迈锡尼国王阿特瑞乌斯($A\tau\varrho\varepsilon\acute{u}\varsigma$)的兄弟。这个家族的故事异常混乱和堕落,充满了乱伦和血亲复仇。苏厄斯特斯曾与阿特瑞乌斯之妻通奸,试图获取王位,阿特瑞乌斯还因苏厄斯特斯而错杀自己的儿子。围绕这对兄弟,各种纠葛和复仇不断,其中最骇人的情节莫过于阿特瑞乌斯出于复仇,烹煮了苏厄斯特斯的儿子,请其赴宴。在后面第16章中,亚氏提到卡尔基诺斯($Ka\varrho\chi\acute{\iota}\nu o\varsigma$)的一部以苏厄斯特斯为题的剧作。这种故事中的"过错",都不是一般的过错,而是非常可怕的"大错",而最可怕的错误无过于血亲之间的仇杀。

　　那么,好的情节必然是单线的,而非某些人说的那种双线的;[①] 不应该从厄运转为好运,而是[15]从好运转入厄运;而这并不是因为恶,而是由于像前面说过那样的人(要么比那好一点但不能更坏),犯下大的过错。

　　单线的($\acute{a}\pi\lambda o\tilde{u}\nu$ / $\acute{a}\pi\lambda\acute{o}o\varsigma$,单一的、单纯的、简单的);双线的($\delta\iota\pi\lambda o\tilde{u}\nu$,$\delta\iota\pi\lambda\acute{o}o\varsigma$,双重的):第10章中区别过两种行动和情节:一种是单一的($\acute{a}\pi\lambda\acute{o}o\varsigma$),一种是缠绕的($\pi\lambda\acute{\varepsilon}\kappa\omega$)。作为呼应,在本章前面,亚氏还说:"最好的悲剧的结构不应是单一的而是缠绕的。"而到了这里,又出现了一个和双线($\delta\iota\pi\lambda\acute{o}o\varsigma$)情节相对的单线($\acute{a}\pi\lambda\acute{o}o\varsigma$)情节,同样是用 $\acute{a}\pi\lambda\acute{o}o\varsigma$[单一的、单纯的、简单的]这个词。对于单线情节和双线情节,亚氏则说"好的情节必然是单线的,而非某些人说的那种双线的"。一个语境中说简单情节不好,一个语境中说简单情节好,可见,这是两种不同的情节类型划分。这个简单($\acute{a}\pi\lambda\acute{o}o\varsigma$)情节,相对于缠绕型的行

---

　　① [M本注]这里说的双线的,即有德者和邪恶者有相反的命运。

动和情节而言，指单一的行动和情节，二者区分在于情节中有没有突转和恍悟；相对于双线的情节而言，指单线的情节，根据后面所述，区别在于单线情节只是从好运转入厄运，而双线情节中既有好运转入厄运，也有厄运转入好运。这个单线和双线的区分是在缠绕型情节中进行的区分，不涉及单一情节。

而是由于像前面说过那样的人（要么比那好一点但不能更坏），犯下大的过错：即前面说的介于好坏之间，并没有卓异于人的美德和公正，也不是因为坏和恶，而是由于某种错误转致不幸的人。前面只是简单说过错，这里明确说是犯了大错。在我们看到的悲剧中，大部分悲剧过错都涉及血亲仇杀这样的事件。

就技艺来说，最好的悲剧来自这样的构合。产生的情况就是证明：起初，诗人们碰上什么故事就用［什么故事］来充数，而现在，最好的悲剧都取材于少数几个家族的事，诸如［20］关于阿尔克迈翁、俄狄浦斯、俄瑞斯特斯、墨勒阿格洛斯、苏厄斯特斯、特勒弗斯以及其他像这些人一样碰巧遭受过或制造过可怕之事者。

阿尔克迈翁（Ἀλκμαίων），阿尔戈斯国王安菲亚拉奥斯（Ἀμφιάραος）之子，因为替父亲报仇而杀死了自己的母亲俄瑞芙勒（Ἐριφύλη），从而被复仇女神追赶发疯，后被其母亲的兄弟所杀。第14章中，亚里士多德提到阿斯图达曼图斯（Ἀστυδάμαντος）的剧作《阿尔克迈翁》。

俄瑞斯特斯（Ὀρέστης）：迈锡尼国王阿伽门农（Ἀγαμέμνων）之子。阿伽门农被妻子克吕泰墨涅斯特拉（Κλυταιμνήστρα）谋杀，俄瑞斯特斯为父报仇，杀死自己的母亲，因此也被复仇女神追击。古希腊三大悲剧家之一埃斯库罗斯写有《俄瑞斯特亚》（Ὀρέστεια）三联剧，流传至今。

墨勒阿格洛斯（Μελέαγρος）：卡吕冬国王奥伊涅乌斯（Οἰνεύς）之子。幼年被命运女神诅咒木块燃尽即为其生命终点。因其杀死母亲阿尔泰娅（Αλθαία）的兄弟，他的母亲点燃原木，自己也自缢身亡。

特勒弗斯（Τήλεφος）：赫拉克勒斯之子。出生后即遭遗弃，后被人收养。成年后在不知情的情况下娶了自己的母亲奥格（Αυγή）。

以及其他像这些人一样碰巧遭受过或制造过可怕之事者：从这些人物和家族的故事看，所谓"碰巧遭受过或制造过可怕之事"，基本上都是乱伦和血亲仇杀。这里"制造过可怕之事"即"做过可怕之事"，用的是 ποιῆσαι（ποιέω）这个词。

就技艺来说，最好的悲剧来自这样的构合。产生的情况就是证明：起初，诗人们碰上什么故事就用［什么故事］来充数，而现在，最好的悲剧都取材于少数几个家族的事，……：虽然在前面第9章中，亚氏说到"不当寻求完全执着于那些悲剧所围绕的流传下来的故事"，即认为悲剧没必要非从传说故事中取材，但这里又说最好的悲剧都取材于少数几个家族的传说故事。对于悲剧总是从传说故事中取材这一点，这段话表面上非常合乎传统，认同悲剧从传统故事取材，但其实澄清了这种取材中"合乎技艺"的本质性。悲剧情节之所以从那些古代传说故事（μῦθος）中取材，乃是因为这些传说具有符合普遍的悲剧特性的人物和事件，从而积淀下来。亚氏说了，起初，诗人碰上（τυχόντας）什么传说故事就用什么来写，而现在，最好的悲剧都取材于少数几个家族的故事。也就是说，一开始，诗人们既没有"古老权威"，也没有"普遍性"的意识，但他们在寻求能实现悲剧效果的题材时，就如亚氏在第14章中说到的"并非凭技艺而是凭借运气（οὐκ ἀπὸ τέχνης ἀλλ' ἀπὸ τύχης）"，碰巧找到了这些机会，以至于慢慢将注意力都放在这些"悲剧家族"上了。这其实同柏拉图对诗人们往往只知其然而不知其所以然的批评一脉相承。但"就技艺来说，最好的悲剧来自这样的构合"。诗人们的这种"巧合"恰恰说明，人们在无意中慢慢累积下来的惯例中仍趋向隐藏着的合逻各斯的东西，但由于缺乏明确的认识，却常常将惯例中偶性的特征认作本质，而本质的东西反而晦暗不明。悲剧诗人们的选材即是这样，本来是因为选取具有普遍性的悲剧情节（λόγος）而集中到这些有悲惨命运的家族故事，后来却将传说故事（μῦθος）这一特征误认为所选故事的本质，以至于执着于从传统故事中取材。也就是说，不是因为是过去发生过的、古老的、神秘的、流传久远的，从而让"迷说斯（μῦϑος）"具有权威，恰恰是因为"迷说斯"中具有"普遍性"的逻各斯（λόγος），才让迷说斯备受青睐，得以流传久远。所以，亚里士多德认为，事实上，悲剧没必要非从传说故事中取材，这并不奇怪。无论从更广泛的时间还是地域的文学来看，无疑也是如此。

所以说，那些指责欧里庇得斯在其悲剧中这样 [25] 做即其许多 [作品] 以厄运结局的人，犯了同样的错误。①**正如已经说过的那样，这样是正确的。最好的证明就在于，在舞台上，在赛会中，只要处理得正确，**②**这类 [作品] 就显得最有悲剧性。而欧里庇得斯尽管在其他方面安排得不好，他仍是诗人们中显得最具悲 [30] 剧性的。**

欧里庇得斯（Εὐριπίδης，前480—前406），古希腊最著名的悲剧家之一，与埃斯库罗斯和索福克勒斯并称为古希腊三大悲剧诗人。欧里庇得斯一生共创作了九十二部作品，完整流传至今的有十七部。欧里庇得斯是亚里士多德在《诗术》中除索福克勒斯而外提及最多的悲剧诗人，但和对索福克勒斯的评价以赞誉为主不同，亚里士多德对欧里庇得斯有不少批评。在《诗术》中，亚氏提及最多的作品，一部是索福克勒斯的《俄狄浦斯王》，另一部就是欧里庇得斯的《伊菲格涅娅》。

――――――――

① [M本注] 正如那些人认为一部戏剧应该是双线的，即具有两种性情设置，根据他们所应得进行赏罚。

② [M本释译] 玛高琉斯把这里的"处理得正确"释译为"如果他们获得认可"。

[M本注] 如果戏剧中包含引发不愉快的某些东西，观众似乎会倾向于朝着演出大喊大叫；我们会看到，一丁点神学上的错误都会导致卡西努斯（Carcinus）的一部剧结局唐突。塞内卡讲过一个关于欧里庇得斯戏剧被停演的故事，因为其以一种看起来不道德的方式赞颂金子；诗人不得不恳求观众等到结果出来。德摩斯梯尼（Demosthenes）在一个熟悉的段落中谈及观众发出嘘声的特权，这时被叫喊声淹没则是演员的命运。

那些指责欧里庇得斯在其悲剧中这样做即其许多作品以厄运结局的人，犯了同样的错误：同样的错，指的是什么？本章中似乎充满了各种错误。悲剧中人物犯错，有人指责诗人犯错，实际是这些指责的人犯错。这里，指责欧里庇得斯的人所犯的错误在于，认为应该善有善报恶有恶报，从而认为欧里庇得斯不应该以厄运结局。难道前面悲剧人物所犯的错，也是认为应该善有善报恶有恶报，所以他们不应该遭遇厄运？这种"报偿性"的正义观，的确是公正特别是和"公允"相比较时那种法律公正所凸显的特征，而不是像公允者那样"出于选择和品质而做公道的事，虽有法律支持也不会不通情理地坚持权利，而愿意少取一点"。正是在同公允之人的比较中，显示出悲剧人物所秉持的那种公正有所"欠缺"，有所"过错"。看来，亚里士多德以如此巧妙、如此不着痕迹的方式，但又以更清晰、更好理解的示例，向我们表明了悲剧过错的内涵。

正如已经说过的那样，这样是正确的：前面反复说悲剧的特性就在于摹仿令人恐惧和悲怜，即产生恐惧和悲怜的效果。要产生这种效果，情节就得有从好运转入厄运的突转，即所谓"好的情节必然是单线的，而非某些人说的那种双线的；不应该从厄运转为好运，而是从好运转入厄运"。因此，就以厄运结局，从而产生恐惧和悲怜效果而言，欧里庇得斯的做法完全正确，而批评他的那些人反而犯了和悲剧人物一样的、要求善有善报恶有恶报这种双线结构的过错。

欧里庇得斯在其悲剧中这样做：这个"做"用的是 $\delta\varrho\tilde{\alpha}$（$\delta\varrho\acute{\alpha}\omega$），似乎向我们暗示，这里所说的是欧里庇得斯在戏台制作方面的作为。事实上，亚氏紧接着就说到了戏台和赛会，表明所说的是与戏台上的设计和表演相关之事。但是这里似乎有个突转，因为前面亚氏刚说了"就技艺来说，最好的悲剧来自这样的构合"。突然转到欧里庇得斯，谈的却不是与 $\pi o \iota \acute{\epsilon} \omega$ 相关的"制作技艺"，而是与 $\delta\varrho\acute{\alpha}\omega$ 相关的戏台效果。紧接着这一章，在后面的第14章中，亚氏批评了并非出自情节构合，而是出自"扮相（$\check{o}\psi\iota\varsigma$）"以制造恐惧和怜悯效果的方式。扮相正是第6章中谈到的悲剧六成分中与戏台呈示效果最密切相关的成分。那么很可能，亚氏暗指的是欧里庇得斯善于通过戏台上的形象制造恐惧和怜悯的效果。阿里斯托芬就曾在《阿卡奈人》中讽刺过欧里庇得斯通过给人物穿破衣烂衫、用各种道具扮可怜（412-463），在《蛙》里也提到（1063-1065）。

此外，在前面第 11 章中谈及情节的三个成分：突转、恍悟和苦难（πάθος）。关于突转和恍悟，亚氏说了很多，而且这两个成分经常合在一起，在情节推动中起到非常关键的作用。但对于"苦难"，亚氏只是最后提及了一下，说苦难指"毁灭性的或痛苦的行动"，诸如"众目睽睽下的死亡、极度痛苦、受伤以及诸如此类的情况"。虽然这也是情节的一个成分，但从亚氏所说看来，这个成分特别诉诸人的情感、感受，尤其是痛苦的感觉，也容易倾向于通过视觉效果来呈现。欧里庇得斯以善于制造悲剧效果而著称，但在后面章节，亚氏对其情节安排有很多批评；那么，很可能欧氏所制造的悲剧效果有相当一部分是通过戏台形象而非情节安排来呈现的。

在舞台上，在赛会中（τῶν σκηνῶν καὶ τῶν ἀγώνων）：这里提到戏台（σκηνή）和赛会（ἀγών）。参考前面章节中的线索，在《诗术》中，凡谈及戏台和赛会，总是和视、听方面的感觉、感受（αἴσθησις）相关，这往往关乎人们的"意见"，而并不关乎诗歌"技艺"本身。这里提到戏台和赛会，明显与表演性相关。第 6 章中曾谈及与悲剧表演性非常相关的演出和唱段，一个是装饰品，一个是调味品，都是与感官感觉关系密切的成分。在《诗术》最后一章比较悲剧和史诗优劣时，悲剧比史诗多出来的这两个成分，被作为一个"成分（μέρος）"看待，这个"成分"在悲剧给人带来愉悦（快感）的效果方面功不可没。那么，可以证实，亚氏这里所说的欧里庇得斯作品的"悲剧性"，确实是从戏台效果而来的。

这类作品就显得最有悲剧性（τραγικώτατός）：如果亚氏这里说的欧里庇得斯作品最具"悲剧性"确实是从戏台效果而来的，那么就亚氏对于这种戏台效果一贯的贬抑来说，这个赞扬颇为含混。但是，正如我们在第 6 章中看到过的那样，在说到"扮相"这个和表演相关的成分的能力时，和说突转、恍悟这两个情节成分一样，亚氏都用了"动人心魄"

一词，可见其感染力。当然，尽管如此，亚氏仍说，通过"扮相"来达致这种效果，是"缺乏技艺性的"。

而欧里庇得斯尽管在其他方面安排得不好，他仍是诗人们中显得最具悲剧性的：这句话或者可以理解为亚氏在赞扬欧里庇得斯的悲剧"最具悲剧性"时的某种保留，因为说到他在其他方面安排得不好。后面章节中对欧里庇得斯的批评真的很多：第14章中说美狄亚（$M\acute{\eta}\delta\epsilon\iota\alpha$）在知情的情况下杀死孩子，这种处理方式不好；第15章中批评《俄瑞斯特斯》中的墨奈劳斯的性情是不必要的邪恶；批评伊菲格涅娅的性情前后不一致；批评《美狄亚》中的机械降神；第18章批评剧中歌队不是整体的一员。这都在说明"其他方面安排得不好"。亚氏虽然对欧里庇得斯批评很多，这里却为之辩护，并且说其他那些批评欧里庇得斯的人犯了错。那么，在亚氏看来，欧里庇得斯在悲剧中以厄运结局，追求悲剧性效果并没有错。在第14章中，我们会看到，亚氏说：

> 尽管恐惧和悲怜可出自扮相，也可出自事件的构合本身，但首选出自事件的构合本身这种，这种诗人也更好。情节之构合得做到即便不通过看，只通过听故事，事件的发展也会让人从那些遭际中感到惊悚和悲怜。这便是有人在听俄狄浦斯故事时可能会感受到的。靠扮相来提供此种效果既缺乏技艺，且需要得到歌舞队费用的赞助。

既然亚里士多德暗示欧里庇得斯是通过戏台呈现的"扮相"制造悲剧效果，那么很明确，亚氏其实不赞赏欧里庇得斯这种制造悲剧效果的手段。再联系到亚氏对欧里庇得斯在情节安排上的诸多批评，就很清楚，亚氏认为欧里庇得斯追求悲剧效果这一目的并没有错，但在所选择的"手段"上，即用"扮相"而非"情节"来制造这种效果则不好。如此，也就不奇怪，亚氏对欧里庇得斯情节制作、性情设置方面的问题多有批评，而这些在亚氏看来属于"诗术"中最为本质、最为重要的成分。至于那些批评欧里庇得斯的人，他们不是批评欧里庇得斯在手段上的选择和作为，而是批评他追求悲剧效果这一目的，这本身就是错误的。另一方面，要是欧里庇得斯除了以形象制造悲剧效果外，其他方面的安排都不好，那么亚氏这句话甚至很难被理解为一种有保留的赞扬，而更像是一句富有反讽意味的话。因为虽然欧里庇得斯追求悲剧效果这一目的没有错，但其具体做法中却颇有过错。这好比悲剧人物追求报偿而非出于本分的那种过错。如果欧里庇得斯所追求的悲剧性效果只是出于形象，而非出于情节，即诗术技艺上最重要成分的效果，这种追求对于所谓"诗人"来说难道不是悲剧性的吗？追求出于形象的悲剧性越是成功，对于诗人来说也就越发是悲剧性的；如果通过形象达到的效果是最具悲剧性的，那么这样的诗人也就成了诗人们中最具悲剧性的。

第二等的结构，却被有些人说成是第一等的。就是那种像《奥德赛》一样具有双线结构，较好之人和较坏之人结局相反。① 似乎由于观众的软弱，此类结构才被当成第一等的；而诗人被观众牵着鼻子走，根据[35]观众所祈盼者来制作。但这并非悲剧的愉悦，毋宁更合乎谐剧，在这种故事里，最敌对者，比如俄瑞斯特斯和埃吉斯托斯快完结时成了朋友，以此退场，谁也没被谁杀死。

埃吉斯托斯（Αἴγισθος）：此人是苏厄斯特斯与自己女儿乱伦所生。阿伽门农远征特洛亚特洛亚时，埃吉斯托斯勾引了阿伽门农的妻子即俄瑞斯特斯的母亲克吕泰墨涅斯特拉，并且合谋杀死了归来的阿伽门农。

---

① [M本释译] 玛高琉斯本把这句"较好之人和较坏之人结局相反"释译为："其成员分属两类，英雄和恶棍，并且各自有相反的结局。"

[M本注] 根据悲剧的定义，这些都不是最好的悲剧类型，诸如英雄人物的一个人生篇章；那么，正确的是，其中也没有空间留给恶棍。

[译笺] 这句话原文的意思比较含混。根据玛高琉斯本的释译，我们大概能理解，这种结构就是那种正面人物和反面人物截然两分，善有善报恶有恶报的类型。这在《奥德赛》中也能得到印证。

因此，埃吉斯托斯对俄瑞斯特斯来说是杀父仇人，是最敌对的仇人。

就是那种像《奥德赛》一样具有双线结构，较好之人和较坏之人结局相反。似乎由于观众的软弱，此类结构才被当成第一等的；而诗人被观众牵着鼻子走，根据观众所祈盼者来制作：《诗术》中对荷马和荷马作品的赞誉很多。这里对《奥德赛》及其"诗人"的批评，是《诗术》中比较少有的针对荷马及其作品的批评。不过，这个批评完全是站在悲剧结构的角度来比照的，这会让我们注意到，荷马作品与悲剧作品并非全然相似。此外，在后面第24章中亚氏谈到过，《伊利亚特》是单一型，《奥德赛》是缠绕型。亚氏认为最好的悲剧结构不应是单一的而是缠绕的；而缠绕型中，最好的应该是单线结构而不是双线结构。也就是说，从结构而言，荷马的这两部重要作品，都不是最好的悲剧结构。

第13章围绕着达成悲剧功效在结构安排上要注意的问题。悲剧所要达到的功效是引发悲怜和恐惧。最好的悲剧结构是缠绕型而非单一型的，其中有悲剧人物从好运向厄运的突转和恍悟发生。悲剧人物应介于公允者和大奸大恶之徒间，既没有卓异的美德和公正，也不是因为坏和恶，他们声名显赫、气运亨通，因犯下某种大的过错转致厄运。

就单线和双线情节而言，好的悲剧情节应该是单线的，即人物犯下大错，从好运转向厄运，灾祸和苦难富有悲剧性。双线情节即善有善报恶有恶报两条线索，由此产生的并非属于悲剧的愉悦。

14

[1453b]尽管恐惧和悲怜可出自扮相,也可出自事件的构合本身,但首选[出自事件的构合本身]这种,这种诗人也更好。情节之构合得做到即便不[通过]看,只[通过]听[故事],[5]事件的发展也会让人从那些遭际中感到惊悚和悲怜。这便是有人在听俄狄浦斯故事时可能会感受到的。靠扮相来提供此种效果既缺乏技艺,且需要得到歌舞队费用的赞助。那些通过扮相不是提供恐惧而是异怪[10]者,非悲剧之道。不应从悲剧里寻求各种快感,而只是寻求属于它本身的那种快感。既然诗人应通过摹仿从悲怜和恐惧中提供快感,那么,显然他必须从事件中来制造这些快感。①

尽管恐惧和悲怜可出自扮相,也可出自事件的构合本身,但首选出自事件的构合本身这种,这种诗人也更好。情节之构合得做到即便不通过看,只通过听故事,事件的发展也会让人从那些遭际中感到惊悚和悲怜:扮相(ὄψεως, ὄψις),这是第6章中谈及的悲剧六成分之一。ὄψις指的是戏剧人物的"形象""扮相",特别要通过ὄψεως κόσμος[扮相的装饰],即服装、面具等行头来装扮。扮相显然要诉诸视觉效果,因此后面说到"不看",那样的话,人物扮相就不起作用了。这一成分在制造悲剧效果方面可能很有力量。在第6章中,亚氏在说到"扮相"这个和

---

① [M本注] 亚里士多德在《论灵魂》(427b23)和《问题集》(886b33)中,提请注意这一事实,即当我们目击充满痛苦的景象或看到对可怜或可怕者的绘画时,我们会感到痛苦,但这种共情性的痛苦没有真实痛苦那么痛,听所感到的痛苦又没有看所感到的痛苦那么痛。

表演相关的成分的能力时，和说突转、恍悟这两个情节成分一样，都用了"动人心魄"一词，可见其感染力。尽管如此，亚氏在第6章中也说了，通过"扮相"是"缺乏技艺性的"。这里对情节重要性的强调和对扮相这一成分的贬抑，和第6章中是一致的。

这便是有人在听俄狄浦斯故事时可能会感受到的：本章中特别能体现 μῦϑος 一词双重含义的相互关联和差别。在有些语境下，特别在表达一般性以及技艺性原则的语境中，通常译作"情节"更合适；在谈及流传下来的那些英雄传说时，"故事"的含义和译法更为切合。所以，对 μῦϑος 的翻译依据不同的语境分别译作"情节"和"故事"。有必要提请注意，本译文中的"情节"和"故事"，在希腊语中，都指向同一个词：μῦϑος。

让人从那些遭际中感到惊悚和悲怜：遭际（πάϑοι / πάσχω，遭遇、遭受），可以明显看出这个词与 πάϑος 一词的同源性。在第11章中亚氏也谈到，πάϑος［苦难、灾祸］是悲剧情节的一个成分。惊悚（φρίττειν / φρίσσω），意为吓得汗毛倒竖、怕得发抖、冒冷汗。此处列举是惊悚和悲怜一起用，前面和悲怜一起用的一般都是 φοβερός［恐惧］一词。φρίττειν［恐惧］似乎更体现了产生恐惧后的生理反应。

且需要得到歌舞队费用的赞助：歌舞队（χορηγίας / χορηγία）费用的支付，按雅典的规定，富人出钱资助公益活动属于一项义务。

异怪（τερατῶδες / τερατώδης）：这个词与神兆、预兆之类相关，可能指怪力乱神的东西。

既然诗人应通过摹仿从悲怜和恐惧中提供快感，那么，显然他必须从事件中来制造这些快感：在前面第13章中可以注意到，亚里士多德在谈及欧里庇得斯作品"显得最有悲剧性"时，指的主要是他在赛会和戏台上处理得不错，而赛会和戏台自然和扮相（ὄψις）关系密切。因此，第13章中间插进那段话实际上是第14章这段话的铺垫，而这段话则是对那个部分的回应，根据这里的论述，才能更加清楚亚氏对欧里庇得斯的态度和理由。

让我们找找，什么样的巧合显得［15］可怕或可怜。[①]此类行动必然要么在亲者间，要么在仇者间，要么两者都不是的人之间。如果是仇者对仇者，除了其本身遭受的痛苦外，无论是去制造还是意图［制造］此事，都不能引发悲怜。[②]非亲非仇者之间，也不行。而只有产生在亲者之间的［20］苦难，诸如同胞兄弟杀死或意图杀死兄弟，或者儿子杀死或意图杀死父亲，母亲杀死或意图杀死儿子，儿子杀死或意图杀死母亲，或做其他诸如此类的事，才是所要寻求者。流传下来的故事，不宜打散，我说的是诸如克吕泰墨涅斯特拉被俄瑞斯特斯所杀或俄瑞芙勒被［25］阿尔克迈翁所杀之类。应该自己发现，并善加使用流传下来的东西。

巧合：希腊文 συμπιπτόντων（συμπίτνω）一词，是"碰在一起、相合、偶合"的意思。罪行的多种状况中，要恰巧符合某些情况才成其为令人恐惧和悲怜的悲剧性罪行，即后面提到的血亲之间。

可怕或可怜：这里用的是 δεινά（δεινός，可怕的、可怖的）和 οἰκτρά（οἰκτρός，可怜的、可悲的），对应着前面的 φοβερός［恐惧］和 ἐλεεινός［悲怜］。

无论是去制造还是意图制造此事：这里也可以是"无论去做还是意

---

① ［M本注］悲剧性的罪行是让人会怜悯行为人的那种罪行，宁愿发生的是另一种情况。这里这个说法和《政治学》（1262a28）中的那个说法相似，那里指出，这些事件（那里列举了诸如凌辱、谋杀和误杀、冲突和辱骂），当其发生在陌生人中间时，并不严重，而发生在知道相互关系的人之间，会（被宗教仪式）"废掉（cancelled）"。在《修辞术》（1385b15，等等）中，使人怜悯的情况，一个人的亲属和他本人都包括在内。

② ［M本注］那些有某些能力的人的敌意和忿怒是可怕的（《修辞术》1382a33），因而也是可怜的（同上，1386a27），因而某人会因有一个敌人而受人怜悯；但他不会因杀了那个敌人，也不会因杀死一个中立者而受到怜悯。但是，某个亲属算得上是跟他本人相同的人（1386a18）；如果这样，那么他杀死某个亲属，他是可怜的。悲剧性的罪行就是那种让人会怜悯犯罪者的行为。

图做此事",但这里做事的"做"用的是 ποιῶν（ποιέω），从上下文看,这个"做"是有预谋、有目的地去做某事。这个"做"和"行动"的关系颇费思量。前面第13章中说："最好的悲剧都取材于少数几个家族的事,……像这些人一样碰巧遭受过或制造过可怕之事者。"这句话中用的也是 ποιέω。

诸如同胞兄弟杀死或意图杀死兄弟,或者儿子杀死或意图杀死父亲,母亲杀死或意图杀死儿子,儿子杀死或意图杀死母亲:这个列举中,兄弟间、母子间都是双向的,但父子之间,则只列举了儿子杀死或意图杀死父亲,没有父亲杀死或意图杀死儿子。

或做其他诸如此类的事:此处这个做事的"做"用的 δρᾶ（δράω）,从语境看,δρᾶ（δράω）用在一个更为泛指的语境,就是做了某事。可见,ποιέω 和 δράω 在"做事"的意义上是有重合的。

流传下来的故事,不宜打散,我说的是诸如克吕泰墨涅斯特拉被俄瑞斯特斯所杀或俄瑞芙勒被阿尔克迈翁所杀之类:前面第13章中已经说道:

> 现在,最好的悲剧都取材于少数几个家族的事,诸如关于阿尔克迈翁、俄狄浦斯、俄瑞斯特斯、墨勒阿格洛斯、苏厄斯特斯、特勒弗斯以及其他像这些人一样碰巧遭受过或制造过可怕之事者。

在对第13章这句话的解释中,我们已经谈到亚氏其实认为"不当寻求完全执着于那些悲剧所围绕的流传下来的故事",但他理解并澄清悲剧情节之所以从那些古代传说故事（μῦθος）中取材,乃是因为这些传说具有符合普遍的悲剧特性的人物和事件,从而积淀下来。因此,是这些故事中具有普遍性的情节结构,是符合悲剧情节的构合。这里他说"流传下来的故事,不宜打散",应该指的是不要破坏这些故事中的悲剧结构。

应该自己发现,并善加使用流传下来的东西:发现（εὑρίσκειν / εὑρίσκω）,这个词的"发现"之意,既有"寻找、找到"的含义,也有"发明、设计出、设想出"这个含义。根据前文,似乎指的是去传统故事中寻找,从而发现的意思。即便如此,亚氏这里强调的"自己发现"无疑需要某种领会和懂得,而不只是因循守旧地取材。在本章最后,亚氏说:"在寻求过程中,他们并非凭技艺而是凭运气,在这些故事中找到(εὗρον)其提供这些东西。"这句话中的"找到"用的也是同一个动词εὑρίσκω。这些话和用词显然都是呼应的。因此,许多译本把这个词译作让诗人们自己创新、自己发明(玛高琉斯译本也译作"自己发明[invent yourself]"),可能并不正确。因为本章的内容,一直围绕着在传统故事中找到合乎悲剧性的情节。即便亚氏主张诗人们应该自己发明,但这里还没有谈及。同时,后面这句话也表明了,诗人们的这种发现"并非凭技艺而是凭运气",即只是知其然而不知其所以然。

让我们把所说的这个[善加利用的]"善"说得更清楚些。行动发生可以像旧时人们制作的方式:在知情即认识[的情况下],就如欧里庇得斯所制作的,美狄亚杀死了她的孩子;可以[30]行动,在做出可怕之事时并不知情,之后才恍悟亲情,正如索福克勒斯的《俄狄浦斯》。这事是不在这部剧中,但悲剧本身中可以有这个,如阿斯图达曼图斯的《阿尔克迈翁》或《负伤的奥德修斯》一剧中的特勒格诺斯。除此之外的第三种方式是,[35]不知情的情况下意欲制造致命行为,但在做之前恍悟了。除此之外,再无别的方式。因为必然是要么行动要么没有,要么知情要么不知情。在这些当中,知情,意图去做,而又没行动,是最糟糕的。此令人憎恶,且是非悲剧性的,因为缺乏苦难。因此,除了偶有为之,[1454a]没人像这样来制作,就比如《安提戈涅》中的海蒙对克瑞翁。次糟的是行动了。较好的是不知情,去行动,行动了,才恍悟。这样不至令人憎恶,这种恍悟还很惊人。最强的[5]是最后这种。我所说的是诸如《克瑞斯丰特斯》中,梅洛佩意图杀死她的儿子,却没有杀,而是恍悟了;在《伊菲格涅娅》中,姐姐对弟弟[也是如此],

在《赫蕾》里，儿子意图交出母亲前恍悟。这就是为什么像之前所说的，悲剧关乎为数[10]不多的几个家族。在寻求过程中，他们并非凭技艺而是凭运气，①在这些故事中找到其提供这些东西。于是，他们不得不集中到这样一些灾难降临的家族上。

让我们把所说的这个善加利用的"善"说得更清楚些：这个"善"，希腊文用的是 καλῶς，美好地、很好地、顺利地。玛高琉斯译本译为"有技巧地、熟练地（skillful）"。玛高琉斯的译解击中要害，这里的善加利用，的确指的是技艺的、技巧的，即善于在传统故事中发现那些"有技艺"的悲剧结构，而不是指总是从传统故事取材。

行动发生可以像旧时人们制作的方式：在知情即认识的情况下，就如欧里庇得斯所制作的，美狄亚杀死了她的孩子；可以行动，在做出可怕之事时并不知情，之后才恍悟亲情：这里的"知道""知情"，根据语境，都是指知道自己与对方的亲属关系。恍悟，也是指恍悟这种关系。

欧里庇得斯的悲剧《美狄亚》(Μήδεια)：美狄亚是希腊神话中的人物，科尔基斯岛的公主，是个神通广大的女巫。美狄亚被爱神之箭射中，与前来寻找金羊毛的伊阿宋（Ἰάσων）一见钟情，美狄亚帮助伊阿宋盗取金羊毛，还因此杀死了自己的亲弟弟。伊阿宋后来移情别恋，背叛了美狄亚，美狄亚由爱生恨，杀死了自己和伊阿宋的两个孩子。

阿斯图达曼图斯（Ἀστυδάμαντος），公元前4世纪雅典悲剧诗人。关于古希腊神话传说中的阿尔克迈翁，参第13章。

《负伤的奥德修斯》(τραυματίας Ὀδυσσεύς)：据说是索福克勒斯的剧作，今已失传。特勒格诺斯（τηλέγονος）是奥德修斯和女巫基尔克

---

① [M本释译] 玛高琉斯译本把这句"在寻求过程中，他们并非凭技艺而是凭运气，在这些故事中找到其提供这些东西"释译为："这些剧作家寻求在他们的情节中布置这种情境时，发现的并不是其作品的规则（the rule），只是某些包含了这些东西的特定情节而已。"

（Κίρκη）之子，母亲派他去寻父，他在不知情的情况下杀死了自己的父亲奥德修斯。

《安提戈涅》（Ἀντιγόνη）：索福克勒斯写有一部《安提戈涅》，并流传至今。海蒙（Αἵμων）是克瑞翁（Κρέων）之子，安提戈涅的未婚夫。安提戈涅的两个哥哥为争夺忒拜统治权而发生冲突，两兄弟在单独对决中同归于尽。战争结束后，安提戈涅的舅父克瑞翁继承了忒拜王位。克瑞翁用对待英雄的方式安葬了厄特俄克勒斯，而宣布攻打忒拜的波吕尼刻斯是叛徒，曝尸荒野，不许国民安葬。安提戈涅不顾克瑞翁的禁令，埋葬了哥哥的尸体。克瑞翁下令将安提戈涅用围墙困在波吕尼刻斯的墓中，安提戈涅在墓里自杀身亡，她的未婚夫、克瑞翁的儿子海蒙得知其死讯后自杀身亡，克瑞翁的妻子发现这一切之后也自杀身亡。剧中海蒙曾剑击克瑞翁，但没有刺中。

《克瑞斯丰特斯》（Κρεσφόντης）：欧里庇得斯的剧作，今已失传。亚里士多德在《尼各马可伦理学》（1111a13）中也提到过梅洛佩误把儿子当敌人。

《赫蕾》（Ἕλλη）：作者和剧情均不详。

这就是为什么像之前所说的，悲剧关乎为数不多的几个家族。在寻求过程中，他们并非凭技艺而是凭运气，在这些故事中找到其提供这些东西。于是，他们不得不集中到这样一些灾难降临的家族上：这句话联系着第 13 章中的那段话：

> 起初，诗人碰上什么故事就用什么故事来抵数，而现在，最好的悲剧都取材于少数几个家族的事，诸如阿尔克迈翁、俄狄浦斯、俄瑞斯特斯、墨勒阿革洛斯、苏厄斯特斯、特勒弗斯以及其他像这些人一样碰巧遭受过或制造可怕之事者。就技艺来说，最好的悲剧来自这样的构合。

在前面第 9 章中亚氏已经说过，悲剧没必要非从传说中取材："不当寻求完全执着于那些悲剧所围绕的流传下来的故事。"不过，第 13 章中又说，最好的悲剧都取材于少数几个家族的传说故事。第14章这里这段话，似乎重申了第13章中的说法。对于悲剧总是从传说故事中取材这一点，13章和14章这两段话表面上合乎传统，认同悲剧从传统故事取材，但第13章的那段话澄清了这种取材"合乎技艺"的本质性。悲剧情节之所以从那些古代传说故事（μῦθος）中取材，乃是因为这些传说具有符合普遍的悲剧特性的人物和情节，从而积淀下来。亚氏说了，起初诗人碰上（τυχόντας）什么事就写什么，而现在，最好的悲剧都取材于少数几个家族的故事。诗人们在寻求能实现悲剧效果的题材时，"并非凭技艺而是凭运气（οὐκ ἀπὸ τέχνης ἀλλ' ἀπὸ τύχης）"，知其然而不知其所以然，不得不集中到这样一些"悲剧家族"上。因为，根本上，"就技艺来说，最好的悲剧来自这样的构合"。另一方面，由于缺乏明确的认识，人们常常将惯例中偶性的特征认作本质，而本质的东西反而晦暗不明了。悲剧诗人们的选材本是因为选取具有悲剧效果的普遍情节，从而集中到那些有悲惨命运的家族的故事，后来却将流传下来的古老传说故事这一特征误认为本质，以至于执着于从传统故事中取材，把这当成了悲剧的本质特征。

关于事件构合以及情节应该是什么样，[15]所述足矣。

这是一个明确的指示，关于事件构合和情节应该是什么样的探究告一段落，接下来第15章，亚氏转入对性情的讨论。

～

第14章讨论能引发恐惧和悲怜的悲剧性效果的情节是什么样。首先，尽管恐惧和悲怜可出自形象，也可出自事件的构合本身，但应首选出自事件的构合本身。其次，就情节来说，在亲者、仇者、非亲非仇这三者间，只有产生在亲者之间的灾祸，才是所要寻求的显得可怕或可怜的巧合。再次，要善加使用流传下来的故事，从中找到合乎悲剧性的行动方式，即事件构合方式。诗人们并非凭技艺而是凭运气,从流传的故事中找到此类情节,以至于悲剧情节集中到这样一些灾难降临的"悲剧家族"上。

第6章开始讨论诗术具体种类之一的悲剧,给出了悲剧的定义以及悲剧的六成分。第7章开始讨论具体成分,进入对情节的讨论。第7章重点讨论了情节的分量问题。第8章讨论了情节整一性问题。第9章探讨了诗与史述的区别,以及诗的情节的"普遍性""虚构性"问题。第10章区分了两种行动(及情节)类型,单一型和缠绕型,区别就在于其中的事件推移是否有突转或者恍悟。接下来第11章探讨了悲剧情节中的两个成分突转和恍悟,以及第三个成分苦难。第12章像一个插入,探究了悲剧从量的角度划分的成分。第13章再次回到情节问题,第13章和第14章都在探讨具有悲剧功效的情节是什么样的、结构应如何安排的问题。到第14章,对情节安排的探讨告一段落,第15章将转入对悲剧第二个成分——性情——的探究。

15

关于性情，需瞄准四点。第一，也是最首要的，得是好的。言辞或者行动，就如说过的那样，若能使无论何种抉择（προαίρεσιν / προαίρεσις）显示出来，那就有性情，如果言辞或行动显示出抉择是好的，那性情就是好的。这[20]在各种出身里都有，有好的女子和好的奴隶，尽管前者可能差一些，[1] 后者则十足低劣。[2] 第二，性格应该合宜。可以有男子气概的性情，但这般男子气概或令人生畏[的性情]于女子来说却不合宜。[3] 第三，性格应该相似，[4] 这一点与[25]前面说的性格要好

---

① [M本注] 男性要比女性更勇敢、更公正（《相学》814a9）。

② [M本注] 在《政治学》（1260a35）中，我们被告知，奴隶的德性，只要不至于因粗率或惰息导致干不好活就足矣。

玛高琉斯在导言中谈道："根据《政治学》来看，只有在城邦统治者身上才能找到追求完善德性之能力（《政治学》1260a17）；……而在城邦的底层，追求种种德性的能力都被排除了；但即便如此，那里还是有相对的好和坏，因为城邦中最微贱的成员也有其要去履行的职责，而德性正是使其得以好好履行其职责的那种东西。

③ [M本释译] 玛高琉斯本把这句"可以有男子气概的性情，但这般男子气概或非常强大[的性情]于女子来说却不合宜"释译为："有可能这个人具有勇敢（brave）的性情，然而如果这个人是女子，有胆略这种（the species of courage）[勇敢]就不合适。"

[M本注]《政治学》（1260a22）中讨论了不同社会成员存在德性层级的问题，而我们被告知，一个女子的忠贞、勇气和正义不同于一个男子的忠贞、勇气和正义，这在男子来说是作为统治者应该具有的德性，在女子来说则是作为服从者应该具有的德性。有些译者把"女子不宜勇敢"归于亚氏的断言，但这和亚氏本人的学说相抵触，再说这也不正确；还有断言"女子具有肆无忌惮的聪明，是不合适的"，这甚至就更站不住脚了。

④ [M本注] 应该相似，即所描写的历史人物，在复制品中不能作重大改变。阿喀琉斯不能被弄得很懦弱，或者奥德修斯不能没头脑。

和合宜指的不是一回事。第四，性情应该一贯。即使供摹仿者［的性情］就是不一贯的，并被归为一类性情，那也得是一贯性地不一贯。不必要的恶劣的例子，诸如《俄瑞斯特斯》中的墨涅拉奥斯；①［30］不像样和不合宜的例子，诸如《斯库拉》中奥德修斯的恸哭以及梅拉尼佩说的话；②不一贯的例子，比如《伊菲格涅娅在奥利斯》中，乞求免死［的伊菲格涅娅］和后来的她判若两人。

第一，也是最首要的，得是好的（χρηστά / χρηστός）：χρηστός这个词有诸多义项，诸如"有用的、有益的、有利的；善良的、勇敢的、诚实的、正直的；仁慈的、慈悲的"等，但都是正面意义。在并不确定具体含义的情况下，译作"好"。这个"好"指的是什么好，接下来才解释。

言辞或者行动，就如说过的那样，若能使无论何种抉择显示出来，那就有性情，如果言辞或行动显示出抉择是好的，那性情就是好的：这里提示相关内容在其他地方已经说过。在第6章中，亚氏曾说过："性情是显示选择和逃避此类尚不明了的抉择的说话，因此，有些言辞若全然没有说话者的选择和逃避，就没有性情。"

各种出身（γένει / γένος）：γένος这个词与"种"相对时作"属"讲。此外还有"家族、种族、世代、性别"这些含义，都是与起源相关的属类。根据后面所举的女性和奴隶的例子来看，跟"生来"所属相关，无

---

① ［M本注］这一句在后面第25章结尾处有解释。如果诗人引入一个恶人，只有在没有任何必要的情况下的引入才会被指责为缺乏道义；要是这种恶劣属于这个部分，要么因为其内在于某一类人，例如女子和奴隶，要么因为这种对照让剧作更有效果（例如《阿伽门农》中的埃吉斯托斯）。但诗人角色的性情之坏，说的是当其无任何此类正当理由的情况下把人物写得很坏。

② ［M本注］梅拉尼佩的长篇大论：这个"聪明的梅拉尼佩"在欧里庇得斯的同名戏剧（《聪明的梅拉尼佩》）中发表了一通长篇大论，反驳怪物的存在，试图救出他的孩子，因为这些孩子被认为是母牛所生。从她嘴里说出阿那克萨戈拉（Anaxagoras）的哲学，被认为不合宜。无论如何，《政治学》1260a30能为这个命意辩护，那里的原则要求女子应当娴静。

论是生来所具有的自然属性（比如女性）还是社会属性（比如奴隶）。因此，这里译为"出身"。

有好的女子和好的奴隶，尽管前者可能差一些，后者则十足低劣：ὅλως φαῦλόν，十足低劣。这里"低劣（φαῦλος）"一词与第2章中谈论摹仿对象时用的是同一个词。可参第2章相关笺释。不过，谈论摹仿对象时，那种人是相对来说的"低劣"，而这里说奴隶则是"十足低劣"。

男子气概（ἀνδρείαν / ἀνδρείαν）：即英勇的、勇敢的、有勇气的，而这个词字面义即"男子气的"。

可以有男子气概的性情，但这般男子气概或令人生畏的性情于女子来说却不合宜：在《政治学》（卷一，13）中，我们会看到亚里士多德对奴隶、妇女德性问题的探讨。亚氏认为，"灵魂在本质上含有两种要素，其一为主导，另一为服从，各各相应于不同的品德"；在家庭和城邦中，也有类似的主从关系，例如主奴关系、夫妇关系。虽然所有人都具备灵魂的各个部分，但各人所有的各个部分的程度不同。这些人所具有的道德品质情况也类似。他们都具有各种品德而程度不同。各人的品德应该达到符合各人所司职务的程度。也就是说，亚氏认为德性要求是与人的社会职能相应的。这就不奇怪，他会认为：

> 每一德行，例如节制，男女所持有的程度却并不相同，就勇毅和正义而说也是这样。……就勇毅说，男人以敢于领导为勇毅就不同于女子的以乐于顺从为勇毅；再就其他品德说也是这样。（《政治学》1260a3-23）

根据玛高琉斯的释译和注来看，亚氏这里说的，并非女子不能勇敢，而是说不能是那种"令人生畏的（δεινήν / δεινός，这个词有非常强大、厉害、可怕、令人惊奇的意思）"的勇敢。

性格应该相似：玛高琉斯注说，这里所谓应该相似，指所描写的历史人物，在复制品中不能作重大改变。关于性格必须相似这一点，亚氏没有展开解释。要么他认为这个问题不重要，要么他已经在其他地方说过了。玛高琉斯的注没有指明出处。不过，玛高琉斯的注会让我们想起前面第 14 章中亚氏说过的，当我们使用传说故事时，"流传下来的故事，不宜打散"，那里是就情节说的，但在基本情节不宜打散的情况下，显然人物性情也不宜作大的改动，而应基本相似。

性情应该一贯（ὁμαλόν / ὁμαλός）：ὁμαλός 是"平"的意思，"平均、平坦、平稳"等。用在这里，意思是要有一个基本保持一致的性情，不能前后不一。

即使供摹仿者的性情就是不一贯的，并被归为一类性情，那也得是一贯性地不一贯：这一点说的是所表现的人物性情，在剧中应该是前后相符、一以贯之的。后面所说的性情本身不一贯，也许指那种多变的性情，说如果要表现这种不一贯的性情，那也得一以贯之地表现这种不一贯。也就是说，不能显得有时候是一贯的，有时候又不一贯。这会让我们想到前面曾经提到过的阿尔喀比亚德。

墨涅拉奥斯（Μενέλαος）：斯巴达国王，阿伽门农的弟弟，海伦的丈夫，也就是俄瑞斯特斯的叔父。第 25 章中说道："对于任何时候毫无必要采用的不合理者和恶劣者提出批评是正确的。不合理者，就如欧里庇得斯对于埃勾斯的处理；恶劣者，就如《俄瑞斯特斯》剧中的墨涅拉奥斯。"

《斯库拉》（Σκύλλα）：约公元前 5 世纪中到前 4 世纪中的音乐家和酒神颂诗人提莫瑟俄斯（Τιμόθεος）的作品。斯库拉是希腊神话中的海怪，奥德修斯在海怪吞食其随从后放声大哭。

在性情这事上，就像在事件构合中一样，始终得求其必然如此或可能如此。[35] 如此方能要么必然如此、要么可能如此地某种人说某种话或做某种事，以及要么必然如此、要么可能如此地一事接着一事而来。那么，显然情节的解应当从情节自身的发展中来，①[1454b]而不是

---

① [M 本释译] 玛高琉斯译本将这里的"情节的解应当从情节自身的发展中来"释译为："情节的解应从性情自身而来。"

像《美狄亚》中那样借助"机械"①以及《伊利亚特》中围绕出航。机械应该用于剧外之事,要么是先前发生的、凡人无从知晓者;要么是将来的、[5]有赖于预言和启示的,因为我们允许神看到一切。事件中不应有不合情理之事,要有的话,也要在剧外,比如索福克勒斯的《俄狄浦斯》里那样。②

显然情节的解应当从情节自身的发展中来:这里第一次提到情节的"解($λύσεις, λύσις$)",而《诗术》中所有的"术语"都像文学作品中的"人物"一样,会根据"情节"的进展出场,但其出场之时,我们往往对其还没有充分的了解。要随着情节展开、相应的铺垫,其含义才会进一步展露。第18章,亚氏正式开始讨论"结和解"。

而不是像《美狄亚》中那样借助"机械":机械($μηχανῆς$/$μηχανή$),即"机械降神",指戏台上的一种装置,可以用来送神。这里如果是喻义,指的就是某种突然出现以解决故事中某些问题的东西。玛高琉斯在导言中提到,在第15章中,《美狄亚》中的机械降神受到批评;有人认为是快结尾的地方提到的太阳神战车,而实际上是埃勾

[M本注]这里采用了阿拉伯本的解读,因为要判定什么是、什么不是情节的一部分,这也许很困难;如果,例如埃勾斯作为一个角色出现在《美狄亚》中,正如其他人一样,他构成故事的一个部分。但是亚里士多德对故事中引入埃勾斯的批评是,他毫无必要;确实,如果美狄亚为了离开柯林斯可以运用魔力的话,那为什么埃勾斯应当允诺给予她庇护,这根本就没有特别的理由。

① [M本注] A deus ex machina [机械降神]:字面意思就是"来自机械",而这里所指显然就是机械降神的喻义;因为在《伊利亚特》这一幕的情形中,那里有个真正的机械可能没什么问题。在《美狄亚》的情形中,我们会想起埃勾斯而不是美狄亚的马车才是这个机械降神,这是后面会告诉我们的。

② [M本注] 玛高琉斯在导言中提到,第15章中有个地方提及《俄狄浦斯王》中"不近情理"之处。不同论者把这个名号安在不同特征上。克莱顿·汉密尔顿先生(Mr. Clayton Hamilton)(《戏剧理论》[*Theory of the Theatre*], p 38)认为,这指的是俄狄浦斯同其母亲的婚姻竟然在那么多年中都未暴露。在第24章,我们会发现亚里士多德想的可是别的事情。("就比如俄狄浦斯不知道拉伊俄斯是怎么死的。"《诗术》1460a30)

斯这个角色。《物理学》中对希腊词 ἄλογον 有充分的解释，意思是"不按自然的秩序来临"。《美狄亚》里的战车跟巫婆的扫帚一样不自然，但是按亚里士多德的意思，则是引入埃勾斯这个角色之前毫无铺垫。亚氏在第 25 章中谈及："对于任何时候毫无必要采用的不合理者和 [20] 恶劣者提出批评是正确的。不合理者，就如欧里庇得斯对于埃勾斯的处理，……"

因为我们允许神看到一切："允许（ἀποδίδομεν / ἀποδίδωμι）"这个词用得很微妙。ἀποδίδωμι 有"归还、偿还；允许、承认、让、使成为；解释"等含义。这里似乎暗示，是人类让神无所不知。

既然悲剧是对比我们好的人的摹仿，就应摹仿好的 [10] 肖像画家 [的做法]。在让那人具有其个人形貌，使其相似的同时，他们 [还将其] 画得更美。如此，诗人在表现易怒、懒散或其性情上有其他诸如此类特征者时，既要把这些东西表现在其性情上，又要将其制作为公允者。① 像荷马就把阿喀琉斯写成冷酷的典型，但还是个 [15] 好人。

又要将其制作为公允者：这里用到"公允者（ἐπιεικεῖς / ἐπιεικής）"这个词，相当奇怪。第 13 章中谈及悲剧情节的组织时，亚氏说过"不应是公允之人由好运转入厄运"。根据第 13 章中谈到的悲剧人物的特征，这种公允者显然不是悲剧情节所要选取的悲剧人物。亚氏在这里举阿喀琉斯为例也很奇怪。后面第 24 章会说到，《伊利亚特》是单一型兼苦难型，而第 10 章说过，所谓单一型情节，就是其中没有突转和恍悟。我们前面分析过，突转乃是悲剧人物相对于公允者而言的那种欠缺，导致过错，从好运转入厄运。《伊利亚特》则不涉及这种突转。亚里士多德在这里明确向我们指明，阿喀琉斯是个公允者。悲剧并非不能表现公允者，但最好的那种带有突转和恍悟的悲剧结构不应表现

---

① [M 本释译] 玛高琉斯译本把这里的"公允者"释译为"有德者（virtuous）"。

公允者从顺境转入逆境，而其中的悲剧人物，也是介于公允者和恶人之间的类型。

必须仔细留意这些问题，除此之外，还有出于必然与诗术伴随的视听感受的问题，在这个问题上［人们］经常犯错。关于这个，在那篇已经发表的论述中所说足矣。

关于这个，在那篇已经发表的论述中所说足矣：这很可能指《论诗人》，这是亚里士多德为学园外部读者写的显白之作，曾公开发表。《论诗人》的内容显然与《诗术》关系甚密。但《论诗人》已佚，仅留后人辑佚的某些残卷。从中可以看到《论诗人》和《诗术》显隐差别的实质。《诗术》的内容往往是严格理论性的、哲学性的，而《论诗人》中的内容则更多地照顾了一般性的意见。正如这里谈到视听感受的问题，亚氏指涉《论诗人》，即关于此类问题，他主要放在《论诗人》中来讲。在《诗术》此前部分，亚氏已经有好几次涉及这种与视听感觉相关的效果问题，但《诗术》中总是一再贬低需通过视听感觉造就效果的各种手段。第6章讲悲剧六成分时，他就贬低演出形象和唱段，认为唱段是"调味品"，形象"缺少技艺性""和诗术最少亲缘关系"。所以他实际上认为，"即使不通过赛会和演员，悲剧还是葆有其潜力"。也就是说，对于真正专业的读者，无需通过"观看"，仅听"叙述"或仅凭"阅读"，仍能感受悲剧效果，领略悲剧艺术，不会丧失悲剧的潜力（$δύναμις$）。受制于戏剧戏台表演效果的许多问题，在亚氏看来压根就不属于 $ποιητικός$［诗术］探究的问题，但对于进行实际创作，包括要参加赛会评比，感觉效果的问题则是必然要面对的，诗人们肯定要加以注意。就像第7章中谈到的长度问题这也属于与人的感觉相关的问题，诗人们不得不加以考虑。虽然出于误识，这也是为什么时间整一律赫然成为后来古典主义的三一律之一的原因。因此，在《诗术》中，亚氏常暗示诗人们的意见受制于对观众感觉、对比赛评判，因此也就是对普通意见的严重依赖。但无论如何，这里亚氏谈到视听感觉的问题，说其虽然只是诗术的"伴随"性问题，却是"出于必然"的伴随问题，因此不得不加以考虑。对于此类问题，其充分讨论往往不在《诗术》中，而是在《论诗人》里。《诗术》则同普通意见，包括同诗人们意见保持着充分的距离。

第 15 章讨论了悲剧的第二个要素——性情。性情要瞄准四点：要好；要合宜；要相似；要一贯。性情也要合乎可能如此或必然如此。

16

何谓恍悟,[①] 此前已经说过。至于恍悟[20]的种类:第一种,最没有技艺性,[②] 但由于没法对付而被采用得最多,是通过印记[③][的恍悟]。这些印记中,有的是与生俱来的,比如"地生人带有的矛头印记",又比如卡尔基诺斯的《苏厄斯特斯》中的星状印记;别的是后来有的,这其中有些在身体上,比如伤疤,其他则是身外之物,诸如[25]项链以及像《图罗》中通过小船[的恍悟]。[④] 对这些[恍悟

---

① [M本释译] 前面已经注释过,玛高琉斯译本把"恍悟($\dot{\alpha}\nu\alpha\gamma\nu\dot{\omega}\rho\iota\sigma\iota\varsigma$)"释译为"揭露错误身份(Disclosure of Mistaken Identity)"。

② [M本释译] 玛高琉斯译本把"最没有技艺性($\dot{\alpha}\tau\epsilon\chi\nu o\tau\dot{\alpha}\tau\eta$)"译为"最不科学的(scientific)"。

[M本注]"科学的(scientific)"这个词在《辩谬篇》最后一段和《修辞术》(1355b36)中有解释。"科学的"是属于整体的诸类情况的,而非科学的则只属于特别的情况。因此,一个契约之类的成果,是非科学的诉求,而基于人之自然的法则才是科学的诉求。同样地,在眼前这一系列的例子中,我们会从最随意性的到最具普遍性。任何女人在伊菲格涅娅身处的情境中都会希望同自己的弟弟联系,这会是很自然的,因而她揭开自己的身份也是科学的;但奥德修斯的伤疤就属于个体性的,因而也就不是科学性的。

③ [M本注] 印记:作者心里想着他在《论动物生成》(721b30)中对通过遗传传递的标记的说明。根据普鲁塔克(Plutarch)的说法,由充当卡德摩斯地生人(Cadmus's Sparti)的母亲的土块,印在其后代子孙身上的这种"矛头"印记甚至在他那个时代还时有所见(《论天谴的延迟》(de Sera Numinisvindicta,§21)。珀罗普斯(Pelops)的后裔有一个"亮点"在他们的肩头,为了纪念他们祖先的象牙肩。同样,先知穆罕默德的肩膀上有一个"先知印记",根据某些说法,这印记闪闪发光。

④ [M本注]《图罗》(Tyro)是索福克勒斯的一部戏剧,只存辑佚的几个残段。

的使用，有好有坏。比如奥德修斯由于伤疤被认出，被保姆认出是一种，而被牧猪人认出是另一种。靠这种方式取信，以及所有诸如此类的［恍悟］，都缺乏技艺性。但出自突转，[30]就像在"洗脚"一幕中那样的，就比较好。

何谓恍悟，此前已经说过：在此前章节中，已经多次提及"恍悟"。第10章中最早提及，关于单一行动和复杂行动的区别在于是否有恍悟和突转。但并未对恍悟本身进行说明。第11章谈及恍悟是悲剧的一个重要成分，对何谓恍悟做了说明或者说定义。第14章谈事件构合和情节处理如何获得好的悲剧效果，提及恍悟的作用。

第一种，最没有技艺性（ἀτεχνοτάτη）：这里用了 ἄτεχνος［无技艺的、缺乏技艺的、非技艺性的］一词的最高级。根据玛高琉斯的注，最没有技艺性的，也就是最随意、最个别的情况，不具有整体性。

但由于没法对付（ἀπορίαν）而被采用得最多：ἀπορία 这个词有"难题、难关；难对付，难办；缺乏、贫乏"之意。在这里可能指作者们在戏剧编制中遭遇一些情节发展的难题，但又缺乏从情节本身制造恍悟的技艺，只能采用这种比较简单低级的以物证之类引起恍悟的方式。这种"恍悟"方式，在中西戏剧和文学中都颇为多见。此处也取其"贫乏"意，认为是指作者缺乏技艺。在这里，所要面临的难题需要有技艺地来处理，而缺乏技艺，也就难以对付。根本上来说，意思是相通的。

这些印记中，有的是与生俱来的，比如"地生人带有的矛头印记"，或诸如卡尔基诺斯的《苏厄斯特斯》中的星状印记；别的是后来有的，这其中有些在身体上，比如伤疤，其他则是身外之物，诸如项链以及像《图罗》中通过小船的恍悟：前面第11章中曾说："恍悟可以来自无生命物和偶然之物以及某人做或者没做某事。"这句话在第11章中没有进

不太清楚这个被认出的小船（图罗的儿子们在小船上被发现）是被藏起来的还是只是通过牧人的描述。

一步解释，也不太好理解，到了本章才有了进一步解释。古希腊神话中，忒拜城的建城英雄卡德摩斯（Κάδμος）曾杀死巨龙，将龙牙播种到地里，从地下长出一群好斗的武士，他们自相残杀，幸存者后来成为忒拜人的祖先，他们的后代身上都有矛头标记。

卡尔基诺斯（Καρκίνος）：公元前4世纪的剧作家，作品全都没有流传下来。除了本章，第17章中亚氏也提到卡尔基诺斯，说他在一个舞台处理上的错误。此外还有《修辞术》（2.23.1400b10、3.16.1417b18）、《尼各马可伦理学》（7.7.1150b10）提及。

"洗脚"一幕：公元前4世纪时，荷马史诗还没有数字分卷，而是按内容来分。"洗脚"是《奥德赛》中的一段，包括19卷的大部分。这段话说到，虽然通过印记的恍悟总体上来说缺乏技艺性，但其本身还有好坏之分。并举《奥德赛》中奥德修斯因伤疤被认出的情节为例，被保姆认出是一次，被牧猪人认出是另一次，都是因为伤疤这个印记。被保姆认出，是在保姆为客人洗脚时（《奥德赛》19.386-475）；被牧猪人发现，是奥德修斯道出自己身份，并以伤疤为证（《奥德赛》21.205-225）。

第二种是由诗人造出来的，因而也缺乏技艺性，比如《伊菲格涅娅》中俄瑞斯特斯让人知道他就是俄瑞斯特斯。她是通过那封信[让人知道她是伊菲格涅娅]，而俄瑞斯特斯却是自己说出由诗人要求而[35]不是情节要求他说的话。因此，这和前面说那种过错差不多，因为也可以是[俄瑞斯特斯]出示某些东西。索福克勒斯的《特瑞乌斯》中就有这个"梭子的声音"。

诗人造出来的（πεποιημέναι / ποιέω）：这里用的是"制作、制造"一词，在《诗术》语境中，这个核心词汇多指诗人的制作，即作诗。在当下语境中，这个制作却有微妙的负面意义，指缺乏技艺性的造作之意。

这和前面说那种过错差不多：就是前面说的使用印记来造成恍悟的

方式,这种生造的让俄瑞斯特斯说出自己身份的方式和让俄瑞斯特斯出示一个印记,差不了多少。

索福克勒斯的《特瑞乌斯》(Τηρεύς):这部剧作没有流传,只找到几个片段。传说中忒腊克(Θράκη)国王特瑞乌斯与雅典统治者的女儿普若克纳(Πρόκνη)结婚育有一子。特瑞乌斯强奸了普鲁克纳的妹妹菲洛梅拉(Φιλομήλη),为了防止其把事情告诉姐姐,特瑞乌斯还切断了菲洛梅拉的舌头。菲洛梅拉织了一幅挂毯,向普若克纳呈现了所发生的事。为了复仇,普若克纳杀死了儿子并将其做给特瑞乌斯吃。众神把普若克纳和菲洛梅拉变成夜莺和燕子以保护他们免受特瑞乌斯的伤害,而特瑞乌斯则变成了戴胜。

第三种是通过回忆,因所见者而有感。[1455a]诸如狄凯伊奥格诺斯的《库普里亚人》中,那人因看见那幅画而落泪;在"讲给阿尔基诺斯的故事"中,听着竖琴诗人的吟唱回忆起往事,[奥德修斯]潸然泪下。他们因此被认出。

狄凯伊奥格诺斯(Δικαιογένους)的《库普里亚人》(Κύπριος):狄凯伊奥格诺斯是大约公元前4世纪时的悲剧和酒神颂诗人,写过《美狄亚》和《库普里亚人》等,作品不传。

"讲给阿尔基诺斯的故事":是《奥德赛》中一段的名称,见《奥德赛》9-12卷。

第四种是出自推断。[5]诸如《奠酒人》中这个,来了个像我的人;除俄瑞斯特斯外没有人像我;那就是他来了。智术师珀鲁伊多斯就《伊菲格涅娅》说,有可能俄瑞斯特斯从他的姐姐被杀了献祭推断他自己也会被杀了[10]献祭。在泰奥德克特斯的《图丢斯》里,父亲推断他前来寻子会自身难保。而在《菲纽斯的儿子们》中,他们一看到那个地点,就推断出他们的命运,在这个地方他们命定要死,因为那里正是他们被遗弃之所。

《奠酒人》($Xoηφόρος$)：古希腊三大悲剧诗人之一埃斯库罗斯的作品，是《俄瑞斯特亚》三部曲中的一部，《俄瑞斯特亚》三部曲完整保存至今。

智术师珀鲁伊多斯（$Πολύιδος$）：约公元前 5 世纪有过一个叫 $Πολύιδος$ 的酒神颂诗人，还是富有技艺的画家。亚里士多德在这里提及 $Πολύιδος$，特意说其是智术师（$σοφιστής$），但现有文献中没有记载叫这个名字的智术师，因此，不清楚这是否指同一个人。

泰奥德克特斯（$Θεοδέκτης$，约前 380—前 340）：古希腊修辞学家、悲剧作家，曾是柏拉图的学生，亚里士多德的朋友。据说他写过五十部悲剧，八次获奖。《诗术》中亚氏曾在第 11 章提及他写作的悲剧《伦库斯》（$Λυγκεύς$），这里又提及他写的《图丢斯》（$Τυδεύς$）。

《菲纽斯的儿子们》（$Φινείδαι$）：作者和剧情都不清楚。

还有一种出于观众的错误推断复合［的恍悟］。比如在《伪装的报信人［14］奥德修斯》中，只有他才能开这张弓，而其他人［14a］都不行，前提是诗人制造的，［14b］……［15］通过那个人通过恍悟制造错误推断。

虽然只有抄本 B 中有 $τότόξον$［弓］往后这个句子中的词，但阿拉伯本中模糊的对译证明了抄本 B 中词句的存在。但这段话还是存在混乱，此处省略号中省略的一段话原文意思不明，难以索解。所以，这里参考玛高琉斯的译本应该很有意义。玛高琉斯将希腊文中难以理解的那段译为佩涅洛佩的一段思忖，这一段整体的译文为：除了奥德修斯，没有别人能张开这把弓，这是荷马在作品中的预设，可是当其本来打算通过"拉弓"被看出时，佩涅洛佩的思忖"奥德修斯会知道这把这个乞丐未曾见过的弓"造成了通过"认弓"来恍悟，这就是一种误导的情况。

在所有恍悟中，最好的是出自事件本身的，通过看似可能产生惊愕，诸如在索福克勒斯的《俄狄浦斯》中以及在《伊菲格涅娅》中那样：想要传送书信是有可能的。而只有这一类［20］［恍悟］用不着造作的印记和项链。[①] 第二等的［恍悟］是那些出自推断的。

对《伊菲格涅娅》中的恍悟，要分别来看。第 11 章中已经提及《伊菲格涅娅》中涉及两次恍悟："通过送信一事，伊菲格涅娅被俄瑞斯特斯认出，而俄瑞斯特斯则需另一次恍悟才能让伊菲格涅娅恍悟。"本章前面再次说道：

> 《伊菲格涅娅》中俄瑞斯特斯让人知道他就是俄瑞斯特斯。伊菲格涅娅是通过那封信让人知道她是伊菲格涅娅，而俄瑞斯特斯却是自己说出由诗人要求而不是情节要求他说的话。因此，这和前面说那种过错差不多，因为也可以是俄瑞斯特斯出示某些东西。

可见，通过送信这个恍悟是好的，而俄瑞斯特斯自己说这个恍悟则属于"诗人造出来的，因而也缺乏技艺性"。所以，这里在说《伊菲格涅娅》中有最好的恍悟，特别指出是伊菲格涅娅想要送信那个情节中的恍悟。

只有这一类恍悟用不着造作（πεποιημένων / ποιέω）的印记和项链：这里的制作有贬义，有造作意。可见，正如亚氏在讲第二种恍悟的时候，就说了第一、二种恍悟其实差不多，都是缺乏技艺性的"造作"。

---

① ［M 本注］在这种类型里，既不需要作者所说的"项链"，即偶然的印记，也不需要专门的虚构。其中事件自然的结构会使得身份被搞错的人物去揭露身份或让身份被揭露，无需外在的虚构。在《伊菲格涅娅》的两种形式中，很清楚，女主人公和男主人公被置于自然而然地揭露出他们身份的情境中；不知道伊菲格涅娅将如何在珀吕伊都斯的规划中证明她的身份。因为好些情形的对符合法则的观察已经假定，例如在《奠酒人》（Choephoroe）中那样，脚印的相似性，可以被看作是一个虚构。已经发现的对这个句子的异议模糊不清。

关于恍悟，第 10 章中最早提及，关于单一行动和复杂行动的区别在于是否有恍悟和突转。但并未对恍悟本身进行说明。第 11 章谈及恍悟是悲剧的一个重要成分，对何谓恍悟做了说明或者说定义。第 14 章谈及事件构成和情节处理如何获得好的悲剧效果，提及恍悟的作用。第 16 章再次讨论恍悟，谈到恍悟的种类有：第一种，通过印记。第二种，出于诗人造作。这两种缺乏技艺性。第三种，通过回忆。第四种，出自推断。还有一种出于观众的错误推断。所有恍悟中，出自事件本身的最好；其次是出自推断的。

～⚜～

第 6 章开始讨论悲剧并给出悲剧定义及悲剧六成分后，第 7 章开始讨论六成分中最首要、最重要的情节。中间除了第 12 章像一个插入，探究了悲剧从量的角度划分的成分，一直到到第 14 章，都在讨论情节的各种问题。第 15 章转入对悲剧第二个成分——性情——的探究。第 16 章再次转回情节，继续谈论情节的成分——恍悟。

17

在组合情节并用言语帮助将其展现出来时，应尽可能将其置诸眼前，如此方能看得分明，仿佛身临［25］其境，以发现什么才合适，而让抵牾之处尽量不被注意。对卡尔基诺斯的指责就是证据：且说安菲亚拉奥斯正从神庙上来，①［如果］不是看的话就注意不到；但在戏台上，就因为观众的不满被嘘下台去。

组合情节并用言语帮助将其展现出来（συναπεργάζεσθαι / συναπεργάζομαι）：συναπεργάζομαι 这个动词意为"帮助完成"，因而体现了一种"辅助手段"的意味。后面一段话说到，"还应极尽可能地用形体帮助展现出来"，也用的是同一个动词。因而，这里讨论的都是表现方面的辅助手段。

发现什么才合适，而让抵牾之处尽量不被注意：意思就是尽量不要穿帮，实在没办法，肯定有漏洞的地方，也要尽量偷偷地让人注意不到。

安菲亚拉奥斯（Ἀμφιάραος）：古希腊神话中的阿尔戈斯国王，也是

---

① ［M本释译］"且说安菲亚拉奥斯正从神庙上来，［如果］不是看的话就注意不到"这一句，玛高琉斯译本释译为："从一座神庙中出来的，他的安菲亚拉奥斯的复活，也许可以逃脱只是想的人［的注意］，但逃不过视觉显示。"

［M本注］据泡萨尼阿斯（Pausanias）说，奥若普斯（Oropus）人最早把安菲亚拉奥斯看作一个神，但之后就有其他一些人也跟着把他当作神了（i. 34 § 2）。神确实有神庙，但［从神庙出来应该］是"下"来，而不是"上"来：因为"诸天和上界被古人指派给诸神"（《论天》284a12）；鬼魂是"上"来，但是是从坟墓里出来。"同样的事不适合人和诸神，坟墓和庙宇（《尼各马可伦理学》1123a10）"；所以，诗人本应该打定主意安菲亚拉奥斯是前面哪种情况。

个预言家，希腊神话中卡吕冬狩猎的参与者以及七位进攻忒拜的英雄之一，俄瑞芙勒的丈夫，阿尔克迈翁的父亲。阿尔克迈翁因为替自己的父亲报仇，杀死了自己的母亲俄瑞芙勒，被复仇女神追赶发疯。

安菲亚拉奥斯正从神庙上来（ἀνήει / ἄνειμι）：ἄνειμι 是"上行"之意。根据玛高琉斯的释译和注释，似乎卡尔基诺斯在安排他的安菲亚拉奥斯从神庙出来时，本应令其从上往下，因为神从位于诸天和上界的神庙出来，应该是下来。卡尔基诺斯将其处理成让安菲亚拉奥斯上来，只有鬼魂从坟墓出来，才是"上"来，所以被嘲讽为"复活的安菲亚拉奥斯"。但这个细节如果不是戏台上呈现出来的话，可能并不会引起注意。第 16 章中刚提到过卡尔基诺斯在其《苏鄂斯特斯》中使用星状印记的恍悟。

如果不是看的话就注意不到：这里的"看"应该就是前面说的，如在目前的"看"，如果不是通过这种"看"，有些时间空间上抵牾之处可能就会注意不到。一旦放到现实的时间空间中，如在戏台上，抵牾之处就会看得很清楚。

还应极尽可能地用形体 [30] 帮助展现出来；那些出于其天性 [沉浸] 在情感中者是最逼真的，备受折磨者最真实地在受折磨，被激怒的人最真实地在发怒。因此，诗术属于好禀赋的人或者疯迷者，因为前者可塑性强，后者则会出离自我。①

---

① [M 本释译]"诗术属于好禀赋的人或者疯迷者，因为前者可塑性强，后者则会出离自我"，这一句玛高琉斯本释译为："因此，诗术是禀赋上佳者（the finely consitituted）或者歇斯底里者（the hysterical）的行当；因为歇斯底里者易感（impressionable），而禀赋上佳者有爆发力（liable to outbursts）。"

[M 本注] 我们被告知，"禀赋上佳者"的触觉很敏锐（《论灵魂》421a24）。《大伦理学》（1203b1，对比《尼各马可伦理学》1151a1）中称他们富有激情。歇斯底里者的易感、敏感是在《自然论短章》（464b2）中谈及的，那里说他们会迅速地从一个易感状态转入下一个状态。

好禀赋的人（εὐφυοῦς / εὐφυής）：这个词从词源上就可以看出是指天生的好，而这种天生的好，可以是外貌上的，长得美、相貌好；也可以是性情上的，天性好、性情好；也可以是智性上的，天赋高、天资聪颖。亚里士多德在《尼各马可伦理学》中曾谈及这种好禀赋（εὐφυής），说其乃是在对善的选择和判断上有自然禀赋的人，这是天生的，不是从别人那里学来的，并说这是最好、最高贵的馈赠（《尼各马可伦理学》1114b5-10）。《尼各马可伦理学》中这种好天赋，倾向于好天性、好性情。前面第 8 章中，亚氏在赞扬荷马的出类拔萃时说到，"不论是凭借技艺还是凭借自然（διὰφύσιν）"，凭借自然（διὰφύσιν）生来就擅长某些技艺，这也是一种好天性、好天赋（εὐφυής），这种更倾向于是智性上的好天赋，天赋异禀、天资聪颖。至于本章这里的 εὐφυής，则是情感体验上的好天性。

疯迷者（μανικοῦ / μανικός）：疯癫迷狂之人。柏拉图在《伊翁》中对于诗人技艺的来源，有所谓"迷狂说（μανόμενος）"，认为这种迷狂出于"被神凭附（κατεχόμενοι）""酒神附身（βακχεύουσι）"。因此，这段话显然有柏拉图迷狂说的背景。

可塑性强（εὔπλαστοι / εὔπλαστος）：这个词中所包含的 πλαστος 来自用陶土、蜡之类用模子进行塑造、模铸，εὔπλαστος 在比喻意义上，指可塑性、善塑性、可教导性。那么，亚氏在这里所说的好天性、好天赋（εὐφυής），似乎指的是在情感体验方面一说就懂、一教就会，善于感知、善于体察的那种人。

出离自我（ἐκστατικοί / ἐκστατικός）：这个词有移位、脱离位置的意思，也用来喻指心神的出离，如精神恍惚、神思错乱之类。亚里士多德在《尼各马可伦理学》谈论自制时说到，不能自制者会出于激情而做他认为恶的事，离开（放弃）理性推理（《尼各马可伦理学》1145b11）。后面又说到，如因不能自制而容易离开（放弃）任何意见，这有时倒是好事（《尼各马可伦理学》1146a18）。这两处的离开（放弃）都用了 ἐκστατικός 一词，看来，ἐκστατικός 这种出离是一种不能自制。这或许也是亚氏所区分的天资聪颖者（εὐφυής）和癫狂疯迷者（μανικός）的一个区别所在，天资聪颖者能体察情感，但并非不能自制；而疯迷者则是不能自制。

柏拉图在《伊翁》中对于诗人技艺的来源，有所谓"迷狂说"，即诗人之才来自 ἐνθέους［灵感］、κατεχόμενοι［被神凭附］、βακχεύουσι［酒神附身］，还有 μανόμενος［迷狂］，柏拉图所说的这种神灵凭附显得是失去正常心智、神志不清。天纵之资（εὐφυής）和疯迷癫狂（μανικοῦ）虽然看起来有共同处，都能逼真地进入某些情感状态，但两者机制并不相同。柏拉图在《伊翁》中的处理，对此不加区分，混在一起。并且在柏拉图刻意修辞之下，看来更像亚里士多德所说的容易出离自我、恍惚、出神的那种 μανικοῦ［疯迷，迷狂］。在这个问题上，也显得是柏拉图在刻意混同，而亚里士多德则着意区分。在《修辞术》中，亚氏还谈到了这两种人具有遗传学上的关系。他认为那些高贵优异的家族会在一定时候产生天赋异禀之人，但家族也会退化。天资优异的家族，其后人可能蜕变出一种疯狂的性情（《修辞术》1390b26-30）。

不管是已经制作好还是自己制作，都应一般性地阐明其情节逻辑（λόγους / λόγος），①**［1455b］然后再加入穿插，**②**扩展延长。我所说的是，**

---

① ［M 本释译］玛高琉斯译本把这里的 λόγος 一词译为 arguement。

［M 本注］这个词在这里用的是逻辑学术语。我们被告知，诗人做的就是处理诸原则（principles）；因此，不管故事是一个已有的主题，还是诗人自己的创作，他首先都得写清楚他想要阐明的是什么原则，并把这运用到对话以及情节中。因此，在《酒神的伴侣》（Bacchae）中，我们可以想象诗人考虑了所涉及的宗教理论——那就是，对于人来说，要做的并不是去判断一个宗教祭仪道德与否，而是在所有情形下都去崇敬诸神，他还考虑了这种情形，即一个人决意要挑战一个不道德的神，他会遭遇怎么样的命运。

② ［M 本释译］玛高琉斯译本把这里的"穿插（ἐπεισοδιοῦν）"一词译为"场次（scenes）"。

可以这样来考虑这个普遍性，比如《伊菲格涅娅》：一个被献祭的少女在献祭者前神秘消失了，被安置到另一个［5］国度，此地有以异乡人向女神献祭的习俗，她担任了女祭司之职。一段时间后，女祭司的弟弟碰巧来到这儿。神出于某个缘故指定他去那里，这在普遍性之外，以及为什么目的去那儿，也在情节之外。他到那儿就被抓了起来，就在快被用来献祭前让自己被认出，这可以像［10］欧里庇得斯那样，也可以像珀鲁伊多斯那样制作，根据可能如此，他说出不仅他姐姐，而且他自己都会被用来献祭。他至此得救。这往后，就要安上名字，加入穿插。穿插务求合宜，例如在俄瑞斯特斯那里，① 他以发疯被抓，又［15］以净罪② 得救。

不管是已经制作好还是自己制作：即可以用现成的故事也可以自己创作，现成的故事即前面谈论过的，悲剧从传统的故事中取材。从传统

---

① ［M本释译］"这往后，就要安上名字，加入穿插。穿插务求合宜，例如在俄瑞斯特斯那里，他以发疯被抓，又以净罪得救。"这一句玛高琉斯译本释译为："现在就可以插入名字和编制好的场次（the scenes composed）了；但无论如何，它们得贴切。例如在'俄瑞斯特斯'例中，疯病就切合他的突然发作，而他的获救则是通过净罪。"

［M本注］即在前面分析的《伊菲格涅娅》中。柏拉图《克拉提洛斯》（Cratylus, 394e）提示我们注意俄瑞斯特斯这个名字与其狂野、野蛮性情很相配。发疯对一个名字的含义即为"狂怒（rager）"的人来说很相配。

［译笺］原文中说的只是穿插要合宜，但根据玛高琉斯的释译和注释，似乎说的是取名字和加穿插这两件事都要合宜。不过，在第9章中，亚氏曾经说过谐剧中的人物很早就是诗人们"随便给取些名字"。不过，在文学作品中，名字有所寓意并不少见，而且也能增加文学作品富有深意的效果。

② ［M本注］这个文本中的"净化"一词也指"治愈疯狂"（参见导言）。因此，说俄瑞斯特斯通过这个［净化］过程而获救，就特别切合，尽管这个"洁净"不是指恢复体温，而是对一个雕像的洁净。

［译笺］亚氏关于"治愈疯狂"的那个理论，谈到让体温恢复平衡，因此这里说到"体温"。

故事取材的情况是，如第 13 章所说，"起初，诗人们碰上什么故事就用什么故事来充数"，因为这些故事中的一些具有"悲剧性结构"，也就是说，这一类传统故事中有着一般性的悲剧结构，所以慢慢地，"最好的悲剧都取材于少数几个家族的事"。因此，重要的并不是从传统故事取材，而是符合这种一般性的情节结构。所以亚氏在第 9 章中早已说过："不当寻求完全执着于那些悲剧所围绕的流传下来的故事。"在这个问题上，亚氏的态度很清楚，诗人们从传统取材有其合理性，但根本上来说，这无关紧要。第 9 章中，他赞扬阿伽通的《安修斯》："该剧中的事件和人名一样都是造出来的，但其使人喜爱的程度并不逊色。"显然，从传统取材是一种依赖，也成为一种限制，悲剧和史诗之后的严肃叙事文学的发展渐渐摆脱了这种限制。

情节逻辑（λόγους, λόγος）：这里"情节逻辑"对应的是 λόγος 一词。λόγος 在《诗术》中的一个用法就是指"故事、情节"，和 μύθος 有重叠。第 5 章中曾提到"一般性地（καθόλου）来制作故事（λόγος），即是 μύθος [情节]"。在《诗术》中只要 λόγος 和 καθόλου [一般性、普遍性] 一起出现，总是在情节这个意义上。这里 λόγος 又是和 καθόλου 一起出现。我们在通常的理解中，会把故事的整个发展都当作情节，但在这里，亚氏突出了情节的这个普遍性，实际上是故事中具有普遍性的那一逻辑。玛高琉斯译本把这里的 λόγος 一词译为 argument，有内容提要的意思，用在这个语境中似乎也恰当。但这里隐含的要义在于内容提要的实质是什么？伯纳德特有"情节论证"这样一个提法，而具有普遍性情节确实就是一种论证。

普遍性（τὸ καθόλου）：相当于一个"总体框架"的意思。但突出了这个框架"一般性、普遍性"的意味，这是整部《诗术》中对于情节的重要阐释。

神出于某个缘故指定他去那里，这在普遍性之外，以及为什么目的去那儿，也在情节之外。这句话前半句说在普遍性之外，后半句说在情节之外，而且这里的情节用的不是 λόγος，而是 μύθος。或许，正如我们在前面已经看到过的许多例子，这种互换正好用来说明在具有普遍性的情节这个意义上，λόγος 和 μῦϑος 的等同和可互换性。

也可以像珀鲁伊多斯那样制作：作者在前面一章中说到出于推断的恍悟时，刚举了珀鲁伊多斯建议的这个方式。

净罪（καϑάρσεως / κάϑαρσις）：κάϑαρσις 是当时希腊医学和宗教中的用词。第 6 章中的悲剧定义说："悲剧是对一个高尚、完整、有分量的行动的摹仿，……通过悲怜和恐惧进行调节，达致使诸如此类情感恢复平衡（κάϑαρσις）的目的。"κάϑαρσις 因此成为《诗术》中非常著名的一个术语。并且亚氏曾在《政治学》中承诺会在一部论诗术的著作中解释这个词（1341b39）。但事实上，《诗术》现存部分中对之没有做过任何说明。《诗术》中这个词只出现过两次，一次就是在悲剧定义中；另一次就是这里。但这里是一个看似无关的语境，并且这里肯定是"洁净、净罪"的意思。

戏剧中的穿插很简洁，而史诗中就加得很长。《奥德赛》的情节逻辑不长：一个人离家多年，被波塞冬紧盯不放，孤身一人。而他家中成了这个样子：[20] 家产被［妻子的］求婚者们挥霍，儿子被他们谋害。他历经风霜返回家乡，让一些人恍悟［其身份］后，他发起攻击，保全了自己，杀死了仇敌。这是属于［情节逻辑］本身的，其余均为穿插。

一个人离家多年，被波塞冬紧盯不放：这里对《奥德赛》情节梗概的说明非常特别，说"一个人"如何如何，显然是普遍性的，但说到波塞冬的时候，却是有具体名称的，没有说被"某一个神"或者被"某种力量"。是否因为这里被波塞冬盯上只是情节起始的点，正如前面一节，说到俄瑞斯特斯碰巧到那个地方时，亚氏特意说："神出于某个缘故指定他去那里，这在普遍性之外，以及为什么目的去那儿，也在情节之外。"

第 17 章先讨论了以言语帮助呈现情节时，要让情景如在目前，好像身临其境一般才能处理得当。在用形体帮助呈现时，要沉浸到角色的情感中。但好禀赋和疯迷者是不同的。

不过，制作诗歌应一般性地阐明情节逻辑。之后才安上名字，加入穿插。戏剧中的穿插很简洁，史诗中则加得很长。

18

任何一部悲剧都有结（$\delta\acute{\epsilon}\sigma\iota\varsigma$）和解（$\lambda\acute{\upsilon}\sigma\iota\varsigma$）。[25] 外部的东西，以及好些内部的东西，①是结，其余的就是解。我所说的"结"，是从初始直到即将发生向好运或厄运转变的极点这一部分；而"解"，则是从转变之初，直到终了的部分。就比如，在泰奥德克特斯的《伦库斯》中，[30] 结是此前之事、孩子被抓以及后面他自己被抓，解则从对死亡的控诉开始，直到剧终。

结（$\delta\acute{\epsilon}\sigma\iota\varsigma$）和解（$\lambda\acute{\upsilon}\sigma\iota\varsigma$）：亚氏在《诗术》中第一次提到 $\lambda\acute{\upsilon}\sigma\iota\varsigma$ [解] 是在第 15 章，那里用了"解"这个说法，但并未加以解释。并且也没有同时提到 $\delta\acute{\epsilon}\sigma\iota\varsigma$ [结]。这么偶一露面，后面也没有再提及。到第 18 章这里是第一次提到结，并且，这里才定义了"结"和"解"。

外部的东西，以及好些内部的东西：这里外部（ἔξωθεν）和内部（ἔσωθεν）指的是什么？就在前面第 15 章提到 $\lambda\acute{\upsilon}\sigma\iota\varsigma$ [解] 的那个段落中，亚氏谈到过剧外（ἔξω τῆς τραγῳδίας）的东西（1454b2、b7），他说：

> 显然情节的解应当从情节自身的发展中来，而不是像《美狄亚》中那样借助"机械"以及《伊利亚特》中围绕出航。可是，机械应用于剧外之事，……事件中不应有不合情理之事，要有的话，也要在剧外，比如索福克勒斯的《俄狄浦斯》里那样。

外部的东西，以及好些内部的东西，是结，其余的就是解：看这句

---

① [M 本释译] 玛高琉斯的释译本，把外部的东西释译为"背景（background）"，内部的东西释译为"前景（foreground）"。

话说的意思，所有外部的东西以及一部分内部的东西都属于结，剩下就只有另一部分内部的东西，属于解。

泰奥德克特斯的《伦库斯》：在第11章中亚氏已经提到过这部剧作。

悲剧有四个种类（前面说过成分也是这么多）：缠绕型，其整体就是突转和恍悟；苦难型，诸如那些埃阿斯剧和伊克西翁剧；性情型，诸如《弗缇亚女子》和《裴琉斯》；[1456a]以及第四种，诸如《弗尔克斯的女儿们》《普罗米修斯》以及每一部冥界剧。① 应尽最大努力具有所有成分，若是不能，也应具有最重要者和最多数者。尤其是[5]现在人们正对诗人们百般挑剔。鉴于就每种成分来说都已经有擅长的诗人，他们却认为一个诗人应超越所有这些各有所长者。要公正说出悲剧是同是异，莫过于通过情节，其结和解相同者即相同。许多人结做得好，

---

① [M本释译] 玛高琉斯译本把这四种类型释译为："情节剧（the Plot Tragedy）""情感剧（the Emotional Tragedy）""心理剧（the Psychological Tragedy）""表述剧（the Tragedy of appropriate expression）"。

[M本注] 参导言。作者已经列举过悲剧的四个"协同性"或者说实质性的成分（第6章）；在关于混合的理论中，主导因素会成为整体之名（《论生成》321a35）。因此，我们就会有情节悲剧、心理悲剧、情感悲剧（才智的功能是制造情感，第19章），或者措辞得当的悲剧。最后这个在《修辞术》(1408a10-31)中有解释。这里所举出的例子，除了《普罗米修斯》外，都已湮没无闻。《普罗米修斯》几乎没有情节，更多是哲理性而非心理性的，角色们离我们过于遥远以至于不能引发太多同情；那么，这位诗人的成功之处在于，他让这些角色以配得上诸神及之类存在的语言来说话。"如果诸神和英雄要说话，他们会用埃斯库罗斯的语言。"

这是由cod. D、cod.E提供的对这个段落的一种解决方案，cod. D、cod.E提供了"平和（equable）"一词，也许这同于第24章中取代这个"第四种"的"简单（simple）"剧；但显然，这种解决方案被接下来的话排除了，因为接下来我们被告知，最好的悲剧应该具备所有这些成分。而"简单"可以取代第四种类型，必定归之于这第四个因素乃是其他成分的载体。

[10] **解却很糟，应该两者兼擅。**

悲剧有四个种类（εἴδη / εἶδος）（前面说过成分（μέρη / μέρος）也是这么多）：关于《诗术》中 εἶδος 的用法及其同 μέρος 的关系，我们在前面第 6 章、第 12 章等处已经多次谈及。在《诗术》一开始，εἶδος 被用作"样式、种"，尤其是相对于"属"而言。但在《诗术》后面的部分，εἶδος 似乎常对应着"成分（μέρος）"的含义，译为"要素"。第 12 章谈道："悲剧中应被用作要素（εἴδεσι / εἶδος）的成分（μέρη / μέρος），我们前面已经谈及。"从这里看，某些性质的成分属于要素（εἶδος），也就是说并非所有的成分属于要素（εἶδος）。联系第 6 章就知道，只有那些实质性的成分才属于 εἶδος。第 18 章这里谈道："悲剧有四个种类（εἴδη / εἶδος）（前面说过成分 [μέρη / μέρος] 也是这么多）。"亚里士多德在此又再次提醒，成分的数量是四个。并且暗示，这个意义上的成分和种类、样式相对应。第 19 章谈道："关于其他要素都已经谈过了，剩下的还有言语和才智。"根据文本，已经说过的要素（εἶδος）只有情节和性情，剩下还有言语和才智，所以也是情节、性情、言语和才智这四个成分。从 εἶδος 这几个相互联系的语义来看，只有这四个成分（μέρος）是称为要素（εἶδος）的成分，也只有这四个成分对应着悲剧的四个种类（εἶδος）。

但是具体到这段话中，虽然亚氏特意提醒，这里悲剧的类型跟前面谈及的成分的数目一样。首先这里所谓的成分指的到底是哪些成分？《诗术》中最著名的是悲剧六成分说，即情节、性情、才智、言语、形象、唱段。这里已经排除。这里的第二种类型是苦难剧，会让我们想到《诗术》中还谈到过的另一个层面的成分。第 11 章中说到过情节的成分：突转和恍悟是情节的两个成分，第三个成分是苦难。但情节的成分，似乎只说到过这三个，没有提到第四个成分。从悲剧四成分来看，这里直接可以对得上的即缠绕剧对应情节、性情剧对应性情；但才智和言语与苦难型和第四型如何对应，搞不清楚。从情节的成分看，则突转和恍悟一起对应缠绕剧；苦难对应苦难剧。但都有对应不上的成分。此外，第四种是什么剧，文中没有说，加之这里用来例举的剧作，几乎都没有留存，我们更难以确定，这四种类型是如何与具体成分对应的。

缠绕型：缠绕（πεπλεγμένη / πλέκω）型，一般译为"复杂型"。πλέκω 意为"编织、缠绕"，引申为诗歌或戏剧中情节的设计复杂，就像打"结"一样，把这些事件缠绕起来，最后再"解"开。为了和"结"和"解"对应，直观地译为"缠绕型"。在第 10 章中，亚氏就已经提到过情节有单一（ἁπλός）情节和缠绕（πλέκω）情节之分，单一行动是无突转和恍悟者，而缠绕行动是有突转和恍悟者。第 13 章讨论情节构合时曾说到过，"最好的悲剧结构不应是单一的而是缠绕的"，接下来展开的讨论中显示了缠绕情节中突转的重要性。按照这种区分，这里的类型，似乎除了第一种缠绕型是缠绕情节，其他几种类型都是单一情节。在第 24 章中，亚氏说到史诗的类型也应和悲剧的相同，然后他列举了单一型、缠绕型、性情型和苦难型，两相对照，则本章缺失的第四种类型，应该是单一型。并且，他说《伊利亚特》是单一型史诗，同时又表现苦难，从而证实除了复杂型之外，其他三种可能都是单一情节。为何单一情节又有三种类型？这也许是以其中突出的成分来命名的，而第四种甚至都没有命名，只说其是单一型，大概也是有某种原因的。

苦难型（παθητική / παθητικός）：词根是 πάθος，这个词有"情感、激情"之意，在前面第 1 章中已经出现："诸技艺……摹仿性情、情感（πάθος）和行动"。这个词还有"遭遇、痛苦、受苦、不幸、灾难、苦难"之意。在第 11 章中关于情节的第三个成分，指的不是一般的情感，而是偏向于受苦的情感，因此译为"苦难"，这个"苦难"带有强烈的遭受灾祸的意涵。第 14 章中曾集中讨论哪些苦难的行动可怜、可怕，也就是悲剧追求其效果时应寻求的行动，并引出对恍悟的讨论。

埃阿斯（Αἴας）：古希腊传说中以英勇著称，在希腊联军中战功仅次于阿喀琉斯的英雄。与奥德修斯争夺阿喀琉斯死后留下的铠甲和兵器失败，后受辱自杀。

伊克西翁（Ἰξίων）：古希腊传说中，伊克西翁欲娶邻邦公主，公主父亲不与，索取高额聘金。伊克西翁口头答应，但之后不仅没有支付，还将岳父推入火坑烧死。没有任何人愿意为其净罪。宙斯同情并让他进入天界，他却觊觎并试图引诱天后赫拉，宙斯震怒，将其绑到带翅膀的火轮上，让他永受折磨。

性情型（ἠθική / ἠθικός）：第15章集中讨论了性情，而顺序出现的第13、14、15这几章中的内容，恰巧是缠绕情节、苦难、性情，与这里的类型似乎恰好对应。

《弗缇亚女子》（Φθιώτιδες）：索福克勒斯曾有一部叫这个名字的悲剧，但没有流传，剧情不详。弗缇亚（Φθία）是古希腊地名，阿喀琉斯的故乡。

《裴琉斯》（Πηλεύς）：索福克勒斯和欧里庇得斯都有名为《裴琉斯》的剧作，但均未流传。裴琉斯（Πηλεύς），古希腊传说中的英雄。在狩猎中不小心杀死自己同父异母的兄弟，逃到弗缇亚。在追杀卡吕冬大熊时又误杀自己的岳父。后与女神瑟提斯结婚，生下阿喀琉斯。

以及第四种：前面三种类型都有名称，但这里的第四种却没有名称。亚氏在第24章中说到，史诗的类型也应和悲剧的相同，然后他列举了单一型、缠绕型、性情型和苦难型，两相对照，则本章缺失的第四种类型，应该是单一型。

《弗尔克斯的女儿们》（Φορκίδες）：埃斯库罗斯写过这个名字的作品，但没有流传。弗尔克斯的女儿们指海洋之神弗尔克斯（Φόρκος）的女儿，共用一只眼睛和一颗牙齿的三姐妹格莱艾（Γραῖαι）。

《普罗米修斯》（Προμηθεύς）：埃斯库罗斯有以"普罗米修斯"为名的三联剧：《盗火的普罗米修斯》（Προμηθεὺς Πυρφόρος）、《被缚的普罗米修斯》（Προμηθεὺς Δεσμώτης）、《获释的普罗米修斯》（Προμηθεὺς Λυόμενος）。Προμηθεύς字面意思即先见之明，他是泰坦神族中富有智谋的大力神，普罗米修斯从奥林波斯盗火给人类，因此触怒宙斯。宙斯将普罗米修斯锁在高加索山的悬崖上，让他日日承受被恶鹰啄食肝脏的痛苦。

冥界剧：发生在冥界的故事，埃斯库罗斯、索福克勒斯、欧里庇得斯都有过此类作品。

根据玛高琉斯的看法，他认为这里的四种成分指的是悲剧六成分中的实质性的四个成分。《诗术》的所谓悲剧六成分说已经深入人心，这里列举的悲剧类型却只有四个，这会引起很大的疑惑。但仔细的读者或许还记得，在讨论悲剧六成分的第6章中，虽然前面提出的是六成分，但在后面展开的分别列举的讨论中，却颇有玄机。玛高琉斯注解认为，亚氏的讨论先及情节、性情、才智、言语，到言语这第四个成分的时候，作了"本质性（τῶν μὲν λόγων）"的限定，以限定在此之前所列举的这四个成分对于悲剧来说是"本质性"的成分，而六成分中剩下的形象和唱段，只是增加效果的成分，并非本质性的成分，不作列举。因此，亚里士多德在列举时，以第四个为限作了这个所谓"本质性"的说明，而剩下的两个成分，他有意不以第五、第六这样的序列来列举，而是合成一个成分来讨论。

书中还有好几处线索印证这里的区分。第12章谈道："悲剧中应被用作要素（εἴδεσι / εἶδος）的成分（μέρη / μέρος），我们前面已经谈及。"从这里看，某些性质的成分（μέρη，μέρος）属于（εἶδος），也就是说并非所有的成分属于（εἶδος）。联系第6章就知道，只有那些实质性的成分才属于εἶδος（我们姑且译为要素）。第18章这里谈道："悲剧有四个种类（εἴδη / εἶδος）（前面说过成分 [μέρη / μέρος] 也是这么多）。"亚里士多德在此再次提醒，成分的数量是四个。并且暗示，成分和种类样式相对应。第19章谈道："关于其他要素都已经谈过了，剩下的还有言语和才智。"根据文本，所谓前面已经说过的要素（εἶδος）只有情节和性情，加上剩下还有言语和才智，也是情节、性情、言语和才智这四个成分。也就是说，只有这四个成分是称为要素（εἶδος）的成分。在第24章中，亚氏说到史诗的类型也应和悲剧的相同，然后他列举了单一型、缠绕型、性情型和苦难型。并且紧接着说到，"除唱段和演出外，史诗的成分也和组成悲剧的成分相同"，也证实这里和类型对应的成分，指的是情节、性情、才智和言语这四个成分。

这四个成分与这四种类型是如何对应的呢？玛高琉斯说，在混合的几种因素中，会以主导性的因素作为名称。也就是说，某种类型的剧作中并非只有单一成分，但这些成分中有主次，给予名称的是起主导作用的那个成分。其中第四个无名的类型对应着言语，根据玛高琉斯的注释可以看出，在这种剧中，言语起的主导作用，主要是修辞风格和朗诵表演上的表现力。那么剩下的灾难剧似乎只能对应才智了。

应尽最大努力具有所有成分，若是不能，也应具有最重要者和最多数者：这里说的应尽可能具有的成分，应该也是指四成分，而非六成分。这里说应具有最重要者和最多数者，也印证了前面玛高琉斯说的，类型的名称是多种成分混合的情况下，以起主导作用的成分命名。所谓最重要者，应该就有一个重要程度的排序。

应当谨记说过多次的这件事，即不要把史诗性的构合制作成悲剧。我所说的"史诗性的构合"，指的是多重情节。就比如，要是有人这么来制作《伊利亚特》的全部情节的话，在那里，因其长度，诸成分都可容纳适当的分量，但在［15］戏剧里，结果会大大背离想法。证据是，那些制作了整个伊利俄斯之劫，而非像欧里庇得斯只针对部分者，以及制作了整部《倪娥贝》，而非像埃斯库罗斯［只针对部分］者，参加赛会要么被嘘下台，要么成绩差，就连阿伽通也仅仅因为这一点被嘘下台。而在突转和［20］单一事件中，他们以其想要的惊异感为目标，因为这具有悲剧性和慈悲感。① 每当那种聪明但恶劣者被捉弄，比如希绪弗斯，或勇敢却不公正者被击败，就会是这样。这是有可能的，正如阿伽通所说的那样，许多违背可能如此的事情发生，［25］这是有可能的。

---

① ［M本释译］和前面第13章中出现的一样，玛高琉斯译本把"慈悲感"释译为"教化（*edifying*）"。

［M本注］前面已经预示了这个规则，那里，"教化"是作为悲剧特有的效果，与怜悯和恐惧并列的。当然，展现宽容大量的行为比其他任何东西都更容易让人掉眼泪，这是真的。"如果一个人性情纯良，人们就会对他抱有善意。"（《大伦理学》1212a11）

伊利俄斯之劫（πέρσις Ἰλίου）：即特洛亚的陷落，这里不清楚指作品名还是事件。

像欧里庇得斯只针对部分者：欧里庇得斯的《赫卡柏》(Ἑκάβη）和《特洛伊妇女》(Τρωάδες）都是特洛亚陷落事件中的故事。

《倪娥贝》(Νιόβη）：该剧不详。倪娥贝是古希腊神话中坦塔罗斯的女儿。她有许多成双成对的漂亮儿女，并喜欢以此自夸，她的骄傲激怒了勒托女神，女神遣其子女阿波罗和阿尔特弥斯尽杀倪娥贝的子女，倪娥贝伤心欲绝，化为石头。

阿伽通：雅典悲剧诗人，曾在公元前416年大酒神节的戏剧比赛中获得头奖。柏拉图的《会饮》便以这一事件为背景，描写了阿伽通获奖后其家中举行的一次宴饮，显示出阿伽通是当时颇为成功的一名悲剧诗人。在第9章中，亚氏提及阿伽通的《安修斯》不同于其他希腊悲剧，不从神话传说故事中取材，完全出于虚构，包括其中人物的名字。

而在突转和单一事件中，他们以其想要的惊异感为目标，因为这具有悲剧性和慈悲感。每当那种聪明但恶劣者被捉弄，诸如希绪弗斯，或勇敢却不公正者被击败，就会是这样：第9章中谈到过在悲剧中制造惊异感。第13章中谈到过"不应是极恶之人由幸运转为不幸"，因为此种构合也许慈悲，却既不令人悲怜也不令人恐惧。

希绪弗斯（Σίσυφος）：古希腊神话中的人物，以狡猾机智闻名。曾设计蒙骗诸神，后受宙斯惩罚，让希绪弗斯在冥土永无止境徒劳无功地反复推巨石上山，然后又滚落。埃斯库罗斯写过以希绪弗斯为名的作品，今不传。

许多违背可能如此的事情发生，这是有可能的：(εἰκὸς γὰρ γίνεσθαι πολλὰ καὶ παρὰ τὸ εἰκός) 这是一句关于可能如此（εἰκός）的俏皮话。阿伽通特别善于讲这一类绕口令或文字游戏样的话。亚里士多德在《尼各马可伦理学》中曾引用他说的"技艺爱恋着运气，运气爱恋着技艺（τέχνη τύχην ἔστερξε καὶ τύχη τέχνην)"。

应该接纳歌队作为演员的一员，[它]是整体的一部分，参与剧中

行动，就像在索福克勒斯而不是欧里庇得斯剧作中那样。对余者而言，歌唱并非情节的一部分就如其之于别的悲剧一样。因此，就有了[30]阿伽通最早开始的这种插入歌唱。然而，插入歌唱和把一段剧词或整一场戏从一部剧安插到另一部剧中去，有什么区别呢？

对余者而言：这里的余者，似乎指索福克勒斯和欧里庇得斯之外的其他所有悲剧诗人。可是在前面那句话中，似乎在欧里庇得斯剧作中，歌队也不是整体的一部分。

第18章讨论了情节的结和解，提出悲剧的四个种类，提醒了一些注意事项，比如应当兼擅结和解，悲剧不要套用史诗结构，让歌队参与剧中行动，成为整体的一部分。

19

关于其他要素都已经谈过了，剩下的还有言语和才智。关于才智的那些东西，[35]被放到了关于修辞术的内容中，因为这更其专属于那一探究。关乎才智的，是那些通过言辞来做到的事，① 其成分有求证与反驳、调动情感 [1456b]（诸如悲怜、恐惧、愤怒及诸如此类者）以及夸大和缩小。显然，在事件中，但凡要调动悲怜或恐惧或夸大或可能如此之时，也得诉诸同样的形式——除了这么一点 [5] 区别，即一者无需 [特别] 训练即可让自己显示，而另一个则是在言辞中，通过说话者调动，围绕言辞产生出来。要是不需要通过言辞就能自行显示的话，那言者之功②是什么呢？③

关于其他要素都已经谈过了：本书中，我以"成分"对译 μέρος，"要素"对译 εἶδος。这两个词在"成分"的意义上是可以互换的。第 12

---

① [M本释译] 玛高琉斯把这句话释译为："所有语言为其装备的运作都属于才智的职权范围"。。

② [M本释译] 玛高琉斯译本释译把这里这个 ἔργον 译为"困难"。

[M本注] 这个意思在《修辞术》1356a9 处有解释，那里表明用在这里的这句话意为"通过说话的方式"，这与"通过言辞的内容"相对（同上 19）。另一处指涉是《优德莫伦理学》(1241b8)，那里解释了翻译为"困难"的这个词。还有在《形而上学》(1019a25)，那里指出，像"说话者"这个词，可以意为能干的或技巧高超的说话者。

③ [M本释译] 这段话比较费解，可参考玛高琉斯的释译：仅有的区别在于，这一境况不需要解释就会显明性质，反之，在朗诵中，这些性质是通过说话者制造出来的，是其风格的效果。若是事物无需通过说话者的表述方式进行表现，就能显示其吸引力的话，说话者会有什么难度呢？

章谈道:"悲剧中应被用作要素(εἴδεσι / εἶδος)的成分(μέρη / μέρος),我们前面已经谈及。"从这里看,某些性质的成分(μέρη, μέρος)属于要素(εἶδος),也就是说并非所有的成分属于要素(εἶδος)。联系第 6 章,就知道,只有那些实质性的成分才属于 εἶδος。第 18 章谈道:"悲剧有四个种类(εἴδη / εἶδος)(前面说过成分[μέρη / μέρος]也是这么多)。"亚里士多德在此又再次提醒,成分的数量是四个,并且暗示,成分和种类、样式相对应。第 19 章谈道:"关于其他要素都已经谈过了,剩下的还有言语和才智。"根据文本,所谓前面已经说过的要素(εἶδος)只有情节和性情,剩下还有言语和才智,也是情节、性情、言语和才智这四个成分。也就是说,只有这四个成分是称为要素(εἶδος)的成分。

剩下的还有言语和才智:这句话证实了上一章中和四种悲剧类型相应的成分,是情节、性情、才智和言语这个序列,也就是悲剧六成分中四个要素成分。

关于才智的那些东西,被放到了关于修辞术的内容中,因为这更其专属于那一探究:这里说的是 τοῖς περὶ ῥητορικῆς [那些关于修辞术的东西],也许不仅仅是《修辞术》这部书,但肯定主要是《修辞术》。

关乎才智的,是那些通过言辞来做到的事:这里言辞用的是 λόγος;第 6 章中和才智并列的那个成分,用的是 λέξις [言语]。本译文中,始终以"言辞"对译 λόγος,"言语"对译 λέξις。《修辞术》中对才智这一内容的研究确实很多。但才智这个词出现得却并不多。尤其是在《修辞术》第三卷,其中虽然有许多内容是在论述"才智",但其中很少出现"才智"这个词,而是大量地在讲言辞。就好像在"摹仿"才智和言辞一隐一显的关系。

在事件中,但凡要调动悲怜或恐惧或夸大或可能如此之时,也得诉诸同样的形式:前面第 14 章中曾讨论过从事件的构成本身来产生悲怜和恐惧。"也得具有同样的形式",似乎说的是,也得通过言辞。

无需特别训练(διδασκαλίας / διδασκαλία):διδασκαλία 这个词是"教育、训练"的意思,其中有一个特别的含义指对戏剧歌队的训练,从前后文的语境看，有可能指戏剧演员在舞台上口头表达方面的专门训练。

除了这么一点区别，即一者无需特别训练即可让自己显示；而另一个则是在言辞中，通过说话者调动，围绕言辞产生出来：这两者的区别似乎在于书面语言和口头表现之间的区别。对于这二者来说，都得通过言辞（即具有同样的形式），但书面语言主要诉诸言辞所表述的内容，而口头表达加入了戏剧演员朗诵方式和风格的感染力。这里出现的 $διδασκαλία$ ［对戏剧演员的专门训练］这个词透露了，这一点特别与戏剧舞台的表演性呈现相关。阅读性的小说和舞台呈现的戏剧必定存在这种差别。

言者之功（$ἔργον$）：$ἔργον$ 有"工作、志业、活计、行动、事件"等含义，还有"困难事、麻烦事"之意。玛高琉斯就译作"困难"。根据玛高琉斯的释译及其注解，这里之所以提到说话者，而不只话本身，因为说话者并不仅仅是说话而已，其风格、方式、技巧能产生效果，是否具备这种能力，掌握这些技巧，就是说话者说话的"难度"所在。

至于关乎言语，有一种对言语形式的思考，［10］这是朗诵技艺，即此类技艺的行家里手所通晓者。诸如何为命令，何为祈愿，以及陈述、威吓、发问、回答，及其他诸如此类者。因此，围绕着对这些东西知还是不知而给予诗术的任何指责都不值得［15］认真对待。普罗塔戈拉批评"女神，歌唱愤怒吧"这话，以为在祈愿，实际在命令，可谁会认为这里面有错误呢？据他说，造使人做或者不做就是命令。因此，就把这些属于其他技艺而非诗术的理论研究放一边吧。

有一种对言语形式的思考：前面说关于才智所属的修辞术时，用的是和关于诗术一样的"探究（$μέθοδος$）"；这里说到关于言语的研究，用的是"思考（$θεωρία$）"。"探究"是理智对可变动事物的思考，而沉思是理智对不变事物的思考，是除自身之外没有其他目的的活动。在《尼各马可伦理学》中，亚氏谈到"沉思的理智（$τῆς\ θεωρητικῆς\ διανοίας$）同实践与制作没有关系"。

这是朗诵技艺，即此类技艺的行家里手所通晓者：这句话有诸多不同的译法，意思颇为费解。前半句说朗诵技艺，后半句说这门技艺的首领（*ἀρχι-*）——"行家里手""技匠翘楚"（*ἀρχιτεκτονικήν / ἀρχιτεκτονικός*）。这可能是因为，并非只要是朗诵者就都通晓朗诵技艺，只有那些行业中极为高明者才真正掌握这门技艺。就像前面玛高琉斯注释所引《形而上学》（1019a25）指出的，比如"说话者"这个词，意思可以是"能干的或技巧高超的说话者"。

普罗塔戈拉（*Πρωταγόρας*）：公元前5世纪古希腊著名智术师。他周游列邦，收徒开课，教授修辞术、论辩术等知识。柏拉图有一篇以他为名的对话《普罗塔戈拉》。

"女神，歌唱愤怒吧（*μῆνιν ἄειδε θεά*）"：这是《伊利亚特》的第一行诗句。普罗塔戈拉批评《伊利亚特》中这句"女神，歌唱愤怒吧"，认为其不是祈愿而是命令，既然这里说"造使人做或者不做就是命令"，那么在普罗塔戈拉看来，荷马对于神的吁请，其实是人的意志，是人让神去做，人命令神。这句话是《伊利亚特》的第一句，奠定整部《伊利亚特》的性质基调，我们几乎可以说，祈愿式是"神义论"，而"命令式"则被颠覆为"人义论"。这潜在地非常符合普罗塔戈拉启蒙智术师的思想面相，虽然表面上他所教授的这些关于言语的知识是沉思的对象，是无目的的客观知识。

到第18章为止，亚里士多德结束了从第7章开始的关于"情节"的漫长讨论（其中第15章插入了对性情的讨论）。第19章开始转入对悲剧四个本质成分中剩下成分的讨论。在开始对言语这个成分的讨论前，第19章先以极短的篇幅对才智这个主要由修辞术来讨论的成分简单带过，然后又撇开一种对言语形式的研究，说明理由，从下一章开始进入对言语的讨论。

20

[20]任何言语都有以下这些成分[1]：单音、音节[2]、连接成分[3]、名词、动词、关联成分、变格和语段。

单音（στοιχεῖον）：也可译作"字母"，单音是从音上说，字母是从符号上说。从后文看，其主要为音的单位，所以，还是译作单音。

音节（συλλαβή）：玛高琉斯将音节译作"组合"。

任何言语都有以下这些成分：单音、音节、连接成分、名词、动

---

① [M本注]言语的成分：这个划分从最简单开始，直到最复杂的话语；并且也从表义最少开始，直到表义最多。单音不表义，但单音造出词；连接成分不表义，但造就复合陈述。名词充分表义；动词也如此，但附加了时间概念。最后，陈述由表义元素组成。名词也许会进一步划分为十个范畴（Categories），这会给出事物的终极属类；由此，white 会是质范畴（the Category Quality）的名词，he was white 是同样范畴的动词；killing 是动作范畴（the Category Doing）的名词，he killed 是动作范畴的动词，等等。

② [M本释译]玛高琉斯译本将 συλλαβή [音节] 译作"组合（a combination）"。
[M本注] 曾经倾向于译作音节，但因为 GR（译按：即文中的希腊字母释例 ΓΡ）这个释例，我们不应该给予音节这个名称。《形而上学》1093a22 提供了 GR 这个释例真实性的确证，那里提出，如果能从组合 Z（=DS）、X（=KS）和 Psῑ 中得出任何推论，那同样的推论也适用于也许同样可以被单个符号代表的 GR。

③ [M本释译]玛高琉斯译本将 σύνδεσμος [连接成分] 译作连接词（conjunction）。
[M本注]这个可以被消极或积极地定义。"但是""和"等等，就其自身并不传达意义，在一个孤立的句子中不传达任何意义；积极定义在于，它们服务于整合独立表述，据此《伊利亚特》的二十四卷在其帮助下成为一个叙述，而它们也能结合并非叙述的表述，例如诸名词和诸动词。

词、关联成分、变格和语段：玛高琉斯指出这个划分从最简单开始，直到最复杂的话语；并且也从表义最少开始，直到表义最多。单音不表义，但单音造出词；连接成分不表义，但造就复合陈述。名词充分表义；动词也如此，但附加了时间概念。最后，陈述由表义元素组成。名词也许会进一步划分为十个范畴（Categories），这会给出事物的终极属类。

阿拉伯本中，这几个成分的排列顺序有所不同。阿拉伯本中的顺序为：单音（στοιχεῖον）、音节（συλλαβή）、连接成分（σύνδεσμος）、关联成分（ἄρθρον）、名词（ὄνομα）、动词（ῥῆμα）、变格（πτῶσις）和语段（λόγος）。这个顺序和后面依次展开论述时的顺序相应。

单音是不可分的音，不是每一种音，而是那种可以从中自然生成复合音的音。野兽发出的不可分音，就并非我所谓的［25］单音。这类音的成分有元音、半元音和默音。元音为无需摩擦就有可听见声响的音。半元音是靠摩擦具有可听见声响的音，诸如 Σ 和 Ρ。默音是靠摩擦，而就其自身而言不具有可听见声响的音，但凭借［30］那些有任何声音者，即会成为可听见声响者，如 Γ 和 Δ。其因口形、位置、送气不送气、长音短音、高音低音及中间音而相互区别。关于这些东西，适合格律学来对其一一加以思考。

适合格律学来对其一一加以思考：这里说到的思考，和前一章关于言语形式的思考一样，都用的是 θεωρέω［思考、沉思］，是理智对不变事物的思考。

音节［35］是由默音和带响声者组合成的非表义音。因此，ΓΡ 不带 Α 是音节，带了 Α，比如 ΓΡΑ，也是音节。但是，对此类区别的思考，也属于格律学。

连接成分为非表义音，［1457a］从出于自然组合在一起的诸多不同意义的音时，既不阻碍也不造就一个表义音，可以放置在远端或中间，而不宜在一个语句本身的开端处，诸如 μέν、ἤτοι、δέ；或者为非表义音，使诸多单个的不同意义的[5]表义音自然组合成一个表义音。

关联成分[1]是表明语句之起始、结尾或划分的非表义音，诸如 ἀμφί、περί 及其他诸如之类者；或者作为一个非表义音，从出于诸多不同意义的音，既不阻碍也不造就一个表义音，按自然放置在[10]远端或中间。

名词为合成的表义音，无时间性，其成分不以其自身表义；在双合词中我们不就其成分本身取其所表义。比如 Θεόδωρος 中的 δωρος 即不表义。

动词为合成的表义音，有[15]时间性，就像名词的成分一样，其成分本身也不表义。ἄνϑρωπος[人]或 λευκόν[白]不指示在什么时间，但 βαδίζει[他走]和 βεβάδικεν[他走了]却预先表明前者是现在时，后者是过去时。

变格是属于名词或动词的，要么关乎表示属于某物或对于某物[20]；要么关乎一或多，比如 ἄνϑρωποι[人]或 ἄνϑρωπος[人们]；要么关于朗诵时的问题，比如关乎发问、命令，而 ἐβάδισεν[他走了吗?]或者 βάδιζε[走吧]就是关乎此类的动词变格。

语段[2]为合成的表义音，其某些成分本身表义，[3]而并非[25]所有

---

[1] [M本释译]玛高琉斯译本中将其译作"分离成分（a separative）"，在本章开始时的列举中，将这个成分放在连接成分的后面，和后面依次论述的顺序相同。

[M本注]这具有与连接成分同样的特征，即徘徊在有意义和无意义间的某个地方，但区别在于分离成分能放在句子的开头、中间或结尾。释例在手稿中被写作缩写形式；这一定义和《修辞术》卷三中的"引言（prooem（疑为 proem 之误））"和"结语（period）"的定义有某些相似。关于 ἄρϑρον[关节或肢体（colon）]这个词在"一个连接处的开头或结尾的指示，即子句"这个意义上的用法，没有什么好奇怪的；而从其他语言中找到类似这种只是指示一个句子的开始（也许结尾）的小品词的用法也不难；只是希腊语中似乎不这么用它们。

[2] [M本释译]玛高琉斯译本将其译为 statement[陈述]。

[3] [M本释译]玛高琉斯译本将这句话释译为："陈述是一组表义音，其中之一等同于主格形式的实词（substantive）。"

语段都得出自动词和名词的组合，就比如"人的定义"，语段也有可能没有动词，但不管怎样总有一个表义的成分，诸如 βαδίζει Κλέων [克勒翁在行走] 中的 Κλέων [克勒翁]。① 语段有两种方式成为一，要么通过表义，要么从诸多成分组合起来，② 比如《伊利亚特》就是 [30] 组合而成的一，而人的定义是通过表义而成的一。

关联成分（ἄρθρον）：这个词也指肢体的关节，而关节既是连接处，也是分野处。

Θεόδωρος 中的 δωρος 即不表义：Θεόδωρος 是人名，由 θεός [神] 和

[M 本注] 一个陈述，要么可以是替代一个名称，要么可以是一个断言。非实体事物允许何种程度上的定义的问题，在《形而上学》(1030a) 中有讨论，这里所假定的是那里所达成的结论。任何"是（is）"这个词可以与之连接的事物就有定义的可能；但不管怎么说，首先是只有实体能够被定义。

① [M 本注] 在动词性句子中，总得有一个实体性的主语，否则这个句子就没有意义。正如《形而上学》(1030a26) 中指出的那样，希腊语中加冠词前缀就表示这种"实体性"。使用大写和小写字母，以期表现出上面这种区别。

[译笺] 玛高琉斯这句话指的是他的这句译文：e.g. in "cleon iswalking", "Cleon"。句子前面的 cleon 和后面的 cleon 首字母用了小写和大写来区别。

② [M 本释译] 玛高琉斯译本将这句话释译为："陈述是两种意义上的一：要么（分析地 [analytically]）作为一事物的意指，要么（综合地 [synthetically]）作为数个陈述的连接。"

[M 本注] 这里涉及《形而上学》1046a12、1006a31 和《后分析篇》93b36。在《形而上学》中占据了相当大篇幅的这个问题是，什么给予了——例如"人"的整体性（unity），为什么他不是多，动物＋两足的＋等等。回答是，这些东西并非是并列的（co-ordinate），而是对彼此来说分别以质料和形式的关系存在；那么，单个陈述是"并非偶然地陈述一物体之一事者"。因此，"陈述是要么分析要么综合的一"这个翻译可能就是正确的。不论在哪种情况中，我们的意思都是指它能被一个名称所标示（《形而上学》1030a15）；但在前一种情况中，它是这个名称的内涵，而在后一种情况中，则是其质料性的内容。在所引用的第二个段落中给出的"意指一"的释例是："说'人'意味着两足动物，那么，如果存在诸如人这样一个事物，'两足动物'就能构成其本质。"那么，单个陈述就是对构成单个概念的诸概念的一个分析。

$δωρος$ [礼物] 两个词组成。

变格是属于名词或动词的,要么关乎表示属于某物或对于某物;要么关乎一或多,比如 $ἄνθρωποι$ [人] 或 $ἄνθρωπος$ [人们];要么关于朗诵时的问题,诸如关乎发问、命令,而 $ἐβάδισεν$ [他走了吗?] 或者 $βάδιζε$ [走吧] 就是关乎此类的动词变格:这里谈到,第一是格位,如属格和与格;第二个是数,如单数和复数;第三是语气,疑问式、命令式。

语段($λόγος$):在《诗术》前面章节中,$λόγος$ 最主要是在"言辞"意义上使用,其次是与"情节"密切相关的意义。这里是在语言部件的意义上,指词组合而成的表义结构。玛高琉斯将其译为"陈述"。看起来,语段($λόγος$)可以是从一个句子到一部作品。

第20章讨论了言语的成分:单音、音节、连接成分、名词、动词、关联成分、变格和语段。

21

  名词的种类，要么是简单的，我所说的"简单"，指的是不由表义成分组合而成的，诸如 γῆ①；要么是双合的，它们中有些由表义成分和非表义成分组合而成，但在这个词中［33a］都不表义，即都是非表义的，有些则由表义成分组合而成。还可以有三合的、四合的，甚至［35］更多成分合成的名词，诸如马萨利亚人的许多词，② 比如 Ἑρμοκαϊκόξανϑος***③

  名词（ὀνόματος / ὄνομα）：从后面的举例看，本章所说的名词并不局限于我们现在词性分类中的名词类。不过，后面举例中似乎为动词者，在对动作的称名这个意义上，也是具有名词性的。

  马萨利亚人（μασσαλιωτῶν）：马萨利亚（Μασσαλία），公元前 600 年左右，弗卡亚人（Φώκαια）在今天法国南部地中海沿岸建立的希腊殖

---

  ① ［译注］γῆ 即盖亚，大地。

  ② ［M 本释译］玛高琉斯释译本中把"诸如马萨利亚人的许多词"译为"例如，大部分杂烩词（the hotch-potch words）"。其中对 μασσαλιωτῶν 一词的理解颇为不同，μασσαλιωτῶν 被译为"杂烩词（the hotch-potch words）"。

  ［M 本注］the hotch-potch words，字面意思是"megalleion 风格的词"。megalleion 是一种香水，据认为其含有的成分比任何其他香水都要多（泰奥弗拉斯托斯［Theophrastus］《论气味》［de Odoribus］29、30、35）。狄奥思柯瑞德斯（Dioscorides, 生活在公元 100 年左右。［译按：古希腊医学家］）说，在他那个时代已经不再制作这种东西。但好像还能在手稿 D 的解读 galiôton 中找到这个词之确解的遗迹，galiôton 涉及被称为 ghâliah（moscagaliata）的这种阿拉伯香水，一种麝香、龙涎香和辣木油的混合物。见 Ducange, s.v.。

  ③ ［译注］抄本此处有缺。

民地，即今天的法国城市马赛（Marseille）所由来。

Ἑρμοκαϊκόξανϑος：这个词由三条河流之名组合而成：Ἕρμος［赫耳墨斯河］、Κάϊκος［卡伊科斯河］和 Ξάνϑος［克珊托斯河］。

[1457b] 每个名词，要么是普通词，要么是方言词，要么是隐喻词，①要么是装饰词，②要么是生造词，要么是延伸词，要么是缩略词，要么是变体词。

我所说的"普通词"，是每个人都使用的；而"方言词"，则是别的人使用的。③因此，显然 [5] 同一个词可以是普通词，又是方言词，但并非对同一些人而言。σίγυνον［矛］对塞浦路斯人来说是普通词，对我们来说却是方言词。④

每个名词，要么是普通词，要么是方言词，要么是隐喻词，要么是装饰词，要么是生造词，要么是延伸词，要么是缩略词，要么是变体词：普通词（κύριον, κύριος），方言词（γλῶττα），隐喻词（μεταφορά），装饰词（κόσμος），生造词（πεποιημένον），延伸词（ἐπεκτεταμένον），缩略词（ὑφῃρημένον），变体词（ἐξηλλαγμένον）。

我所说的"普通词"，是每个人都使用的；而"方言词"，则是别的人使用的：玛高琉斯译本将这一句释译为：普通名是由某个特殊的共同

---

① [M本注]《修辞术》中观察到，能让人联想到动作的形象要比没有这种联想的形象有效，这似乎正确。"阿瑞斯的杯子"效果不佳，因为使用杯子和使用盾牌决然不同；但"死神的长柄大刀或镰刀"就很有效果。

② [M本释译] 玛高琉斯译本将这里的装饰词（κόσμος）译作 euphemism［婉辞］。在后面依次进行解释的行文中，不知为何独独缺了装饰词（κόσμος）。

③ [M本释译] 玛高琉斯译本将这一句释译为："普通名（an ordinary appellation）是由某个特殊的共同体（a particular community）所使用者，而方言名（a dialectic name）则是这同族（the same race）内其他共同体所使用者。"

④ [M本释译] 玛高琉斯译本中这里还有一句"dory 这个词则反之"，意即 dory 这个词对希腊人来说就是普通词，对塞浦路斯人来说则是方言词。

体所使用者，而方言名则是这同族内其他共同体所使用者。玛高琉斯的限定，排除了诸如中国人的"汉语"和英国人的"英语"这样的本国语与外语的关系，而是像北京人的"普通话"和上海人的"上海方言"这种关系；在希腊，也许就是雅典人的希腊语和其他地方性的希腊语之间的关系，正如第3章谈谐剧起源时，亚氏就提及雅典人的希腊语和其他不同地方多里斯人用语中的某些不同。

因此，显然同一个词可以是普通词，又是方言词，但并非对同一些人而言。σίγυνον［矛］对塞浦路斯人来说普通词，对我们来说却是方言词：根据这里的解释可以知道，κύριον（κύριος，普通的、日常的），其所谓普通、日常，在于其为某个地方的人们通用的语汇。γλῶττα（γλῶσσα），意为方言。所谓方言，是相对于此地人们的用语而言，其他人所使用的语言，就是外来语。这两种词只是基于有相当密切关系的不同共同体的使用习惯，是彼此相对而言，因此也得放在一起彼此相对来定义。这句话中的"我们"当然指的是希腊人，而诸如塞浦路斯人对于希腊人来说就是异方人。反过来也是一样，如果"我们"是塞浦路斯人，希腊人对我们来说就是异方人。

隐喻词是应用一个属于他物的名词，要么把属用到种上，要么把种用到属上，要么把种用到种上，要么根据类比。我所说的"把属用［10］到种上"，例如"我的船停在这儿"（译按：此句出于《奥德赛》1.185、24.308），因为"泊"是某种"停"。"把种用到属上"，例如"奥德修斯的确曾做过一万件好事"（译按：此句出自《伊利亚特》2.272），因为"一万"是"多"，这里就用来代替"多"。"把种用到种上"，例如"用铜汲取生命"和"用长边的铜砍"。① 这里，［15］前者以"汲"来说"砍"，

---

① ［M本释译］玛高琉斯译本把这句释译为："他用青铜汲走生命之后，用锋利边缘的青铜切。"

［M本注］这些半行的诗句显然来自一首医学诗歌，第一句涉及刀的使用，第二

后者以"砍"来说"汲"，二者都是一种"取走"。我所说的"类推"，指的是当其二之于其一的关系有如其四之于其三那样时，可说其四以代替其二，或说其二以代替其四。有时候，他们加入相关者以［20］代替所说者。我所说的，比如酒杯之于狄奥尼索斯有如盾之于阿瑞斯，因此可把酒杯说成"狄奥尼索斯之盾"，把盾说成"阿瑞斯之酒杯"。要么，比如老年之于生命和黄昏之于白天，因此就可以说黄昏是"白日的老年"，或者像恩培多克勒那样，把老年称为"生命的黄昏"［25］或者"生命的落日"。① 有时候，类推中的某些［项］没有可置放的词，尽管如此，这种类似性还是会被说出来。比如，抛撒谷物是播，② 光芒来自太阳却没有

句涉及杯的使用；外科手术用刀是青铜制的（《问题集》863a25），取血的杯也是同样材质（以下）。于是这个医学诗人（也许是恩培多克勒）就用刀来说汲取血液，用杯子来说切，反之也是对的。一个医学语境中的"切"这个词，即是以"去除了多余的"这一幽默用语来说用刀，在《论动物生成》789b15一个关于积水的手术上被用到。这里，其所涉为使用杯子前用手术刀造成的切口。

① ［M本释译］玛高琉斯对这一段的释译有助于理解：就类推而言，我的意思是在B之于A有如D之于C这种情形中，D可以被用于说B，或者B用于说D；有时诗人会视情况而提及A或C。因此，杯（B）之于狄奥尼索斯（A）就像盾（D）之于阿瑞斯（C）；那么诗人可以把杯称为"狄奥尼索斯之盾"，而盾称为"阿瑞斯之杯"。或者，老年（B）之于生命（A）就像傍晚（D）之于白天（C）；那么傍晚可以（像恩培多克勒那样）被称之为白天的老年，而老年可以称之为生命的傍晚或日落。

② ［M本释译］玛高琉斯译本把这句话译为：因此，椰枣放出［果核］被称为"播"，但光焰从太阳放出则无名。

［M本注］这里涉及《天象论》。在《天象论》中，流星光热的来源被说成"挤出来"，被拿来和椰枣放出其果核的过程作比；"有些（发光体）是被挤压而抛射，就像果核被从椰枣中挤出，所以，在夜间和白昼都能在晴空中看到它们落到地上和海中。"（342a10）在369a22处还有同样的作比。他用和这里同样的这个词来表达"播"，只在这个和流星相关的这个过程的复合词 διασπείρειν 中。（369a35；ep. 341b33）。

［译笺］和注释528中的情形类似，这里希腊原文中的意思比较清楚，而玛高琉斯的解释和希腊文本中呈现出的意思有所不同。不清楚玛高琉斯这里的注释是阿拉伯译本的误解影响还是有其他确切来源。

名称。而此之于太阳就有如播之于谷物，因此，就有人说"播撒神造的[30]光芒"（译按：此句出处不详）。还有另一种方式来使用这种隐喻，用一个离得很远的事物来称呼此物，但否定那个事物的某个特性。比如，也许有人不把盾叫作"阿瑞斯的酒杯"，而叫作"无酒的酒杯"。***①

例如"用铜汲取生命"和"用长边的铜砍"：这里希腊文本的意思看起来很清楚，这里所说的隐喻，应该是落在"汲"和"砍"上，似乎都是在讲用青铜兵器杀人（即取走生命）。但玛高琉斯的释译和注解有所不同，他把这两个诗行看作一整句中的前后半行，并且认为是医学语境中的诗行，前半行指用青铜手术刀切，后半行指用青铜杯子取血。他还将其指涉到《问题集》中的相关内容。不过《问题集》中只讲到手术刀的青铜材质似乎有某些作用，并没有讲到青铜杯。如果是手术刀切开口子并以杯子取血，似乎不能说是取走生命。不清楚玛高琉斯这里的注释是受阿拉伯译本的误解影响还是有其他确切来源。

或者像恩培多克勒那样：《诗术》中提到恩培多克勒之名共有三个地方，另外还有未提其名，但可考为其诗句的引征两处。这个频率，除了荷马、索福克勒斯、欧里庇得斯之外，在《诗术》中已经不算低了。有意思的是，每一次出现恩培多克勒时，前后都跟着荷马。第 1 章提到恩培多克勒是为了着意与荷马相区分，指出诗的本质不在于格律而在于摹仿，所以恩培多克勒更其是位论说自然者。除此之外，《诗术》中其他几处对恩培多克勒的提及则似乎都在说明他是"荷马一系的人"。据第欧根尼·拉尔修说："亚里士多德……在《论诗人》中又说，恩培多克勒属于荷马一系的人，擅长措辞，精于隐喻。"（《名哲言行录》8.57）《诗术》中对恩培多克勒的引征主要与言语用法相关。在本章的讨论中，引诗被荷马和恩培多克勒的诗句包揽。关于词法，多以荷马的用词为例。在隐喻词、创新词、延伸词或缩略词、变体词中都举了荷马用例。

---

① [译注] 据前面词类列举，隐喻词之后应解释装饰词，故校勘者怀疑有缺文。

除了荷马例之外用到的就是恩培多克勒例，显示了亚氏对二者用语方面的推崇。在下一章中，亚氏会谈到，诗人天赋的标志在于是否善用隐喻。恩培多克勒是个天才型的人物。在《诗术》1459a7，亚氏说："但最重要的是恰当使用隐喻词。唯有此事无法从别人那里领受，而是好禀赋（εὐφυΐας）的标志，因为隐喻得好在于看出相似性。"善用隐喻也是恩培多克勒这个天才的好禀赋（εὐφυΐας）之一。在言语用法中，亚里士多德对隐喻最为重视，而恩培多克勒在隐喻方面的才华在亚里士多德看来，似乎可与荷马比肩。不过，《诗术》对恩培多克勒诗句的引征，全都集中在关于言语（λέξις）的部分，所引征的诗句来自《净化》《论自然》这些作品。在亚氏所列诗之四个本质成分中，言语似乎是最为次要的一个。可见，在言语的富有诗味和整体上是否进行摹仿、是否"诗"上，恩培多克勒恰好是一个用以区分的绝好例证。

　　生造词是除了［造这个词的］那个诗人自己这么用，一般没有任何人这么说的［那种词］。有些词看起来就是此类，［35］诸如把角称为ἔρνυγας［枝］，把祭司称为ἀρητῆρα［祈祷者］。

　　至于延伸词和缩略词，［1458a］前者指如果使用长元音而非本来的元音或插入音节，后者指缩略了本来的某个部分。延伸词的例子如表πόλεως之πόληος，表Πηλείδου之Πηληιάδεω。缩略词的例子如［5］κρῖ、δῶ和μία γίνεται ἀμφοτέρων ὄψ［汇成一道目光］。

　　变体词即所称名的一部分是保留下来的，一部分是造出来的，比如δεξιτερὸν κατὰ μαζόν，代替了δεξιόν。

　　就名词本身而论，有阳性、阴性及介于中间者。阳性是所有以Ν、Ρ、Σ以及［10］出自Σ的所有合成辅音（这有两个，即Ψ和Ξ）结尾者。阴性是所有以元音中那些总是发长音者，如Η和Ω，以及可拉成长音者中的Α结尾者。如此，阳性和阴性的收尾音数目相比起来是一样的，因为Ψ和Ξ是合成音。没有名词以默音结尾，［15］或者以短元音结尾。只有三个名词以Ι结尾，即μέλι、κόμμι和πέπερι；只

有五个名词以 Υ 结尾。介于中间者以这些元音及 Ν 和 Σ 结尾。

按照前面列举的顺序,在隐喻词和生造词之间应该讨论装饰词,但讨论了隐喻词之后就开始谈生造词,装饰词付之阙如。

生造词是除了造这个词的那个诗人自己这么用,一般没有任何人这么说的那种词:生造词(πεποιημένον),这个词由ποιέω[制作]变化而来,意为造出来的。前面讲各种词的时候并没有特别提到诗人,但生造词这里特别提到了ποιητής[诗人]这么用,πεποιημένον[生造词]和ποιητής[诗人]都从ποιέω[制作]而来,或许主要是诗人们这样做。

把角称为ἔρνυγας[枝],把祭司称为ἀρητῆρα[祈祷者]:把角称为ἔρνυγας[枝]这一用法出处不详。把祭司称为ἀρητῆρα[祈祷者],见诸《伊利亚特》1.11、5.78。

缩略词的例子如[5]κρῖ、δῶ和μία γίνεται ἀμφοτέρων ὄψ[汇成一道目光]。这里缩略词指的是μία γίνεται ἀμφοτέρων ὄψ这句话中的ὄψ。这句话出自恩培多克勒的《论自然》(Περί φύσεως)。

变体词即所称名的一部分是保留下来的,一部分是造出来,比如δεξιτερὸν κατὰ μαζόν,代替了δεξιόν:δεξιτερὸν是δεξιόν的比较级,都是右边、右手边的意思。δεξιτερὸν κατὰ μαζόν[中其右胸],此句出自《伊利亚特》(5.393)。

⁂

第21章讨论了名词的种类,包括普通词、方言词、隐喻词、装饰词、生造词、延伸词、缩略词和变体词。

22

言语之德在于明晰而不卑下。出自普通语者最为明晰,但却[20]卑下,克勒俄丰和斯特奈洛斯的诗即为典型。使用生新语显得庄重,摆脱熟习感。我所说的生新语,指方言词、隐喻词、延伸词以及所有出乎普通语之外者。可要是全用这类词来制作,那写出来的要么是谜语,要么是[25]怪腔怪调:如果是出自隐喻词,就会成为谜语,如果是出自方言词,就会成为怪腔怪调。谜语,其形式在于将不可能组合者组合起来说由此产生者。通过其他词类组合起来制作不出这样的,而用隐喻词就可能做到,[①]诸如 ἄνδρ᾽ εἶδον πυρὶ χαλκὸν [30] ἐπ᾽ ἀνέρι κολλήσαντα [我见过有人用火把铜粘在人身上]"之类。而要是由方言词组合起来,[②]就会是怪腔怪调。所以,应该混用这些词类。一方面,诸如方言词、隐喻词、装饰词以及上文提到的其他词类不会造成熟习和平平之感,而另一方面,普通词会造就明晰。

言语之德:这里"德"用的是 ἀρετή 一词,即德性、卓越、优异。直译为言语的德性,即好的言语具有的性质、特点。

---

① [M本释译]玛高琉斯把这一句译作:谜语的程式即"说一个不可能性(an impossibility),意指一个现实(a reality)。(根据这些词起初的意向不可能做到,能够隐喻性地做到。)"

[M本注]此即由字母组成名称的目的所在。在《修辞术》(1405b1)中,这个谜语再次被引用,那里注意到,把杯子附到皮肤上这个过程是"无名的",因此就用"附着"的另一个种,也就是"粘"来代替。这个谜语剩下的部分被阿特纳伊乌斯(p.320)保留下来,他对希腊谜语(griphi)给出了一个长长的解说。

② [M本注]吕克弗荣(Lycophron)的诗就合乎这一描述。

卑下（ταπεινήν / ταπεινός）：这个词无论指位置、方位还是人的地位、精神、道德，都有一个"低"的基本含义，诸如"低的、低位的、低贱的、沮丧的、谦卑的"。这里用在语言风格高低的语境中，用来形容文风，有"平淡、平庸"之意，但不应忘记其中仍然包含那种"低"的基本含义。根据中文表达的习惯，这里似可以理解为"言语之德在于明晰而不平平。出自普通语者最为明晰，但却平平"。

克勒俄丰：公元前4世纪雅典悲剧诗人。在第2章中，关于摹仿对象的区别，亚氏曾以克勒俄丰举例："荷马制作的形象就更好，克勒俄丰制作的形象与我们相似，而第一个制作滑稽体的萨索斯的赫格蒙和《德里亚达》的作者尼柯卡瑞斯制作的形象则更差。"这里说克勒俄丰的语言风格普通平常，与第2章谈到其摹仿对象的普通——不更好也不更差——似乎有种匹配。

斯特奈洛斯（Σθενέλος），公元前5世纪的悲剧诗人。

生新语（ξενικοῖς / ξενικός）：这个词指生人的、异域的。和普通语正好相对。但又和上一章中说的 γλῶσσα［方言、外来词］有所不同，方言词也是和普通词相对而言的，但方言词与普通词的相对是落在语言地域和人群共同体的差异上，而 ξενικός 与普通语的对立性落在产生的风格、效果上，所以 ξενικός 不仅包括 γλῶσσα［方言、外来词］，还包括其他非普通语的，因陌生、新奇产生特定风格的用语。

显得庄重（σεμνή / σεμνός）：这个词指庄严、威严、神圣、崇高的风格，也有贬义，指浮夸、装得庄重严肃的样子。

熟习感（ἰδιωτικόν / ἰδιωτικός）：指惯用的、普通的、通俗的。生新与熟习对立。

ἄνδρ᾿ εἶδον πυρὶ χαλκὸν ἐπ᾿ ἀνέρι κολλήσαντα［我见过有人用火把铜粘在人身上］：这是个谜语，亚里士多德在《修辞术》1405b1 也说到过这个谜语。

怪腔怪调（βαρβαρισμός）：指（非希腊人的）外国腔调或有问题的腔调。对于希腊人来说，听不懂的外国人说的话就只是一堆"巴拉巴拉"的音。对于听起来不熟悉的表达方式，会很自然地觉得怪腔怪调。

名词中的延伸词、缩略词和变体词在［1458b］构成言语明晰而不落熟习上，可不是微不足道的成分。这些词以其具有异于普通词、超乎习惯处，而不会造成熟习感；又以［5］共有习惯性而带来明晰。因此，那些评论者们责备这种方式的言谈并嘲讽这位诗人，并不公正。就像老欧克雷德斯说的，要是允许随心所欲地延伸词语，那作诗可就容易了。他以这种言语①写了一首讽刺诗②：Ἐπιχάρην νεῖδον［10］Μαραϑῶνάδε βαδίζοντα［我曾看到俄庇卡尔斯走向马拉松］和 οὐκ †ἂν γεράμενος† τὸν ἐκείνου ἐλλέβορον［你不会像他那样……如此易消化的藜芦］".③ 一方面，这么显眼地采用这种方式很可笑；另一方面，任何一种词类的适度是共同的，因为要是不合适地以及故意为了搞笑而使用隐喻词、方言词和其他词类，［15］会造成同样的结果。恰当使用［与不恰当使用］差别有

---

① ［M本释译］言语（λέξει, λέξις），玛高琉斯这里释译为俗语（vernacular）。
［M本注］即"没有'乐调'或者与陌生的东西混合"，诸如六音步格所要求的［用语］（《修辞术》1408b33）。

② ［M本释译］玛高琉斯译本把这里的讽刺诗（ἰαμβοποιήσας）译为 hexametric lampoon［六音步格讽刺诗］。
［M本注］Iambus 这个词在这个意义上的用法来自第4章中的说法，在那里，我们被告知，讽刺诗（Lampoon）是一种前荷马的风格，而短长格格律（iambic metre）则是荷马之后才发明的。那么，很清楚，如果讽刺诗是有韵律的，作为其"自然"所具有者，其起初的韵律是六音步格。
［译笺］玛高琉斯注在这里作了一个奇怪的推论。在我看来，这个推论并不符合亚里士多德《诗术》中对这个问题的推论。

③ ［M本释译］玛高琉斯把这行诗译作："你将不会［得到］这种易消化的藜芦。"
［M本注］泰奥弗拉斯图斯经常用到这个表示"易消化的（digestible）"的词（可能指的是句子中 ἐκείνου 这个词），显得完全是散文化的。这行诗看起来像是一个精神科医生给某个被认为有疯病的人的建议，基于这一位精神病医生的藜芦特别好。按照亚里士多德的看法，藜芦怎么都不能被消化，正如没有药能被消化。

多大，通过史诗中①这些名词被插入节律②的情形就能看得到。若是方言词、隐喻词和其他形式的词都改成普通词，就能看出我所言非虚。比如，[20]欧里庇得斯制作过和埃斯库罗斯同样一个短长格句，只改了一个词，用一个方言词替换了一个惯用的普通词，一者显得高贵，而另一者则显得廉价。埃斯库罗斯在《菲洛克特特斯》剧中制作了

> φαγέδαιναν ἥ μου σάρκας ἐσθίει ποδός [这毒疮吃我腿上的肉]。

他以 θοινᾶται [宴享] 代替了 ἐσθίει [吃]。又如：

> [25] νῦν δέ μ᾽ ἐὼν ὀλίγος τε καὶ οὐτιδανὸς καὶ ἀεικής [如今一个又小又一文不值又不体面的（人）]。（译按：这行诗出自《奥德赛》9.515）

假如改用普通词，就说成

> νῦν δέ μ᾽ ἐὼν μικρός τε καὶ ἀσθενικὸς καὶ ἀειδής [如今一个又矮又虚弱又难看的（人）]。

还有，

> δίφρον ἀεικέλιον καταθεὶς ὀλίγην τε τράπεζαν [摆下一把难看的椅子和一张小桌子]。（译按：这行诗出自《奥德赛》20.259）

改作

> [30] δίφρον μοχθηρὸν καταθεὶς μικράν τε τράπεζαν [摆下一把糟糕

---

① [M本释译] 这里是 ἐπῶν (ἔπος)，玛高琉斯译作 hexameters [六音步格诗]。
[M本注] 因为只有这种格律才要求特别的词汇，或者改变词的音符长度。

② [M本释译] 玛高琉斯把这句译作："把这些名词插入中央（in the centre）。"
[M本注] 中央是 "其大小的起点、中点和终点"（《物理学》265b5），在圆形的情况中，其运动的循环是一种摹仿（《论生成》338b11 和 337a7）。那么，"把这些名词插入中央" 的意思是，让它们成为格律必须去适配的固定因素，而不是让它们去适配格律。那么，设想要是不让六音步格以一个长短短格开头，而是因此改成 ŏlŏmĕnēn to oulŏmĕnēn，我们允许六音步格以三短节音步开头，那么我们就会看到这种变化了的形式具有一种它本身的美，且不说这是格律所必需的这一事实。

的椅子和一张小小的桌子]。

以及 *ἠιόνες βοόωσιν*［海岸呼啸］（译按：这行诗出自《伊利亚特》17.265）改作 *ἠιόνες κράζουσιν*［海岸喊叫］。

此外，阿瑞弗拉德斯一直把悲剧诗人使用人们在交谈中不会那么说的那些词当成谐剧来嘲弄，诸如用 *δωμάτων ἄπο*［房屋离开］而不是 *ἀπὸ δωμάτων*［离开房屋］，用 *σέθεν*［汝之］、*ἐγὼδὲνιν*［我伊］以及用 *Ἀχιλλέως πέρι*［阿喀琉斯周遭］而不是 *περὶ Ἀχιλλέως*［围绕阿喀琉斯］，［1459a］其他诸如此类。正是因为不在普通词之列，言语中所有这些词类才不会造成熟习感。而这人却不理解这一点。

那些评论者们责备这种方式的言谈并嘲讽这位诗人，并不公正：这里用的是特指单数（*τὸν ποιητήν*），根据《诗术》前后文看，特指的"这位诗人"似乎都是指荷马。

老欧克雷德斯（*Εὐκλείδης*）：文献记载中有过两位 *Εὐκλείδης*，一位是苏格拉底的门徒，一位曾出任过雅典执政官。

埃斯库罗斯在《菲洛克特特斯》剧中制作了 *φαγέδαιναν ἥ μουσάρκας ἐσθίει ποδός*［这毒疮吃我腿上的肉］：埃斯库罗斯的《菲洛克特特斯》（*Φιλοκτήτης*）没有流传下来。后面提到这句诗见于残篇253。

他以 *θοινᾶται*［宴享］代替了 *ἐσθίει*［吃］：这里是对前面所说的具体举例，因此，这个人指的是欧里庇得斯。

阿瑞弗拉德斯（*Ἀριφράδης*）：此人不详。但根据亚里士多德这里说他把悲剧诗人的措辞当成谐剧中的笑料，有可能是个谐剧诗人。

而这人却不理解这一点：不理解（*ἠγνόει* / *ἀγνοέω*），这个词即"无知、不识"。

恰当地使用已经说过的各种词类［5］以及双合词和方言词是重要的，但最重要的是［恰当使用］隐喻词。唯有此事无法从别人那里领受，是好禀赋的标志，因为隐喻得好在于看出相似性。

唯有此事无法从别人那里领受，是好禀赋的标志，因为隐喻得好在于看出相似性。关于好禀赋（εὐφυής），在《诗术》第17章中，亚里士多德说："诗术属于好禀赋（εὐφυής）的人或者疯迷者（μανικοῦ）"。《问题集》中还有对这两类人在生理学和病理学上某些共同基础的探讨（953a10ff.）。不过，虽说亚里士多德并不否认天赋，但他似乎将其解释为一种自然禀赋，而不是柏拉图《伊翁》"迷狂说"中那种神力的传导。亚氏在第8章中赞扬荷马在诗歌技艺方面具有真知灼见，说自己不知道荷马"是凭借技艺还是凭借自然［禀赋］（διαφύσιν）"。亚里士多德在《尼各马可伦理学》中曾谈及这种天纵之资（εὐφυής），说其乃是在对善的选择和判断上有自然禀赋的人，这是天生的，不是从别人那里学来的，并说这是最好、最高贵的馈赠（1114b5-10）。εὐφυής 乃是神之馈赠，神馈赠的"知"和"技艺"。

各类词中，双合词最适合酒神颂，[10]方言词最适合英雄体诗，隐喻词最适合短长格诗。在英雄体诗中，各种词类均有用武之地。在短长格诗里，由于尽可能摹仿说话的风格，那些用在散文中的词就适合它，① 这些词类有普通词、隐喻词和装饰词。

在短长格诗里，由于尽可能摹仿说话的风格（λέξιν / λέξις），那些用在散文（λόγοις / λόγος）中的词就适合它：这句话中出现的 λέξις 和 λόγος 都与《诗术》中其他地方的译法不太一样，此前在语言这个意义上，通常以 λέξις 对译"言语"，λόγος 对译"言辞"。正如在前面第4章中亚里士多德已经谈到过，"言语（λέξις）一旦出现，自然本身便找到了合乎其本性的格律，而短长格即是最适合说话的格律。表现在，我们在彼此面前相互交谈中最常用短长格说话。"对应着本章这句话中的 μάλιστα λέξιν μιμεῖσθαι，斟酌这句话的意思，即"尽可能摹仿说话的风格"，就是摹仿人们交谈时说话的措辞、方式、风格。λέξις 的含义，既有"说话、讲话"

---

① [M本释译] 玛高琉斯译本把这句话释译为："在短长格诗中，由于日常交谈（ordinary conversation）被最接近地加以摹仿，会被用在散文（prose）中的用语就是适合的。"

的意思，也表示说话的"方式、风格、措辞"。似乎，亚里士多德也通过这些将"言语（λέξις）"与"说话""交谈"密切联系的语境，突出了"言语（λέξις）"的这个"说话"的含义，而不仅仅是一般性的"语言"。在这个语境下，这里的 λόγος 显然也是指有某种限定的语言。λόγος 本身具有言谈、谈话、对话这个含义，也指"散文"。这句话可以是"在短长格诗里，由于尽可能摹仿说话的风格（λέξιν / λέξις），那些用在交谈（λόγοις / λόγος）中的词就适合它。"根据玛高琉斯的释译，把 λόγος 译为"散文"，也是在人们交谈所用的语言必定是散文这个意义上的关联。

[15] 关于悲剧，即以行动来摹仿者，对我们来说，以上所述足矣。①

以行动来摹仿者（τῆς ἐν τῷ πράττειν μιμήσεως）：也可以译为"在行动中来摹仿者"。这里的 πράττειν 又回到同于第 6 章悲剧定义中"做 [动作]（δράω）"那个意义上的"行动"，突出了悲剧的表演特性。Πράττειν 可以涵盖 δράω 的意涵，但 δράω 不能涵盖 πράττειν 的意涵，δράω 缺乏 πράττειν 在实现活动那个意义上的行动之意。玛高琉斯译本把这一句释译为："关于表演性虚构作品这个意义上的悲剧这主题，这必定已经足够了。"玛高琉斯释译也证实了我们对这个 πράττειν 的理解。

关于悲剧，即以行动来摹仿者，对我们来说，以上所述足矣：这句话明确对悲剧的讨论结束了。

※

第 22 章讨论了恰当组合运用及组合不同词类带来的风格。言语之德在于明晰而不卑下。普通语和生新语的恰当组合才能使言语明晰而不落熟习。随着从第 19 章开始的对言语这个成分的讨论，到本章结束，也结束了对悲剧的讨论。下一章即转入对史诗的探究。

---

① [M 本释译] 玛高琉斯译本把这一句释译为：关于表演性虚构作品这个意义上（in the sense of histrionic fiction）的悲剧这主题，这必定已经足够了。

23

关于叙述性的、用格律文的摹仿技艺，显然也应该像在悲剧中那样构合有戏剧技艺的情节，即关乎一个一体的，即完整的，[20] 有起始、中段和完结的行动，这样就能像个一体的动物一样造成一种合乎其本性的愉悦。

关于叙述性的、用格律文的摹仿技艺：这里所说的"关于叙述性的、用格律文的摹仿技艺"，就是我们通常认为的史诗这一艺类，也即普通希腊语中用 ἐποποιία 来指称的六音步英雄格（ἑξάμετρος）的叙述性摹仿技艺。但为什么这里亚氏不直接说史诗（ἐποποιία）？正如在第 1 章中出现 ἐποποιία 这个词时，亚里士多德就对其名实之间的复杂关系作了非常隐微的处理，亚氏实际上认为 ἐποποιία 这个名称所适用的艺类，作为其摹仿媒介的言辞是无所谓有无格律的。史诗的"诗性"是落在是否进行摹仿上，而不是落在是否有格律上。由于发生了误识，所以在亚氏看来，ἐποποιία 这个名称并未在其正确的意义上来使用。ἐποποιία 本应该是一个属名，却在普通理解中被用作了种名。也就是说，ἐποποιία 应该是叙述性的，用言辞的摹仿技艺，而不是叙述性的，用格律文的摹仿技艺；叙述性的用格律文的这种摹仿技艺只是 ἐποποιία 的一种。在第 1 章的语境中，亚里士多德是按其本该具有的属名意涵来用的。正因为这个词在普通理解和实际使用中词义偏离或混淆，亚里士多德在后面谈到 ἐποποιία 实际使用中所指为希腊人所熟悉的那一"史诗"艺类时，反而并不直接用 ἐποποιία，而是给出非常具体的含义，诸如第 6 章中所说的"用六音步格的摹仿技艺"以及这里所说的"关于叙述性的，用格律文的摹仿技艺"之类。

也应该像在悲剧中那样构合有戏剧技艺的情节，即关乎一个一体的，即完整的，有起始、中段和完结的行动，这样就能像个一体的动物一样造成一种合乎其本性的愉悦："有戏剧技艺的（δραματικούς / δραματικός）"这个词，在《诗术》这一大部分篇幅都在讨论"戏剧"的论著中出现的频率却并不高。此前，我们只在第4章中见亚里士多德说过："正如荷马最是高尚之事的诗人，不仅其他事做得好，且唯有他制作有戏剧技艺的摹仿。"中间在讨论悲剧的这么长的篇幅中，居然都没有用过这个词。刚一转入对"叙述性的摹仿技艺"进行讨论时，这个词才再次出现。或许，原因就在于，此诗的、情节的"戏剧性"非彼戏剧的、表演的"戏剧性"。为了避免同时也是为了暗示这种误解的可能，亚里士多德在讨论戏剧的部分不用这个词，而讨论荷马和叙述性摹仿技艺时刻意用这个词。根据玛高琉斯在导言中的说法，这里才是亚里士多德对何谓"有戏剧技艺的"即"戏剧性"的解说："即关乎一个一体的，即完整的，有起始、中段和完结的行动，这样就能像个一体的动物一样造成一种合乎其本性的愉悦。"这句话用的都是前面在谈论悲剧时同样的陈述，包括用词。

其构合不应该像史述一样，在史述中必然不是去制作对一个行动的解释，而是制作对一个时期的解释，[解释]在此期间所发生的尽可能多的、关乎一人或多人之事，而每一事相互间只是出于偶然。就比如[25]萨拉弥斯海战和在西西里与卡尔凯冬人的战争同时发生，但并未趋向同一目标，在这种时间序列中，有时候一事接着一事，[1]却并不从中产生一个目标。几乎绝大部分诗人都是这么[30]做的。

---

[1] [M本注]同时发生者的组合也许会在同一平面上而被呈现出来；前后相续者的组合也许会在同一条线上被呈现出来。时间中的事件也许会迈向一个结果，例如给手枪上膛并启动扳机；但二者也可能不导向什么，例如，给手枪上膛和卸下子弹。

其构合不应该像史述一样：史诗最易与史述混同。这里所谈论的史诗与史述的不同，与第9章中诗术与史述的区别当然是完全兼容的，但强调的重点有所不同。第9章强调了格律并非诗术与史述本质性差别；诗术和史述的根本区别在于，史述讲述已然发生者，诗术讲述可能会发生者。史述更多讲述个别之事，诗术更多讲述普遍之事。这里关于史诗与史述的不同，说史诗是制作对一个行动的解释，史述是制作对一个时期的解释。二者中各自包含事件，诗术之事趋向同一目标，而史述之事则只是接续，未必趋向同一目标。

萨拉弥斯海战和在西西里与卡尔凯冬人的战争同时发生：萨拉弥斯（$\Sigma\alpha\lambda\alpha\mu\iota\varsigma$）海战是第二次希波战争中希腊各城邦组成的联合舰队与波斯海军于公元前480年在萨拉弥斯海湾进行的一场海战。希腊联军以少胜多，一举击败波斯，此役成为第二次希波战争的转折点。据希罗多德的记载，在萨拉弥斯海战的同一天，西西里的希腊人击败了卡尔凯冬人（$K\alpha\rho\chi\eta\delta\omega\nu$）。卡尔凯冬人即古迦太基人。

在这种时间序列中，有时候一事接着一事，却并不从中产生一个目标：第10章中，对于行动中前后相续的事件的关系，亚氏曾说过，"这些事是一些根据（$\delta\iota\alpha$）一些，还是一些接续（$\mu\varepsilon\tau\alpha$）一些而来，大有区别"。这两者的区别在于，$\delta\iota\alpha$ 表示前因后果，一些事是另一些事出自必然如此或根据可能如此而来的结果。$\mu\varepsilon\tau\alpha$ 只表示此前彼后。这里的"一事接着（$\mu\varepsilon\tau\alpha$）一事"，也仅仅是时间上的前后相续，并不具有因果关系。因此，一些事根据一些事而来，必然趋向同一目标；而一些事接续一些事而来，则只是时间序列，未必趋向同一目标。

几乎绝大部分诗人都是这么做的：注意这里的"做"用的不是 $\pi o\iota\varepsilon\omega$ 而是 $\delta\rho\tilde{\omega}\sigma\iota$（$\delta\rho\alpha\omega$）。从前后诸多章节中我们都能看到，实际上亚里士多德认为除了荷马，其他写作史诗这种诗作的人（即这种叙述性的、用格律文的摹仿技艺的作者，也就是传统所谓的史诗诗人们），都是这么做的。在这个问题上，亚里士多德在《诗术》中从始至终认定荷马出乎其类、拔乎其萃，是所有这些诗人中的唯一例外者。

因此，正如我们已经说过的那样，在这个方面，荷马也超乎他人之上，显得出神入化，就在于尽管战争有始有终，他却并不试图去制作整个战争，否则情节注定会太长，让人不能一眼览其全；要是控制分量，又会被驳杂的事件纠结。[35] 如今这人却只截取一个部分，其诸多部分则用作穿插，比如"船目表"和其他穿插，散布在诗中。其他人则围绕一个人、围绕一个时期来写，以及写许多部分组成的一个行动，[1459b] 就如《库普利亚》和《小伊利亚特》的作者所为。因此，从《伊利亚特》和《奥德赛》中各能制作出一出或至多两出悲剧；出自《库普利亚》则可有许多出，出自《小[5]伊利亚特》可有八出还多，诸如《兵甲的判予》《菲洛克特特斯》《尼奥普托勒摩斯》《欧若普洛斯》《乞讨》《拉刻岱蒙妇女》《伊利俄斯之劫》《远航》，还有《西农》和《特洛伊妇女》。

荷马也超乎他人之上，显得出神入化（ϑεσπέσιος）：ϑεσπέσιος 原义为"神奇的、神圣的"。在第 8 章中，关于情节要为一，作者曾经说过：

> 所有那些制作了《赫拉克勒斯》《忒修斯》以及诸如此类作品的诗人似乎都犯了错。他们以为，既然赫拉克勒斯是[同]一个人，就合适以其故事为一。然而，荷马在这一点上看起来也如在其他方面那样具有真知灼见，不论是凭借技艺还是凭借自然禀赋。

和这里一样，作者认为荷马在对情节整一的理解和处理上，超乎所有其他人，可以说是独一无二的优胜。

至于这种才能的神圣性。亚里士多德并不否认天赋，但他似乎将其解释为一种自然禀赋，而不是像柏拉图《伊翁》的迷狂说中那种神力的传导。在《诗术》第 17 章中，亚里士多德说："诗术要么属于 εὐφυής [天资聪颖、天纵之资]，要么属于 μανικοῦ [疯迷的、迷狂的] 之人。"《问题集》中有对这两类人在生理学和病理学上某些共同基础的探讨（30.1.953a10ff）。柏拉图和亚里士多德都曾会聚于这种颖慧或迷狂的天赋特征。不过，在亚里士多德这里，天纵之资（εὐφυής）和疯迷癫狂（μανικοῦ）虽有某些共同点，但并不等同。亚里士多德在《尼各马可伦理学》中曾谈及这种天纵之资（εὐφυής），说其乃是在对善的选择和判断上有自然禀赋的人，这是天生的，不是从别人那里学来的，并说这是最好，最高贵的馈赠（1114b5-10）。εὐφυής 乃是神之馈赠，神馈赠的"知"和"技艺"。就此而言，技艺也会以天赋的方式与"神"相关。玛高琉斯译本把这个 ϑεσπέσιος 译为 inspired［有灵感的］。

让人不能一眼览其全：第 7 章中亚氏谈到过情节分量的限度：

> 太巨大了也不成，因为视觉印象没有同时发生，对那些正在观看者来说，它的一，即一体性从视觉中消失了。好比要是有一个万里之长的动物，就会出现这种情况。因此，正如身体和形象所应有的分量，得能一眼览其全貌，情节也应有其［适当的］长度，得易于记忆。

根据这段话，所谓"一眼览其全""能从头到尾一览而尽"，并非真的是视觉中的一览而尽，而是人头脑中的"视觉"，想象的视觉，能保留和持存在记忆中的印象。

其他人则围绕一个人：对于围绕一个人来这种方式的错误，亚氏在第 8 章中就重点谈过：

> 情节之为一，并非如有些人认为那样，只要是关于一个人的就为一。因为有许多乃至无数事情发生在一个人身上，其中某些事情并不能为一。同样，一个人的行动有许许多多，从中也并不能成其为一个行动。

《库普利亚》（Κύπρια）和《小伊利亚特》（μικρά Ἰλιάς）：都是古代世界曾广为人知的史诗作品，都不曾流传下来。两部史诗都与特洛伊战争相关。

《兵甲的判予》（ὅπλωνκρίσις）：埃斯库罗斯有一出《兵甲的判予》，

今不传。

《菲洛克特特斯》(Φιλοκτήτης)：有多个诗人写过《菲洛克特特斯》，第22章中亚氏曾提到过埃斯库罗斯的《菲洛克特特斯》，今不传。今存索福克勒斯所写的《菲洛克特特斯》。

《尼奥普托勒摩斯》(Νεοπτόλεμος)：《苏达辞书》中记载了尼各马可斯(Νικόμαχος)写的一出《尼奥普托勒摩斯》。

《欧若普洛斯》(Εὐρύπυλος)：现存文献中未见以此为名的剧作。

《乞讨》(πτωχεία)：现存文献中未见以此为名的剧作。

《拉刻岱蒙妇女》(Λάκαιναι)：索福克勒斯曾写过一出《拉刻岱蒙妇女》，今不传。

《伊利俄斯之劫》(Ἰλίου πέρσις)：索福克勒斯之子伊奥丰(Ἰοφῶν)写过一出《伊利俄斯之劫》，今不传。

《远航》(ἀπόπλους)：现存文献中未见以此为名的剧作。

《西农》(Σίνων)：索福克勒斯写过一出《西农》，今不传。

《特洛伊妇女》(Τρῳάδες)：欧里庇得斯的悲剧，今存。

这里有多部剧名未见文献记载。这些剧作名称，未必一定是已有作品的名称。此处若是亚里士多德根据《小伊利亚特》中可以截取为一部部悲剧者所拟的题名，也未尝不可。

❦

第22章结尾明确表示对悲剧的讨论已经足够，第23章转入讨论关于叙述性的、用格律文的摹仿技艺（即史诗）。首先也是谈论最重要的成分——情节。强调史诗也应该像悲剧那样制作有戏剧技艺的情节，即对一个一体的，即完整的，有起始、中段和完结的行动的摹仿，而不应像史述那样，针对一个时期，此期间发生的事相互间只是出于偶然，并不趋向同一目标。

24

此外，史诗制作应具有与悲剧同样的类型，即要么是单一型，要么是缠绕型，要么是性情型，要么是苦难型。其［10］成分，除唱段制作和形象外，也一样。它也得有突转、恍悟和苦难。其才智和言语也要好。所有这些东西，荷马都是率先使用者，且用得得心应手。他的两首诗作各自的构合，《伊利亚特》是单一型兼苦难型，［15］《奥德赛》是缠绕型（整一个恍悟）兼性情型。此外，二者的言语和才智也卓尔不群。

史诗制作（ἐποποιία）：上一章的指涉是"关于叙述性的，用格律文的摹仿技艺"，这一章的指涉则用 ἐποποιία 一词。因为 ἐποποιία 一词的特殊性，这里还是和第 1 章 ἐποποιία 出现时保持一致，以"史诗制作"来对译 ἐποποιία，其他有些地方出现的"史诗"则用其他表示史诗的词，如 ἔπος，以示区分。在结束对悲剧的讨论、转入对"史诗"的讨论时，亚氏先用了具体限定"关于叙述性的，用格律文的摹仿技艺"，然后才再用 ἐποποιία 这个词，这种对应关系提醒我们注意亚氏用词上的考虑，本章讨论的 ἐποποιία 已然是在"关于叙述性的，用格律文的摹仿技艺"这种限定下的"史诗"。

史诗制作应具有与悲剧同样的类型，即要么是单一型，要么是缠绕型，要么是性情型，要么是苦难型：第 18 章中，亚氏曾谈及悲剧有四个种类：复杂型、苦难型、性情型以及第四个（没有给出名目）。既然亚氏说史诗应具有和悲剧同样的类型，那么跟这里史诗的类型对照，第 18 章中没有给出名目的应该就是单一型。关于史诗制作和悲剧这四种类型的详细问题，我们在第 18 章中已有详细讨论。

所有这些东西，荷马都是率先使用者，且用得得心应手：这里提到荷马，和《诗术》中诸多提到荷马的地方一样，荷马总是在时间上第一，在才能上也第一。

但史诗制作在结构长短与格律方面有所不同。长度的限度，像所说过那样就足矣：得做到能从头到[20]尾一览而尽。如果要满足这一点，结构就该比古代的短，将近于可供一次听完的多部悲剧。在大大扩充分量方面，史诗制作有其独到之处，因为在悲剧中不可能同时摹仿事情的[25]诸多部分，而只能是演员们在戏台上呈现的那一部分。在史诗制作中，因为是叙述，就有可能同时制作成这诸多部分，合乎本性的话，会增加[作品的]分量。因而它具有这个好处，气派宏大，改变[30]听众的看法① 以及插入不同的穿插。雷同的东西很快就让人腻味，就是这造成悲剧被嘘下台。

但史诗制作在结构长短与格律方面有所不同：第 5 章中就曾谈及悲剧和史诗格律和长度的不同：

> 直到以有格律的言辞对高尚者的摹仿为止，史诗制作都是跟从悲剧的；区别在于，史诗制作是单一格律和叙述。此外，长度方面，悲剧尽量保持在太阳起落一周或稍稍超出，而史诗制作则没有时间上的限制，长度上也就不同。尽管刚开始时，在悲剧和在史诗中做法相似。

得做到能从头到尾一览而尽：前面一章刚赞扬了荷马制作情节时的取舍："尽管战争有始有终，他却并不试图去制作整个战争，否则情节注定会太长，让人不能一眼览其全。"长度限度的问题，都指向第 7 章中对这个问题的论述：

---

① [M 本释译] 玛高琉斯译本将其释译为 "转移听众注意力（the diversion of the hearer）"。

既然无论美的生物还是美的每一事件，都是由某些东西放在一起构成的，那就不仅得让这些东西排列得当，而且还得具有并非偶然的分量，因为美就在安排的次序和分量中。因此，极微小的动物就不能成其为美，因为在几乎感觉不到的持续时间里视觉印象会变得模糊不清；太巨大了也不成，因为视觉印象没有同时发生，对那些正在观看者来说，它的一即一体性从视觉中消失了。好比要是有一个万里之长的动物，就会出现这种情况。因此，正如身体和动物所应有的分量，得能一眼览其全貌，情节也应有其适当的长度，得易于记忆。

在史诗制作中，因为是叙述，就有可能同时作成这诸多部分：基于史诗和悲剧的差别，这段话中的表述颇为讲究。亚氏说在悲剧中不可能同时（ἅμα）摹仿（μιμεῖσθαι）事件的诸多部分，但他并未说在史诗中就可能同时摹仿事件的诸多部分；对于史诗，他说的是，在史诗中能制作（ποιεῖν，或写作）这诸多部分，让这些部分都得以完成（περαινόμενα）。这对应着在时间性上，观看可以是共时性的，而聆听（或阅读）则是历时性的。

合乎本性的话，会增加作品的分量：这里所说的"合乎事物本性"，指的应该是第 8 章中所说的能够构合为一的那些事件，属于情节的有机组成部分，而不是指穿插之类。至于穿插，亚氏在接下来马上就谈到了，穿插的作用主要是带来一些不同花样的东西，增添趣味性。

改变听众的看法：μεταβάλλειν τὸν ἀκούοντα [改变听众]，这里的"改变听众"不知道指什么意义上的改变。

至于其格律，出于经验，以英雄格为宜。如果以其他某一种或几种格律来制作叙述性的摹仿，就显得不合适。英雄格是诸格律中［风格］最坚定、[35] 最堂皇者，因此最能容纳方言词和隐喻词，而叙事性摹仿也远胜于其他。① 短长格与四音步格很有动态，一者适合行动，一者适合舞蹈。

---

① [M 本释译] 玛高琉斯译本把这一句释译为："因为叙述性想象也优于其他想象类型。"

[1460a] 要是有人就像凯瑞蒙那样，混用这些格律，就更为荒谬了。由于这个原因，从来没有人以英雄格之外的其他格律来制作长篇构制。相反，正如我们所说的那样，其自然属性本身教人选中适宜 [5] 的格律。

至于其格律，出于经验，以英雄格为宜。如果以其他某一种或几种格律来制作叙述性的摹仿，就显得不合适：在第1章中，亚氏就提到有人（凯瑞蒙）用混合格律制作叙事诗。第1章的这个语境讨论的是，史诗制作的制作本质在于摹仿，而非制作格律。因此，即便凯瑞蒙混用格律，作为无论怎样使用格律的一个极端例证，都不妨碍他制作的是诗。但这并不是说，什么格律都适用于史诗。在第4章中谈论诗术发展历程时，亚氏多次谈到与诗体相适应的格律，合乎本性的格律。因而，不同诗体各有其"合乎本性"的格律，这里谈的就是适合于史诗的格律。在第5章中，亚氏曾说过史诗制作是单一格律的。接下来，亚氏就会谈到英雄格适合史诗制作的原因，以及不同格律适应性的问题。

英雄格是诸格律中风格最坚定（στασιμώτατον，στάσιμος 的最高级）、最堂皇者：στάσιμος 还有一个意思，在前面讲悲剧的成分时，提到有一个叫 στάσιμον [合唱歌] 的成分，是歌队立定时唱的歌。

短长格与四音步格很有动态，一者适合行动，一者适合舞蹈：在第4章中谈论悲剧的一个发展历程时，亚氏曾说：

> 进而，其分量从萨图尔剧的短小故事和可笑言语，历经漫长，变得正经庄重，格律也从四音步格变为短长格。早先之所以采用四

[M本注] 关于想象（imagery），这个子句的插入是为了与前面文本以及《修辞术》（1406b3）中的说法一致，那些地方断言隐喻词最适合短长格诗。当然，冗长的明喻确实更适合史诗而不是戏剧。在《修辞术》中关于明喻的论述中说过明喻属于隐喻这个属（1406b20）；并且《论题篇》中说，明喻通过摹仿（140a14，指一般性的想象）来制造。这是《诗术》中唯一一处"摹仿（mimesis）"一词被用作想象之意。

[译笺] 第22章中曾说过："各类词中，双合词最适合酒神颂，方言词最适合英雄诗，隐喻词最适合短长格诗。在英雄诗中，各种词类均有用武之地。"

音步格，因那时之诗尚属萨图尔式的，即适合舞蹈节律的；但言语一旦出现，自然本身便找到了合乎其本性的格律，而短长格即是最适合说话的格律。表现在，我们在彼此面前相互交谈中最常用短长格说话，而罕用六音步格，并且只用于远离谈话语调时。

因此，适合对话的是短长格，适合舞蹈的是四音步格。

要是有人，就像凯瑞蒙那样，混用这些格律，就更为荒谬了：关于凯瑞蒙对混合格律的使用，这里不是第一次提及。在第1章中，亚氏曾说："甚至有人混用所有格律制作摹仿，就如凯瑞蒙混用所有格律制作叙事诗《马人》那样，也应该称为诗人。"同样的内容，第1章谈论摹仿，谈论何为诗人：诗人之所谓诗人，本质应在于是否制作摹仿，而不在于格律。因此，彼处提到凯瑞蒙，是一个肯定的语境，凯瑞蒙因为制作摹仿而被认定为诗人，无论其使用格律的情况如何。但现在这个段落是在谈论格律，谈论不同艺类应采用合乎其自然本性的格律。因此，这里提到凯瑞蒙，是一个否定的语境，凯瑞蒙使用混合格律，这不合乎艺类的自然本性，因而是荒谬的。

正如我们所说的那样，其自然属性本身教人选中适宜的格律：这句话指涉的就是第4章中的内容，中间间隔了二十章，但一点不妨碍这种指涉的清晰。从中可见《诗术》情节的整体性、严密性。

荷马还值得从其他很多方面来赞扬，但特别在于，这些诗人中唯有他深知自己该如何去制作。应该是诗人自己最少说话，因为他并非凭借这些是为摹仿者。其他那些诗人整个过程都是自己在竞赛，摹仿很少以及很少摹仿。但是他，在简短的[10]开场后，径直引入男人或女人或其他某种性情，没有任何一个人没性情，而是各具性情。

诗人中唯有他深知自己该如何去制作：这里又提到荷马的唯一性，即他在诸多史诗诗人中的特出性。

其他那些诗人整个过程都是自己在竞赛（ἀγωνίζονται）：ἀγωνίζονται

这个词来源于 ἀγών，即"竞争、竞赛、赛会"。古希腊的史诗、谐剧、悲剧都与其赛会机制密切相关。作为动词，ἀγωνίζομαι 意为"竞赛、夺奖、诉讼辩论"等，指在竞赛场合无论任何形式的公开亮相，诸如戏剧比赛中的演出，或者史诗赛会上的吟诵，又或是公共法庭上的演说。对于与古希腊诗歌关系密切的这个 ἀγωνίζονται，最为生动的呈现，同时也是揶揄，可见于柏拉图的《伊翁》。

摹仿很少以及很少摹仿（μιμοῦνται δὲ ὀλίγα καὶ ὀλιγάκις）：这里的"很少"一个是宾语（ὀλίγα），一个副词（ὀλιγάκις）。摹仿很少，指摹仿的对象、内容很少；很少摹仿，指进行摹仿的时间、程度很少。从这句话可以看出，亚氏认为这种竞赛中的表演（ἀγωνίζομαι）并非诗术意义上的摹仿。从前后文可以看到，这两种形式的不同在于，一个总是诗人自己在说话；另一种则是诗人极少自己说话，而是引入各种各有性情的人物。

这一段话与前面的内容有很多呼应。在第 3 章关于摹仿方式的论述中，亚氏说：

> 有时会以叙述的方式：要么像荷马那样制作，变换成另一个人叙述，要么就以同一个人叙述，即始终不变；有时则通过众摹仿者作为所有行动者即事功活动者。

在叙述那一类型中，分了两种方式，荷马被作为一个特例和其他史诗诗人相对，与眼下这个段落完全呼应。联系这两个地方的论述来看，荷马的叙述方式是尽量少自己说话，而是变换成另一个人（即作品中的人物）来说话，即引入各种人物，这些人物各有其性情；其他史诗诗人的做法则总是诗人自己说话，即始终是同一个人在叙述。根据第 3 章的这种分法，看起来好像摹仿的方式有三种，荷马一种，其他史诗诗人一种，戏剧一种。在第 6 章中，亚氏却只区分两种方式，一种是叙述，一种是悲剧。到了第 24 章的这个段落，亚氏着重讲荷马怎么做，对于荷马，亚氏用的是制作（ποιέω）一词，而对于其他史诗诗人，对应动词用的不是 ποιέω [制作]，而是 ἀγωνίζονται [赛会表演]。

这段话中似乎否认了其他诗人的方式是摹仿，等于在说只有荷马是制作者，而其他那些人对于真正的摹仿不得要领。并且，这种竞赛性对于作品的影响还在于，这些史诗诗人为了在吟诵赛会上争胜，老是自己跳出来，突出一己，等于抢了作品人物的"风头"。相比之下，荷马却尽量隐蔽自己，让所有的人物"各得其所"，人物各自出场，没有谁没有性情，而是各有其性情。因此，在第3章中分出来的其他诗人的这种叙述方式，在诗之摹仿技艺的语境下似乎被否定了。至此，第3章和第6章的结解开了——既然其他史诗诗人的做法不是摹仿者的作为，那这种方式还是摹仿的方式么？所以，摹仿的方式就两种：一种是荷马那样的，一种是索福克勒斯和阿里斯托芬那样的。这当中的关系颇为夹缠，就是否进行摹仿制作而言，荷马与戏剧的联系比跟其他史诗诗人的关系更密切、更本质；就运用叙述而言，荷马和其他史诗诗人相同；就"表演性"而言，其他史诗诗人倒仿佛类似戏剧中的演员。前面的许多"结"，许多疑问，到这里才产生突转、恍悟，慢慢"解"开。

　　应该在悲剧中制造惊奇，在史诗制作中则更有可能有［13］不合理之事，而通过不合理之事最能制造惊奇，① 因为我们没有看着行动者。关

---

① ［M本释译］玛高琉斯译本把这一段话释译为："虽然，正如已经看到的，悲剧中应引入令人惊异之事（the marvellous），而史诗中更容易引入让惊异更强烈者，所谓'诗之正义（poetic justice）'。"

　　［M本注］参考第9章，那里解释过"诗之正义"造就惊异，以及当其自然来临时一般来说就真是"报应（correspondence）"。在奥古斯都的葬礼上，人们"徒感惊异于他的死期和就职日期相同；他也像他父亲一样死于同一个房间"等等（塔西佗《编年史》[Tacitus, Annals,1.9]）。赫克托尔例中的报应是，正如他饶恕了其余的亚该亚人，而只是攻击了帕特洛克罗斯（《伊利亚特》16.731），因此，其余的亚该亚人忍住没去攻击他，把他留给了阿喀琉斯（22.205）。但是，极好的诗之正义的情形，正如亚里士多德注意到的，很难把控，因为亚该亚人极少会自我克制，如果阿喀琉斯制止他们的话，他将不得不用头的后部向他们点头示意；而第25章中刻画的这个

于[15]赫克托尔的追击一事,要是在舞台上就显得很可笑:一些人站着不动,不去追赶,另有一个人把头往后一仰。但在史诗里,却不会被人发觉。惊奇令人愉悦,① 证据在于,所有人在述说时都会为讨人喜欢而添油加醋。②

应该在悲剧中制造惊奇,在史诗制作中则更有可能有不合理之事,而通过不合理之事最能制造惊奇:亚氏在第9章中就谈论过制造惊奇。就像玛高琉斯注中所说的,这种令人惊奇之事有一种巧合的"报应"的形式,他称之为"诗之正义"。

在史诗制作中则更有可能有不合理之事:接下来,在第25章中,亚氏提到,

> 制作不可能之事,犯了错。但是,如果这样能达到其自身目的(这个目的已经说过),如果以这种方式能造使要么这一部分要么别的部分更加惊人的话,那就是正确的。

并且,那里也举了赫克托尔的追击这个例子。因此,这两个地方明

特写是不可能的。维克多里乌斯(Victorius)(或是他的朋友美第奇[Fr.Medici])的修订,用不自然者(the unnatural)代替"相应",并不容易捍卫;因为我们从第25章那里知道,赫克托尔的追击的细节之所以被批评,不是因为不自然,而是因为不可能。认为制造惊异最好的是不自然者,这显得并非亚里士多德的意见;在《论天》269a7,他说到一个理论涉及令人惊异且完全不自然者,他并不认为这种奇异使人高兴。此外,我们在这个章节中将获知,"不自然"在史诗(romance)中与在悲剧中的存在有同样的范围:要有,也必须在背景中。

① [M本注]根据《修辞术》1371a31,令人惊异者会让人产生去理解一个事物的欲望,在把问题搞明白的过程中,就有一种向一个人自然条件的复位(restoration to one's natural condition),这就构成愉悦。

② [M本注]这种加上某些东西的形式意味着"生动的细节",这个句子余下的部分出现在《修辞术》(1417a10):当我们重复一个故事,这个故事是关于一个我们不知道任何一手材料的事物的,我们仍然会对此情况采取一定的看法。那么,在荷马的功绩中,对价值的发现依附于生动的细节。

显是互相指涉。

我们没有看着行动者：可以看出，这里的行动者（πράττοντα），指的是通过动作表演那个意义上的"行动者"。

惊奇令人愉悦：玛高琉斯援引《修辞术》1371a31 的说法：令人惊异者会让人产生去理解一个事物的欲望，而在把问题搞明白的过程中，就有一种向一个人自然条件的复位，从而构成愉悦。

所有人在述说时都会为讨人喜欢而添油加醋（προστιθέντες / προστίθημι）：προστίθημι，"加上、补充"。玛高琉斯让我们参考《修辞术》（1417a10），当我们重复一个故事，这个故事是关于一个我们不知道任何一手材料的事物的，我们仍然会对此情况采取一定的看法。玛高琉斯说这种添加意味着加上生动的细节。

荷马最会教其他那些人应该如何说假话，[20]那就是似是而非的推断。① 不管什么时候，其一存在，其二即存在，或其一产生，其二即产生，于是人们就会预感如果后者存在，前者即存在或产生。但这是假的。因此，要是前者是假的，但只要有当其存在时就必然存在或者产生者，人们就会加上前者。因为知道这是真的，[25]我们的灵魂就似是而非地推断前者因此存在。例如"洗脚"那一幕② 中的似是而

---

① [M本释译]玛高琉斯译本把这一句释译为："这个过程就是错觉（illusion）。"
[M本注]《修辞术》1417a6 也解释了这事，那里更精确地给出了"老妇人双手捂脸［热泪盈眶］"（《奥德赛》19.361、362）这行诗的相关引涉；"因为那些开始哭泣的人会用他们的手捂住双眼"。现在，这个过程被称为"关注细节"。人们所知者，既非欧蕊克丽娅流泪，也非她双手捂脸；人们所知者在于流泪总是和用手捂住脸相伴随。真实的是一贯的；因此，人们错误地推断一贯的就是真实的。因此，这种添加生动细节的做法被推荐给讲述虚假事物的演说者："因为这些似是而非，而他们所知的这些事物（例如，A 伴随 B）成为证明他们所不知者（即 A 或者 B 的真实性）的证据。"当然，通常的交互质证就暗含着对这个原则的识别。

② [M本注]据玛高琉斯导言，亚氏这里只是提了一句，更多的相关内容要参考《修辞术》1417b5，其中的推理过程要参考《辩谬篇》（172a23）。

非的推断。

荷马最会教其他那些人应该如何说假话，那就是似是而非的推断：这几句似乎坐实了柏拉图"诗人多谎"的指责。

"洗脚"那一幕：公元前 4 世纪时荷马史诗还没有数字分卷，而是按内容来分。"洗脚"是《奥德赛》中的一段，包括卷 19 的大部分。这里只是提到一句，玛高琉斯导言中详细讲述了这个推理的过程。

似是而非的推断：这种似是而非的推断存在于我们思维习惯的深处，因此，这里表面上好像在说荷马如何"欺骗"我们，但我们经常也这样自己"欺骗"自己，史诗和悲剧的情节推移与这种似是而非的推断有密切关系。

不可能的可能如此比可能而不可信者还更可取些。不应从不合理的部分来构制情节，但最好是没有什么不合理者，要是有的话，也应该在故事之外（就比如 [30] 俄狄浦斯不知道拉伊俄斯是怎么死的），**而不是在戏剧中**（就比如《厄勒克特拉》中，那些皮提亚运动会的报告，[1] 或者在《密西亚人》中，从特格亚到密西亚的一路沉默[2]）。要说

---

① [M 本注] 根据泡萨尼阿斯（Pausanias）（10.7.3）的说法，皮提亚竞赛最早包括战车竞赛是在公元前 582 年。那么，索福克勒斯在俄瑞斯特斯的时代引入战车竞赛就犯了一个年代错误，这个错误绝大多数他的听众都能察觉到，因为这项制度相当现代，而公共运动会在雅典人中是流行话语中的主要话题（阿里斯托芬，《马蜂》[Vespae] 1190）。在年代错误并不显眼的地方，亚里士多德也许认为其不会招致反对，据此他并没有抱怨伊菲革涅娅送信一事，尽管在他的著作中关乎"写"这个词的使用他本人始终极为小心。

② [M 本注] 一部埃斯库罗斯所写的名为《密西亚人》的戏剧不时会被引用。一个双手带血的人（显然）不能跟其他人说话（参希罗多德 1.35）；在阿特纳伊乌斯作品（224e）中，诗人安菲斯（Amphis）暗指特勒弗斯（Telephus）就处于这种境况。问题在于，有一个人被发现从特格亚到密西亚一路没有说话，这不说话的困

那会破坏情节，这就可笑了，因为从一开始就不应该把这些东西放到一起来。但是如果引入了不合理的事，而这事显得[35]合乎情理，那么甚至荒诞的事也可以被接受，既然在《奥德赛》中，关于他被弃海滩的那些不合理处，①若是一个低劣诗人所作，会让人难以忍受，[1460b]而眼下这位诗人通过其他好的处理加以美化，使人看不到这个荒谬之处。

《厄勒克特拉》中，那些皮提亚运动会的报告：《厄勒克特拉》(Ἠλέκτρα)，可能为索福克勒斯的剧作，今不存。欧里庇得斯也有一部《厄勒克特拉》，今存。厄勒克特拉是阿伽门农和克吕泰墨斯特拉的女儿。根据玛高琉斯的注，这里的不合理之事是一个年代错误：皮提亚竞赛最早包括战车竞赛是在公元前582年。因此，索福克勒斯在俄瑞斯特斯的时代引入战车竞赛就犯了一个年代错误。

在《密西亚人》中，从特格亚到密西亚的一路沉默：《密西亚人》(Μύσοι)，埃斯库罗斯和索福克勒斯都曾写过以此为名的剧作，但均不传。根据玛高琉斯的说法，是埃斯库罗斯的《密西亚人》剧中，特勒弗斯一路没有说话，或许因为他双手带血，根据希腊人赎罪的习俗，双手带血的人不能跟其他人说话。但这只是希腊人的习俗，因此，那些非希腊人并不理解这种沉默。

难在哪儿？希罗多德建议了一个答案，他用心观察到，在杀人这件事上，弗瑞吉亚人(Phrygian)的仪式和希腊人的仪式是一样的；但根据亚里士多德的意思，人类的死刑在野蛮人看来就没什么（《自然史》673a25），由此看来，野蛮人可能并不懂得希腊人所理解的"赎罪的习俗方式"（《政治学》1262a31）。因此，这里的"不自然的因素"在于让野蛮人懂得一个可能对他们来说没意义的希腊仪式。

① [M本注] 此即，首先，"正当起劲地驾驶中时"，船应该搁浅"至其长度的一半左右"，特别是当奥德修斯焦急地想要看到从其故国升起的烟，这没有惊动他（1.58）。这个"欲望"应该足以转移他的注意力（《论动物运动》[de Motu Animalium] 701a35）。

苦心经营的言语应该用在不涉性情及不涉才智的闲笔处，因为过于光彩夺目的[5]言语反而会模糊性情和才智。

<hr />

第 24 章对比着悲剧讨论了史诗制作各方面的问题，包括类型、成分、分量、格律，并谈及荷马在史诗制作中的独到卓越；关于史诗中不合理之事和错误推断的处理，以及经营言语。

25

　　关于问题和解答,其种类和数量,通过如下思考方式就能搞清楚。

　　诗人既然是一个摹仿者,就像画家和其他肖像作者一样,那么他必然总得摹仿这三[10]种事物之一:要么是过去是或现在是者之类,要么是相信是或看似是者之类,要么是应当是者之类。① 这些东西通过言语呈现出来,言语中有方言词、隐喻词及言语的诸多变体,我们允许这些词为诗人们所用。②

　　他必然总得摹仿这三种事物之一:要么是过去是或现在是者之类,要么是相信或看似是者之类,要么是应当是者之类:玛高琉斯把 ἃν ἦ ἔστιν [过去是或现在是者]解释为现实事物,φασιν καὶ δοκεῖ [相信是和看似是者]解释为传统事物(或习俗事物),εἶναιδεῖ [应当是者]解释为理想事物。

　　言语中有方言词、隐喻词及言语的诸多变体(πάϑη / πάϑος):和《诗术》文中其他诸多地方所使用的 πάϑος 的含义不同,用在这里的 πάϑος 指的是"事物的变化形式"这个意义。

　　我们允许这些词为诗人们所用:在第22章中,亚氏曾说:

>　　名词中的延伸词、缩略词和变体词在构成言语明晰而不落熟习上,可不是微不足道的成分。这些词以其具有异于普通词、超乎习

---

① [M本释译]玛高琉斯译本把这句话释译为:他必然总是在描述以下三种类型之一:现实者(the real)(过去或者现在)、传统者(the traditional,)(或习俗者(conventional)),或者理想者。

② [M本注]玛高琉斯注称"我们允许这些词为诗人们所用"这句话是一句引语,出自伊索克拉底(Isocrates)的《尤阿格拉斯》(Euagoras)。

惯处，而不会造成熟习感；又以共有习惯性而带来明晰。因此，那些评论者们责备这种方式的言谈并嘲讽这位诗人，并不公正。

还有：

阿瑞弗拉德斯一直把悲剧诗人使用人们在交谈中不会那么说的那些词当成谐剧来嘲弄，……正是因为不在普通词之列，言语中所有这些词类才不会造成熟习感。而这人却不理解这一点。

使用诸多异于普通词的词类，是让诗不流于熟习感的重要手段，因此，应当允许诗人们使用这样一些变化了的言语形式。

除此之外，诗术和政治秉持的并非同样的正确，[1] 其他技艺和诗术[15] 秉持的也非同样的正确。诗术本身的两种过错，一者是出于其自身的，一者是出于碰巧的。要是有意选择某事进行摹仿却缺乏能力，这就是本身的过错。要是其选择不正确，那么马并迈两条右腿或者某个特别技艺，[20] 诸如医学上[2] 或其他诸如此类的技艺上的错误，这就是并非出于本身的。因此，应该从这些方面去考虑解决批评所涉的问题。

诗术和政治秉持的并非同样的正确，其他技艺和诗术秉持的也非同样的正确：我们在这里看到亚里士多德对柏拉图《王制》中诗歌道德性评价的回应。我们在第 1 章中已经谈及，亚氏对诗术的探究，基于事物应然的状态，即对其本质意义上的理解，既不基于政治伦理意义上的从属，也非美学意义上的自治。正如《尼各马可伦理学》开篇所示，每种

---

[1] [M 本释译] 玛高琉斯译本把这句释译为："道德正确（moral correctness）和诗术正确（poetical correctness）并不一样。"

[M 本注] 这是对柏拉图《王制》中关于荷马诗歌道德性的那一批评的回应。阿伽门农和阿喀琉斯之间的争执可以是诗，虽然这在现实的战争中也许非常不合时宜。

[2] [M 本注] 指向柏拉图对荷马的对策的批评。对于这里说到马的问题，参看《论动物行进》(de progressu Animal) 712b。

技艺各以某种善为目的，但这些善目的具有等级，所有城邦中的技艺似乎都处于政治学这一瞄准最高善的最高技艺统摄形成的技艺等级制中。就追求特定善而言，《诗术》的探讨有其技艺本身的正确。与此同时，在亚氏对诗术技艺的本质性理解中，就摹仿对象而言，全然是伦理道德意义上的。诗术摹仿必然针对和涉及的行动和性情，与亚氏的《伦理学》完全贯通和兼容；诗术所要达成的 κάθαρσις，是《政治学》中伦理教育所重视的方式。一方面，诗术技艺本身的要求中，即包含伦理道德内容；另一方面，诗术自有其技艺之善，也有其在城邦技艺等级制中的位置。

诗术本身的两种过错，一者是出于其自身的，一者是出于碰巧的。要是有意选择某事进行摹仿却缺乏能力，这就是本身的过错。要是其选择不正确，那么马并迈两条右腿或者某个特别技艺，诸如医学上或其他诸如此类的技艺上的错误，这就是并非出于本身的。在《诗术》中凡谐剧中的过错总是用 ἁμάρτημα 这个词，而悲剧的过错用的则是 ἁμάρτια。我以"错误"来对译 ἁμάρτημά。以"过错"来对译 ἁμάρτια。这段话中的这两个词都用到，我也采用先前的对译词，以示区分。

先是针对技艺本身的[批评]。制作不可能之事，犯了错。但是，如果这样能达到其自身目的（这个目的[25]已经说过），如果以这种方式能造使要么这一部分要么别的部分更加惊人的话，那就是正确的。[①] 追击赫克托尔一事就是典型。然而，如果这一目的有可能依凭关于这些东西的技艺，使其要么更好要么更差地的话，那就不正确。因为，如果

---

① [M 本释译] 玛高琉斯译本把这一段话释译为："首先，'这种不可能，即便是虚构的，已经被表现出来了'；我们承认这不正确，但如果这一虚构达成了其目的（前面已经说过，制作一些特别的段落或别的某些更令人惊异的东西），那就没什么坏处。"

[M 本注] 在第 24 章中，我们被告知这种不可能是什么，及其制造的"报应（correspondence）"就是令人惊异者的来源。

[译笺] 关于这个"报应"，可参第 9 章的末段，以及第 24 章。

有可能，就应当彻底不要犯任何错误。此外，这个错误是这两种错误中[30]的哪一种？是出于技艺本身的，还是其他的出于碰巧的？不知道母鹿没有角，[这个错]比画得不像要小。

　　这个目的已经说过：这又是《诗术》文本内互涉的明确标识。亚氏在前面多次谈到，悲剧摹仿要达到的目的是激起惊异之情，引发恐惧和悲怜之情。见第9章、第14章、第18章。这句话更直接指涉的大概是第24章中所说："应该在悲剧中制造惊奇，在史诗制作中则更有可能有不合理之事，而通过不合理之事最能制造惊奇，因为我们没有看着行动者。关于赫克托尔的追击一事……"最明显的标志是，这两处接着都举了赫克托尔的追击这个例子。

　　追击赫克托尔一事就是典型：第24章中已经谈过追击赫克托尔一事的荒谬之处以及这个错误为什么无关紧要："关于赫克托尔的追击一事，要是在舞台上就显得很可笑：一些人站着不动，不去追赶，另有一个人把头往后一仰。但在史诗里，却不会被人发觉。"

　　如果这一目的有可能依凭关于这些东西的技艺使其要么更好要么更差地的话，那就不正确；因为，如果有可能，就应当彻底不要犯任何错误：亚里士多德的表述总是看起来模棱两可或很有弹性，但实际上相当精确和严格。前面说了出于造就悲剧中惊异的效果，可以允许某些错误。但接着这句话就严格了错误的界限，意思是所犯错误所涉及的技艺能影响到惊异的效果时，就不被允许，应该避免。而且，可能的话，当然是不要犯任何错误的好。

　　画得不像（ἀμιμήτως）：这个词原意就指"摹仿得很差、摹仿得很糟糕"。

　　在这些之外，如果被批评为不真实，也许应该以这种方式来反驳：就像索福克勒斯说的，他如其所当是那样制作，而欧里庇得斯则如其所是那样制作。[35]如果这两个理由不行，还可以说因为有人相信：比如关于诸神，如果碰巧就像克塞诺法诺斯说的那样，这样说既没有更好，也不真实，但就是有人相信。[1461a] 此外有些东西并不更好，但曾经是这样，例如关于武器的这句诗，"他们的矛，尾端插地，直立其上"（译按：此句出自《伊利亚特》10.152）。他们那时一直奉行这样的习俗，今天伊吕里斯人也还是这样。

克塞诺法诺斯（Ξενοφάνης，约前 570—前 475）：前苏格拉底哲人，他批评荷马和赫西俄德，激烈抨击史诗中那种神人同形同性论，以及由此导致的神学和伦理学间的尖锐冲突。

伊吕里斯人（Ἰλλυριοί）：古代伊吕里亚（Ἰλλυρία）的居民，伊吕里亚位于今巴尔干半岛西部，亚德里亚海东岸地区。

关于某个人的所言或所行 [5] 好还是不好，不能只是注意言或行本身显得高尚还是低劣，而是要注意言者或行者其人是谁，针对谁，在什么时候，以什么方式，出于何故，① 比如是要达到更大的好，还是要避免更大的坏。

言或行本身显得高尚还是低劣：高尚（σπουδαῖον, σπουδαῖος），低劣（φαῦλον, φαῦλος）。此即第 2 章中关于摹仿对象高尚和低劣之分那两个词。

但有些问题应该注意联系 [10] 言语来解决。

比如这句方言：οὐρῆας μὲν πρῶτον [先是骡子]（译按：此句出自《伊利亚特》1.50），有可能说的不是"骡子"而是"守卫"。

又及，说多隆 ὅς ῥ' ἤτοι εἶδος μὲν ἔην κακός [其形丑]（译按：此句出自《伊利亚特》10.316），并非指其身体不合比例，而是脸貌丑陋。因为克里特人把容貌俊美称为 εὐειδής [好形]。

---

① [M本释译] 玛高琉斯译本把这句话释译为："在关系到言或行恰当性问题的地方，不能只从其抽象价值来判断，而是必须联系其主体、对象、场合、受益者和目的。"

又如：[15] *ζωρότερον δὲ κέραιε* [兑纯]（译按：此句出自《伊利亚特》9.902），不是说像给酒鬼那样，不掺水，而是说快一点。

或是依据隐喻来说的，① 比如：*πάντες μέν ῥα θεοίτε καὶ ἀνέρες εὗδον παννύχιοι* [所有神和人整夜沉睡]，与此同时他又说，*ἦ τοι ὅτ' ἐς πεδίον τὸ Τρωικὸν ἀθρήσειεν, αὐλῶν συρίγγων τε ὅμαδον* [当他凝视着特洛亚平原时，双管箫和排箫的吵闹声……]。因为这个 *πάντες* [所有的] 依据 [20] 隐喻，用来代替"多"，因为"所有的"也是"多"的一种。

又如：*οἵη δ' ἄμμορος* [唯有她没份儿]，按照隐喻词，"最知名的"也是"唯一"的一种。

根据语调，就像塔索斯人希琵阿斯那样解答 *δίδομεν δέ οἱ εὗχος ἀρέσθαι*② 和 *τὸ μὲν οὗ καταπύθεται ὄμβρῳ*。③

---

① [M本释译] 这里玛高琉斯译本把这里的 *κατὰ μεταφοράν* [依据隐喻] 释译为 transference [转喻、迁移、传递]。

[M本注] 转喻之例：这里所选的两个例子，例释了普通词的隐喻用法，意味着荷马熟知亚里士多德的隐喻系统。"全部"（即无排列的整体）是"多"的一种情形，因为"多"意味着一个量超过其他的某个量（《形而上学》1057a13）。正如我们从几何学中知道的那样，"全部"比其部分要大；因此，"全部"恒然是一种"多"。另一方面，这个单位（unit）是在每个属中可认知者的开始，因为我们由之最先认识的事物就是所有情形中的最初尺度（《形而上学》1016b20）；既然如此，那么，标准或类型就是单位的种，如果我们把单位用为类型，就是以属代替种的情况。如果我要查明一个人的收入，我可以只是通过了解这个数目与某个单位（比如英镑或先令）的关系就能做到；类似地，一个人的勇敢、才智、坚强等，只能在与某个单位或标准的关系中才能被科学地描述出来。那么，当荷马说（《伊利亚特》18.489）北斗七星是唯一不下沉到大海中去的星座时，他的意思是，不下沉是星座的一种类型。古人指出，对于所有的北方星座，这一点都对。这里的疑难关系到"全部"并没有出现在我们的《伊利亚特》文本中；显然亚里士多德把10.1的同一行读为2.1的，把"另一个"读作"其他"；"另一个"等同于"全部"。

② [M本注] "并允许他"，这涉及一个已经从文本中消失了的古老读法。这个解释者希望通过以"给予"代替"我们给予"来清除宙斯给了一个虚假承诺这事。

③ [M本注] "那没被雨侵蚀"：显然，这句话意味着，松树树桩比橡树树桩更有可能被雨侵蚀。关于玛高琉斯的详解，参导言。

通过区分，[1] 比如恩培多克勒的 αἶψα δὲ θνήτ᾽ ἐφύοντο τὰ πρὶν [25] μάθον ἀθάνατ᾽ εἶναι ζωρά τε πρὶν κέκρητο。[2]

通过模棱两可，παρῴχηκεν δὲ πλέω νύξ，因为这个 πλείω 的意思模棱两可。[3]

---

[1] [M本注] 在《辩谬篇》(20) 中解释了这种方法的性质。那里给出的例子也许可以译为"你看到打你眼睛的那个人了吗？"回答者得在回答前找到这个工具格用哪个动词。

[2] [M本注] 原物（And things raw），在（它们被分门别类前）：恩培多克勒的这句诗接下来是"此前并未混合，现在已经分离"。这指涉《论生成》339b12。恩培多克勒的四元素存在于"爱"和"争斗"这两种结合和分离的力量之前，两者的功能都通过动词 κρίνειν 的复合形式来表达。如果我们使用被称为区分的这种方法，那么"此前原物并未混合"这句话就会显得没有冲突；因为"原（raw）"的意思并非"没有彼此混合"，而是"没有被'爱'或者'争斗'影响"。当这个译作"原（ζωρά）"的词用于酒时，很自然地意为"没掺水"；但"原"水意思是没有蒸馏的水，原材料是没有被处理过的材料。有鉴于此，那么，"原精神（raw spirit）"就是混合精神的对立面，"原水"就是纯水的对立面；既然适合一个事物使用的操作在此一情形中是混合，那么在另一情形中就是没混合。

亚里士多德的解释显得相当令人满意。阿特纳伊乌斯（424a）让我们知道，泰奥弗拉斯图斯在这一行中以"混合的"代替"原（ζωρά）"，而普鲁塔克记录的一个谐剧诗人索西克勒斯（Sosicles）也有同样的用法。把这个词在这个意义上用于酒，他们肯定是被误解的；索西克勒斯有可能是在开玩笑；最大的可能是，泰奥弗拉斯图斯被误传了。

[3] [M本释译] 玛高琉斯译本把这句话释译为：因为希腊语的"比……更多"也可以被理解为"它们正满"。

[M本注]《辩谬篇》162a6 中集中了三个解答，此为其中第二个，在那里我们了解到文本中的这个词可以要么指语法上的模棱两可，要么指字面上的模棱两可。这里的事实在于，πλέων 可以被认为要么是 πολύς 的比较级，主格单数形式，和 νύξ 一致，要么作为 πλέος 的属格复数阴性，与 μοιράων 一致；根据后一种可能，这些词会被翻译为"三分之二的部分已经完成"；而既然这个词后一种使用是依照用法的，那没有明显的理由拒绝亚里士多德解释。另参玛高琉斯导言。

根据言语的习惯：兑了水的酒还是叫酒，① 他据此而作 κνημὶς νεοτεύκτου κασσιτέροιο [新锻制的锡胫甲]；锻制铁器的人被叫作铜匠，据此，[30] 伽倪墨得斯被称为宙斯的斟酒人，尽管他们不喝酒，② 这也许也是通过隐喻。③

当词的意指看起来似乎有矛盾时，应当考虑其在说过的话里有多少种意指方式，比如 τῇ ῥ᾽ ἔσχετο χάλκεον ἔγχος [铜矛在那儿直立]，④ 可能有多少种方式受阻，这样或者 [35] 这样，哪一种最可取。这与格劳孔所说的那样正好相反，[1461b] 他说："有些人不合理地预选假定，而后根据其假定来给人定罪，批评他们认为是人家说的、和他们自己的意见相反的东西。"

---

① [M本注] 参看导言。玛高琉斯说这里要"参考《论生成》(de Generatione) 第一章中关于'分子的混合'那些讨论。在那里，我们被告知为什么兑了水的酒还是叫酒。换言之，因为在某些混合中，一种元素算为形式，而另一种算是质料，而这种情况下，整体按给予形式的那种元素命名，酒水混合而起酒的作用，因此被叫作酒（321b1）。然而，如果酒的数量如此之少，以至整体只有水的效果，则应该叫作水（328a27）。同样，我们在末章中得知，锡和铜在一起是什么情形；锡算形式而铜算质料；因为表面是锡的颜色，但几乎一点没或者完全没有体积上的增加（328b9），那是最属于形式因的（《论天》312a12）。因此，锡和铜，它们的分子混合遵循酒水混合之所以还叫酒那同一规则，整体便按此原则被叫作锡。关于这两种混合某种程度上遵循同一规则的情况，《论动物生成》中也加以强调了（《论动物生成》747b4、7）。因此，这个问题，显然对圈外人来说是难题，对亚里士多德学派中人则稀松平常。但这只是对亚里士多德学派中人来说才是可理解的：因为其根据的乃是关于形式与质料的哲学，以及根据所发生的作用为事物命名的学说。"

② [M本注] 尽管诸神不喝酒，而是喝甘露（nectar）(《形而上学》1000a12）。在《大伦理学》1205b15，亚氏批评了那些不知道这一点的人们的错误。那么，基于同样的原则，那些不知道铁的人（希罗多德 1.68）就把铁匠叫成了"铜匠"。

③ [M本注] "斟酒"也许会被认为是"倾注"的一个种。但对于铜和锡的混合物，且主要是锡者，这个隐喻的原则将不再适用。

④ [M本注] 这个段落显然指的是矛刺穿两层铜，然后被一层金给"止住"了，在这层金后面是两层锡。古代的批评家认为最自然的情况是金层在外面。说"止住"或"保持"，意思是阻止一个事物按照其自然推力运动（《形而上学》1023a18），对这个疑难的解释明显来自多种方式中哪一种能让这个受影响。

关于伊卡里奥斯那事就是这种遭遇。他们先假定其为拉科尼亚人，[5]则特勒马库斯到了拉刻岱蒙却没和他相遇就很奇怪。那么也许就像克法勒尼亚人说的那样：奥德修斯娶了出自他们那儿的女人，那个男人叫伊卡迪奥斯，而不是伊卡里奥斯。由于这个错误才看似可能有问题。

有可能说的不是"骡子"而是"守卫"：οὐρῆας（ὀρεύς）这个词指"骡"，作为方言词，这个词在其他方言中可能指"守卫、岗哨"。那么这句话的意思就不是"先是骡子"，而是"先是守卫"。

当词的意指看起来似乎有矛盾时，应当考虑其在说过的话里有多少种意指方式：这句话简直就是在提示我们阅读《诗术》本身可能会遇到的问题和解决方式。正如我们前面很多注释中已经提到的，有一些词具有多种意指，在不同语境中，需要确定其为哪种意指，否则就会显得矛盾，或者读不懂。然而，这还只是最表面的。有些词的不同意指，很可能是出于不同的意义层面或不同的理解方式，因而这些不同意指中就有可能隐藏歧见和误解，甚至积淀下来，成为习焉不察的错误认识。亚里士多德在《诗术》中特别以显示这种错误如何产生和积淀的方式来澄清其中的误识。

格劳孔（Γλαύκων）：这里不清楚指的是哪一个格劳孔。

一般来说，应该把不可能发生之事引向要么关乎[10]诗，要么关乎相关，要么关乎相信。就关乎诗而言，看似可能而不可能者比看似不可能而可能者更可取。……诸如宙克西斯所画那样的人，但是更好，因为这应该胜过原型。关乎相信不合理者，即此种情形在某些时候并非不合理；[15]以及，违背可能如此的事情发生，这是可能的。

违背可能如此的事情发生，这是可能的：这句话在第18章就引用过，亚里士多德说阿伽通曾这么说过。

考察对立的话语，要像在论证中的驳论那样，考其是否是同一回事，是否关系到同样的事，以及是否以同样的方式，以联系其人自己的言论或明智者的建议来解答。

对于任何时候毫无必要采用的不合理者和[20]恶劣者提出批评是正确的，不合理者，就如欧里庇得斯对于埃勾斯的处理，恶劣者，就如《俄瑞斯特斯》剧中的墨涅拉奥斯。

不合理者，就如欧里庇得斯对于埃勾斯的处理：第15章中亚氏曾说过"事件中不应有不合情理之事"，这句话是接着前面批评"机械降神"而来，所以，在那里会引发误解，以为所谓不合情理之事指的是机械降神。但从这里看，才知道指的是欧里庇得斯在《美狄亚》中对埃勾斯这个角色的处理不合理。

恶劣者，就如《俄瑞斯特斯》剧中的墨涅拉奥斯：第15章中，关于性情描写要注意的问题，亚氏说到"不必要的恶劣的例子，诸如《俄瑞斯特斯》中的墨涅拉奥斯"。

他们提出的批评出于五个种类，要么不可能，要么不合理，要么有害，[①]要么矛盾，要么违反根据技艺的正确。应从[25]所说这些数里考虑如何解答，有十二种。[②]

第25章讨论了针对诗术可能提出的批评以及如何回答这些问题。

---

① [M本释译] 玛高琉斯本把这个"有害（$\beta\lambda\alpha\beta\varepsilon\varrho\acute{\alpha}$ / $\beta\lambda\alpha\beta\varepsilon\varrho\acute{o}\varsigma$）"释译为"不道德的"。

② [M本注] 给出过的数字是三（1460b10），三（同前，11），"许多"，之后的种类是四，一（诗术的正确和其他正确之间的区别），和一（本质的和偶性的正确的区别）。具体来说就是，可以用现实的、传统的或理想的来辩护；或者以诗与其他科学发生冲突的情形来辩护；或者以偶性的、非本质的错误来辩护；或者以方言词、隐喻词或日常词的用法来辩护；或者以一个词，其意义（其在日常语言中模棱两可）被误解或发音错误、区分错误、适用错误来辩护。

26

　　史诗制作和悲剧这两种摹仿，哪一种更好？也许有人会感到困惑。如果不那么粗俗的就更好的话，那么总是针对较好观众的就是这种，非常明显，那种全都摹仿的就是粗俗的。就好像如果他自己不加东西［30］人家就领会不了，①于是搞出很多动作，就像那些低劣的双管箫演奏者，如果不得不摹仿铁饼，他们就打滚，如果要演奏《斯库拉》，就去拉扯歌队长。确实，悲剧就是这个样子，正如那些前辈演员们看待后辈演员那样。由于［表演］太过火，穆尼斯科斯［35］一直把卡里庇德斯叫作"猴子"；关于品达罗斯也有诸如此类的意见。［1462a］整个这种技艺之于史诗制作，就如这些［演员］之于那些一样。②人们说，史诗所针对的是公允的听众，他们没人需要这些形体动作，而悲剧针对的则是比较低劣的观众。因此，如果悲剧粗俗，那么显然它就是较差者。

　　那种全都摹仿（ἅπαντα μιμουμένη）的就是粗俗的：根据后文就能理解，所谓"全都摹仿"，首先这个摹仿是指"做动作"的摹仿、表演意义上的摹仿。全部（ἅπαντα），指的是事无巨细啥都去摹仿。第 1 章中，亚里士多德提到过"那些复制者通过色彩和形态摹仿许多事物"，那里

---

　　①［M 本释译］玛高琉斯译本把这一句释译为：很明显，那种哑剧式的风格（pantomimic style）是粗俗的。因为那暗含着这种意思，即要不是朗诵者添加什么来强力激起听众兴趣的话，听众是感受不到的。

　　②［M 本注］后辈演员，这个问题要参考《修辞术》（1403）的讨论，在那里，我们会知道，到那时为止都还没有关于演员的专论，尽管在作者的时代，演员正在成为比诗人更为重要的人物。

说"摹仿许多事物",而这里说"摹仿全部"。在前面第25章中,我们刚学到 πάντες 可以"依据隐喻,用来代替'多',因为'所有的'也是'多'的一种"。这个段落中所谈及的摹仿,也正是这种通过"形态、形体"的摹仿。

穆尼斯科斯(Μυννίσκος):公元前5世纪著名的悲剧演员,曾出演埃斯库罗斯的悲剧。

卡里庇德斯(Καλλιππίδης):公元前5世纪的知名悲剧演员。

品达罗斯(Πινδάρος):不详所指,这里指的应不是人们熟知的古希腊抒情诗人品达。

整个这种技艺之于史诗制作,就如这些演员之于那些一样:这里几个代词指代的是,悲剧技艺之于史诗,就如后辈演员之于前辈演员。

史诗所针对的是公允的听众:亚氏在前面第13章中谈论悲剧应如何组织情节时,曾说到过"悲剧不应表现公允之人由幸运转入不幸",这里"公允的听众"所用希腊文也是 ἐπιεικεῖς [公允、公道、中正、宽厚]这个词。根据《尼各马可伦理学》中的讨论,ἐπιεικής 与 δικαιοσύνη [公正]相关而又有所不同。δικαιοσύνη [公正]可以说是一种法律正义,而 ἐπιεικής 则是真正的公正,在某些情形下是对法律正义的校正和超越。可参第13章中的相关解释。在一般意义上,似乎可以把这个"公允之人"理解为那种心中自有一杆秤的人,其对事物的评判是稳定的,并不容易受外在的影响。这里所说的"形体",如果是表现情感,目的就是要去影响观众、感染观众。正如亚氏在《修辞术》中谈及的,人在情感波动状态下对事物的评判是很容易受影响的。

他们没人需要这些形体动作(σχημάτων / σχῆμα):σχῆμα,即"外表、外形、形状、形态;模样、姿态、仪表"。前面第17章中曾说过"还应极尽可能地用形体(σχήμασιν)展现出来",根据那里的语境,亚氏所说的应极尽可能用形体展现的主要是情感。那么,这里"没人需要这些形体"的意思也许指的就是公允之人不受这些情感表现的感染和干扰。

[5]首先，这不是对诗术的而是对表演技艺的指责，别忘了史诗吟诵者也在这些表现上瞎忙活，索希斯特拉图斯就是这种人，还有歌唱比赛时，奥庞提奥斯的墨纳斯瑟奥斯就是这么做的。其次，并非所有动作都得拒绝，除非确实连舞蹈都要拒绝，因而要拒绝的只是低劣的动作。受到这种指责的就是卡里庇德斯[10]这种人，还有当代其他一些摹仿非自由民妇女的人。再者，悲剧没有动作也成其为它自身，就像史诗那样，因为通过阅读即可显明它是什么性质。那么，如果它在其他方面都更好，那这个问题无论如何并不必然就属于它。

首先，这不是对诗术的而是对表演技艺的指责：这里首先将悲剧的诗术技艺与其表演特征作了剥离。这与整篇《诗术》中对表演性的贬抑是一贯的。

史诗吟诵者也在这些表现上瞎忙活（περιεργάζεσθαι / περιεργάζομαι）：关于史诗吟诵者对于赛会表演同样热衷，及其表演的各种手段，柏拉图的《伊翁》有最直观、最生动的呈现。

索希斯特拉图斯（Σωσίστρατος）：生平事迹不详。

奥庞提奥斯的墨纳斯瑟奥斯（Μνασίθεος ὁ Ὀπούντιος）：生平事迹不详。

其次，并非所有动作都得拒绝，除非确实连舞蹈都要拒绝：亚氏在第1章中曾谈到，"舞者只用与乐调分离的节律本身（他们通过形体的节律来摹仿性情、情感和行动）"，可见舞蹈虽然也是用形体摹仿，但其特别在于，舞蹈是通过形体的节律来摹仿，也就是说其媒介其实是"节律"，并且舞蹈和诗术一样摹仿的是性情、情感和行动。与之相对，亚氏在第1章中也提到还有一种通过色彩和形态（亦即 σχῆμα）进行摹仿的技艺，亚氏称之为"复制者"，并且摹仿对象是"许多事物"，亚氏并未强调，它像舞蹈和诗术一样是摹仿"性情、情感和行动"。可参第1章相关解释。通过色彩和形态的摹仿技艺，最容易想到的就是绘画、雕塑这些造型艺术，联系本章的论述可以看到，悲剧中演员的形体和动作摹仿，相当于一种动态的造型艺术，而这实际上是一种"复制"。亚氏批评的正是在过度表演中，这些无关情节的动作摹仿和形体运用，实际上是在"摹仿许多事物"，而非诗术所关切的摹仿"性情、情感和行动"。

当代其他一些摹仿非自由民妇女的人：柏拉图《王制》第3卷中，苏格拉底曾说过不应当允许摹仿女人，也不应该摹仿奴隶（无论男女）。（396d、e）

如果它在其他方面都更好，那这个问题无论如何并不必然就属于它：联系上文，这句话指的应该是，如果悲剧在其他那些方面优于史诗的话，那么表演这个问题并不必然就是悲剧本身的问题。

此外，还因为其具有［15］史诗具有的全部（因为可能采用的范围）。而且，它还有一个不小的成分，即音乐和形象，通过这个成分，诸多快感能最鲜明地联合起来。再者，无论通过阅读还是在演出时，它都很鲜明。［1462b］再者，能在较短篇幅内达到摹仿的目的。集聚者要比被大量时间冲淡者更令人愉悦；①我说的是，就好比如果有人把索福克勒斯的《俄狄浦斯》放到像《伊利亚特》那么长的诗里。再者，史诗诗人的摹仿整一性差，证据是，从举凡一个摹仿中，［5］都能搞出来多部悲剧。因此，如果他们制作一个情节，要么展示得很简短，显得虎头蛇尾，要么因服从适宜的长度②而像酒里加水过多。我说的是，就好比，如果要由多个行动组成，正如《伊利亚特》和《奥德赛》便具有诸如此类的诸多成分，且每一个都［10］颇有分量。然而，这两部作品以最佳可能组合起来，即最大限度的对一个行动的摹仿。

因为可能采用的范围：这句话的希腊文是 καὶ γὰρ τῷ μέτρῳ ἔξεστι

---

① ［M本注］《论题集》873a30 解释了这个现象，那里宣称（在关于酒的情况中）其原因在于酒和水是被分别尝到的，有鉴于此，在掺水更少的酒中，水的味道会被酒盖住。（《论生成》bk.i. 中对此也有解释。）

② ［M本注］即这些悲剧在一个场次中占用的时间，第 24 章。

χρῆσθαι，许多译本都译为"甚至可以采用其格律"。但这个说法非常奇怪。现存的悲剧诗行中，采用史诗的六音步长短短格的诗行极少，怎么也不能说悲剧采用了史诗的格律。在前面的章节中，我们没有看到任何地方说到悲剧可以采用史诗的格律。第4章谈悲剧演化时说到悲剧：

> 格律也从四音步格变为短长格。早先之所以采用四音步格，因那时之诗尚属萨图尔式的，即适合舞蹈节律的；但言语一旦出现，自然本身便找到了合乎其本性的格律，而短长格即是最适合说话的格律。表现在，我们在彼此面前相互交谈中最常用短长格说话，而罕用六音步格，并且只用于远离谈话语调时。

第5章中曾简单对比过悲剧和史诗：

> 直到以言辞对高尚者的摹仿为止这一范围，史诗制作都是跟从悲剧的；区别在于，史诗制作是单一格律和叙述。

关于史诗的格律，第24章中谈道：

> 其格律，出于经验，以英雄格为宜。如果以其他某一种或几种格律来制作叙述性的摹仿，就显得不合适。

即便认为亚氏这里不是说现实情况，而是说可能的情况，那么，如果悲剧可以采用史诗的格律，即采用英雄格，按照亚氏的理论，英雄格无论如何也不合乎悲剧的自然。上面第5章这段引文中，μέτρον 一词曾经有个隐微用法，即作"范围"讲，而不作"格律"讲。第5章这句话恰好和这里存疑的这句话是对应的。看来，这里的 μέτρον 也作"范围"这个意思来讲。

通过这个成分：这句话中说的是"一个成分"，而列举的是"音乐和形象"两个成分，因此很多校勘者认为这里谈的只是音乐这一个成分，"形象"则为衍词。事实上，对于这个问题，《诗术》前面的章节早已埋下伏笔。在第 6 章谈论悲剧的成分时，亚氏一一列举完情节、性情、才智和言语这四个本质性的成分后，对剩下的"唱段和形象"这两个成分并没有作数的列举，而是说：

> 至于其他的，唱段是最重要的调味品。虽说形象颇动人心魄，但却是缺少技艺性的，和诗术也最少亲缘关系。即使不通过赛会和演员，悲剧还是葆有其能力。此外，就扮相制成而言，服装面具师的技艺要比诗人的技艺更为紧要。

唱段被一笔带过，而对形象甚至颇为贬抑。在第 6 章中，形象被称为装饰品（$\kappa \acute{o} \sigma \mu o \varsigma$），唱段被称为调味品（$\H{\eta} \delta \upsilon \sigma \mu \alpha$）。在地位上，形象和唱段似乎类似，一个是装饰品，一个是调味品。可以看出，这两者都是与感官感觉关系密切的成分，且必须要诉诸舞台手段。此二者在给人带来愉悦的效果方面都颇有功力，其相似地位及作用的基础正在于此。那么，尤其是在与悲剧那四个本质成分对比的意义上来说，亚氏将这两个成分合为一个成分，就不难理解了。

此外，还因为其具有史诗具有的全部（因为可能采用的范围）。而且，它还有一个不小的成分，即音乐和形象，通过这个成分，诸多快感能最鲜明地联合起来：第 5 章末段曾简单对比过悲剧和史诗，那里就曾说过：

> 成分的话，有些是相同的，有些则为悲剧所独有。因此，知道关于悲剧之优劣者也知道关于史诗之优劣，因为史诗制作所具备者，也为悲剧所有，而悲剧所有者，史诗制作中却并不全有。

再者，能在较短篇幅内达到摹仿的目的。集聚者要比被大量时间冲淡者更令人愉悦：玛高琉斯注释提到，《问题集》873a30 和《论生成》bk.i. 解释了这里用作比拟的浓度高者比冲淡者更令人愉悦这个现象背后的科学原因。希腊人喝的酒都是要兑水的，亚氏认为酒和水是被分别尝到的，有鉴于此，在掺水更少的酒中，水的味道会被酒盖住。

再者，史诗诗人的摹仿整一性差，证据是，从举凡一个摹仿中，都能搞出来多部悲剧：第 23 章中说到过，从《伊利亚特》和《奥德赛》中各能制作出一出或至多两出悲剧；出自《库普利亚》中则可有许多出，出自《小伊利亚特》可有八出还多。

虎头蛇尾（μύουρον / μύουρος）：μύουρος，变尖的、变细的。这个词原义指的就是像老鼠尾巴那样变得越来越细，所以对应的大概就是中文"虎头蛇尾"之意。

然而，这两部作品以最佳可能组合起来，即最大限度的对一个行动的摹仿：在这一段话中，与前面章节中的处理一样，仍然是区别对待荷马和其他史诗诗人，并且对荷马的赞誉都是最高限度的。参第 23 章。因而亚氏所批评的，其实是其他史诗诗人，并不包括荷马。

因此，如果悲剧在所有这些方面，更其在技艺之功（其所制造的不应是出于偶然而应是之前说过的那种快感）上优于［史诗］，那么，显然它就更强，[①] **既然它比史诗更能［15］达到目的。**

其所制造的不应是出于偶然而应是之前说过的那种快感：第 14 章中说："不应从悲剧里寻求各种快感，而只是寻求属于它本身的那种快感。既然诗人应通过摹仿从悲怜和恐惧中提供快感，那么，显然，他必须从事件中来制造这些快感。"

显然它就更强（κρείττων / κρείσσων）：这个更强（κρείττων）中，也包括"更高贵、更好"这些意涵。玛高琉斯译本释译为"更高贵的形式"。

关于悲剧和史诗，它们自身，及其种类和成分，[种类和成分的] 数量及区别，做得好或者不好的原因，以及关于批评和解答，就谈这

[①] ［M 本释译］玛高琉斯译本把这里释译为"更高贵的（nobler）形式"。

么多。

现存《诗术》不包括谐剧部分，结束于对史诗和悲剧的探讨。最后这句结束语，与第1章开篇时作理论规划的那句话是对应的。第1章开始时说：

> 关于诗术本身及其种类，及其各具何种特别的能力，以及诗若要作得好，故事应如何放到一起，进而，其来自多少以及什么样的部件，诸如此类，都是这里要探究的。

可见，无论谐剧部分本来是否存在，亚里士多德对诗术的探究就是把史诗和悲剧放在一起来讨论的。

※

第26章对比了悲剧和史诗制作的优劣，结束了对悲剧和史诗制作的探究。

关键词词汇表

第 12 章悲剧的成分、第 20 章言语的成分、第 21 章词类、重点词汇说明单独列出；此外如无特别说明，均按中译词音序排列

B

扮相（ὄψις）

悲剧（τραγῳδία）

悲怜（ἔλεος）

部件（μόριον）

C

才智（διάνοια）

场次（ἐπεισόδιος）

唱段（μέλος）

缠绕的（πλέκω）

成分（μέρος）

穿插（ἐπεισόδιος）

错误（ἁμάρτημα）

D

单线的（ἁπλόος）

单一的（ἁπλόος）

低劣（φαῦλος）

短长格（ἴαμβος）

对句格（ἐλεγεία）

F

讽刺（ἰαμβίζω）

讽刺体（ἴαμβος）

分量（μέγεθος）

复制（ἀπεικάζω）

G

高尚（σπουδαῖος）

格律（μέτρον）

公允（ἐπιεικής）

管箫曲艺（αὐλητικός）

过错（ἁμαρτία）

故事（μῦϑος）

H
恍悟（ἀναγνώρισις）

J
结（δέσις）
解（λύσις）
节律（ῥυϑμός）
酒神颂（διϑύραμβος）
技艺（τέχνη）

K
恐惧（φόβος）
苦难（πάϑος）

M
摹仿（μίμησις）
摹仿（μιμέομαι）

Q
情感（πάϑος）
情节（μῦϑος）
起始（ἀρχή）
曲调（μέλος）

R
日神颂（νόμος）

S
三音步格（τρίμετρος）
诗（ποίησις）
事件（πρᾶγμα）
诗人（ποιητής，视语境偶译为"制作者"）
史诗制作（ἐποποιία）
诗术（ποιητικός）
双线的（διπλόος）
竖琴曲艺（κιϑαριστικός）
四音步格（τετράμετρος）

T
通过调节使恢复平衡（κάϑαρσις）
突转（περιπέτεια）

W
完整（τέλειος）
完结（τελευτή）

X
戏剧（δράματα）
谐剧（κωμῳδία）
行动（πρᾶξις）
行动（πράττω）
性情（ἦϑος）

Y	Z
言辞（λόγος）	制作（ποιέω）
言语（λέξις）	中段（μέσος）
要素（εἶδος）	种类（εἶδος）
一体（ὅλος）	作品（ποίημα）
英雄体（ἡρωικός）	做（δράω）
乐调（ἁρμονία）	

第12章 悲剧从量的角度划分的成分

开场（πρόλογος）	合唱（χορικός）
场（ἐπεισόδιος）	进场歌（πάροδος）
退场（ἔξοδος）	合唱歌（στάσιμος）
	唱段（σκηνή）
	孔摩斯（κομμός）

第20章 言语的成分

单音（στοιχεῖον）	名词（ὄνομα）
音节（συλλαβή）	动词（ῥῆμα）
连接成分（σύνδεσμος）	关联成分（ἄρθρον）
	变格（πτῶσις）
	语段（λόγος）

第21章 词类

普通词（κύριος）	装饰词（κόσμος）
方言词（γλῶττα）	生造词（πεποιημένον）
隐喻词（μεταφορά）	延伸词（ἐπεκτεταμένον）
	缩略词（ὑφῃρημένον）
	变体词（ἐξηλλαγμένον）

重点词汇说明

诗术（ποιητικός）："诗术"总是对译 ποιητικός。

诗（ποίησις）："诗"总是对译 ποίησις。

诗人（ποιητής）："诗人"总是对译 ποιητής。少数具体语境中，译作"制作者"。

这些词都包含"制作（ποιέω）"词根。ποιητικός，由 ποιέω［制作］和 τέχνη［技艺］合拼而成，即"制作技艺"。ποιέω 首先是"制作"或"做"之意，其次才是制作诗歌——作诗。ποίησις，即 ποιεῖν 的制品，通常作狭义解，指"诗作"。

制作（ποιέω）："制作"总是对译 ποιέω。

包括一些有此词根的复合词，也译出"制作"之意，比如 ἐποποιία，译作"史诗制作"；διθυραμβοποιητική，译作"酒神颂制艺"。根据具体语境，ποιέω 还有"作成、造就、造出来、制造、造作"之义，笺释中都有提示和注解。

作品（ποίημα）："作品"总是对译 ποίημα。

部件（μόριον）："部件"总是对译 μόριον。

成分（μέρος）："成分"总是对译 μέρος。

部件（μόριον）这个词和 μέρος（部分、成分）可以互换。但《诗术》中更多用 μέρος 而非 μόριον。

要素（εἶδος）："要素"总是对译 εἶδος。

种类（εἶδος）："种类"总是对译 εἶδος。

εἶδος 译作"种类"时，相对于"属（γένος）"。

εἶδος 在《诗术》中还有一义，译作要素（εἶδος），《诗术》中的"成分（μέρος）"划分有两种：量的划分（ποσόν）对应的是划分为构件的解剖式划分；质的划分（ποῖος）对应的是划分为要素的分析式划分。要素（εἶδος）意指分析式划分出来的抽象的或者说理论上的成分。并且，亚氏还有进一步限定，似乎只有某些实质性的成分可以称为要素。因此，在"要素"这个意义上，εἶδος（要素）与成分（μέρος）某些语境中可与成分（μέρος）互换，某些语境中与成分（μέρος）相区分。这两个含义间的关联在于，一部作品（悲剧和史诗）的主导成分决定其所属种类，因此，悲剧和史诗的种类，与其成分数量相同。

故事（μῦθος）："故事"几乎总是对译 μῦθος，少数对应 λόγος。笺释中都有注解。

情节（μῦθος）："情节"几乎总是对译 μῦθος，少数对应 λόγος。笺释中都有注解。

根据具体语境，μῦθος 要么译作"故事"，要么译作"情节"。但某些时候，λόγος 一词也会译作"故事"或"情节"，在具有普遍性的故事，即"情节"这个意义上，μῦθος 和 λόγος 可以互换。

史诗制作（ἐποποιία）："史诗制作"总是对译 ἐποποιία。

ἐποποιία 虽然对译"史诗制作"，但在具体语境中，根据限定，有可能指无格律限制的虚构创作，或是六音步英雄格的史诗制作。文中都有相应注解。

《诗术》中还用到史诗诗人（对译 ἐποποιός）、史诗（对译 ἔπος）。

摹仿（μίμησις）："摹仿"总是对译 μίμησις 或动词 μιμέομαι。

同一词根者，也都如此对译，如摹仿者（μιμούμενος）、摹仿物（μίμημα）、摹仿技艺（μιμητικός）。

复制（ἀπεικάζω）：复制总是对译 ἀπεικάζω。摹仿并非复制，在对这两个词的区分用法中，亚氏非常隐微地呈现了属于诗术之摹仿（μίμησις）的深刻内涵。

技艺（τέχνη）："技艺"总是对译 τέχνη。

某些复合词中出现 -τικός 这个词根，总会在译词中以"术、艺、技艺"之类有所体现，比如"诗术（ποιητικός）""酒神颂制艺

（διϑυραμβοποιητική）""管箫曲艺（αὐλητικός）""竖琴曲艺（κιϑαριστικός）""摹仿技艺（μιμητικός）""有戏剧技艺的（δραματικός）"等。

言语（λέξις）："言语"总是对译 λέξις。

言辞（λόγος）："言辞"总是对译 λόγος。

《诗术》中，λόγος 用得很多，所使用到的含义也复杂多变，如"故事""逻辑""散文""情节逻辑""语段"，在笺释中都有相应的注解。λόγος 最基本和用得最多的含义是"言语、言辞"，与第 6 章中所言的悲剧六成分或者后来的史诗四成分中的 λέξις［言语］最相关，甚至有些时候可以等义互换。凡出现译词"言辞"处，均对译 λόγος，而"言语"对译 λέξις。

高尚（σπουδαῖος）："高尚"总是对译 σπουδαῖος。

低劣（φαῦλος）："低劣"总是对译 φαῦλος。

σπουδαῖος 这个词在亚里士多德的伦理学中，意味着"认真严肃、有责任心、有荣誉感、具有道德热忱和操守"，也即在道德德性意义上的"好"。相对的，φαῦλος［低劣］是道德德性意义上的"差劲"。德性乃是使某一特定之人得以好好履行其职责的那种东西，因而道德德性的高低要求与社会成员在政治共同体中所属的位置高低、所要履行的职责密切相关。这种德性略近于所谓"德以配位"，非常切合中文语境中所谓的"君子小人"之分。高尚（σπουδαῖος）和低劣（φαῦλος）的高低对立，既是德性上的，也是地位上的。

《诗术》文中，这一对词还用作指"优劣"，笺释中有译注。

行动（πρᾶξις）："行动"总是对译 πρᾶξις。

同一词根者，也都如此对译。如行动（πράττω）、行动者（πράττοντες）。

做（δράω）：δράω 总是译为"做"。

与 δράω 同源的词，也都以"做"对译。如"正在做的人（δρῶντας）"。

《诗术》第 3 章中有一段以词源学来论证戏剧起源的内容，其中引证了行动（πράττω）和做（δράω）这两个词，隐微地表明这两个词内涵上既有重叠又有某种深刻差异。行动（πράττω）指向有目的行以致远的"做"；而做（δράω）只是一般性的做事、做动作。这两个词的深刻差异隐晦地贯穿在亚氏对行动（πρᾶξις）即戏剧情节的强调和对做（δράω）动作即戏剧表演的贬抑中。

情感（πάϑος）
苦难（πάϑος）

πάϑος 总是译作"情感"或"苦难"。但《诗术》中还出现其他表示"情感"的词。

πάϑος 一词既可以一般性地指情感，例如第 19 章中的用法，还特别具有"遭遇、遭受、灾祸；痛苦、受苦"这些含义。在第 11 章中，πάϑος 被称为悲剧情节除突转和恍悟之外的第三个成分，即苦难。作"苦难"讲，也特别指向受苦的情感。

格律（μέτρον）："格律"总是对译 μέτρον。

根据语境，μέτρον 大部分时候译作"格律"，有时译为格律文。极少几个语境中，μέτρον 意为范围，笺释中均有译注。

戏剧（δράματα）："戏剧"总是对译 δράματα。

同一词根者，也都如此对译，如"有戏剧技艺的（δραματικός）""戏剧性地制作（δραματοποιέω）"。

穿插（ἐπεισόδιος）："穿插"总是对译 ἐπεισόδιος。《诗术》中多指穿插，还有如"穿插式的（ἐπεισοδιώδης）"。

场次（ἐπεισόδιος）：ἐπεισόδιος 有时也指"场次"，"场次"也总是对译 ἐπεισόδιος。

错误（ἁμάρτημα）："错误"总是对译 ἁμάρτημα。

过错（ἁμαρτία）："过错"总是对译 ἁμαρτία。

《诗术》中，"错误"一词有时候用 ἁμάρτημα，有时候用 ἁμάρτια。凡谐剧中的错误总是用 ἁμάρτημα 这个词，而悲剧的错误用的则是 ἁμάρτια。译文中始终以"错误"来对译 ἁμάρτημά，以"过错"来对译 ἁμάρτια。

讽刺（ἰαμβίζω）
短长格的（ἰαμβεῖος）讽刺体的（ἰαμβεῖος）
短长格（ἴαμβος）讽刺体（ἴαμβος）

这几个同源词其实都同时具有两方面的含义：一是在内容风格上，指讽刺的；另一是在形式格律上，指短长格的。《诗术》第4章中对这两方面含义的混同进行了澄清。亚里士多德表明，因为人们互相嘲讽时喜用短长格，短长格就被误认为是适合讽刺诗的格律。但讽刺只是人们说话的一种。短长格是最适合说话的格律。即短长格不仅适用于嘲讽，也适用于一般的说话、交谈。文中根据具体语境，有时候译为"讽刺的"，有时候译为"短长格的"，均指向这一系列同一词源的词。

分量（μέγεθος）："分量"总是对译 μέγεθος。

μέγεθος 指体积、分量、体量上的大（也具有长度之意），还具有风格崇高、心灵高尚之意。取"分量"的译法，兼顾情节的时间长度和行动的意义价值两方面含义，并且这两方面有一定关联。传统译作"长度"，但《诗术》中有专门用于表长度的 μῆκος 一词。

通过调节使恢复平衡（κάθαρσις）

本文没有采用通常所用的"净化"或"疏泄"来翻译 κάθαρσις。根据玛高琉斯的解释，κάθαρσις 被理解为通过悲剧中产生的恐惧和悲怜，对观众的此类情感进行调节，使之恢复平衡的过程。

扮相（ὄψις）："扮相"总是对译 ὄψις。

ὄψις 这个词指"形象、样子、外表、面貌"。因为《诗术》文中提到，就 ὄψις 制作而言，服装面具师的技艺要比诗人的技艺更为紧要，ὄψις 指的应该是戏剧人物的"形象""扮相"。ὄψις 这个词本义就是"形象"，在诗学中，我们常说"塑造人物形象"，但这里"形象"其实更多指的是人物的性情、性格。为了避免这样的误解，这里译作"扮相"。有些翻译把这个词理解为舞台设置，但 ὄψις 所指应该不是戏景、布景，布景一词在第 4 章出现过，用的是 σκηνογραφία 一词。

才智（διάνοια）："才智"总是对译 διάνοια。

διάνοια 的基本含义是思想，但是这里译作思想会有所误解。从《诗术》文中解释看，这种"思想（διάνοια）"指的是我们天生所具有的智性能力、理解力。从每个人的理解力出发，他会说出符合他理解和认识的话。这种天生所禀赋的理解认识事物的能力，用才智来对译似乎更为恰当。

单一的（ἁπλόος）——缠绕的（πλέκω）

单线的（ἁπλόος）——双线的（διπλόος）

ἁπλόος 译作"单一的"，和"缠绕的"相对，用于单一情节和缠绕情节（即复杂情节）的区分。ἁπλόος 译作"单线的"，和"双线的"相对，用于单线情节和双线情节的区分。

人名、神名词汇表

A

阿尔基诺斯（Ἀλκίνοος）
阿尔喀比亚德（Ἀλκιβιάδης）
阿尔克迈翁（Ἀλκμαίων）
阿伽通（Ἀγάθων）
阿喀琉斯（Ἀχιλλεύς）
阿里斯托芬（Ἀριστοφάνης）
阿瑞弗拉德斯（Ἀριφράδης）
阿瑞斯（Ἄρης）
阿斯图达曼图斯（Ἀστυδάμαντος）
埃阿斯（Αἴας）
埃勾斯（Αἰγεύς）
埃吉斯托斯（Αἴγισθος）
埃斯库罗斯（Αἰσχύλος）
安菲亚拉奥斯（Ἀμφιάραος）
奥德修斯（Ὀδυσσεύς）

B

波塞冬（Ποσειδῶν）

D

达纳奥斯（Δαναός）
狄奥尼索斯（Διόνυσος）
狄俄努西俄斯（Διονύσιος）
狄凯伊奥格诺斯（Δικαιογένους）
多隆（Δόλων）

E

厄庇卡尔摩斯（Ἐπίχαρμος）
俄狄浦斯（Οἰδίπους）
俄瑞芙勒（Ἐριφύλη）
俄瑞斯特斯（Ὀρέστης）
恩培多克勒（Ἐμπεδοκλῆς）

F

菲洛克塞罗斯（Φιλόξενος）
弗尔弥斯（Φόρμις）

G

盖亚（γῆ）
格劳孔（Γλαύκων）

H

海蒙（Αἵμων）
赫格蒙（Ἡγήμωνδε）
赫克托尔（Ἕκτορας）
赫拉克勒斯（Ἡρακλῆς）

荷马（Ὅμηρος）

J
基俄尼德斯（Χιονίδης）
伽倪墨得斯（Γανυμήδης）

K
卡尔基诺斯（Καρκίνος）
卡尔特斯（Κράτης）
卡里庇德斯（Καλλιππίδης）
凯瑞蒙（Χαιρήμων）
克勒俄丰（Κλεοφῶν）
克吕泰墨涅斯特拉（Κλυταιμνήστρα）
克瑞翁（Κρέων）
克塞诺法诺斯（Ξενοφάνης）
克珊纳尔库斯（Ξέναρχος）

L
拉伊俄斯（Λάϊος）
伦库斯（Λυγκεύς）

M
马格奈斯（Μάγνης）
美狄亚（Μήδεια）
梅拉尼佩（Μελανίππη）
梅洛佩（Μερόπη）
弥图斯（Μίτυος）
墨勒阿格洛斯（Μελέαγρος）
墨纳斯瑟奥斯（Μνασίθεος）

墨涅拉奥斯（Μενέλαος）
穆尼斯科斯（Μυννίσκος）

N
尼柯卡瑞斯（Νικοχάρης）

O
欧克雷德斯（Εὐκλείδης）
欧里庇得斯（Εὑριπίδης）

P
泡宋（Παύσων）
品达罗斯（Πίνδαρος）
珀鲁伊多斯（Πολύειδος）
珀吕格鲁托斯（Πολύγνωτος）
普罗塔戈拉（Πρωταγόρας）

S
斯特奈洛斯（Σθενέλος）
苏厄斯特斯（Θυέστης）
苏格拉底（Σωκρατικός）
索福克勒斯（Σοφοκλῆς）
索弗荣（Σώφρων）
索希斯特拉图斯（Σωσίστρατος）

T
泰奥德克特斯（Θεοδέκτης）
特勒弗斯（Τήλεφος）
特勒格诺斯（τηλέγονος）
特勒马库斯（Τηλέμαχος）

提莫瑟俄斯（Τιμόθεος）

X
希罗多德（Ἡρόδοτος）
希琵阿斯（Ἱππίας）
希绪弗斯（Σίσυφος）

Y
伊菲格涅娅（Ἰφιγένεια）

伊卡迪奥斯（Ἰκάδιος）
伊卡里奥斯（Ἰκάριος）
伊克西翁（Ἰξίων）
圆目巨人（Κύκλωψ）

Z
宙克西斯（Ζεῦξις）
宙斯（Ζεύς）

作品名词汇表

A
《阿尔克迈翁》（Ἀλκμαίων）
《安提戈涅》（Ἀντιγόνη）
《安修斯》（Ἄνθος）
《奥德赛》（Ὀδύσσεια）

B
《兵甲的判予》（ὅπλων κρίσις）

D
《德里亚达》（Δειλιάδα）
《奠酒人》（Χοηφόρος）

E
《俄狄浦斯》（Οἰδίπους）
《厄勒克特拉》（Ἠλέκτρα）
《俄瑞斯特斯》（Ὀρέστης）

F
《菲洛克特特斯》（Φιλοκτήτης）
《菲纽斯的儿子们》（Φινεῖδαι）
《弗尔克斯的女儿们》（Φορκίδες）
《弗缇亚女子》（Φθιώτιδες）
《负伤的奥德修斯》（τραυματίας Ὀδυσσεύς）

H
《赫拉克勒斯》（Ἡρακλῆς）
《赫蕾》（Ἕλλη）

K
《克瑞斯丰特斯》（Κρεσφόντης）
《库普里亚人》（Κύπριοι）
《库普利亚》（Κύπρια）

L
《拉刻岱蒙妇女》（Λάκαιναι）
《伦库斯》（Λυγκεύς）

M
《马尔基特斯》（Μαργίτης）
《马人》（Κένταυρον）
《美狄亚》（Μήδεια）
《密西亚人》（Μύσοι）

N
《尼奥普托勒摩斯》（Νεοπτόλεμος）
《倪娥贝》（Νιόβη）

O
《欧若普洛斯》(Εὐρύπυλος)

P
《裴琉斯》(Πηλεύς)
《普罗米修斯》(Προμηθεύς)

Q
《乞讨》(πτωχεία)

S
《斯库拉》(Σκύλλα)
《苏厄斯特斯》(Θυέστης)

T
《特洛伊妇女》(Τρῳάδες)
《特瑞乌斯》(Τηρεύς)
《忒修斯》(Θησεύς)
《图丢斯》(Τυδεύς)
《图罗》(Τυρώ)

W
《伪装的报信人奥德修斯》(Ὀδυσσεὺς ψευδάγγελος)

X
《小伊利亚特》(μικρά Ἰλιάς)
《西农》(Σίνων)

Y
《伊菲格涅娅》(Ἰφιγένεια)
《伊菲格涅娅在奥利斯》(Ἰφιγένεια ἐν Αὐλίδι)
《伊利俄斯之劫》(Ἰλίου πέρσις)
《伊利亚特》(Ἰλιάς)
《远航》(ἀπόπλους)

地名词汇表

A
阿尔戈斯（Ἄργος）
奥庞提奥斯（Ὀπούντιος）

B
伯罗奔半岛（Πελοπόννησος）

D
多里斯（Δωρίς）多里斯人（Δωριεύς）

K
卡尔凯冬（Καρχηδών）
　卡尔凯冬人（καρχηδονίων）
克法勒尼亚（Κεφαλονιά）
　克法勒尼亚人（Κεφαλλῆνες）
克里特（Κρήτη）

L
拉刻岱蒙（Λακεδαίμων）
拉科尼亚（Λακωνία）
　拉科尼亚人（Λάκων）

M
马拉松（Μαραθών）

马萨利亚（Μασσαλία）
　马萨利亚人（Μασσαλιώτης）
密西亚（Μυσία）
墨迦拉（Μέγαρα）
　墨伽拉人（Μεγαρεύς）

S
萨拉弥斯（Σαλαμίς）
萨索斯（Θάσιος）

T
塔索斯（Θάσος）
　塔索斯人（Θάσιος）
特格亚（Τεγέα）
特洛亚（Τροία）

X
西西里（Σικελία）

Y
雅典（Ἀθήνα）
　雅典人（Ἀθηναῖος）
伊吕里斯（Ἰλλυρία）
　伊吕里斯人（Ἰλλυριός）

参考文献

《诗术》中文译本

亚里士多德,《诗学》,陈中梅译,北京:商务印书馆,1999。

亚里士多德,《诗学》,罗念生译,见《罗念生全集》卷一,上海:上海人民出版社,2004。

亚里士多德著作中文译本

亚里士多德,《亚里士多德全集》(共十卷),苗力田主编,北京:中国人民大学出版社,1997。

亚里士多德,《尼各马可伦理学》,廖申白译,北京:商务印书馆,2003。

亚里士多德,《政治学》,吴寿彭译,北京:商务印书馆,1965。

亚里士多德,《形而上学》,吴寿彭译,北京:商务印书馆,1959。

亚里士多德,《灵魂论及其他》,吴寿彭译,北京:商务印书馆,1999。

亚里士多德,《动物志》,吴寿彭译,北京:商务印书馆,2010。

亚里士多德,《天象论 宇宙论》,吴寿彭译,北京:商务印书馆,1999。

亚里士多德,《雅典政制》,日知、力野译,北京:商务印书馆,1959。

亚里士多德,《修辞学》,罗念生译,见《罗念生全集》卷一,上海:上海人民出版社,2004。

中文著作(包括译著)

柏拉图,《理想国》,郭斌和、张竹明译,北京:商务印书馆,

1986。

柏拉图，《柏拉图四书》，刘小枫编译，北京：生活·读书·新知三联书店，2015。

柏拉图，《伊翁》，王双洪译疏，上海：华东师范大学出版社，2008。

柏拉图，《泰阿泰德》，詹文杰译，北京：商务印书馆，2015。

罗念生，《罗念生全集》，（卷一，亚里士多德《诗学》《修辞学》佚名《喜剧论纲》；卷二，埃斯库罗斯悲剧六种；卷三，索福克勒斯悲剧五种；卷四，欧里庇得斯悲剧五种；卷五，阿里斯托芬喜剧六种；卷六，荷马史诗《伊利亚特》；卷九，古希腊罗马文学），上海：上海人民出版社，2016。

第欧根尼·拉尔修，《名哲言行录》（希汉对照本），徐开来、溥林译，桂林：广西师大出版社，2010。

普鲁塔克，《希腊罗马名人传》，陆永庭、吴彭鹏等译，北京：商务印书馆，1999。

尼采，《悲剧的诞生》，周国平译，北京：生活·读书·新知三联出版社，1986。

尼采，《悲剧的诞生》，杨恒达译，南京：译林出版社，2008。

尼采，《希腊悲剧时代的诗人》，周国平译，北京：商务印书馆，2006。

莱辛，《拉奥孔》，朱光潜译，北京：人民文学出版社，1979。

莱辛，《汉堡剧评》，张黎译，上海译文出版社，2002。

埃里希·奥尔巴赫，《摹仿论》，吴麟绶、周新建、高艳婷译，天津：百花文艺出版社，2002。

默雷，《古希腊文学史》，孙艺珍、蒋炳贤、郭智石译，上海：上海译文出版社，1988。

波默罗伊等，《古希腊政治、社会和文化史》，傅洁莹、龚萍、周平译，上海：上海三联书店，2010。

基托,《希腊人》,徐卫翔、黄韬译,上海:上海人民出版社,1998。

大卫·福莱编,《从亚里士多德到奥古斯丁》(劳特利奇哲学史,第二卷),冯俊等译,北京:中国人民大学出版社,2004。

戴维斯,《哲学之诗》,陈明珠译,北京:华夏出版社,2012。

纳斯鲍姆,《善的脆弱性》,徐向东、陆萌译,南京:译林出版社,2007。

《经典与解释》15期《诗学解诂》,北京:华夏出版社,2006。

《经典与解释》19期《索福克勒斯与雅典启蒙》,北京:华夏出版社,2007。

刘小枫,《〈论诗术〉讲疏》,讲义稿。

张文涛,《哲学之诗——柏拉图〈王制〉卷十义疏》,上海:华东师范大学出版社,2012。

刘小枫,《重启古典诗学》,北京:华夏出版社,2010。

阿威罗伊,《论〈诗术〉中篇义疏》,巴特沃斯英译,刘舒中译,北京:华夏出版社,2009。

王路,《亚里士多德的逻辑学说》,北京:中国社会科学出版社,1991。

中文论文(包括译文)

陈明珠,《技艺与迷狂——柏拉图〈伊翁〉与亚里士多德〈诗学〉对观》,载于《浙江学刊》,2011年第2期。

陈明珠,《词源学中透露的雅典戏剧特质——亚里士多德〈诗学〉1448a29-b2探微》,载于《比较文学与世界文学集刊》,2013年第3期。

陈明珠,《谜索思:〈诗学〉的"情节"》,载于《浙江学刊》,2014年第6期。

陈明珠,《正名育类——亚里士多德〈诗学〉中的 ἐποποιία》,载于《浙江学刊》,2017年第6期。

陈明珠,《亚里士多德〈诗学〉中的荷马》,载于《浙江学刊》,

2018 年第 6 期。

陈明珠，《亚里士多德〈论诗术〉与小说艺术》，载于《国际比较文学》，2018 年第 3 期。

戴维斯，《诗学微》，陈陌译，收于《经典与解释 15·诗学解诂》，北京：华夏出版社，2006。

海德格尔，《艺术的起源与思想的规定》，孙周兴译，载于《世界哲学》，2006 年，第 1 期。

海德格尔，《什么叫思想》，收于《演讲与论文集》，孙周兴译，北京：生活·读书·新知三联书店，2005。

哈里维尔，《〈诗学〉的背景》，陈陌译，收于《经典与解释 15 期·诗学解诂》，北京：华夏出版社，2006。

郝兰，《悲剧性过错：重启〈诗学〉》，陈陌译，收于《经典与解释 15·诗学解诂》，北京：华夏出版社，2006。

科内尔，《悲剧世界中的少数家族》，黄旭东译，收于《经典与解释 15·诗学解诂》，北京：华夏出版社，2006。

刘小枫，《"诗学"与"国学"——亚里士多德〈诗学〉的译名争议》，载于《中山大学学报》，2009 年第 5 期。

刘小枫，《〈诗术〉的伦理—政治哲学意涵》，载于《现代哲学》，2012 年第 5 期。

刘小枫，《〈诗术〉与内传诗学》，载于《比较文学与世界文学》，2013 年第 3 期，北京大学出版社。

刘小枫，《古希腊语的"作诗"词源小辨》，载于《外国语文》，2018 年第 6 期。

刘小枫，《城邦卫士与性情净化——亚里士多德〈论诗术〉中的肃剧定义试解》，载于《海南大学学报》，2014 年第 1 期。

刘小枫，《〈玫瑰之名〉与诗术——埃柯与亚里士多德的谐剧观》，载于《思想战线》2013 年第 1 期。

《诗术》西文校勘本、注疏本、译本

Seth Benardete and Michael Davis, *Aristotle On Poetics*, With an introduction by Michael Davis, St. Augustine's Press, 2002.

R.Kassel, *Aristotelis de arte poetica liber* (Oxford 1965)[text: OCT].

D.W.Lucas, *Aristotle's Poetics*, Oxford, 1968.

D. S.Margoliouth, *The Poetics of Aristotle*, Translated from Greek into English and from Arabic into Latin with a rev. text, introd., commentary, glossary and onomasticon, Hodder and Stoughton, 1911.

Leonardo Tarán and Dimitri Gutas, *Aristotle Poetics*, Editio Maior of the Greek Text with Historical Introductions and Philological Commentaries, Brill, 2012.

亚里士多德著作西文译本

The Works of Aristotle, (12 vols.), ed. W. D. Ross, Oxford: the Clarenton Press.

西文古希腊文学史

W. Mure, *A Critical History of Language and Literature of Ancient Greece*, London : Longman, Brown. Green and Longmans., 1850.

K. O. Müller, *A History of the Literature of Ancient Greece*, vol. Ⅰ, London: Longmans, Green. And Co., 1840.

J. P. Mahaffy, *A History of Classical Greek Literature*, New York, 1880.

M. Trédé-Boulmer, S. Saïd, *La Littérature Grecque D'homère À Aristote*, Paris, 1990.

西文著作

D. S. Margoliouth, *The Homer of Aristotle*, Oxord, 1923.

Michael Davis, *The Poetry of Philosophy: On Aristotle's Poetics*, St. Augustine's Press, 1992.

Stephen Halliwell, *Aristotle's Poetics*, The University of Chicago Press, 1998.

Lane Cooper, *An Aristotelian Theory of Comedy*, with an adaptation of the Poetics and a translation of the TractatusCoislinianus, Oxford, 1922.

Richard Janko, *Aristotle on Comedy: Towards a Reconstruction of Poetics II*, London, 1984.

Abû Nasr al-Fârâbî, *Deux Traités Philosophiques: L'Harmonie Entre les Opinions des Deux Sages, Le Divin Platon Et Aristote Et De La Religion.* introduction, traduction et note par Dominique Mallet, Institut Français De Damas, 1989

J. H. Hordern, *Sophron's Mimes: Text, Translation, and Commentary*, 2004.

西文论文

Diskin Clay, "The Origins of Socratic Dialogue," *The Socratic Movement*, Ed. Paul A. Vander Waerdt (Cornell University Press, 1994).

Lloyd W. Daly, "Aristophanes and Sophron?," *The American Journal of Philology*, Vol. 103, No. 1 (Spring, 1982).

O.B.Hardison, "The place of Averroes' commentary on the *Poetics* in the history of medieval criticism," J. L. Lievsay (ed.), *Medieval and Renaissance Studies 4* (Durham, NC 1970).

图书在版编目（CIP）数据

《诗术》译笺与通绎/陈明珠撰. --北京：华夏出版社有限公司，2020.1
（西方传统：经典与解释）
ISBN 978-7-5080-9868-5

Ⅰ.①诗… Ⅱ.①陈… Ⅲ.①亚里士多德(Aristotle 前384-前322)－哲学思想 Ⅳ.①B502.233

中国版本图书馆CIP数据核字(2019)第231387号

《诗术》译笺与通绎

作　　者	陈明珠
责任编辑	马涛红
责任印制	刘　洋
出版发行	华夏出版社有限公司
经　　销	新华书店
印　　刷	北京汇林印务有限公司
装　　订	北京汇林印务有限公司
版　　次	2020年1月北京第1版 2020年1月北京第1次印刷
开　　本	880×1230　1/32
印　　张	13.5
字　　数	389千字
定　　价	98.00元

华夏出版社有限公司　地址：北京市东直门外香河园北里4号　邮编：100028
网址：www.hxph.com.cn　电话：(010)64663331(转)
若发现本版图书有印装质量问题，请与我社营销中心联系调换。

西方传统：经典与解释
Classici et Commentarii
HERMES
刘小枫◎主编

古今丛编

克尔凯郭尔　[美]江思图 著
货币哲学　[德]西美尔 著
孟德斯鸠的自由主义哲学　[美]潘戈 著
莫尔及其乌托邦　[德]考茨基 著
试论古今革命　[法]夏多布里昂 著
但丁：皈依的诗学　[美]弗里切罗 著
在西方的目光下　[英]康拉德 著
大学与博雅教育　董成龙 编
探究哲学与信仰　[美]郝岚 著
民主的本性　[法]马南 著
梅尔维尔的政治哲学　李小均 编/译
席勒美学的哲学背景　[美]维塞尔 著
果戈里与鬼　[俄]梅列日科夫斯基 著
自传性反思　[美]沃格林 著
黑格尔与普世秩序　[美]希克斯 等著
新的方式与制度　[美]曼斯菲尔德 著
科耶夫的新拉丁帝国　[法]科耶夫 等著
《利维坦》附录　[英]霍布斯 著
或此或彼（上、下）　[丹麦]基尔克果 著
海德格尔式的现代神学　刘小枫 选编
双重束缚　[法]基拉尔 著
古今之争中的核心问题　[德]迈尔 著
论永恒的智慧　[德]苏索 著
宗教经验种种　[美]詹姆斯 著
尼采反卢梭　[美]凯斯·安塞尔-皮尔逊 著
舍勒思想评述　[美]弗林斯 著 等编
诗与哲学之争　[美]罗森 著
神圣与世俗　[罗]伊利亚德 著
但丁的圣约书　[美]霍金斯 著

古典学丛编

论王政　[古罗马]金嘴狄翁 著
论希罗多德　[古罗马]卢里叶 著
探究希腊人的灵魂　[美]戴维斯 著
尤利安文选　马勇 编/译
论月面　[古罗马]普鲁塔克 著
雅典谐剧与逻各斯　[美]奥里根 著
菜园哲人伊壁鸠鲁　罗晓颖 选编
《劳作与时日》笺释　吴雅凌 撰
希腊古风时期的真理大师　[法]德蒂安 著
古罗马的教育　[英]葛怀恩 著
古典学与现代性　刘小枫 编
表演文化与雅典民主政制
[英]戈尔德希尔、奥斯本 编
西方古典文献学发凡　刘小枫 编
古典语文学常谈　[德]克拉夫特 著
古希腊文学常谈　[英]多佛 等著
撒路斯特与政治史学　刘小枫 编
希罗多德的王霸之辨　吴小锋 编/译
第二代智术师　[英]安德森 著
英雄诗系笺释　[古希腊]荷马 著
统治的热望　[美]福特 著
论埃及神学与哲学　[古希腊]普鲁塔克 著
凯撒的剑与笔　李世祥 编/译
伊壁鸠鲁主义的政治哲学
[意]詹姆斯·尼古拉斯 著
修昔底德笔下的人性　[美]欧文 著
修昔底德笔下的演说　[美]斯塔特 著
古希腊政治理论　[美]格雷纳 著
神谱笺释　吴雅凌 撰
赫西俄德：神话之艺
[法]居代·德·拉孔波 等著
赫拉克勒斯之盾笺释　罗逍然 译笺
《埃涅阿斯纪》章义　王承教 选编
维吉尔的帝国　[美]阿德勒 著
塔西佗的政治史学　曾维术 编

古希腊诗歌丛编
古希腊早期诉歌诗人 [英]鲍勒 著
诗歌与城邦 [美]费拉格、纳吉 主编
阿尔戈英雄纪（上、下）
[古希腊]阿波罗尼俄斯 著
俄耳甫斯教祷歌 吴雅凌 编译
俄耳甫斯教辑语 吴雅凌 编译

古希腊肃剧注疏集
希腊肃剧与政治哲学 [美]阿伦斯多夫 著

古希腊礼法研究
希腊人的正义观 [英]哈夫洛克 著

廊下派集
廊下派的苏格拉底 程志敏 徐健 选编
廊下派的神和宇宙 [墨]里卡多·萨勒斯 编
廊下派的城邦观 [英]斯科菲尔德 著

希伯莱圣经历代注疏
希腊化世界中的犹太人 [英]威廉逊 著
第一亚当和第二亚当 [德]朋霍费尔 著

新约历代经解
属灵的寓意 [古罗马]俄里根 著

基督教与古典传统
保罗与马克安 [德]文森 著
加尔文与现代政治的基础 [美]汉考克 著
无执之道 [德]文森 著
恐惧与战栗 [丹麦]基尔克果 著
托尔斯泰与陀思妥耶夫斯基
[俄]梅列日科夫斯基 著
论宗教大法官的传说 [俄]罗赞诺夫 著
海德格尔与有限性思想（重订版）
刘小枫 选编
上帝国的信息 [德]拉加茨 著
基督教理论与现代 [德]特洛尔奇 著
亚历山大的克雷芒 [意]塞尔瓦托·利拉 著
中世纪的心灵之旅 [意]圣·波纳文图拉 著

德意志古典传统丛编
论荷尔德林 [德]沃尔夫冈·宾德尔 著

彭忒西勒亚 [德]克莱斯特 著
穆佐书简 [奥]里尔克 著
纪念苏格拉底——哈曼文选 刘新利 选编
夜颂中的革命和宗教 [德]诺瓦利斯 著
大革命与诗化小说 [德]诺瓦利斯 著
黑格尔的观念论 [美]皮平 著
浪漫派风格——施勒格尔批评文集 [德]施勒格尔 著

美国宪政与古典传统
美国1787年宪法讲疏 [美]阿纳斯塔普罗 著

世界史与古典传统
西方古代的天下观 刘小枫 编
从普遍历史到历史主义 刘小枫 编

启蒙研究丛编
浪漫的律令 [美]拜泽尔 著
现实与理性 [法]科维纲 著
论古人的智慧 [英]培根 著
托兰德与激进启蒙 刘小枫 编
图书馆里的古今之战 [英]斯威夫特 著

政治史学丛编
自然科学史与玫瑰 [法]雷比瑟 著

荷马注疏集
不为人知的奥德修斯 [美]诺特维克 著
模仿荷马 [美]丹尼斯·麦克唐纳 著

品达注疏集
幽暗的诱惑 [美]汉密尔顿 著

欧里庇得斯集
自由与僭越 罗峰 编译

阿里斯托芬集
《阿卡奈人》笺释 [古希腊]阿里斯托芬 著

色诺芬注疏集
居鲁士的教育 [古希腊]色诺芬 著
色诺芬的《会饮》 [古希腊]色诺芬 著

柏拉图注疏集
立法与德性——柏拉图《法义》发微 林志猛 编
柏拉图的灵魂学 [加]罗宾逊 著

柏拉图书简　彭磊 译注
克力同章句　程志敏 郑兴凤 撰
哲学的奥德赛——《王制》引论　[美]郝兰 著
爱欲与启蒙的迷醉　[美]贝尔格 著
为哲学的写作技艺一辩　[美]伯格 著
柏拉图式的迷宫——《斐多》义疏　[美]伯格 著
哲学如何成为苏格拉底式的　[美]朗佩特 著
苏格拉底与希琵阿斯　王江涛 编译
理想国　[古希腊]柏拉图 著
谁来教育老师　刘小枫 编
立法者的神学　林志猛 编
柏拉图对话中的神　[法]薇依 著
厄庇诺米斯　[古希腊]柏拉图 著
智慧与幸福　程志敏 选编
论柏拉图对话　[德]施莱尔马赫 著
柏拉图《美诺》疏证　[美]克莱因 著
政治哲学的悖论　[美]郝岚 著
神话诗人柏拉图　张文涛 选编
阿尔喀比亚德　[古希腊]柏拉图 著
叙拉古的雅典异乡人　彭磊 选编
阿威罗伊论《王制》　[阿拉伯]阿威罗伊 著
《王制》要义　刘小枫 选编
柏拉图的《会饮》　[古希腊]柏拉图 等著
苏格拉底的申辩（修订版）　[古希腊]柏拉图 著
苏格拉底与政治共同体　[美]尼柯尔斯 著
政制与美德——柏拉图《法义》疏解　[美]潘戈 著
《法义》导读　[法]卡斯代尔·布舒奇 著
论真理的本质　[德]海德格尔 著
哲人的无知　[德]费勃 著
米诺斯　[古希腊]柏拉图 著
情敌　[古希腊]柏拉图 著

亚里士多德注疏集
亚里士多德《政治学》中的教诲　[美]潘戈 著
品格的技艺　[美]加佛 著
亚里士多德哲学的基本概念　[德]海德格尔 著

《政治学》疏证　[意]托马斯·阿奎那 著
尼各马可伦理学义疏　[美]伯格 著
哲学之诗　[美]戴维斯 著
对亚里士多德的现象学解释　[德]海德格尔 著
城邦与自然——亚里士多德与现代性　刘小枫 编
论诗术中篇义疏　[阿拉伯]阿威罗伊 著
哲学的政治　[美]戴维斯 著

普鲁塔克集
普鲁塔克的《对比列传》　[英]达夫 著
普鲁塔克的实践伦理学　[比利时]胡芙 著

阿尔法拉比集
政治制度与政治箴言　阿尔法拉比 著

马基雅维利集
君主及其战争技艺　娄林 选编

莎士比亚绎读
莎士比亚的历史剧　[英]蒂利亚德 著
莎士比亚戏剧与政治哲学　彭磊 选编
莎士比亚的政治盛典　[美]阿鲁里斯/苏利文 编
丹麦王子与马基雅维利　罗峰 选编

洛克集
上帝、洛克与平等　[美]沃尔德伦 著

卢梭集
论哲学生活的幸福　[德]迈尔 著
致博蒙书　[法]卢梭 著
政治制度论　[法]卢梭 著
哲学的自传　[美]戴维斯 著
文学与道德杂篇　[法]卢梭 著
设计论证　[美]吉尔丁 著
卢梭的自然状态　[美]普拉特纳 等著
卢梭的榜样人生　[美]凯利 著

莱辛注疏集
汉堡剧评　[德]莱辛 著
关于悲剧的通信　[德]莱辛 著
《智者纳坦》（研究版）　[德]莱辛 等著
启蒙运动的内在问题　[美]维塞尔 著

莱辛剧作七种　[德]莱辛 著
历史与启示——莱辛神学文选　[德]莱辛 著
论人类的教育　[德]莱辛 著

尼采注疏集
何为尼采的扎拉图斯特拉　[德]迈尔 著
尼采引论　[德]施特格迈尔 著
尼采与基督教　刘小枫 编
尼采眼中的苏格拉底　[美]丹豪瑟 著
尼采的使命　[美]朗佩特 著
尼采与现时代　[美]朗佩特 著
动物与超人之间的绳索　[德]A.彼珀 著

施特劳斯集
论僭政（重订本）　[美]施特劳斯 [法]科耶夫 著
苏格拉底问题与现代性（增订本）
犹太哲人与启蒙（增订本）
霍布斯的宗教批判
斯宾诺莎的宗教批判
门德尔松与莱辛
哲学与律法——论迈蒙尼德及其先驱
迫害与写作艺术
柏拉图式政治哲学研究
论柏拉图的《会饮》
柏拉图《法义》的论辩与情节
什么是政治哲学
古典政治理性主义的重生（重订本）
回归古典政治哲学——施特劳斯通信集
苏格拉底与阿里斯托芬

***

施特劳斯的持久重要性　[美]朗佩特 著
论源初遗忘　[美]维克利 著
政治哲学与启示宗教的挑战　[德]迈尔 著
阅读施特劳斯　[美]斯密什 著
施特劳斯与流亡政治学　[美]谢帕德 著
隐匿的对话　[德]迈尔 著

驯服欲望　[法]科耶夫 等著

施米特集
宪法专政　[美]罗斯托 著
施米特对自由主义的批判　[美]约翰·麦考米克 著

伯纳德特集
古典诗学之路（第二版）　[美]伯格 编
弓与琴（重订本）　[美]伯纳德特 著
神圣的罪业　[美]伯纳德特 著

布鲁姆集
巨人与侏儒（1960-1990）
人应该如何生活——柏拉图《王制》释义
爱的设计——卢梭与浪漫派
爱的戏剧——莎士比亚与自然
爱的阶梯——柏拉图的《会饮》
伊索克拉底的政治哲学

沃格林集
自传体反思录　[美]沃格林 著

大学素质教育读本
古典诗文绎读 西学卷·古代编（上、下）
古典诗文绎读 西学卷·现代编（上、下）

中国传统：经典与解释
Classici et Commentarii
刘小枫　陈少明◎主编

《孔丛子》训读及研究／雷欣翰 撰
论语说义／[清]宋翔凤 撰
周易古经注解考辨／李炳海 著
浮山文集／[明]方以智 著
药地炮庄／[明]方以智 著
药地炮庄笺释·总论篇／[明]方以智 著
青原志略／[明]方以智 编
冬灰录／[明]方以智 著
冬炼三时传旧火／邢益海 编
《毛诗》郑王比义发微／史应勇 著

宋人经筵诗讲义四种 / [宋]张纲 等撰
道德真经藏室纂微篇 / [宋]陈景元 撰
道德真经四子古道集解 / [金]寇才质 撰
皇清经解提要 / [清]沈豫 撰
经学通论 / [清]皮锡瑞 著
松阳讲义 / [清]陆陇其 著
起凤书院答问 / [清]姚永朴 撰
周礼疑义辨证 / 陈衍 著
《铎书》校注 / 孙尚扬 肖清和 等校注
韩愈志 / 钱基博 著
论语辑释 / 陈大齐 著
《庄子·天下篇》注疏四种 / 张丰乾 编
荀子的辩说 / 陈文洁 著
古学经子 / 王锦民 著
经学以自治 / 刘少虎 著
从公羊学论《春秋》的性质 / 阮芝生 撰

现代性与现代中国
现代性社会理论绪论
诗化哲学［重订本］
拯救与逍遥［修订本］
走向十字架上的真
西学断章

编修［博雅读本］
凯若斯：古希腊语文读本［全二册］
古希腊语文学述要
雅努斯：古典拉丁语文读本
古典拉丁语文学述要
危微精一：政治法学原理九讲
琴瑟友之：钢琴与古典乐色十讲

译著
普罗塔戈拉（详注本）
柏拉图四书

刘小枫集

民主与政治德性
昭告幽微
以美为鉴
古典学与古今之争［增订本］
这一代人的怕和爱［第三版］
沉重的肉身［珍藏版］
圣灵降临的叙事［增订本］
罪与欠
儒教与民族国家
拣尽寒枝
施特劳斯的路标
重启古典诗学
设计共和
现代人及其敌人
海德格尔与中国
共和与经纶

经典与解释辑刊

 1 柏拉图的哲学戏剧
 2 经典与解释的张力
 3 康德与启蒙
 4 荷尔德林的新神话
 5 古典传统与自由教育
 6 卢梭的苏格拉底主义
 7 赫尔墨斯的计谋
 8 苏格拉底问题
 9 美德可教吗
10 马基雅维利的喜剧
11 回想托克维尔
12 阅读的德性
13 色诺芬的品味
14 政治哲学中的摩西
15 诗学解诂
16 柏拉图的真伪
17 修昔底德的春秋笔法
18 血气与政治
19 索福克勒斯与雅典启蒙
20 犹太教中的柏拉图门徒
21 莎士比亚笔下的王者
22 政治哲学中的莎士比亚
23 政治生活的限度与满足
24 雅典民主的谐剧
25 维柯与古今之争
26 霍布斯的修辞
27 埃斯库罗斯的神义论
28 施莱尔马赫的柏拉图
29 奥林匹亚的荣耀
30 笛卡尔的精灵
31 柏拉图与天人政治
32 海德格尔的政治时刻
33 荷马笔下的伦理
34 格劳秀斯与国际正义
35 西塞罗的苏格拉底

36 基尔克果的苏格拉底
37 《理想国》的内与外
38 诗艺与政治
39 律法与政治哲学
40 古今之间的但丁
41 拉伯雷与赫尔墨斯秘学
42 柏拉图与古典乐教
43 孟德斯鸠论政制衰败
44 博丹论主权
45 道伯与比较古典学
46 伊索寓言中的伦理
47 斯威夫特与启蒙
48 赫西俄德的世界
49 洛克的自然法辩难
50 斯宾格勒与西方的没落
51 地缘政治学的历史片段
52 施米特论战争与政治
53 普鲁塔克与罗马政治
54 罗马的建国叙述